工业和信息化普通高等教育"十三五"规划教材立项项目

21世纪高等学校**会计学**系列教材

U0740723

财务分析

——理论、方法与案例

张先治 王玉红 ◎ 编著

FINANCIAL
ANALYSIS

人民邮电出版社

北 京

图书在版编目（CIP）数据

财务分析：理论、方法与案例 / 张先治，王玉红编
著. -- 北京 : 人民邮电出版社，2018.7（2021.6重印）
21世纪高等学校会计学系列教材
ISBN 978-7-115-47406-3

Ⅰ. ①财… Ⅱ. ①张… ②王… Ⅲ. ①会计分析－高
等学校－教材 Ⅳ. ①F231.2

中国版本图书馆CIP数据核字(2017)第316048号

内 容 提 要

全书分为4篇，共15章，主要内容包括财务报表分析概念、财务报表分析程序方法、财务报表分析基础、财务报表体系框架、所有者权益变动表分析、资产负债表分析、利润表分析、现金流量表分析、财务效率综合分析体系、企业盈利能力分析、企业营运能力分析、企业偿债能力分析、企业增长能力分析、财务报表分析在业绩评价中的应用、财务报表分析在财务预警当中的应用。

本书可作为普通高等院校会计学、财务管理、审计学、资产评估、金融学等专业的教材，同时也可作为 MBA、MPA、MPAcc、MAud 等专业硕士学习的参考教材。

◆ 编　著　张先治　王玉红
　　责任编辑　许金霞
　　责任印制　焦志炜

◆ 人民邮电出版社出版发行　　北京市丰台区成寿寺路 11 号
　　邮编　100164　　电子邮件　315@ptpress.com.cn
　　网址　http://www.ptpress.com.cn
　　北京鑫正大印刷有限公司印刷

◆ 开本：787×1092　1/16
　　印张：18.75　　　　　　　　　2018 年 7 月第 1 版
　　字数：547 千字　　　　　　　2021 年 6 月北京第 5 次印刷

定价：54.00 元

读者服务热线：(010)81055256　印装质量热线：(010)81055316
反盗版热线：(010)81055315
广告经营许可证：京东市监广登字 20170147 号

前 言 Preface

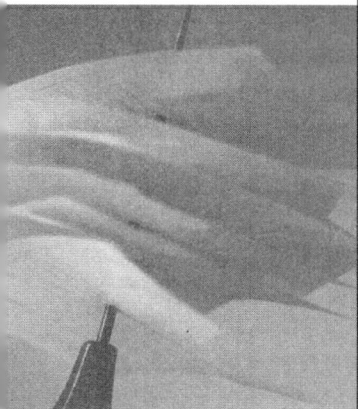

　　财务分析实质上是在财务会计报表提供者与使用者之间架起的一座桥梁。随着我国社会主义市场经济体制的建立、发展与不断完善，宏观经济环境和微观经济体制都发生了变化。产权清晰、权责明确、政企分开、管理科学的现代化企业制度已成为我国企业制度改革的目标和方向。在现代企业制度下，企业的所有者、债权者、经营者和政府经济管理者都站在各自的立场上，从各自的目的和利益出发，关心企业的经营状况、财务状况和经济效益，财务分析的需求与应用领域也随之不断扩展。

　　为了适应我国高等教育改革与发展的要求，满足普通高等院校会计学专业与财务管理专业教学的需要，结合高等院校会计学专业和财务管理专业教学特点与要求，特编写了本书。全书分为 4 篇，共 15 章，内容包括：第一篇为基础篇，包括财务报表分析概论、财务报表分析程序方法和财务报表分析基础等内容；第二篇为会计分析篇，包括财务报表体系框架、所有者权益变动表分析、资产负债表分析、利润表分析和现金流量表分析等内容；第三篇为效率分析篇，包括财务效率综合分析体系、企业盈利能力分析、企业营运能力分析、企业偿债能力分析和企业增长能力分析等内容；第四篇为分析应用篇，包括财务报表分析在业绩评价中的应用和财务报表分析在财务预警当中的应用等内容。

　　本书融入国内外财务分析领域的前沿思想，结合实际案例全面阐述了财务分析的思路与方法，具有以下特色。

　　第一，中西结合，突出"广"。教材编写过程中既保留了具有中国特色的财务报表分析理论与方法，又广泛参考与借鉴西方财务分析相关教材的各种分析体系，博采众长。

　　第二，理论与实务结合，突出"新"。教材编写过程中结合了普通高等学校本科教学要求和财务分析课程特点，注重最新财务分析理论与新经济条件下财务报表分析实务案例的结合，同时注重新准则、国家税收政策变动对财务分析的影响，力求创新。

　　第三，方法与应用结合，突出"实"。教材编写过程中始终将分析方法与实务应用结合作为重点，特别是本书在系统论述财务分析方法时，在其基础上突出财务分析的应用。

　　本书由张先治和王玉红编著。辽宁成大股份有限公司财务会计部郎文颖参与了第十五章内容的编写，中审众环会计师事务所（特殊普通合伙）经理曲波，东北财经大学会计学院研究生柳志南、赵耀、桑达、孙蕊、马禹非、张晨曦、刘雨晴，本科生赵瑞、谷畅等参与了资料收集、案例整理、数据核算和书中随堂小测验的编写，李明月、关书萌、竹筝、朱光耀、杉梦琪、刘洵薇、袁梦琳、陈潇瑜、王慧楠等同学参与了本书的校对。

　　由于作者水平有限，加之时间仓促，书中存有纰漏之处在所难免，敬请专家、读者批评指正，以便修改完善。

作者

2017 年 8 月于大连

目 录 Contents

第一篇　基础篇

第一章　财务报表分析概论

【引导案例】/ 2
第一节　财务报表分析内涵 / 3
第二节　财务报表分析框架体系 / 7
第三节　财务报表分析形式与条件 / 10
拓展阅读 / 13
思考与练习 / 13

第二章　财务报表分析程序方法

【引导案例】/ 14
第一节　财务报表分析程序 / 14
第二节　财务报表信息收集与整理 / 16
第三节　战略分析与会计分析 / 22
第四节　比率分析与因素分析 / 27
第五节　财务分析报告 / 31
拓展阅读 / 34
思考与练习 / 34
案例分析 / 34

第三章　财务报表分析基础

【引导案例】/ 36
第一节　会计准则体系与内容 / 36
第二节　会计选择与盈余管理 / 39
第三节　年度报告 / 43
拓展阅读 / 48
思考与练习 / 48
案例分析 / 49

第二篇　会计分析篇

第四章　财务报表体系框架

【引导案例】/ 51
第一节　财务报表体系与分类 / 51
第二节　财务报表地位及信息作用 / 54
第三节　会计报表之间的关系 / 62
第四节　财务报表附注 / 63
拓展阅读 / 66
思考与练习 / 66
案例分析 / 67

第五章　所有者权益变动表分析

【引导案例】/ 69
第一节　所有者权益变动表一般分析 / 69
第二节　所有者权益各项目分析 / 73
第三节　股利分配政策分析 / 78
拓展阅读 / 82
思考与练习 / 82
案例分析 / 82

第六章　资产负债表分析

【引导案例】/ 85
第一节　资产负债表一般分析 / 87
第二节　资产质量分析 / 98
第三节　财务风险分析 / 110
第四节　特殊项目分析 / 114
拓展阅读 / 117
思考与练习 / 117
案例分析 / 117

第七章　利润表分析

【引导案例】/ 120
第一节　利润表一般分析 / 121
第二节　利润质量分析 / 126
第三节　经营风险分析 / 138
第四节　特殊项目分析 / 141
拓展阅读 / 146
思考与练习 / 146
案例分析 / 146

第八章　现金流量表分析

【引导案例】/ 148
第一节　现金流量表一般分析 / 150
第二节　经营现金流量分析 / 155
第三节　现金流量与利润综合分析 / 158
第四节　现金流量的项目质量分析 / 163
拓展阅读 / 165
思考与练习 / 165
案例分析 / 166

第三篇　效率分析篇

第九章　财务效率综合分析体系

【引导案例】/ 168
第一节　财务效率综合分析的内涵与作用 / 169
第二节　杜邦财务比率分析指标体系 / 171
第三节　帕利普财务比率分析体系 / 175
第四节　财务综合分析指标体系 / 177
拓展阅读 / 180
思考与练习 / 180
案例分析 / 180

第十章　企业盈利能力分析

【引导案例】/ 183
第一节　盈利能力分析的内涵 / 184
第二节　资本经营盈利能力分析 / 185
第三节　资产经营盈利能力分析 / 187
第四节　商品经营盈利能力分析 / 189
第五节　上市公司盈利能力分析 / 193
拓展阅读 / 198
思考与练习 / 198
案例分析 / 198

第十一章　企业营运能力分析

【引导案例】/ 200
第一节　营运能力分析的内涵 / 201
第二节　全部资产营运能力分析 / 202
第三节　流动资产营运能力分析 / 205
第四节　固定资产营运能力分析 / 211
拓展阅读 / 214
思考与练习 / 214
案例分析 / 214

第十二章　企业偿债能力分析

【引导案例】/ 216
第一节　偿债能力分析的内涵 / 217
第二节　短期偿债能力分析 / 218
第三节　长期偿债能力分析 / 224
拓展阅读 / 230
思考与练习 / 230
案例分析 / 230

第十三章　企业增长能力分析

【引导案例】/ 232
第一节　企业增长能力分析的目的与内容 / 233
第二节　企业单项增长能力分析 / 234
第三节　企业整体增长能力分析 / 243
拓展阅读 / 245
思考与练习 / 245
案例分析 / 245

第四篇　分析应用篇

第十四章　财务报表分析在业绩评价中的应用

【引导案例】/ 249
第一节　财务报表分析在业绩评价中的概述 / 250
第二节　综合评分法在业绩评价中的应用 / 253
第三节　经济增加值在业绩评价中的应用 / 268
拓展阅读 / 276
思考与练习 / 276
案例分析 / 277

第十五章　财务报表分析在财务预警当中的应用

【引导案例】/ 279
第一节　财务预警分析概述 / 280
第二节　财务预警分析的方法 / 282
第三节　财务预警分析应用案例 / 286
拓展阅读 / 293
思考与练习 / 293
案例分析 / 293

第一篇

基础篇

第一章 | 财务报表分析概论

【学习目标】

- 了解财务报表分析学科发展现状
- 掌握财务报表分析的基本内涵
- 掌握财务报表分析的目的和作用
- 了解西方财务报表分析体系
- 掌握我国财务报表分析体系及其构建的理论基础
- 掌握财务报表分析的形式、条件与要求

【关键词】 财务报表分析 财务报告分析 财务分析 动态分析 静态分析 全面分析 专题分析 内部分析 外部分析

【引导案例】

中国海洋石油有限公司的"二次跨越"能实现吗？

中国海洋石油有限公司（以下简称"中海油"）隶属于中国海洋石油总公司，于1999年8月在香港注册成立，在2001年2月先后登陆纽约证券交易所和香港联合交易所；并于2001年7月，入选恒生指数成份股。中海油属于海上石油勘探与开发板块，来自行业新进入者的威胁较小，客户的议价能力较弱，短时间内出现可替代产品的威胁较低并且行业内企业竞争比较激烈。因而，油气的勘探与开采能力和油气储量构成了业内企业的核心竞争能力。为获取持续的竞争优势，2012年中海油果断提出"二次跨越"的战略构想，并制订了发展纲要。为实现其战略构想，中海油一方面开展"质量效益年"活动，不断探明油气田储量与实现老油田的稳产和增产，并削减费用支出；另一方面积极开拓海外市场，例如收购了尼克森公司，以提高其深海石油勘探与开采技术与开采非常规油气田的能力。

中海油在"二次跨越"的战略构想指引下，截至2016年年底，其净证实储量从2012年的34.9亿桶油当量增至38.8亿桶油当量（含权益法核算下的净证实储量），油气净产量由2012年的约94万桶油当量/天达到130余万桶油当量/天（含权益法核算下的净产量）；其桶油主要成本从2013年的45.02美元/桶油当量降至34.67美元/桶油当量（其中，桶油作业费用下降37.8%，重回7美元/桶油当量）。此外，中海油实现了在深水油气田、海上稠油以及低孔渗油气田等勘探开发技术的突破。2012年与2013年是中海油发展战略的起步阶段，构成了战略执行的重要环节，且各项财务指标均呈现良好态势；但自2014年开始，各项财务指标的发展态势转变较大。本案例将利用中海油近5年来的财务报表信息，分析中海油整体财务状况、经营成果、现金流量以及财务效率，进而判断其能否逐步顺利地完成战略目标。中海油自2012年起近5年的财务报表主要数据如表1-1与表1-2所示。

表 1-1　　　　　　　　　　　　　中海油利润表主要数据　　　　　　　　　　　　单位：百万元

项目	2012 年	2013 年	2014 年	2015 年	2016 年
营业总收入	247 627	285 857	274 634	171 437	146 490
营业总成本	160 486	207 354	193 719	153 981	148 902
投资收益	2 392	2 611	2 684	2 398	2 774
利润总额	90 172	80 851	82 513	17 130	-5 275
净利润	63 691	56 461	60 199	20 246	637
经营活动净现金流量	92 574	110 891	110 508	80 095	72 863
投资活动净现金流量	-63 797	-170 032	-90 177	-76 495	-27 953
筹资活动净现金流量	2 584	18 601	-19 486	-6 893	-43 240

表1-2 　　　　　　　　　　　　　中海油资产负债表主要数据 　　　　　　　　　　　　　单位：百万元

项目	2012-12-31	2013-12-31	2014-12-31	2015-12-31	2016-12-31
流动资产	170 894	146 552	140 708	140 211	122 045
应收账款	23 624	34 136	29 441	21 829	23 289
固定资产	252 132	419 102	463 222	454 141	432 465
长期股权投资	24 017	24 397	25 250	28 413	29 995
无形资产	973	17 000	16 491	16 423	16 644
总资产	456 070	621 473	662 859	664 362	637 681
流动负债	82 437	128 948	103 498	84 380	67 090
非流动负债	63 853	150 905	179 751	193 941	188 220
所有者权益	309 780	341 620	379 610	386 041	382 371

　　由表1-1和表1-2可知，中海油2016年度相比2012年度营业收入、净利润和经营活动净现金流量均有所下降；而资产和净资产规模均有所增加，资产总额为1.40倍，所有者权益为1.23倍，其中，固定资产达到1.72倍，无形资产达到17.11倍。从中海油的偿债能力方面来看：短期偿债能力指标波动较大，从2012年至2016年的流动比率分别为2.07、1.14、1.36、1.66和1.82；长期偿债能力自2013年起基本稳定且有所下降，从2012年至2016年的资产负债率分别为32%、45%、43%、42%和40%。从中海油的营运能力方面来看，近5年的流动资产周转率分别为1.45、1.95、1.95、1.22和1.20，呈下降趋势。从中海油的盈利能力指标来看，盈利能力呈下降趋势且波动较大，近5年的营业净利率分别为26%、20%、22%、12%和0.4%。从中海油的发展能力指标来看，自2013—2016年连续4个年度的营业收入增长率分别为15%、−4%、−38%和−15%。

　　上述从中海油报表数据结果表明，中海油自2012年实施"二次跨越"的战略以来，到2014年基本保持了高速发展，但从2015年以来，财务报表各主要项目以及各项财务指标均呈下滑态势。那么，是什么原因影响了中海油近两年的高速发展？此外，2017年的国际油价仍不容乐观。同时，中海油的资产减值及跌价准备从2012年的0.31亿元攀升至2016年的近122亿元；在2017年，中海油坚持以寻找大中型油气田为主线的勘探思路，仍将有5个新项目投产以及继续投资20余个在建项目。在此背景下，中海油最终能否实现"二次跨越"的战略构想？能否在未来期间完成自身的战略指标？假设站在不同利益相关者角度，分析中海油"二次跨越"战略构想是否符合行业背景与企业实际？在分析目的和内容上会有什么不同？

第一节　财务报表分析内涵

一、财务报表分析的基本内涵

（一）财务报表分析的定义

　　所谓财务报表分析是指以财务报表资料为主，以其他相关资料为辅，采用一系列专门的分析技术和方法，对企业等经济组织过去和现在有关财务活动的盈利能力、营运能力、偿债能力和增长能力状况等进行分析与评价，为企业的投资者、债权人、经营者及其他关心企业的组织或个人了解企业过去、评价企业现状、估价企业未来、做出正确决策提供准确的信息或依据的一门经济应用型学科。要正确理解财务报表分析的基本内涵，必须明确以下5个问题。

　　1. 财务报表分析是一门综合性、边缘性学科

　　财务报表分析是在企业经济分析、财务管理和会计学基础上形成的一门综合性、边缘性学科。所谓综合性、边缘性是指财务报表分析不是对原有学科中关于财务报表分析问题的简单重复或拼凑，而是依据经济理论和实践的要求，综合相关学科的长处而产生的一门具有独立的理论体系和方法论

体系的经济应用学科。

2. 财务报表分析有完整的理论体系

随着财务报表分析的产生与发展，财务报表分析的理论体系不断完善。从财务报表分析的内涵、财务报表分析的目的、财务报表分析的作用、财务报表分析的内容，到财务报表分析的原则、财务报表分析的形式及财务报表分析的组织等，都日趋成熟。

3. 财务报表分析有健全的方法论体系

财务报表分析的实践使财务报表分析的方法不断发展和完善，它既有适应财务报表分析一般需求的分析程序或一般分析方法，又有适应具体分析目的的财务报表分析专门技术方法，如水平分析法、垂直分析法、趋势分析法、比率分析法等都是财务报表分析的专门而有效的方法。

4. 财务报表分析有系统、客观的资料依据

财务报表分析的最基本资料是财务会计报表，财务会计报表体系和财务报表结构及内容的科学性、系统性、客观性为财务报表分析的系统性与客观性奠定了坚实的基础。另外，财务报表分析不仅以财务报表资料为依据，而且还参考管理会计报表、市场信息及其他有关资料，使财务报表分析资料更加真实、完整。

5. 财务报表分析有明确的目的和作用

财务报表分析的目的受财务报表分析主体和财务报表分析服务对象的制约，不同的财务报表分析主体进行财务报表分析的目的是不同的，不同的财务报表分析服务对象所关心的问题也是不同的。各种财务报表分析主体的分析目的和财务报表分析服务对象所关心的问题，也构成了财务报表分析的目的或财务报表分析的研究目标。财务报表分析的作用从不同角度看是不同的：从财务报表分析的服务对象看，财务报表分析不仅对企业内部生产经营管理有着重要作用，而且对企业外部投资决策、贷款决策、赊销决策等有着重要作用；从财务报表分析的职能作用看，它对于正确预测、决策、计划、控制、考核、评价都有着重要作用。

（二）财务报表分析与相关学科的关系

明确了财务报表分析的内涵，还应进一步理解财务报表分析与经济活动分析、财务管理、会计等学科的关系。

财务报表分析学科发展现状

1. 财务报表分析与经济活动分析

从财务报表分析与经济活动分析的关系看，它们的相同点在于"分析"，如有着相同或相近的分析程序、分析方法、分析形式等。它们的区别主要表现在以下3个方面。

（1）财务报表分析与经济活动分析的对象内容不同。前者的分析对象是企业的财务活动，包括资金的筹集、投放、运用、消耗、回收、分配等；而经济活动分析的对象是企业的经济活动，除了财务活动，还有生产活动等。

（2）财务报表分析与经济活动分析的依据不同。财务报表分析的依据主要是企业会计报表资料及有关的市场利率、股市行情等信息；经济活动分析的资料则包括企业内部的各种会计资料、统计资料、技术或业务资料等。

（3）财务报表分析与经济活动分析的主体不同。财务报表分析的主体具有多元性，既可以是企业的投资者、债权人，又可以是企业经营者、职工及其他与企业有关或对企业感兴趣的部门、单位或个人；经济活动分析通常是一种经营分析，其分析主体主要是企业经营者或职工。

2. 财务报表分析与财务管理

从财务报表分析与财务管理关系看，它们的相同点在于"财务"，都将财务问题作为研究的对象。它们的区别主要表现在以下4个方面。

（1）财务报表分析与财务管理的职能与方法不同。财务报表分析的职能与方法的着眼点在于分析；财务管理的职能与方法的着眼点在于管理。管理通常包含预测、决策、计划、预算、控制、分析、考核等，但财务管理中的财务报表分析往往只局限于对财务报表的比率分析，不是财务报表分析的全部含义。

（2）财务报表分析与财务管理研究财务问题的侧重点不同。财务报表分析侧重于对财务活动状况和结果的研究；财务管理则侧重于对财务活动全过程的研究。

（3）财务报表分析与财务管理结果的确定性不同。财务报表分析的结果具有确定性，因为它以实际的财务报表等资料为基础进行分析；而财务管理的结果通常是不确定的，因为它的结果往往是根据预测值及概率估算的。

（4）财务报表分析与财务管理的服务对象不同。财务报表分析的服务对象包括投资者、债权人、经营者等所有有关人员，而财务管理的服务对象主要是企业内部的经营者和所有者。

可见，财务报表分析与经济活动分析、财务管理和会计学都有联系，但无论是经济活动分析、财务管理，还是会计学都不能完全替代财务报表分析。财务报表分析正是在经济活动分析、财务管理和会计学基础上形成的一门独立的边缘学科。所谓独立学科，就是说它将与企业经济活动分析、财务管理、会计学相互并列，而不是某学科的组成部分；所谓边缘学科，就是说财务报表分析与企业经济活动分析、财务管理和会计学有交叉，是在各学科有关分析内容的基础上形成的经济应用学科，而不是与这些学科毫不相关。正如管理会计是在经济管理学与会计学的基础上形成的边缘学科，管理经济学是在管理学与经济学的基础上形成的边缘学科一样。作为一门边缘学科，财务报表分析的建立并不一定要取代经济活动分析、财务管理和会计学中的分析内容。

3. 财务报表分析与会计学

研究财务报表分析与会计学的关系，可从财务报表分析与财务会计的关系和财务报表分析与管理会计的关系这 2 个方面进行。

（1）财务报表分析与财务会计的关系。二者的关系主要体现在：第一，财务报表分析以财务会计核算的报表资料为依据进行，没有财务会计资料的正确性，就没有财务报表分析的准确性。第二，财务报表分析中的财务报表会计分析，要以会计原则、会计政策选择等为依据进行，因此，在某种程度上，会计分析也是财务会计的一部分。在西方的一些基础会计学中，通常都含有财务报表分析部分。我国的会计学中有些也包括会计分析部分；但是财务会计中的财务报表分析或会计分析，以及依据财务会计资料进行的分析并不是财务报表分析的全部含义——财务报表分析的内涵已说明，财务报表分析还包含对管理会计资料、其他业务核算资料和市场信息资料的分析。

（2）财务报表分析与管理会计的关系。财务报表虽然是对外报表，它同样可用于企业内部经营决策与控制。管理会计作为一个会计信息系统，许多信息都是与财务报表信息相关的，如果将服务于内部决策与控制需要的会计信息界定为管理会计信息，那么，财务报表信息也包含在管理会计信息之中。因此，财务报表分析与管理会计在对企业内部的经营管理方面是紧密相连的：财务报表分析后形成的信息本身可成为管理会计的组成部分；管理会计提供的信息为财务报表进一步分析提供了更为翔实的信息基础，即财务报表分析在一定环境条件下也需要以管理会计资料为依据进行。

二、财务报表分析的目的

财务报表分析的目的受财务报表分析主体和财务报表分析服务对象的制约，不同的财务报表分析主体进行财务报表分析的目的是不同的，不同的财务报表分析服务对象所关心的问题也是不同的。财务报表分析依据分析主体可分为包括投资者进行的财务报表分析、债权人进行的财务报表分析、经营者进行的财务报表分析以及其他相关经济组织或个人所进行的财务报表分析；财务报表分析的服务对象，也是投资者、债权人与经营者等。因此，无论是从分析主体还是从分析的服务对象看，研究财务报表分析的目的可从以下 4 个方面分析。

（一）从企业投资者角度看财务报表分析的目的

企业的投资者包括企业的所有者和潜在投资者，他们进行财务报表分析最根本的目的是考察企业的盈利能力状况，因为盈利能力是投资者资本保值和增值的关键。然而，投资者仅关心盈利能力是不够的，为了确保资本的保值与增值，他们还应研究企业的权益结构、支付能力及营运状况。只有投资者认为企业有着良好的发展前景，企业的所有者才会保持或增加投资，潜在投资者才会把资金投入该企业；否则，企业所有者将会尽可能地抛售股权，潜在投资者将会转向其他企业投资。另外，对企业所有者而言，通过财务报表分析也可评价企业经营者的经营业绩，发现经营过程中存在的问题，从而通过行使股东权利，为企业未来发展指明方向。

（二）从企业债权人角度看财务报表分析的目的

企业债权人包括企业取得借款的银行及一些金融机构，以及购买企业债券的单位与个人等。债权人进行财务报表分析的目的与经营者和投资者都不同，银行等债权人一方面会从各自经营或收益目的出发，愿意将资金贷给企业，另一方面又要非常小心地观察和分析该企业有无违约或破产清算的可能性。一般而言，银行等金融机构和其他债权人不仅要求本金的及时收回，而且要得到相应的报酬或收益，而这个收益的大小又与其承担的风险程度相适应，通常偿还期越长，风险越大。因此，从债权人角度进行财务报表分析的主要目的：一是看其对企业的借款或其他债权是否能及时、足额收回，即研究企业偿债能力的大小；二是看债权人的收益状况与风险程度是否相适应，为此，还应将偿债能力分析与盈利能力分析相结合。

（三）从企业经营者角度看财务报表分析的目的

企业经营者主要是指企业的经理以及各分厂、部门、车间等的管理人员。他们进行财务报表分析的目的是综合的和多方面的。从对企业所有者负责的角度，他们也首先关心盈利能力，但这只是他们的总体目标；实际上，在财务报表分析中，他们不仅仅关心盈利的结果，更关心盈利的原因及过程。例如，资产结构分析、营运状况与效率分析、经营风险与财务风险分析、支付能力与偿债能力分析等。这些分析，其目的是及时发现生产经营中存在的问题与不足，并采取有效措施解决这些问题，使企业不仅能够用现有资源盈利更多，而且使企业盈利能力保持持续增长。

（四）从其他利益相关者角度看财务报表分析的目的

其他利益相关者主要是指与企业经营有关的企业单位和国家行政管理与监督部门。与企业经营有关的企业单位主要指材料供应者、产品购买者等。这些企业单位出于保护自身利益的需要，也非常关心往来企业的财务状况。他们进行财务报表分析的主要目的在于弄清往来企业的信用状况，包括商业上的信用和财务上的信用。商业信用是指按时、按质完成各种交易行为；财务信用则是指及时清算各种款项。对企业信用状况分析，可通过对企业支付能力和偿债能力的评价，也可根据企业利润表中反映的企业交易完成情况进行分析判断。

国家行政管理与监督部门主要是指工商、物价、财政、税务以及审计等部门。它们进行财务报表分析的目的：一是监督、检查党和国家的各项经济政策、法规、制度在企业单位的执行情况；二是保证企业财务会计信息和财务报表分析报告的真实性、准确性，为宏观决策提供可靠信息。

三、财务报表分析的作用

从财务报表分析的内涵到财务报表分析的目的，都说明了财务报表分析是十分重要的。尤其在我国建立社会主义市场经济体制和现代企业制度的今天，财务报表分析的意义就更加深远，作用就更加重大。财务报表分析的作用从不同角度看是不同的：从财务报表分析的服务对象看，财务报表分析不仅对企业内部生产经营管理有着重要作用，而且对企业外部投资决策、贷款决策、赊销决策等也有着重要作用；从财务报表分析的职能作用看，它对于正确预测、决策、计划、控制、考核、评价都有着重要作用。这里主要从财务报表分析对评价企业过去、反映企业现状及估价企业未来的作用加以说明。

（一）财务报表分析可正确评价企业过去

正确评价过去是说明现在和揭示未来的基础。财务报表分析通过对实际会计报表等资料的分析能够准确地说明企业过去的业绩状况，指出企业已取得的成绩和存在的问题及产生的原因（包括确定是主观原因还是客观原因）等，这不仅对正确评价企业过去的经营业绩十分有益，而且会对企业投资者和债权人的行为产生正确的影响。

（二）财务报表分析可全面反映企业现状

财务会计报表及管理会计报表等资料是对企业各项生产经营活动的综合反映，但会计报表的格式及提供的数据往往是根据会计的特点和管理的一般需要而设计的，它不可能全面提供不同目的报表使用者所需要的各方面数据资料。财务报表分析，根据不同分析主体的分析目的，采用不同的分析手段和方法，可得出反映企业在各方面现状的指标，如反映企业资产结构的指标、企业权益结构的指标、企业支付能力和偿债能力的指标、企业营运状况的指标、企业盈利能力指标等。通过这种分析，对于全面反映和评价企业的现状具有重要作用。

（三）财务报表分析可用于估价企业未来

财务报表分析不仅可用于评价过去和反映现状，更重要的是，它可通过对过去与现状的分析和评价，估价企业的未来发展状况与趋势。财务报表分析对企业未来的估价表现在：第一，可对企业未来的财务预测、财务决策和财务预算指明方向；第二，可为企业进行财务危机预测提供必要信息；第三，可准确评估企业的价值及价值创造，这对企业进行经营者绩效评价、资本经营和产权交易都是十分有益的。

【随堂小测验 1-1】

1.【单选】下列各项中，不属于财务报表分析基本作用的是（　　　）。
　　A．评价企业过去　　B．反映企业现状　　C．评估企业未来　　D．创造企业价值
2.【多选】下列各项中，属于财务报表分析与财务管理区别的有（　　　）。
　　A．二者的职能与方法不同　　　　　　B．二者研究财务问题的侧重点不同
　　C．二者的服务对象不同　　　　　　　D．结果的确定性不同
　　E．二者的研究对象不同
3.【判断】财务报表分析的作用主要是正确评价企业过去，全面反映企业现状。　　　　（　　　）
4.【判断】财务报表分析与财务管理的相同在于二者都将财务问题作为研究对象。　　　（　　　）

第二节　财务报表分析框架体系

（一）企业目标与财务目标

任何一个学科体系与内容的建立都不能离开其应用领域的目标或目的。财务报表分析作为对企业财务活动及其效率与结果的分析，其目标必然与企业的财务目标相一致。目前，关于企业财务目标的提法或观点较多，如股东权益目标、企业价值目标、利润目标、经济效益目标等。

要研究企业财务目标，首先应明确企业目标。其实，企业的目标从根本上必然与企业所有者的目标相一致。作为一个企业，其生存与发展的基础是拥有一定资源，包括资本资源和劳动力资源。企业的所有者究竟是资本资源的所有者还是劳动力资源的所有者呢？这里存在两种不同的观点。一种观点认为，资本所有者是企业的所有者，即资本所有者以其资本投入为基础，雇佣劳动力，资本所有者是企业的所有者，劳动者是企业的雇工，这就是所谓的资本雇佣劳动制。另一种观点认为，劳动所有者即劳动者是企业所有者，劳动者以劳动为基础，通过雇佣资本进行生产经营。此时，劳

动者是企业所有者，资本是企业购买的生产要素，这就是所谓的劳动雇佣资本制。在商品经济条件下，劳动雇佣资本制是不能成立的，因为在劳动雇佣资本制度下，企业只能负盈，不能负亏，或者说劳动者只能分享收益，不能承担风险。现代企业制度属于资本雇佣劳动制。因此，企业所有者是资本所有者，企业目标应与企业资本所有者目标相一致，即资本的保值与增值。

企业资本保值、增值目标与企业财务目标是否一致呢？回答是肯定的。无论是股东权益目标、企业价值目标、利润目标，还是经济效益目标，都是如此。追求股东权益或股东价值增加是企业财务的根本目标，它与追求企业价值或其他利益方的利益并不矛盾。股东价值增加，从长远看，必然会使企业各利益方同时受益，不可能以损害其他利益方为基础。股东是公司中为增进自己权益而同时增进每一人权益的唯一利益方。[①]同时，股东价值目标与利润目标和经济效益目标也不矛盾，利润是直接目标，经济效益是核心目标。[②]

（二）财务目标与财务活动

企业追求财务目标的过程正是企业进行财务活动的过程，这个过程包括筹资活动、投资活动、经营活动和分配活动。图1-1反映了企业财务活动过程与财务目标的关系。

企业筹资活动过程是资本的来源过程或资本取得的过程，包括自有资本（所有者权益）和借入资本（负债）。企业在筹资活动中或在取得资本时，要考虑资本成本、筹资风险、支付能力、资本结构等因素。筹资活动的目的在于以较低的资本成本和较小的风险取得企业所需要的资本。

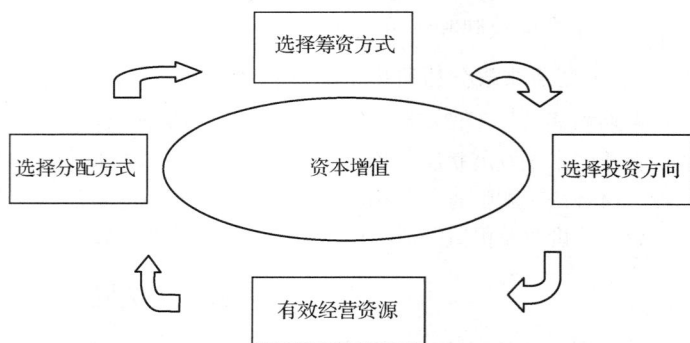

图1-1　财务目标与财务活动

企业投资活动过程是资本的使用过程或资产的取得过程，资产包括流动资产、固定资产、长期投资、无形资产等。企业在投资活动过程中，要考虑投资收益、投资风险、投资结构及资产利用程度等因素。投资活动的目的在于充分利用资产，从而以一定的资产投入和较小的风险取得尽可能大的产出。

企业经营活动过程是资本的耗费过程和资本的收回过程，包括发生各种成本费用和取得各项收入。企业在经营活动中，要考虑生产要素和商品或劳务的数量、结构、质量、消耗、价格等因素。经营活动的目的在于以较低的成本费用，取得较多的收入，实现更多的利润。

企业分配活动过程是资本退出经营的过程或利润分配的过程，包括提取资本公积和盈余公积，向股东支付股利和留用利润等。企业在分配过程中，要考虑资本需要量、股东的利益、国家政策、企业形象等因素。分配活动的目的在于兼顾各方面利益，使企业步入良性循环的轨道。

（三）财务活动与财务报表

企业的基本财务报表是由资产负债表、利润表、现金流量表和所有者权益变动表组成。企业的各项财务活动都直接或间接地通过财务报表来体现，如图1-2所示。

资产负债表与企业筹资和投资活动。资产负债表是反映企业在某一特定日期财务状况的报表。它是企业筹资活动和投资活动的具体体现。

① 汤姆·科普兰等著. 价值评估（中文版）[M]. 北京：中国大百科全书出版社，1998：23.
② 张先治. 中国企业财务管理目标研究. 会计研究 1997（11）.

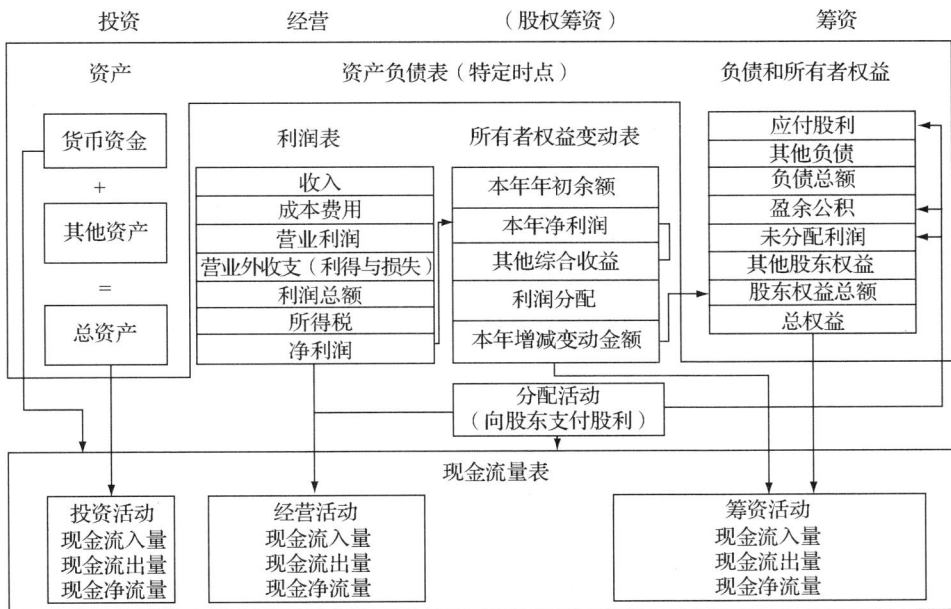

图 1-2　财务活动与财务报表

利润表与企业经营活动。利润表是反映企业在一定会计期间经营成果的报表。它是企业经营活动和根本活动的具体体现。

所有者权益变动表与企业股权筹资活动和分配活动。所有者权益变动表是反映企业在一定会计期间所有者权益各组成部分变动情况的报表。它是企业在某一期间的股权筹资活动和利润分配活动的具体体现。

现金流量表与企业经营活动、投资活动和筹资活动。现金流量表是反映企业在一定会计期间现金和现金等价物（以下简称"现金"）流入和流出的报表。它以现金流量为基础，是企业财务活动总体状况的具体体现。

可见，财务报表从静态到动态，从权责发生制到收付实现制，对企业财务活动中的筹资活动、投资活动、经营活动和分配活动进行了全面、系统、综合的反映。

（四）财务报表与财务效率

财务报表包括动态报表和静态报表，它不仅能直接反映筹资活动、投资活动、经营活动和分配活动的状态或状况，而且可通过财务报表分析间接揭示财务活动的效率或能力，包括盈利能力、营运能力、偿债能力和增长能力。

盈利能力是指企业投入一定资源所取得利润的能力。根据不同的资源投入，盈利能力可分为：资本经营盈利能力，即利润与所有者权益之比；资产经营盈利能力，即利润与总资产之比；商品经营盈利能力，即利润与成本费用之比。

营运能力是指企业营运资产的效率。根据不同的资产范围，营运能力可分为：全部资产营运能力，如总资产周转率等；流动资产营运能力，如流动资产周转率和存货周转率等；固定资产营运能力，如固定资产收入率等。

偿债能力是指企业偿还本身所欠债务的能力。根据偿债期长短可分为：短期偿债能力，如流动比率、速动比率等；长期偿债能力，如资产负债率、已获利息倍数等。

增长能力是指企业保持持续发展或增长的能力。包括单项增长能力和整体增长能力，单项增长能力如股东权益增长率、利润增长率、收入增长率、资产增长率等；整体增长能力就是结合上述指标进行相互比较与全面分析，综合判断企业的整体增长能力。

上述各种能力是企业财务运行效率的体现，而财务效率的计算与分析离不开财务报表。

（五）财务效率与财务结果

企业各项财务效率的高低，最终都将体现在企业的财务结果上，即体现在企业的价值上。企业价值是企业财务效率的综合反映或体现。同时，企业价值的高低正是评价企业财务目标实现程度的根本。

图 1-3 可直观反映从财务目标到财务结果整个企业循环过程的情况。

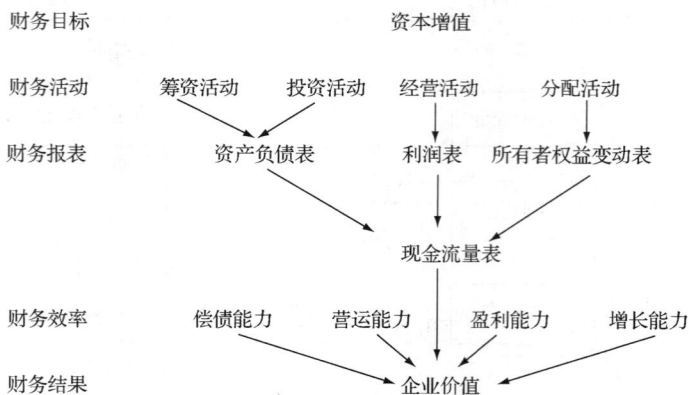

图 1-3　财务目标到财务效果循环

【随堂小测验 1-2】

1. 【单选】下列各项中，不属于现金流量表反映的活动是（　　　　）。
   A．经营活动　　　　B．筹资活动　　　　C．分配活动　　　　D．投资活动
2. 【多选】下列各项中，属于企业财务活动的效率或能力的有（　　　　）。
   A．盈利能力　　　　B．营运能力　　　　C．增长能力　　　　D．偿债能力
3. 【判断】企业资本保值、增值目标与企业财务目标一致。　　　　　　　　　　（　　　）

第三节　财务报表分析形式与条件

一、财务报表分析的形式

由于进行财务报表分析的角度不同，如分析的主体不同、客体不同、目的不同等，因此财务报表分析形式也有所不同。明确不同的财务报表分析形式的特点及用途，对于准确分析企业财务状况和实现分析目标都有着重要的意义和作用。财务报表分析的形式通常可根据以下 4 个方面进行划分。

（一）内部分析与外部分析

财务报表分析根据分析主体的不同，可分为内部分析与外部分析。

内部分析也称内部财务分析，主要是指企业内部经营者对企业财务状况的分析。内部分析的目的是判断和评价企业生产经营是否正常、顺利，如可通过流动性分析，检验企业的资金运营速度、货款及债务的支付或偿还能力；通过收益性分析，评价企业的盈利能力和资本保值、增值能力；通过对企业经营目标完成情况的分析，考核与评价企业经营业绩，及时、准确地发现企业的成绩与不足，为企业未来生产经营的顺利进行和提高经济效益指明方向。

外部分析也称外部财务分析，主要是指企业外部的投资者、债权人及政府部门等，根据各自需要或分析目的，对企业的有关情况进行的分析。投资者的分析，关心的主要是企业的盈利能力与发展后劲，以及资本的保值与增值状况；债权人的分析，主要看重企业的偿债能力和信用状况，判断其本金和利息是否能及时、足额收回；政府有关部门对企业的财务报表分析，主要是关注企业的经营行为是否规范、合法，以及对社会的贡献状况。在现代企业制度条件下，外部财务报表分析是财务报表分析的重要或基本形式。

应当指出，内部分析和外部分析并不是完全孤立或隔离的，要保证财务报表分析的准确性，内部分析有时也应站在外部分析的角度进行，而外部分析也应考虑或参考内部分析的结论，以避免出现片面性。

（二）静态分析与动态分析

财务报表分析根据分析的方法与目的不同，可分为静态分析和动态分析。

静态分析是根据某一时点或某一时期的会计报表或分析信息，分析报表中各项目或报表之间各项目关系的财务报表分析形式。例如，可通过某一财务比率或某几个财务比率揭示财务关系，也可通过垂直分析或结构分析，揭示总体中各项目的水平。静态分析的目的在于找出财务活动的内在联系，揭示各项财务活动之间的相互影响与作用，反映经济效率和财务现状。

动态分析是根据几个时期的会计报表或相关信息，分析财务变动状况。例如，水平分析、趋势分析等都属于动态分析。动态分析通过对不同时期财务活动的对比分析，揭示财务活动的变动及其规律。

静态分析与动态分析各有优点与不足，要想全面综合分析财务报表，这两类分析都是不可或缺的。

（三）全面分析与专题分析

财务报表分析根据分析内容与范围的不同，可分为全面分析和专题分析。

全面分析是指对企业在一定时期的生产经营各方面的情况进行系统、综合、全面的分析与评价。全面分析的目的是找出企业生产经营中带有普遍性的问题，全面总结企业在这一时期的成绩与问题，为协调各部门关系，搞好下期生产经营安排奠定基础或提供依据。全面分析通常在年终进行，形成综合、全面的财务报表分析报告，向职工代表大会或股东代表大会汇报。

专题分析是指根据分析主体或分析目的的不同，对企业生产经营过程中某一方面的问题所进行的较深入的分析。如经营者对生产经营过程的某一环节或某一方面存在的突出问题进行分析，投资者或债权人对自己关心的某个方面的问题进行分析等，都属于专题分析。专题分析能及时、深入地揭示企业在某方面的财务状况，为分析者提供详细的资料信息，对解决企业的关键性问题起重要作用。例如，当企业在某个时期资金紧张时，通过财务专题分析，可从筹资结构、资产结构、现金流量及支付能力等方面，研究资金紧张的原因及解决的对策。

在财务报表分析中，应将全面分析与专题分析相结合，这样才能全面、深入地揭示企业的问题，正确地评价企业的各方面状况。

（四）财务报表分析与内部报表分析

财务报表分析根据分析资料角度的不同，可分为财务报表分析和内部报表分析。

财务报表是财务会计报表的简称。财务报表分析是指对财务会计报表的分析。财务会计报表是企业依据会计准则和会计制度编制的，向国家有关部门及与企业有关的单位等提供的反映企业财务状况和经营成果等会计信息的总结性文件。由于财务报表具有合法性、客观性、公开性等特点，因此，对财务报表分析，不仅有利于财务报表分析的规范化、制度化，而且便于企业及有关各方面对企业经营与财务状况进行系统分析。从这个角度看，财务报表分析是财务分析的最基本形式，甚至有人将财务分析理解为财务报表分析。应当指出，由于财务会计报表之间是相互联系、相互制约的，因此，财务报表分析不能仅对某一报表孤立地进行分析，而应将全部财务报表分析结合起来，这样才能得出正确的结论。

内部报表主要是指除财务会计报表之外的其他与企业财务和会计活动有关的报表资料，其中最基本的是管理会计报表。内部报表分析作为财务报表分析的一种形式或组成部分是必要的。因为，第一，内部报表分析是对财务报表分析的必要补充。例如，对利润表进行分析可说明企业的收益情况和盈利能力，通过进一步分析还可说明企业盈利增长的一般原因，或是销量增加的影响，或是成本降低的影响。但是，为什么企业成本会降低呢？财务报表分析并不能回答这个问题，而内部报表分析则可根据成本报表资料，分析说明成本升降的原因。第二，由于内部报表是根据企业的生产经营特点和管理需要编制的，因此对内部报表的分析更有利于揭示企业经营管理中存在的问题或不足，这对企业的经营者是尤为重要的。

应当指出，随着会计信息披露范围的扩大，许多内部会计报表作为财务报表的附表而被公开披露。因此，在这种情况下，内部报表分析形式与财务报表分析形式也将可能趋于统一。

二、财务报表分析的条件与要求

（一）财务报表分析的条件

明确财务报表分析的目的、作用、内容及形式，为进行财务报表分析奠定了理论基础，然而，要搞好财务报表分析，充分发挥财务报表分析的作用，还必须弄清财务报表分析的前提条件。

1. 统一的财务会计标准

财务报表分析的基本资料是依据会计核算和报表资料。会计标准不同，会计核算和报表的方法就可能不同，会计账户和报表反映的内容也就可能不同，等等。这将给财务报表分析，尤其是给外部财务报表分析带来极大困难。例如，在不同所有制企业采用的会计制度不同的情况下，企业的投资者和债权人就不能根据不同性质企业的会计资料直接进行对比分析，或者说，如果直接进行对比则可能得出错误的结论，这势必限制了财务报表分析的广泛应用。我国会计准则和财务通则的颁布施行，为进行财务报表分析创造了十分必要和有利的条件。由于有了统一的会计准则，人们就可按照统一的概念基础、程序和手续编制会计报表，同时会计报表使用者也有了阅读和分析会计报表的统一尺度。

2. 产权清晰的企业制度

从财务报表分析的产生、发展、目的、作用来看，财务报表分析之所以如此重要而引起越来越多人的重视，是因为它能服务于企业利益的各个方面。只有在产权清晰、权责分明的企业制度下，企业各方的权利与义务才能得以确认，财务报表分析的主体才能实现多元化，财务报表分析的必要性才会更加突出。在传统的计划经济体制下，企业投资者、经营者、债权人等关系模糊，产权不清、责任不明，人们不会关心和重视财务报表分析；而在市场经济条件下，随着现代企业制度的建立，企业产权逐渐清晰起来，投资者、经营者、债权人、宏观经济管理者各自站在不同角度关心企业的生产和经营，从而形成财务报表分析主体的多元化，促进和完善了财务报表分析的内容与方法。

3. 完善的信息披露体制

企业信息是进行财务报表分析的基础，没有及时、完备、准确的信息，要保证财务报表分析的正确性是不可能的。因此，完善信息披露体制是搞好财务报表分析的重要前提条件。要做到这一点，企业在会计报表中不仅要按会计准则要求，全面、系统地反映企业的经营和财务状况，而且对会计程序和手续的变动也必须予以充分披露，以便会计报表的使用者能正确分析其对企业财务状况和财务成果的影响。另外，要建立健全信息市场，完善信息网络，使财务报表分析者能充分、及时地取得各种相关的分析信息。

（二）财务报表分析的要求

在弄清财务报表分析条件的基础上，为健全与完善财务报表分析理论，搞好财务报表分析实务，必须注意做好以下 3 个方面的工作。

1. 创造与完善财务报表分析条件

前文论述了财务报表分析的前提条件，这也是进行财务报表分析的基本要求。要完善和发展财务报表分析理论与方法，首先必须满足这些条件，或采取措施创立与完善这些条件。具体地说，我国目前已经有了统一的会计标准，但是会计准则仍尚需要被进一步完善，因为一些会计信息还不能满足不同分析主体的需要或要求。建立现代企业制度已成为我国目前企业制度改革的重点和方向，这为财务报表分析提供了更为开阔的前景。因此，当前必须注重对现有企业的改制，以建立适应财务报表分析要求的产权清晰的企业制度。信息披露问题是财务报表分析条件中最关键的问题，也是财务报表分析能否积极有效开展起来的主要问题。目前，我国的信息披露体制不够健全，渠道还不够畅通，这就要求国家在制度上对信息披露的完整性、时效性、准确性做出具体规定，从而为财务报表分析提供有用信息。

2. 学习与掌握财务报表分析方法

搞好财务报表分析，除了必要的外部条件或信息资料外，关键还在于分析者的理论与实践水平。一个没有很好掌握财务报表分析理论和方法的分析者，即使握有再好的分析资料或信息，也可能得出错误的分析结论。财务报表分析是一门新的学科，而且还在不断完善和发展之中。因此，不断学习和掌握财务报表分析的理论与方法，是与企业有关的所有单位或个人所必需的，包括投资者、债权人、经营者、宏观管理者等，特别是一些主要决策者和参谋者更应系统地学习和掌握财务报表分析方法。

3. 建立与健全财务报表分析组织

随着现代企业制度的建立，企业的财务报表分析工作将逐步走上制度化、规范化的道路。这就要求企业必须建立与健全完善的财务报表分析组织体系，及时、系统、全面地分析企业的经营状况和财务状况。财务报表分析组织应以财务部门为核心，进行比较全面而综合的分析，横向各部门单位，纵向各车间、班组也应进行专题分析。应当指出，企业的财务报表分析组织并不一定要只对本企业的财务状况和经营状况进行分析，在现代企业制度下，企业不仅仅关心自身经营，而且还可能作为投资者、债权人与其他企业发生交易和往来，因此，对其他企业财务状况进行分析，也是财务报表分析组织的一项重要任务。只有建立健全各级分析组织，才能证财务报表分析工作的顺利、有效进行。

【随堂小测验 1-3】

1. 【单选】下列各项中，不属于财务报表分析条件的是（　　　）。
   A．统一的财务会计标准　　　　　　B．产权清晰的企业制度
   C．完善的信息披露体制　　　　　　D．健全的财务报表分析组织

2. 【多选】财务报表分析根据分析的内容与范围的不同，可以分为（　　　）。
   A．内部分析　　　B．外部分析　　　C．专题分析
   D．全面分析　　　E．片面分析

3. 【判断】财务报表分析的条件是统一的财务会计标准、产权清晰的企业制度和完善的信息披露体制。　　　　　　　　　　　　　　　　　　　　　　　　　　　　　（　　　）

拓展阅读

财务报表分析面临
的挑战

思考与练习

1. 论述财务报表分析与财务报告分析、财务分析和经济活动分析的关系。
2. 论述财务报表分析体系与内容构建的理论基础。
3. 财务报表分析为什么会形成独立的学科？
4. 论述财务报表分析的总体范畴。

第二章 财务报表分析程序方法

【学习目标】
- 掌握财务报表分析的程序与方法
- 理解财务报表分析信息的分类与作用
- 掌握企业战略分析和会计分析的内容与作用
- 掌握比率分析法和因素分析法的分类与原理
- 理解财务综合分析与评价方法的作用

【关键词】
战略分析　会计分析　水平分析　垂直分析　趋势分析　比率分析　因素分析　连环替代法　差额计算法　经验标准　历史标准　预算标准　行业标准　财务报表分析报告

【引导案例】

京东发布 2016 年年度财报

①京东（NASDAQ：JD）是目前中国最大的自营式电商企业，区别于同类电商巨头的淘宝，其经营业务主要定位于电子数码、家电等产品。凭借早期的受众精准定位、便捷的物流、优良的售后服务、富有竞争力的价格优势，以差异化竞争模式，短短数年从电商市场脱颖而出，并于2014年5月22日在美国纳斯达克成功上市，成为继阿里之后中国的第二大电商交易平台。2017年3月2日，京东发布了2016年Q4及全年财报，京东实现盈利，并持续高增长。根据数据显示，净收入同比增长44%，达到2 602亿元人民币。2016年第四季度京东营收803亿元人民币，同比大涨47%，而早先华尔街平均预期的增长率为40%左右。

这是京东上市以来，第一次实现盈利。而前两年的财报利润显示亏损情况严重，尤其是2015年，京东方面将亏损主因归结为拍拍网停止运营带来的相关商誉和无形资产减值、第四季度对部分投资确认的减值、员工股权激励费用以及与腾讯战略合作涉及的资产及业务收购所产生的无形资产的摊销费用。该原因与2014年亏损主因几乎类似，那么不计入期权费用、商业合并及合并导致的无形资产摊销，根据非美国通用会计准则，其净亏损依旧达到8.5亿元人民币。

然而这并非京东的经营不善，而是源自重资产经营模式。不同于竞争对手阿里的轻资产模式，京东立足于自营业务、自建物流、自有售后，这需要高成本的人力物力支持，且属于长期投资项目，利润收益见效慢。近几年，京东都处于投资建立产业链阶段，投资经营支出随着产业链扩张而增长，而由此带来的预期丰厚利润在2016年的财报中也得以印证。

由此可见，财务报表反映了企业当期的财务状况和经营成果，在其背后还隐藏着深层次的行业特点和企业经营策略。要对企业的财务报表进行分析，不能仅仅将目光局限在企业报表上，还应结合宏观经济环境和未来走势、行业特点和发展前景、企业战略规划和经营策略等信息进行全面分析。那么，如何在财务报表分析中综合运用宏观信息、行业信息和企业信息呢？这就需要掌握财务报表分析的程序和方法。

第一节 财务报表分析程序

财务报表分析的程序或一般分析方法可为 4 个阶段 10 个步骤。

---

① 崔舒丽. 京东财务战略分析——持续利润亏损背后的企业价值和风险. 现代经济信息. 2016.8.

一、 财务报表分析信息收集整理阶段

财务报表分析信息收集整理阶段主要由以下 3 个步骤组成。

1. 明确财务报表分析目的

进行财务报表分析，首先必须明确为什么要进行财务报表分析，是要评价企业经营业绩？进行投资决策？还是要制订未来经营策略？只有明确了财务报表分析的目的，才能正确地收集整理信息，选择正确的分析方法，从而得出正确的结论。

2. 制订财务报表分析计划

在明确财务报表分析目的的基础上，应制订财务报表分析的计划，包括财务报表分析的人员组成及分工、时间进度安排，财务报表分析内容及拟采用的分析方法等。财务报表分析计划是财务报表分析顺利进行的保证。当然，这个计划并不一定形成文件，可能只是一个草案，也可能是口头的，但没有这个计划是不行的。

3. 收集整理财务报表分析信息

财务报表分析信息是财务报表分析的基础，信息收集整理的及时性、完整性、准确性，对财务报表分析的正确性有着直接的影响。信息的收集整理应根据分析的目的和计划进行。但这并不是说不需要经常性、一般性的信息收集与整理。其实，分析人员只有平时的日积月累，才能根据不同的分析目的及时提供所需信息。

二、 战略分析与会计分析阶段

战略分析与会计分析阶段主要由以下 2 个步骤组成。

1. 企业战略分析

企业战略分析通过对企业所在行业或企业拟进入的行业进行分析，明确企业自身地位及应采取的竞争战略。企业战略分析通常包括行业分析和企业竞争策略分析。行业分析的目的在于分析行业的盈利水平与盈利潜力，因为不同行业的盈利能力和潜力大小可能是不同的。影响行业盈利能力的因素有许多，归纳起来主要可分为两类：一是行业的竞争程度，二是市场谈判或议价能力。企业战略分析的关键在于企业如何根据行业分析的结果，正确选择企业的竞争策略，使企业保持持久竞争优势和高盈利能力。企业进行竞争的策略尽管千差万别，但最重要的竞争策略主要有两种，即低成本竞争策略和产品差异策略。

企业战略分析是会计分析和财务报表分析的基础和导向。通过企业战略分析，分析人员能够深入了解企业的经济状况和经济环境，从而进行客观、正确的会计分析与财务报表分析。

2. 财务报表会计分析

会计分析的目的在于评价企业会计信息所反映的财务状况与经营成果的真实程度。会计分析的作用，一方面通过对会计政策、会计方法、会计披露进行评价，揭示会计信息的质量；另一方面通过对会计灵活性、会计估计的调整，修正会计数据，为财务报表分析奠定基础，并保证财务报表分析结论的可靠性。进行会计分析，一般可按以下步骤进行：第一，阅读财务报告；第二，比较会计报表；第三，解释会计报表；第四，修正会计报表信息。

会计分析是财务报表分析的基础，通过会计分析，分析人员对发现的由于会计原则、会计政策等原因引起的会计信息差异，应通过一定的方式加以说明或调整，消除会计信息的失真问题。

三、 财务报表分析实施阶段

财务报表分析的实施阶段是在战略分析与会计分析的基础上进行的，它主要包括以下 2 个步骤。

1. 财务指标分析

对财务指标进行分析，特别是进行财务比率指标分析，是财务报表分析的一种重要方法或形式。财

冬指标能准确反映企业某方面的财务状况。进行财务报表分析，分析人员应根据分析的目的和要求选择正确的分析指标。债权人要进行企业偿债能力分析，必须选择反映偿债能力的指标或反映流动性情况的指标进行分析，如流动比率指标、速动比率指标、资产负债率指标等；而一个潜在投资者要对企业进行投资的决策分析，应选择反映企业盈利能力的指标进行分析，如总资产报酬率、资本收益率，以及股利报偿率和股利发放率等。正确选择与计算财务指标是正确判断与评价企业财务状况的关键所在。

2. 基本因素分析

财务报表分析不仅要解释现象，而且应分析原因。因素分析法就是要在报表整体分析和财务指标分析的基础上，对一些主要指标的完成情况，从其影响因素角度，进行深入定量分析，确定各因素对其影响的方向和程度，为企业正确进行财务评价提供最基本的依据。

四、财务报表分析综合评价阶段

财务报表分析综合评价阶段是财务报表分析实施阶段的继续，具体来看又可分为 3 个步骤。

1. 财务综合分析与评价

财务综合分析与评价是在应用各种财务报表分析方法进行分析的基础上，将定量分析结果、定性分析判断及实际调查情况结合起来，以得出财务报表分析结论的过程。财务报表分析结论是财务报表分析的关键步骤，结论的正确与否是判断财务报表分析质量的唯一标准。

2. 财务预测与价值评估

财务报表分析既是一个财务管理循环的结束，又是另一财务管理循环的开始。应用历史或现实财务报表分析结果预测未来财务状况与企业价值，是现代财务报表分析的重要任务之一。因此，财务报表分析不能仅满足于事后分析原因，得出结论，而且要对企业未来发展及价值状况进行分析与评价。现代财务报表分析的应用已拓展到财务预测、价值评估、证券定价、信用评价、风险防范和企业重组等诸多领域。

3. 财务报表分析报告

财务报表分析报告是财务报表分析的最后一个步骤。它将财务报表分析的基本问题、财务报表分析结论，以及针对问题提出的措施建议以书面的形式表示出来，为财务报表分析主体及财务报表分析报告的其他受益者提供决策依据。财务报表分析报告作为对财务报表分析工作的总结，还可作为历史信息，以供后来的财务报表分析者参考，保证财务报表分析的连续性。

【随堂小测验 2-1】

1. 【单选】下列各项中，不属于会计分析一般步骤的是（　　）。
   A. 阅读财务报告　　　　　　　　　B. 修正会计报表信息
   C. 解释会计报表　　　　　　　　　D. 财务指标分析
2. 【多选】下列各项中，属于财务报表分析实施阶段包括的步骤有（　　）。
   A. 确立财务报表分析目标　　　　　B. 战略分析
   C. 财务指标分析　　　　　　　　　D. 基本因素分析
3. 【判断】财务报表分析的第一个步骤是收集与整理分析信息。　　　　　　（　　）

第二节　财务报表信息收集与整理

一、财务报表信息的作用与种类

（一）财务报表信息的作用

从财务报表分析的基本定义和财务报表分析的基本程序都可看出，财务报表信息是财务报表分析的基础和不可分割的组成部分，对于保证财务报表分析工作的顺利进行，提高财务报表分析的质量与效果都有着重要的作用。

第一，财务报表信息是财务报表分析的根本依据。没有财务报表信息，财务报表分析就如"无米之炊"，即进行财务报表分析是不可能的。财务报表分析实际上就是对财务信息的分析，如要分析企业的资产、负债和所有者权益状况，就必须有资产负债表的信息，而要分析企业的盈利状况，则需要有利润表的信息等。

第二，搜集和整理财务报表信息是财务报表分析的重要步骤和方法之一。从一定意义上说，财务报表信息的搜集与整理过程，就是财务报表分析的过程。财务报表分析所用的信息并不是取之即来，来之可用的。不同的分析目的和分析要求所需要的信息是不同的，包括信息来源不同、内容不同和形式不同等。因此，财务信息的搜集与整理是财务报表分析的基础环节。

第三，财务报表信息的数量和质量，决定着财务报表分析的质量。正因为财务报表分析信息是财务报表分析的基本依据和基础环节，因此，财务报表分析信息的准确性、完整性、及时性，对提高财务报表分析的质量和效果是至关重要的。使用错误的、过时的或不规范的财务报表分析信息，不可能保证财务报表分析的准确性。

（二）财务报表信息的种类

进行财务报表分析的信息是多种多样的，不同的分析目的、不同的分析内容，所使用的财务信息可能是不同的。因此，从不同角度看，财务报表信息的种类是不同的。

第一，内部信息与外部信息。财务报表信息按信息来源不同可分为内部信息和外部信息两类。所谓内部信息，是指从企业内部可取得的财务信息；外部信息，是指从企业外部取得的信息。

企业的内部信息主要包括以下几个方面。

1. 会计信息

会计信息又可分为财务会计信息和管理会计信息。财务会计信息主要是指财务会计报告，包括资产负债表、利润表、现金流量表等国家财务会计制度规定企业编制的各种报表、财务情况说明书，以及有关附表等。管理会计信息主要包括责任会计核算信息、决策会计信息和企业成本报表等信息。

2. 统计与业务信息

统计信息主要是指各种统计报表和企业内部统计信息。业务信息则是指与各部门经营业务及技术状况有关的核算与报表信息。总之，统计与业务信息包括企业除会计信息之外其他反映企业实际财务状况与经营状况的信息。

3. 计划及预算信息

这些信息是企业管理的目标或标准，包括企业的生产计划、经营计划、财务计划、财务预算，以及各种消耗定额、储备定额、资金定额等。

企业外部信息包括以下几个方面。

1. 国家经济政策与法规信息

国家的宏观经济信息主要是指与企业财务活动密切相关的信息，如物价上涨率或通货膨胀率、银行利息率、各种税率等；有关法规包括会计法、税法、会计准则、审计准则、会计制度等。

2. 综合部门发布的信息

它包括国家统计局定期公布的统计报告和统计分析；国家经贸委的经济形势分析；国家计委的国民经济计划及有关部门的经济形势预测；各证券市场和资金市场的有关股价、债券利息等方面的信息等。

3. 中介机构信息

会计师事务所、资产评估事务所等提供的企业审计报告和资产评估报告等就属于中介机构信息。

4. 报刊的信息

它是指各种经济著作、报刊的科研成果、调查报告、经济分析中所提供的与企业财务报表分析有关的信息。

5. 企业间交换的信息

它是指企业与同行业其他企业或有业务往来的企业间相互交换的报表及业务信息等。

6. 国外有关信息

它是指从国外取得的各种经济信息。取得的渠道有出国考察访问、购买国外经济信息报刊、国际会议交流等。

第二，定期信息与不定期信息。财务报表信息按照信息取得时间的确定性程度可分为定期信息和不定期信息。定期信息是指企业经常性需要、可定期取得的信息。不定期信息则是根据临时需要搜集的信息。

定期信息主要包括以下几个方面。

（1）会计信息。尤其是财务会计信息，它是以会计制度规定的时间，按月度和年度核算和编报的，是企业财务报表分析中可定期取得的信息。

（2）统计信息。企业的统计月报、季报和年报信息也是财务报表分析的定期信息之一。

（3）综合经济部门的信息。综合经济信息有的按月公布、有的按季公布、有的按年公布，也有一些市场信息是按日或按旬公布的。

（4）中介机构信息。定期财务报表分析信息为企业定期财务报表分析提供了可能和奠定了基础。

不定期信息主要包括以下几个方面。

（1）宏观经济政策信息；

（2）企业间不定期交换信息；

（3）国外经济信息；

（4）主要报刊信息等。

不定期的经济信息，有的是因为信息不能定期提供形成的，有的是因为企业不定期的分析需要形成的。企业在财务报表分析中，应注重对定期信息的搜集与整理，同时也应及时搜集不定期信息。

第三，实际信息与标准信息。财务报表信息根据实际发生与否可分为实际信息和标准信息。实际信息是指反映各项经济指标实际完成情况的信息。标准信息是指用于作为评价标准而搜集与整理的信息，如预算信息、行业信息等。

财务报表分析通常是以实际信息为基础进行的，但标准信息对于评价企业财务状况同样不可缺少。

二、财务会计报表的局限性

一般来说，财务会计报表的局限性主要体现在以下 3 个方面。

（一）财务会计报表计量的局限性

所谓财务会计报表计量的局限性，是指财务会计报表都是以货币为计量单位计量的，不能反映企业经营中的非货币性事项。货币计量虽然有其重要意义与作用，但对企业经营中的非货币性事项，如产量、质量、劳动力及设备状况等对分析企业财务状况和经营状况非常必要的信息却无法反映出来。另外，以货币为计量手段，在物价变动较大的情况下，特别是在通货膨胀情况下，会对分析数据的准确性产生不利影响，甚至产生歪曲，导致分析结果的错误。

（二）财务会计报表内容的局限性

财务报表内容的局限性主要体现在：第一，财务报表由于制度原因、保密原因或规范原因等，不能提供详尽的因素分析数据，如各成本项目数据、材料消耗数据、人工消耗数据等；第二，财务报表不能反映企业未来将要发生的事项，只是对历史情况的反映；第三，财务报表不能表明企业采用的具体会计原则和会计方法，如在存货计价方法方面和折旧方法方面，不同的企业可根据要求采用不同的方法，而不同的方法对其计量结果是有影响的。

（三）财务会计报表时间的局限性

财务报表的编报通常是按月进行的，有些报表是按年进行的，且报表形成或报出时间与报表内容反映的时间之间又存在一段距离。因此，财务报表信息并不能及时反映分析时企业的真实情况，尤其在当今市场竞争激烈、情况瞬息万变的时代，明确报表时间上的局限性是十分重要的。

三、财务报表分析评价标准

确立财务报表分析评价标准是财务报表分析的一项重要内容。不同的财务报表分析评价标准，会对同一分析对象得出不同的分析结论。正确确定或选择财务报表分析评价标准，对于发现问题、找出差距、正确评价有着十分重要的意义与作用。通常，财务报表分析评价标准有经验标准、历史标准、行业标准、预算标准等。

（一）经验标准

经验标准是在财务比率分析中经常采用的一种标准。所谓经验标准，是指这个标准的形成依据大量的实践经验的检验。例如，流动比率的经验标准为 2∶1；速动比率的经验标准是 1∶1 等。还有，当流动负债对有形净资产的比率超过 80%时，企业就会出现经营困难，存货对净营运资本的比率不应超过 80%等，这些都是经验之谈或经验标准。也有人将这种经验标准称为绝对标准，认为它们是人们公认的标准，不论什么公司、什么行业、什么时间、什么环境，它都是适用的。但是，经验标准只是对一般情况而言，并不是适用一切领域或一切情况的绝对标准。例如，假设一个公司的流动比率大于2∶1，但其信用政策较差，存在大量应收账款和许多积压物资和产品。另一公司的流动比率可能低于2∶1，但在应收账款、存货及现金管理方面非常成功。这时并不能根据经验标准认为前一公司的流动性或偿债能力好于后一公司。因此，人们应用经验标准时，必须非常仔细，不能生搬硬套。

（二）历史标准

历史标准是指以企业过去某一时间的实际业绩为标准。这种标准对于评价企业自身经营状况和财务状况是否得到改善是非常有益的。历史标准可选择企业历史最好水平，也可选择企业正常经营条件下的业绩水平。另外，在财务报表分析中，分析人员经常将本年的财务状况与上年的进行对比，此时企业上年的业绩水平实际上也可看作历史标准。应用历史标准的优点，一是比较可靠，历史标准是企业曾达到的水平；二是具有较高的可比性。但历史标准也有其不足，一是历史标准比较保守，因为现实要求与历史要求可能不同；二是历史标准适用范围较窄，只能说明企业自身的发展变化，不能全面评价企业在同行业中的地位与水平。尤其对于外部分析，仅用历史标准是远远不够的。

（三）行业标准

行业标准是财务报表分析中广泛采用的标准，它是按行业制定的，或反映行业财务状况和经营状况的基本水平。行业标准也可指同行业某一比较先进企业的业绩水平。企业在财务报表分析中运用行业标准，可说明企业在行业中所处的地位与水平。假设行业的投资收益率标准为 10%，那么，如果企业的投资收益率为 8%，这是投资者所不能接受的。行业标准还可用于判断企业的变动趋势。

假如在一个经济萧条时期，企业的利润率从 12%下降为 9%，而同行业其他企业的利润率则从 12%下降为 6%，这时则可认为企业的盈利状况是相当好的。

应当指出，运用行业标准有以下三个限制条件。第一，同行业内的两个公司并不一定是可比的。例如，同是石油行业的两个企业，一家公司可能从市场购买原油生产石油产品；另一家公司则以开采、生产、提炼到销售石油产品为一体，这两个公司的经营就是不可比的。第二，一些大的公司现在往往跨行业经营，公司的不同经营业务可能有着不同的盈利水平和风险程度，这时用行业统一标准进行评价显然是不合适的。解决这一问题的方法是将公司的不同经营业务的收入、收益、资产、费用等分项报告。第三，应用行业标准还受企业采用的会计方法的限制，同行业企业如果采用不同的会计方法，也会影响评价的准确性。例如，由于库存材料物资发出的计价方法不同，不仅可能影响存货的价值，而且可能影响成本的水平。因此，在采用行业标准时，也要注意这些限制条件。

（四）预算标准

预算标准是指企业根据自身经营条件或经营状况所制定的目标标准。预算标准通常在一些新的行业、新建企业，以及垄断性企业应用较多。其实，对于其他行业和企业，运用预算标准也是有益的，因为预算标准可将行业标准与企业历史标准相结合，比较全面地反映企业的状况。尤其对于企业内部财务报表分析，预算标准更有其优越性，可考核评价企业各级、各部门经营者的经营业绩，以及对企业总体目标实现的影响。但是，预算标准对于外部财务报表分析作用不明显；另外，预算标准的确定也受人为因素影响，缺乏客观依据。

可见，各种财务报表分析评价标准都有其优点与不足。在财务报表分析中不应孤立的选用某一种标准，而应综合应用各种标准，从不同角度对企业经营状况和财务状况进行评价，这样才有利于得出正确的结论。

四、政策与市场信息

（一）政策与市场信息的重要性

政策与市场信息是指除企业内部信息之外的所有企业外部信息。在进行企业财务报表分析过程中，无论是投资者、经营者还是债权人，只靠企业内部信息是远远不够的，尤其是在我国实行社会主义市场经济的今天，财务报表分析更不能离开政策与市场信息。

企业的投资者或所有者为保证其投资的收益性和安全性，不仅要分析企业的盈利能力、支付能力，而且必须掌握市场上的无风险投资收益率水平、其他企业的投资收益率水平；不仅要看企业目前的生产经营状况，而且应根据国家的产业政策信息，预测企业未来的发展前景；不仅要了解企业的名义产出和盈利水平，而且要依据通货膨胀率分析确定企业的实际产出和盈利水平等。这些都离不开政策与市场信息。

企业的经营者要不断提高企业的经济效益，保证企业经营状况和财务状况不断改善，必须面向市场、进入市场。企业如果不掌握国家政策与市场信息，那么要在市场竞争中立于不败之地是不可能的。例如，企业可根据市场利率信息确定企业的负债结构；根据市场的需求信息确定产品的品种和产量；根据国家的产业政策与技术政策确定企业的发展目标等。

企业的债权人在对企业进行财务报表分析时，不仅要根据企业财务会计报表信息分析其流动性和偿债能力，还要研究企业在市场上的信誉状况、企业的发展前景以及国家的信贷政策变动情况。只有这样，才能保证债权人的收益性与安全性。

（二）政策法规信息

政策法规信息主要是指国家为加强宏观管理所制定的各项与企业有关的政策、法规、制度等。

1. 经济体制方面的政策

经济体制方面的政策是指涉及国家经济体制方面变化的政策，如我国从实行计划经济体制向有计划商品经济体制的转变；从有计划商品经济体制向社会主义市场经济体制转变；从封闭的经济体制向开放的经济体制转变等，都属于体制方面的政策变动。财务报表分析如果能明确企业所处的体制环境，尤其是能预测到体制的变动，势必会对企业的投资和经营产生积极的影响。

2. 宏观经济政策

宏观经济政策主要是指财政政策、金融政策、货币政策等。这些政策对于企业财务报表分析是至关重要的。试想一个企业经营者如果不了解税率、利率的水平及其变动，不能掌握通货膨胀率的变动趋势，那么，他希望能搞好这个企业是不现实的。同理，一个投资者或债权人不掌握宏观经济政策的变动也可能做出错误的决策。

3. 产业政策与技术政策

产业政策是指导国家产业发展的政策性文献，它规定了哪些产业是基础产业，哪些产业是支柱产业，并相应的对产业组织、产业技术和产业布局做出规划。技术政策则规定了国家鼓励创新和推广的技术，以及相应的鼓励措施。投资者和经营者掌握产业政策和技术政策，对于保证企业持续、健康发展有着重要作用。

（三）市场信息

市场信息包括除政策信息之外的所有企业外部信息。主要有以下几个方面。

1. 综合部门发布的信息

综合部门发布的信息主要是指国家统计局定期公布的统计报告和统计分析；国家经贸委的经济形势分析；国家计委的国民经济计划；有关部门和专家的经济形势预测等。

2. 证券市场的信息

证券市场的信息主要是指各证券市场和资金市场的有关股价、债券利息等方面的信息等，如上市公司的每日股市行情；人民银行每日公布的人民币汇率；证券报刊杂志刊登的有关股价、利息等方面的信息；国外证券市场的信息等。

3. 其他市场的信息

其他市场的信息是指生产市场信息、物资市场信息、劳动力市场信息，以及有关信息市场或信息部门提供的各种信息，包括一些中介机构提供的公证信息等。

4. 企业间交流的信息

企业间交流的信息是指企业与同行业其他企业或有业务往来的企业之间相互交换的报表及业务信息等信息。

5. 其他有关信息

其他有关信息是指除以上市场信息之外的与企业财务报表分析有关的市场信息。例如，通过出国考察访问、购买国外经济信息报刊、国际会议交流等方式从国外取得的各种经济信息资料，以及国内有关部门的评比、会议交流信息等。

【随堂小测验 2-2】

1.【单选】为评价企业自身经营状况与财务状况的发展变化情况，通常应采用（　　　　）。

    A．经验标准　　　　B．历史标准　　　　C．行业标准　　　　D．预算标准

2.【多选】下列各项中，可以作为财务报表分析信息来源的有（　　　　）。

    A．会计信息　　　　B．证券市场信息　　　C．资产评估报告

    D．宏观经济信息　　E．综合部门发布的消息

3.【判断】财务报表分析信息的数量，决定着财务报表分析的质量。　　　　　　　　　　（　　　）

第三节 | 战略分析与会计分析

一、企业战略分析

（一）企业战略分析的内涵与作用

在明确财务报表分析目的，搜集整理财务报表分析信息的基础上，企业战略分析成为财务报表分析的新起点。所谓企业战略分析，其实质在于通过对企业所在行业或企业拟进入行业的分析，明确企业自身地位及应采取的竞争战略，以权衡收益与风险，了解与掌握企业的发展潜力，特别是在企业价值创造或盈利方面的潜力。因此，企业战略分析通常包括行业分析和企业竞争策略分析。企业战略分析是会计分析和财务报表分析的基础和导向。通过企业战略分析，分析人员能深入了解企业的经济状况和经济环境，从而进行客观、正确的会计分析与财务报表分析。

（二）行业分析

行业分析的目的在于分析行业的盈利水平与盈利潜力，因为不同行业的盈利能力和潜力大小可能是不同的。影响行业盈利能力的因素有许多，归纳起来主要可分为两类：一是行业的竞争程度，二是市场谈判或议价能力。

1. **行业竞争程度分析**

一个行业中的竞争程度和盈利能力水平主要受三个因素影响：第一，现有企业间的竞争；第二，新加入企业的竞争威胁；第三，替代产品或服务的威胁。

（1）现有企业间竞争程度分析

现有企业的竞争程度影响着行业的盈利水平，通常竞争程度越高，价格越接近边际成本，盈利水平也越低。行业现有企业间的竞争程度分析主要应从影响企业间竞争的因素入手，通常包括以下内容。

第一，行业增长速度分析。行业增长速度越快，现有企业间不必为相互争夺市场份额而开展价格战，企业间竞争程度小；反之，如果行业增长慢或停滞不前，则企业间竞争势必加剧。

第二，行业集中程度分析。如果行业市场份额主要集中在少数企业，即集中程度高，则企业竞争度较低；反之，竞争度将提高。

第三，差异程度与替代成本分析。行业间企业要避免正面价格竞争，关键在于其产品或服务的差异程度，差异程度越大，竞争程度越低。当然，差异程度与替代成本相关，当替代成本较低时，企业间仍可进行价格竞争。

第四，规模经济性分析。具有规模经济性的行业其固定成本与变动成本之比往往较高，此时企业为争夺市场份额进行的价格竞争就激烈。

第五，退出成本分析。当行业生产能力大于市场需求，而行业退出成本又较高时，势必引起激烈的价格竞争，以充分使用生产能力；如果退出成本较低，则竞争将减弱。

（2）新加入企业竞争威胁分析

当行业平均利润率超过社会平均利润率，即行业取得超额利润时，行业必然面临新企业加入的威胁。影响新企业加入的因素有许多，其主要因素有以下几个方面。

第一，规模经济性因素。规模经济性程度越高，新企业进入难度越大。因为，要进入该行业，要么进行大规模投资，要么持续扩大企业生产能力。

第二，先入优势的因素。新进入企业与行业现有企业在竞争上，总是处于相对不利地位。因为先入企业为防止新企业进入，在制定行业标准或规则方面总是偏向于现有企业；同时，现有企业通常具有成本优势，这也增加了新进入的难度。

第三，销售网与关系网因素。新进入企业要生存与发展，必然要打入现有企业的销售网与关系网。因此，现有企业的销售网与关系网的规模与程度将影响着新企业进入的难易程度。

第四，法律障碍因素。许多行业对新进入企业在法律上有所规定与限制，如许可证、专利权等。因此，法律限制程度就直接影响新企业进入的难易程度。

（3）替代产品或服务威胁分析

替代产品与替代服务对行业竞争程度有重要影响。当行业存在许多替代产品或替代服务时，其竞争程度加剧；而如果替代产品或服务少，则竞争性较小。消费者在选择替代产品或服务时，通常考虑产品或服务的效用和价格两个因素。如果替代效用相同或相似，价格竞争就会激烈。

2. **市场议价能力分析**

虽然行业竞争能力是行业盈利能力大小的决定因素，但行业实际盈利水平的高低，还取决于本行业企业与供应商和消费者（客户）的议价能力。

（1）企业与供应商的议价能力分析

影响企业与供应商议价能力的因素主要包括以下几个方面。

第一，供应商的数量对议价能力的影响。当企业的供应商越少，可供选择的产品或服务越少时，供应商方面的议价能力就越强；反之，则企业的议价能力越强。

第二，供应商的重要程度对议价能力的影响。供应商对企业的重要程度取决于其供应商品对企业产品的影响程度。如果供应商的产品是企业产品的核心部件，而替代商品又较少，则供应商的议价能力就强；反之，则企业具有更好的议价能力。

第三，单个供应商的供应量。单个供应商对企业的供应量越大，往往对企业的影响与制约程度越大，其议价能力也越强。

（2）企业与客户的议价能力分析

影响企业与客户议价能力的因素有很多，如替代成本、产品差异、成本与质量的重要性、客户数量等，这些因素归纳起来主要包括以下两个方面。

第一，价格敏感程度。价格敏感程度取决于产品差别程度及替代成本水平。产品差别越小，替代成本越低，价格敏感度越强，客户的议价能力越强。另外，客户对价格的敏感程度还取决于企业产品对客户成本构成的影响程度。如果企业产品在客户成本中占较大比重，客户将对其价格十分敏感。反之，则对其敏感程度下降。

第二，相对议价能力。价格敏感程度虽然对价格产生影响，但实际价格还取决于客户的相对议价能力。影响其议价能力的因素有企业（供应商）与客户的供需平衡状况；单个客户的购买量；可供选择的替代产品数量；客户选择替代产品的成本水平；客户的逆向合并威胁等。

（三）**企业竞争策略分析**

行业分析为我们指明了在行业中保持竞争优势和进入行业要考虑和注意的问题；而企业战略分析的关键在于企业如何根据行业分析的结果，正确选择企业的竞争策略，使企业保持持久竞争优势和高盈利能力。企业进行竞争的策略有很多，但最重要的竞争策略主要有两种，即低成本竞争策略和产品差异策略。

1. **低成本竞争策略分析**

低成本竞争策略是指企业能以较低的成本提供与竞争对手相同的产品或服务。这时企业可以以较低的价格与对手争夺市场份额。低成本竞争策略通常是取得竞争优势最明显的方式。企业要使其成本低于同行业其他企业成本，即取得低成本优势，需要在降低成本方面下工夫。

（1）优化企业规模，降低产品成本；

（2）改善资源利用率，降低产品成本；

（3）运用价值工程，降低产品成本；

（4）提高与供应商的议价能力，降低采购成本；

（5）强化管理控制，降低各项费用。

当企业所处行业替代产品威胁较小，新企业进入威胁较大时，往往愿意选择低成本竞争策略。

2．产品差异策略分析

产品差异策略是指企业通过其产品或服务的独特性与其他企业竞争，以争取在相同价格或较高价格的基础上占领更大市场份额，取得竞争优势与超额利润。产品或服务差异包括较高的产品或服务质量；较多的产品或服务类别；良好的销售或售后服务；独特的品牌形象。

企业选择产品差异策略，必须做好以下工作。

（1）明确企业的产品或服务差异将满足哪一部分消费者的需求。

（2）使企业的产品或服务差异（特色）与消费者的要求完全一致。

（3）企业提供的差异产品或服务，其成本应低于消费者愿意接受的价格。

要做好这些工作，企业就要在研究与开发、工程技术和市场容量等方面进行投资，同时鼓励创造与革新。

应当指出，传统的竞争策略分析认为，低成本竞争策略和产品差异策略是相互排斥的。然而，成功的企业在选择某一竞争策略时，不应完全忽视另一种竞争策略，即追求产品差异，不能忽视成本；追求低成本策略，不能完全忽视产品或服务差异。

二、会计分析技术

（一）会计分析的内涵与步骤

会计分析是财务报表分析的重要步骤之一。会计分析的目的在于评价企业会计信息所反映的财务状况与经营成果的真实程度。会计分析的作用是，一方面通过对会计政策、会计方法、会计披露的评价，揭示会计信息的质量；另一方面通过对会计灵活性、会计估计的调整，修正会计数据，为财务报表分析奠定基础，并保证财务报表分析结论的可靠性。

进行会计分析，一般可按以下步骤进行。

1．阅读财务报表

阅读财务报表是会计分析的第一步。关于财务报表体系的内容将在第四章中详细论述，此处不再赘述。应当指出的是，在全面阅读财务报表的基础上应注意以下几点。

（1）注册会计师审计意见与结论。

（2）企业采用的会计原则、会计政策及其变更情况。

（3）会计信息披露的完整性、真实性。

2．比较会计报表

在阅读会计报告的基础上，分析人员需要重点对会计报表进行比较。比较的方法包括水平分析法、垂直分析法和趋势分析法。各种比较可以揭示财务会计信息的差异，从而找出需要进一步分析与说明的问题。

3．解释会计报表

解释会计报表是指在比较会计报表的基础上，考虑企业采取的会计原则、会计政策、会计核算方法等，说明会计报表差异产生的原因，包括会计原则变化影响、会计政策变更影响、会计核算失误影响等，特别重要的是要发现企业经营管理中存在的潜在"危险"信号。

4．修正会计报表信息

会计分析是财务报表分析的基础。分析人员通过会计分析，对发现的由于会计原则、会计政策变更等原因引起的会计信息差异，应以一定的方式加以说明或调整，消除会计信息的失真问题。

（二）水平分析法

水平分析法是指将反映企业报告期财务状况的信息（特别指会计报表信息资料）与反映企业前期或历史某一时期财务状况的信息进行对比，研究企业各项经营业绩或财务状况的发展变动情况的一种财务报表分析方法。一般而言，水平分析法所进行的对比不是指单指标对比，而是对反映某方面情况报表的全面、综合的对比分析，尤其在对会计报表分析中应用较多。因此，水平分析法通常也被称为会计报表分析方法。水平分析法的基本要点是，将报表资料中不同时期的同项数据进行对比，对比的方式有以下几种。

一是绝对值增减变动，其计算公式是：

$$绝对值变动数量=分析期某项指标实际数-基期同项指标实际数$$

二是增减变动率，其计算公式是：

$$变动率（\%）=\frac{变动绝对值}{基期实际数值}\times100\%$$

三是变动比率值，其计算公式是：

$$变动比率值=\frac{分析期实际数值}{基期实际数值}$$

上式中所说的基期，可指上年度，也可指以前某年度。水平分析中应同时进行绝对值和变动率或比率两种形式的对比，因为仅以某种形式对比，可能得出错误的结论。关于水平分析法的实例，参见本书第五章、第六章、第七章和第八章。

应当指出，水平分析法通过将企业报告期的财务会计资料与前期进行对比，揭示各方面存在的问题，为全面深入分析企业财务状况奠定了基础。因此，水平分析法是会计分析的基本方法。另外，水平分析法可用于一些可比性较高的同类企业之间的对比分析，以找出企业间存在的差距。但是，水平分析法在不同企业应用中，一定要注意其可比性问题，即使在同一企业应用，对于差异的评价也应考虑其对比基础；同时，水平分析中，应将两种对比方式结合运用，仅用变动量，或仅用变动率都可能得出片面的，甚至是错误的结论。

（三）垂直分析法

垂直分析与水平分析不同，它的基本点不是将企业报告期的分析数据直接与基期进行对比求出增减变动量和增减变动率，而是通过计算报表中各项目分别占总体的比重，反映报表中的项目与总体的关系情况及其变动情况。会计报表经过垂直分析法处理后，通常称为同度量报表，或总体结构报表、共同比报表等。例如，同度量资产负债表、同度量利润表、同度量成本表等，都是应用垂直分析法得到的。垂直分析法的一般步骤如下所示。

第一，确定报表中各项目占总额的比重或百分比，其计算公式是：

$$某项目的比重=\frac{该项目金额}{各项目总金额}\times100\%$$

第二，通过各项目的比重，分析各项目在企业经营中的重要性。一般项目比重越大，说明其重要程度越高，对总体的影响越大。

第三，将分析期各项目的比重与前期同项目的比重对比，研究各项目的比重变动情况。另外，也可将本企业报告期项目比重与其他同类企业的可比项目比重进行对比，研究本企业与其他同类企业的不同，以及取得的成绩和存在的问题。

关于垂直分析法的应用实例，参见本书第五章、第六章、第七章和第八章。

（四）趋势分析法

趋势分析法是根据企业连续几年或几个时期的分析资料，运用指数或完成率的计算，确定分析期各有关项目的变动情况和趋势的一种财务报表分析方法。趋势分析法既可用于对会计报表的整体分析，即研究一定时期报表各项目的变动趋势，也可对某些主要指标的发展趋势进行分析。趋势分析法一般有以下步骤。

第一，计算趋势比率或指数。通常指数的计算有两种方法，一是定基指数，二是环比指数。定基指数就是各个时期的指数都是以某一固定时期为基期来计算的。环比指数则是各个时期的指数以前一期为基期来计算的。趋势分析法通常采用定基指数。

第二，根据指数计算结果，评价与判断企业各项指标的变动趋势及其合理性。

第三，预测未来的发展趋势。根据企业以前各期的变动情况，研究其变动趋势或规律，从而可以预测出企业未来发展变动情况。

下面举例说明趋势分析方法的应用。某公司 2×12 年至 2×16 年有关营业收入、净利润、每股收益及每股股息的资料如表 2-1 所示。

表 2-1　　　　　　　　　　　2×12 年至 2×16 年营业收入及净利润等资料

项目	2×16	2×15	2×14	2×13	2×12
营业收入（万元）	17 034	13 305	11 550	10 631	10 600
净利润（万元）	1 397	1 178	374	332	923
每股收益（元）	4.31	3.52	1.10	0.97	2.54
每股股息（元）	1.90	1.71	1.63	1.62	1.60

根据表 2-1 的资料，运用趋势分析法可得出趋势分析表，如表 2-2 所示。

表 2-2　　　　　　　　　　　趋势分析表

指标	2×16	2×15	2×14	2×13	2×12
营业收入（%）	160.7	125.5	109.0	100.3	100.0
净利润（%）	151.4	127.6	40.5	36.0	100.0
每股收益（%）	169.7	138.6	43.3	38.2	100.0
每股股息（%）	118.8	106.9	101.9	101.3	100.0

从表 2-2 的趋势分析表可以看出，该企业几年来的销售额和每股股息在逐年增长，特别是 2×15 年和 2×16 年增长较快；净利润和每股收益在 2×13 年和 2×14 年增幅较小，2×15 年和 2×16 年有较大幅度增长；从总体状况来看，企业以 2×12 年为基期，2×13 年和 2×14 年的盈利状况有所下降，2×15 年和 2×16 年各项指标完成得都比较好；从各指标之间的关系看，每股收益的平均增长速度最快，高于营业收入、净利润和每股股息的平均增长速度。企业这几年的发展趋势说明，企业的经营状况和财务状况不断得以改善。如果这个趋势能保持下去，企业在 2×17 年的相关状况也会比较好。

【随堂小测验 2-3】

1．【单选】应用水平分析法进行分析评价时关键应注意分析资料的（　　　）。

　　A．全面性　　　　　B．系统性　　　　　C．可靠性　　　　　D．可比性

2．【多选】下列各项中，能够影响行业竞争程度和盈利能力的有（　　　）。

　　A．市场占有率　　　　　　　　　B．现有企业间的竞争

　　C．替代产品或服务的威胁　　　　D．新加入企业的竞争威胁

　　E．市场议价能力

3．【多选】下列各项中，属于会计分析方法的有（　　　）。

　　A．比率分析法　　　B．因素分析法　　　C．水平分析法

　　D．垂直分析法　　　E．趋势分析法

4．【判断】企业选择低成本策略时应该提供差异产品或服务。　　　　　　　　　　　　（　　　）

第四节 比率分析与因素分析

一、比率分析法

（一）比率分析法的定义

比率分析法是财务报表分析的最基本、最重要的方法。正因为如此，有人甚至将财务报表分析与比率分析等同起来，认为财务报表分析就是比率分析。比率分析法实质上是将影响财务状况的两个相关因素联系起来，通过计算比率，反映它们之间的关系，借以评价企业财务状况和经营状况的一种财务报表分析方法。比率分析的形式有：第一，百分率，如流动比率为 200%；第二，比率，如速动比率为 1∶1；第三，分数，如负债为总资产的 1/2。

比率分析以其简单、明了、可比性强等优点在财务报表分析实践中被广泛采用。

（二）比率分析指标

由于财务报表分析的目的不同，分析的角度不同等，比率分析法中的比率也有许多分类形式。有的根据财务报表的种类来划分比率，有的根据分析主体来划分比率，有的从反映财务状况角度来划分比率等。实际应用请参考第三篇效率分析篇。

（三）标准比率

在比率分析中，分析人员往往会将比率进行各种各样的比较，如时间序列比较，横向比较和依据一些绝对标准比较等。不同的比较有着不同的评价目的和作用。标准比率是运用比率分析法进行比较时最常用的比较标准。

标准比率的计算方法主要有算术平均法、应用算术平均法、中位数法 3 种。

（四）比率分析法的局限性

虽然比率分析法被认为是财务报表分析的最基本或最重要的方法，但应用比率分析法时必须认识到它的不足：第一，比率的变动可能会仅仅被解释为两个相关因素之间的变动；第二，很难综合反映比率与计算它的会计报表的联系；第三，比率易给人们留下不保险的最终印象；第四，比率不能给人们关于会计报表关系的综合观点。

二、因素分析法

因素分析法是依据分析指标与其影响因素之间的关系，按照一定的程序和方法，确定各因素对分析指标差异影响程度的一种技术方法。因素分析法不仅是经济活动分析中最重要的方法之一，也是财务报表分析的重要方法之一。因素分析法根据其分析特点可分为连环替代法和差额计算法两种。

（一）连环替代法

连环替代法是因素分析法的基本形式，有人甚至将连环替代法与因素分析法看成同一概念，即连环替代法就是因素分析法，或因素分析法就是连环替代法。连环替代法的名称是由其分析程序的特点决定的。为正确理解连环替代法，我们首先应明确连环替代法的一般程序或步骤。

1. 连环替代法的程序

连环替代法的程序由以下几个步骤组成。

（1）确定分析指标与其影响因素之间的关系。确定分析指标与其影响因素之间关系的方法，通常是用指标分解法，即将经济指标在计算公式的基础上进行分解或扩展，从而得出各影响因素与分析指标之间的关系式。如对于总资产报酬率指标，要确定它与影响因素之间的关系，可按下式进行分解。

$$总资产报酬率 = \frac{息税前利润}{平均资产总额} \times 100\%$$

$$= \frac{营业收入}{平均资产总额} \times \frac{息税前利润}{营业收入} \times 100\%$$

$$= \frac{总产值}{平均资产总额} \times \frac{营业收入}{总产值} \times \frac{息税前利润}{营业收入} \times 100\%$$

$$= 总资产产值率 \times 总产值收入率 \times 销售息税前利润率$$

分析指标与影响因素之间的关系式，既说明哪些因素影响分析指标，又说明这些因素与分析指标之间的关系及顺序。如上式中影响总资产报酬率的指标有总资产产值率、总产值收入率和销售息税前利润率三个因素；它们都与总资产报酬率呈正比例关系；它们的排列顺序是，总资产产值率在先，其次是总产值收入率，最后是销售息税前利润率。

（2）根据分析指标的报告期数值与基期数值列出两个关系式或指标体系，确定分析对象。如对于总资产报酬率而言，两个指标体系是：

基期总资产报酬率 = 基期总资产产值率 × 基期总产值收入率 × 基期销售息税前利润率

实际总资产报酬率 = 实际总资产产值率 × 实际总产值收入率 × 实际销售息税前利润率

分析对象 = 实际总资产报酬率 – 基期总资产报酬率

（3）连环顺序替代，计算替代结果。所谓连环顺序替代，是指以基期指标体系为计算基础，用实际指标体系中的每一因素的实际数顺序地替代其相应的基期数，每次替代一个因素，替代后的因素被保留下来。计算替代结果，就是在每次替代后，按关系式计算其结果。有几个因素就替代几次，并相应确定计算结果。

（4）比较各因素的替代结果，确定各因素对分析指标的影响程度。比较替代结果是连环进行的，即将每次替代所计算的结果与这一因素被替代前的结果进行对比，二者的差额就是替代因素对分析对象的影响程度。

（5）检验分析结果。即将各因素对分析指标的影响额相加，其代数和应等于分析对象。如果二者相等，说明分析结果可能是正确的；如果二者不相等，则说明分析结果一定是错误的。

连环替代法的程序或步骤是紧密相连、缺一不可的，尤其是前四个步骤，任何一步出现错误，都会出现错误结果。下面举例说明连环替代法的步骤和应用。

某企业 2×15 年和 2×16 年有关总资产报酬率、总资产产值率、总产值收入率和销售息税前利润率的资料，如表2-3所示。

表2-3　　　　　　　　　　　　　　　财务指标表

指标	2×16 年	2×15 年
总资产产值率（%）	80	82
总产值收入率（%）	98	94
销售息税前利润率（%）	30	22
总资产报酬率（%）	23.52	16.96

要求：分析各因素变动对总资产报酬率的影响程度。

根据连环替代法的程序和上述对总资产报酬率的因素分解式，可得出：

实际指标体系：80%×98%×30%=23.52%

基期指标体系：82%×94%×22%=16.96%

分析对象是：23.52%-16.96%=+6.56%

在此基础上，按照第三步骤的做法进行连环顺序替代，并计算每次替代后的结果：

基期指标体系：82%×94%×22%=16.96%

替代第一因素：80%×94%×22%=16.54%

替代第二因素：80%×98%×22%=17.25%

替代第三因素：80%×98%×30%=23.52%

（或实际指标体系）

根据第四步骤，确定各因素对总资产报酬率的影响程度：

总资产产值率的影响：16.54%-16.96%=-0.42%

总产值收入率的影响：17.25%-16.54%=+0.71%

销售息税前利润率的影响：23.52%-17.25%=+6.27%

最后检验分析结果：-0.42%+0.71%+6.27%=+6.56%

2. 应用连环替代法应注意的问题

连环替代法，作为因素分析方法的主要形式，在实践中应用比较广泛。但是，在应用连环替代法的过程中必须注意以下几个问题。

（1）因素分解的相关性问题。所谓因素分解的相关性，是指分析指标与其影响因素之间必须真正相关，即有实际经济意义。各影响因素的变动确实能说明分析指标差异产生的原因。这就是说，经济意义上的因素分解与数学上的因素分解不同，不是在数学算式上相等就行，而要看经济意义。例如，将影响材料费用的因素分解为下面两个等式从数学上都是成立的：

材料费用=产品产量×单位产品材料费用

材料费用=工人人数×每人消耗材料费用

但是从经济意义上说，只有前一个因素分解式是正确的，后一因素分解式在经济上没有任何意义。因为工人人数和每人消耗材料费用到底是增加有利，还是减少有利，无法用第二个式子表达清楚。当然，有经济意义的因素分解式并不是唯一的，一个经济指标从不同角度看，可分解为不同的有经济意义的因素分解式。这就需要在因素分解时，根据分析的目的和要求，确定合适的因素分解式，以找出分析指标变动的真正原因。

（2）分析前提的假定性。所谓分析前提的假定性，是指分析某一因素对经济指标差异的影响时，必须假定其他因素不变，否则就不能分清各单一因素对分析对象的影响程度。实际上，有些因素对经济指标的影响是共同作用的结果，如果共同影响的因素越多，那么这种假定的准确性就越差，分析结果的准确性也就会降低。因此，在进行因素分解时，并非分解的因素越多越好，而应根据实际情况，具体问题具体分析，尽量减少对相互影响较大的因素再分解，使之与分析前提的假设基本相符。否则，因素分解过细，从表面看有利于分清原因和责任，但是在共同影响因素较多时，反而影响了分析结果的准确性。

（3）因素替代的顺序性。前面谈到，因素分解不仅要因素确定准确，而且因素排列顺序也不能交换，这里特别要强调的是，不存在乘法交换律问题。因为分析前提假定性的原因，按不同顺序计算的结果是不同的。那么，如何确定正确的替代顺序呢？这是一个在理论上和实践中都没有很好解决的问题。传统的方法是依据数量指标在前，质量指标在后的原则进行排列；现在也有人提出依据重要性原则排列，即主要的影响因素排在前面，次要因素排在后面。但是无论何种排列方法，都缺少坚实的理论基础。正因为如此，许多人对连环替代法提出异议，并试图加以改善，但至今仍无公认的好的解决方法。一般地说，替代顺序在前的因素对经济指标影响的程度不受其他因素影响或影响较小，因素排列在后的因素中含有其他因素共同作用的成分，从这个角度看问题，为分清责任，将对分析指标影响较大的、并能明确责任的因素放在前面可能要好一些。

（4）顺序替代的连环性。连环性是指在确定各因素变动对分析对象的影响时，将某因素替代后的结果与该因素替代前的结果进行对比，一环套一环。这样才既能保证各因素对分析对象影响结果的可分性，又便于检验分析结果的准确性。因为只有连环替代并确定各因素的影响额，才能保证各因素对经济指标的影响之和与分析对象相等。

（二）差额计算法

差额计算法是连环替代法的一种简化形式，当然也是因素分析法的一种形式。差额计算法作为连环替代法的简化形式，其因素分析的原理与连环替代法是相同的。区别只在于分析程序上，差额计算法是连环替代法的简化程序，即它可直接利用各影响因素的实际数与基期数的差额，在其他因素不变的假定条件下，计算各该因素对分析指标的影响程度。或者说差额计算法是将连环替代法的第三步骤和第四步骤合并为一个步骤进行的。

这个步骤的基本点就是：确定各因素实际数与基期数之间的差额，并在此基础上乘以排列在该因素前面其他各因素的实际数和排列在该因素后面其他各因素的基期数，所得出的结果就是该因素变动对分析指标的影响数。

下面根据表2-3提供的数据，运用差额计算法分析各因素变动对总资产报酬率的影响程度。

分析对象：23.52%-16.96%=+6.56%

因素分析：

（1）总资产产值率的影响：（80%-82%）×94%×22%=-0.42%

（2）总产值收入率的影响：80%×（98%-94%）×22%=+0.71%

（3）销售息税前利润率的影响：80%×98%×（30%-22%）=+6.27%

最后检验分析结果：-0.24%+0.71%+6.27%=+6.56%

应当指出，应用连环替代法应注意的问题，在应用差额计算法时同样要注意。除此之外，还应注意的是，并非所有连环替代法都可按上述差额计算法的方式进行简化。特别是在各影响因素之间不是连乘的情况下，运用差额计算法必须慎重。下面举例加以说明。例如，某企业有关成本的资料如表2-4所示。

表2-4　　　　　　　　　　　成本资料表

项目	2×16年	2×15年
产品产量	1 200	1 000
单位变动成本	11	12
固定总成本	10 000	9 000
产品总成本	23 200	21 000

要求：确定各因素变动对产品总成本的影响程度。

产品总成本与其影响因素之间的关系式是：

$$产品总成本=产品产量×单位变动成本+固定总成本$$

运用连环替代法进行分析如下。

分析对象：23 200-21 000=+2 200

因素分析：

2×15年：1 000×12+9 000=21 000

替代1：1 200×12+9 000=23 400

替代2：1 200×11+9 000=22 200

2×16年：1 200×11+10 000=23 200

产品产量变动影响：23 400-21 000=+2 400

单位变动成本影响：22 200-23 400=-1 200

固定总成本影响：23 200-22 200=+1 000

各因素影响之和为+2 400-1 200+1 000=+2 200，与分析对象相同。

如果直接运用差额计算法，则得到：

产品产量变动影响：（1 200-1 000）×12+9 000=+11 400

单位变动成本的影响：1 200×（11-12）+9 000=+7 800

固定总成本变动影响：1 200×11+（10 000-9 000）=+14 200

各因素影响之和为：+11 400+7 800+14 200=+33 400

可见运用差额计算法的各因素分析结果之和不等于+2 200的分析对象，显然是错误的。错误的原因在于产品总成本的因素分解式中各因素之间不是纯粹相乘的关系，而存在相加的关系。这时运用差额计算法对连环替代法进行简化应为：

产品产量变动影响：（1 200-1 000）×12=+2 400

单位变动成本的影响：1 200×（11-12）=-1 200

固定总成本变动影响：10 000-9 000=+1 000

在因素分解式中存在加、减、除法的情况下，一定要注意这个问题，否则将得出错误的结果。

【随堂小测验 2-4】

1.【单选】下列各项指标中，属于资产负债表比率的是（   ）。

    A．资产负债率　　　B．利息保障倍数　　C．净资产利润率　　D．存货周转率

2.【多选】从债权人观点来看，比较重要的财务比率有（   ）。

    A．资产报酬率　　　B．总资产周转率　　　C．流动比率

    D．资产负债率　　　E．应付账款周转率

3.【多选】对于连环替代法中各因素的替代顺序，传统的排列方法有（   ）。

    A．主要因素在前，次要因素在后

    B．影响大的因素在前，影响小的因素在后

    C．不能明确责任的在前，可以明确责任的在后

    D．数量指标在前，质量指标在后

4.【判断】比率分析法能综合反映比率与计算它的会计报表之间的联系。　　　　（   ）

第五节　财务分析报告

一、财务分析报告的含义与作用

财务分析报告是指财务报表分析主体对企业在一定时期内的筹资活动、投资活动、经营活动中的盈利状况、营运状况、偿债状况等进行分析与评价所形成的书面文字报告。

财务报表分析的主体可能是经营者，也可能是财务报表分析人员或其他与企业利益相关的利益相关者。企业的投资者、债权人和其他部门在进行投资、借贷和其他决策时，并不能完全依据经营者财务分析报告的结论。这些部门的财务报表分析人员或聘请的财务报表分析专家，会提供自己的财务分析报告，为其决策者进行决策提供更客观的资料。例如，政府部门的财务分析报告可为国家进行国民经济宏观调控和管理提供客观依据。当然，应当指出，企业外部分析主体的财务分析报告并不一定针对一个企业进行全面分析，它可能针对某一专题对许多企业进行分析。如银行可根据对众多企业偿债能力的分析，形成关于企业偿债能力状况的财务分析报告，为领导者进行借贷决策提供依据。

总之，财务分析报告是对企业财务报表分析结果的概括与总结，它对企业的经营者、投资者、债权人及其他有关单位或个人了解企业生产经营与财务状况，进行投资、经营、交易决策等都有着重要意义。

第一，财务分析报告为企业外部潜在投资者、债权人、政府有关部门评价企业经营状况与财务状况提供参考。企业外部潜在投资者、债权人和政府部门等从各自的分析目的出发，经常对企业进行财务报表分析。他们分析的最直接依据是企业财务报表，但企业财务分析报告能提供许多财务会计报表所不具备的资料，因此企业财务分析报告也就成为企业外部分析者的重要参考资料。

第二，财务分析报告为企业改善与加强生产经营管理提供重要依据。企业财务报表分析全面揭示了企业的盈利能力、运营效率、支付及偿债能力等方面取得的成绩和存在的问题或不足，为企业改善经营管理指明了方向，提供了信息依据。企业可针对财务分析报告中提出的问题，积极采取相应措施加以解决，这对于改善企业经营管理，提高财务运行质量和经济效益有着重要作用。

第三，财务分析报告是企业经营者向董事会和股东会或职工代表大会汇报的书面材料。财务分析报告全面总结了经营者在一定时期的生产经营业绩；说明了企业经营目标的实现程度或完成情况；揭示了企业生产经营过程中存在的问题；提出了解决问题的措施和未来的打算。董事会和股东会根据财务报表分析报告对经营者进行评价和奖惩。

二、财务分析报告的格式与内容

财务分析报告的格式与内容，根据不同的分析报告的目的和用途可能有所不同。如专题分析报告的格式与内容和全面分析报告的格式与内容就不同；月度财务分析报告与年度财务分析报告的格式与内容也可能有区别。这里仅就全面财务分析报告的一般格式与内容加以说明。

全面财务分析报告的格式比较正规，内容比较完整。一般来说，财务分析报告的格式与内容如下。

（1）基本财务情况反映。主要说明企业各项财务报表分析指标的完成情况，包括企业盈利能力情况，如利润额及增长率、各种利润率等；企业营运状况，如存货周转率、应收账款周转率、各种资产额的变动和资产结构变动、资金来源与运用状况等；企业权益状况，如企业负债结构、所有者权益结构的变动情况，以及企业债务负担情况等；企业偿债能力状况，如资产负债率、流动比率、速动比率的情况等；企业产品成本的升降情况等。对于一些对外报送的财务报表分析报告，还应说明企业的性质、规模、主要产品、职工人数等情况，以便财务报表分析报告使用者对企业有比较全面的了解。

（2）主要成绩和重大事项说明。在全面反映企业总体财务状况的基础上，主要对企业经营管理中取得的成绩及原因进行说明。例如，利润取得较大幅度的增长，主要原因是通过技术引进和技术改造提高了产品质量、降低了产品消耗、打开了市场销路等；企业支付能力增强、资金紧张得以缓解。主要原因是由于产品适销对路、减少了产品库存积压、加快了资金周转速度等。

（3）存在问题的分析。这是企业财务报表分析的关键所在。一个财务分析报告如果不能将企业存在的问题分析清楚，分析的意义和作用就不能很好地发挥，至少不能认为这个分析报告是完善的。问题分析，一要抓住关键问题，二要分清原因。例如，假设某企业几年来资金一直十分紧张，经过分析发现，问题的关键在于企业固定资产投资增长过快，流动资产需求加大，即资产结构失衡。又如，企业产品成本居高不下，主要原因在于工资增长水平快于劳动生产率的增长水平等。另外，对存在的问题应分清是主观因素引起的，还是客观原因造成的。

（4）提出改进措施意见。财务报表分析的目的在于发现问题并解决问题。财务分析报告对企业存在的问题必须提出切实可行的改进意见。如企业资产结构失衡的问题，解决的措施是或减少固定资产，或增加流动资产。企业在资金紧张、筹资困难的情况下，可能减少闲置固定资产是可行之策。因为企业在资金本来十分紧张的情况下，再要增加流动资产，势必加剧资金紧张，不利于问题的解决。

应当指出，财务分析报告的结构和内容不是固定不变的，根据不同的分析目的或针对不同的财务分析报告服务对象，分析报告的内容侧重点可以不同。有的财务分析报告可能主要侧重于第一部分的企业财务情况反映，有的则可能侧重于存在问题的分析及提出措施意见。

三、财务分析报告的编写要求

明确了财务分析报告的格式与内容，并不意味着就能编写出合格的财务分析报告。财务分析报告编写人员不仅需要具备财务报表分析的知识，而且要具有一定的文学写作水平。在此基础上，编写人员在编写财务分析报告时还要满足以下基本要求。

（1）突出重点、兼顾一般。编写财务分析报告，必须根据分析的目的和要求，突出分析的重点，不能面面俱到。即使是编写全面分析报告，也应有主有次。但是，突出重点并不意味着可忽视一般，企业经营活动和财务活动都是相互联系、互相影响的，在对重点问题的分析时，兼顾一般问题，有利于做出全面正确的评价。

（2）观点明确、抓住关键。财务分析报告每一部分内容的编写，都应观点明确，指出企业经营活动和财务活动中取得的成绩和存在的问题，抓住关键问题并进行深入分析，搞清主观原因和客观原因。

（3）注重时效、及时编报。财务分析报告具有很强的时效性，尤其是对一些决策者而言，及时的财务分析报告意味着决策成功的一半，过时的财务分析报告将失去意义，甚至产生危害。在当今信息社会中，财务分析报告作为一种信息媒体，必须十分注重其时效性。

（4）客观公正、真实可靠。财务分析报告编写的客观公正、真实可靠，是充分发挥财务分析报告作用的关键。财务分析报告如果不能做到客观公正，人为地夸大某些方面，缩小某些方面，甚至搞弄虚作假，则会使财务分析报告使用者得出错误结论，造成决策失误。财务分析报告的客观公正、真实可靠，既取决于财务报表分析基础资料的真实可靠，又取决于财务报表分析人员能否运用正确的分析方法，客观公正地进行分析评价，二者缺一不可。

（5）报告清楚、文字简练。报告清楚一是指财务分析报告必须结构合理、条理清晰；二是指财务分析报告的论点和论据清楚；三是财务分析报告的结论要清楚。文字简练是指在财务分析报告编写中，要做到言简意赅。当然，报告清楚与文字简练应相互兼顾，做到简练而又清楚，既不能为了清楚搞长篇大论，又不能为了简练而使报告不清楚。

【随堂小测验 2-5】

1．【单选】下列各项中，不属于一般财务分析报告的格式与内容的是（　　　）。

    A．基本财务情况反映　　　　　　　　B．主要成绩和重大事项说明

    C．企业存在问题的分析　　　　　　　D．企业存在问题的评价

2．【多选】下列各项中，属于编写财务分析报告需要满足的基本要求有（　　　）。

    A．突出重点、兼顾一般　　　　　　　B．观点明确、抓住关键

    C．注重时效、及时编报　　　　　　　D．客观公正、真实可靠

    E．详细全面、文字优美

3．【判断】财务报表分析的主体只可能是企业经营者。　　　　　　　　　　　　（　　　）

4．【判断】财务分析报告是指财务报表分析主体对企业在一定时期内的筹资活动、投资活动、经营活动中的盈利状况进行分析与评价所形成的书面文字报告。　　　　　　　　（　　　）

拓展阅读

财务报表分析一般
方法的不同观点

思考与练习

1. 如何理解财务报表分析的四个阶段十个步骤？
2. 信息搜集整理阶段应包括哪些内容？
3. 财务报表分析程序中为什么会进行战略分析？
4. 会计分析在财务报表分析中的地位与作用是什么？
5. 比率分析有哪些作用与不足？
6. 运用因素分析法应注意哪些主要问题？

案例分析

恒瑞医药战略分析

恒瑞医药是由连云港恒瑞集团有限公司（原连云港市医药工业公司）等五家发起人于1997年4月共同发起设立的股份有限公司，目前是国内最大的抗肿瘤药、手术用药和造影剂的研究和生产基地之一。

从行业分析角度来看，恒瑞医药始建于1970年，公司产品涵盖了抗肿瘤药、手术麻醉类用药、特色输液、造影剂、心血管药等众多领域，其中抗肿瘤药物市场份额占全国12%以上。2004—2008年，公司主营业务收入中的60%以上来源于抗肿瘤药，在发展过程中逐渐确立了"创新+国际化"的发展战略，并且实现了从低端产品向高端产品的转变。随着癌症发病率的不断提高，抗肿瘤药已经成为医院购药金额排名第一位的药物。而且，抗癌药行业稳步增长，宏观形势大好，现有企业面临很广阔的发展空间和机会，从这个角度看企业间竞争程度相对较小。此外，抗癌药行业在我国规模化程度小，企业数量较多，存在先入优势。恒瑞医药的产品质量好，可被替代性低，市场议价能力强。

在企业竞争策略上，恒瑞医药采取低成本竞争策略、自主创新的发展战略和产品差异化策略。恒瑞医药2014—2015年利润表水平如表2-5所示，2015年恒瑞医药及同行业研发费用情况如表2-6所示。

表2-5 　　　　　　　　　恒瑞医药2014—2015利润表水平分析　　　　　　　　　　　单位：元

项目	2015	2014	变动比例（%）
营业收入	9 315 960 168.40	7 452 253 087.84	25.01
营业成本	1 371 670 464.29	1 313 216 114.87	4.45
销售费用	3 524 978 732.58	2 844 243 006.11	23.93
管理费用	1 843 433 845.74	1 463 527 737.28	25.96
财务费用	−148 345 785.74	−80 579 775.19	−84.10
研发投入	891 673 656.76	651 984 340.09	36.76

表 2-6 　　　　　　　　　　　2015 年恒瑞医药及同行业研发费用情况 　　　　　　　　　　单位：万元

项目	研发投入金额	占营业收入比例（%）	占净资产比例（%）
复星医药	8 020.33	6.60	4.03
恒瑞医药	89 167.37	9.57	8.61
人福医药	40 375.00	4.02	5.12
济川药业	12 712.40	3.37	4.69
华北医药	17 043.87	2.16	3.32
上海医药	61 769.08	0.59	2.06
同行业平均研发投入金额	42 984.14		
占净资产比例（%）	8.98		

　　根据上文的介绍，我们可以知道恒瑞医药的市场议价能力强，而且替代产品威胁较小，存在行业先入优势，这都是恒瑞医药采取低成本竞争战略的优势。但是，由表 2-5 可以看出，恒瑞医药的销售费用在各项费用中占比重最大。对销售费用的成分进行分析，可以发现其中 92.23% 是市场费用。财务费用本期较上年同期减少 84.10%，主要原因为报告期银行存款利息增加。恒瑞医药实行低成本竞争策略，还应该继续强化管理控制，降低各项费用，重点关注如何降低销售费用。

　　由表 2-5 和表 2-6 可以看出，恒瑞医药的各项费用中研发投入的增长幅度是最大的，增长幅度高达 36.76%。与同行业其他公司相比，恒瑞医药在研发费用上的投入也比较大，无论是从金额还是从比重上均高于行业平均水平，这是由于恒瑞医药实行自主创新的发展战略。

　　再看恒瑞医药的产品差异策略。恒瑞医药主营业务涉及药品研发、生产和销售，主要产品涵盖众多领域。其中抗肿瘤药物、造影剂药物和麻醉药物具备各自的差异性及优势，是三大明星产品。恒瑞制药是抗肿瘤药的龙头企业，是国内最大的抗肿瘤药和手术用药的研究和生产基地。重磅新药阿帕替尼主要用于晚期胃癌标准化疗失败后的治疗，是全球第一个在晚期胃癌被证实安全有效的小分子抗血管生成靶向药物，也是胃癌靶向治疗中唯一一个口服给药制剂。在造影剂方面，恒瑞医药已经占据 43.39% 的份额。公司重点推广碘佛醇，并获得了碘克沙醇生产批件。公司在麻醉药物的明星产品是七氟烷为含氟的高效吸入麻醉剂，是一种较新的全身吸入麻醉药，2014 年国内重点城市样本医院麻醉剂用药市场规模已达 16 亿元，比上一年增长 16%，2015 年恒瑞医药已占据七氟烷市场近一半的市场份额。

　　结合本章所学内容和以上案例，请思考进行财务报表分析应遵循的主要程序、战略分析在财务报表分析中的地位以及战略分析的具体内容和实际操作步骤；从报表看，应从哪些报表入手？应关注哪些主要项目？

第三章 财务报表分析基础

【学习目标】
- 熟悉会计准则体系框架与内容
- 掌握会计选择与盈余管理的含义
- 掌握年度报告的内涵与作用
- 熟悉审计报告的内涵与作用

【关键词】
会计准则　国际会计准则　会计政策选择　会计估计　盈余管理　年度报告　审计报告

【引导案例】

*ST新都违规担保事件分析

2014年5月7日晚，*ST新都发布公告称，董事长兼总经理袁克俭宣布辞去公司董事长、总经理职务，原因包括无法预测公司其他违规担保事项或损害公司利益的情况。

公告显示，2011年7月，*ST新都为光耀地产（后者间接持有*ST新都大笔股份）一笔6 000万元人民币借款提供担保，但上述担保未经董事会、股东大会审议，而是在公司及董事会不知情的情况下，擅自以上市公司名义为关联方债务做出的担保。此外，在2014年2月18日，法院对*ST新都银行账户实施了冻结，截至2013年年度报告披露日，冻结公司银行账户共4 470 214.91元。2014年4月25日，中国证券监督管理委员会深圳证监局因该公司信息披露涉嫌违法违规，决定对*ST新都立案调查。

通过公开披露的财务数据发现，从2012年到2016年，随着我国A股上市公司数量的增加，涉及担保的上市公司数量也逐年增加，分别从2012年的1 443家增至2016年的2 029家，涉及担保的上市公司数量占比从56%提高到67%左右。

担保虽然并不会直接影响企业资产的金额，但会影响资产的属性，进而可能影响未来经济收益的流向。如果仅根据资产负债表项目的数据对企业财务活动进行分析，将很难得出科学而准确的结论。而且，有些上市公司还会通过会计选择和盈余管理达到选择性披露信息的目的。

那么，在进行财务报表分析前，分析人员需要做哪些准备，获取哪些信息，才能确保满足财务报表分析信息的完整性和准确性要求？公司的年度报告和审计报告在财务报表分析中有什么作用？通过本章的学习，相信你会找到答案。

第一节　会计准则体系与内容

一、会计准则体系框架

会计准则是规范会计账目核算、财务报告的一套文件。它的目的在于把会计处理建立在公允、合理的基础之上，并使对不同时期、不同主体之间的会计结果的比较成为可能。按其使用单位的经营性质，会计准则可分为营利组织的会计准则和非营利组织的会计准则。

我国新《企业会计准则》自2007年1月1日起在上市公司范围内率先施行，并逐步扩大实施范围，经过各方面的共同努力，较好地实现了新旧转换和平稳实施。中国企业会计准则体系具体由《企业会计准则——基本准则》（以下简称《基本准则》）、具体准则以及《企业会计准则——应用指南》（以下简称《应用指南》）构成。《基本准则》在整个准则体系中起统驭作用，主要规范会计目标、会计假设、会计信息质量要求、会计要素的确认、计量和报告原则等，《基本准则》的作用是指导具体准则的制定和为尚未有具体准则规范的会计实务问题提供处理原则。

具体准则包括存货、固定资产、无形资产等 42 项准则①，主要规范企业发生的具体交易或者事项的会计处理，为企业处理会计实务问题提供具体而统一的标准。具体准则根据基本准则制定，分为一般业务准则、特殊行业和特殊业务准则与财务报告准则三类，从而基本涵盖了中国各类企业各类经济业务的会计处理。

会计准则应用指南是针对准则难点和关键点所做的操作性规定，主要包括具体准则解释、会计科目和主要账务处理等，为企业执行会计准则提供了操作性规范。

为了适应社会主义市场经济发展需要，规范企业公允价值计量和披露，提高会计信息质量，根据《企业会计准则——基本准则》，财政部制定了《企业会计准则第 39 号——公允价值计量》《企业会计准则第 40 号——合营安排》《企业会计准则第 41 号——在其他主体中权益的披露》，修订了《企业会计准则第 30 号——财务报表列报》《企业会计准则第 9 号——职工薪酬》《企业会计准则第 33 号——合并财务报表》，此外将《企业会计准则——基本准则》第四十二条第五项修改为："（五）公允价值。在公允价值计量下，资产和负债按照市场参与者在计量日发生的有序交易中，出售资产所能收到或者转移负债所需支付的价格计量"。自 2014 年 7 月 1 日起在所有执行企业会计准则的企业范围内施行，鼓励在境外上市的企业提前执行。

二、中国企业会计准则体系的特征

立足国情，借鉴国际，涵盖广泛，独立实施，是中国企业会计准则体系最主要的特征，同时也是在准则体系建设过程中贯穿始终的指导思想。

（一）立足国情

一是顺应了中国市场经济的发展进程。随着近年来中国资本市场趋向成熟，企业改制、重组频频、股权激励等开始启动，金融保险市场快速发展，金融创新层出不穷，对外开放持续深入，对金融风险的防范与控制日显迫切，因此中国企业会计准则体系涵盖了企业合并、股份支付以及金融工具确认和计量、金融资产转移、套期保值、金融工具列报等准则。如对于非同一控制下的企业合并统一采用购买法，对同一控制下的企业合并采用类似权益结合法；规定股份支付和衍生金融工具必须纳入表内核算；对金融资产的终止确认和套期保值会计必须满足严格的应用条件；金融工具风险必须在报表附注中予以披露等，这对于推动中国国有企业改革和资本市场发展，加强金融风险控制与监管将发挥积极作用。

二是着眼于切实保护投资者和公众的合法权益。修订后的基本准则第一次明确了财务报告的目标是满足投资人、债权人、政府及其有关部门和社会公众等决策的需要，并反映企业管理层受托责任履行情况，着眼于切实保护投资者和公众利益，可以满足当前甚至以后相当长时期内中国市场经济发展的要求。同时，中国企业会计准则体系还建立了完整的财务报告体系，包括财务报表列报、合并财务报表、中期财务报告、分部报告、关联方披露等在内的多项报告准则，贯彻充分披露原则，有助于提高企业透明度和提升中国企业财务报告质量，方便企业与投资者、债权人等之间的沟通与交流，提高市场效率。

三是引入公允价值计量，使会计信息更具相关性。对交易性金融资产和负债、投资性房地产、

---

① 统计时间截止到 2017 年 5 月。

债务重组、非货币性资产交换、非同一控制下企业合并所形成的资产与负债等所涉及的一些特定交易或者事项，中国会计准则强调有关资产或者负债在存在活跃市场并且其公允价值能够可靠计量的情况下，允许采用公允价值进行计量，这将有助于提高会计信息的相关性，全面地衡量企业的经营业绩，及时地反映市场价值变动的信息，从而更好地实现企业财务报告的目标。

（二）借鉴国际

一是实现了与国际财务报告准则的实质性趋同。在经济全球化的发展背景下，中国企业会计准则充分借鉴国际财务报告准则，除了在关联方披露、资产减值转回等极少数方面存在差异外，已实现了与国际财务报告准则的实质性趋同。所谓实质性趋同是指在中国企业会计准则体系建设和与国际趋同的进程中，我国没有片面强调与国际财务报告准则在形式上的一致，而是注重在会计确认、计量和报告原则等实质性内容上与国际财务报告准则的趋同。国际会计准则理事会主席戴维·泰迪爵士在出席中国会计审计准则体系发布会时，对中国企业会计准则体系作出"实现了与国际财务报告准则实质性趋同"的评价。这是中国财政部和国际会计准则理事会在双方互动中开展国际趋同的成功合作。

二是实现了会计准则国际趋同的双向互动。在中国会计准则体系建设过程中，国际会计准则理事会也逐步认识到，中国会计准则体系中的基本原则和一些特别规定具有代表性，值得国际准则借鉴和吸收。在2005年11月中国会计准则委员会与国际会计准则理事会发表的联合声明中，国际会计准则理事会确认了中国在特殊情况和环境下的一些会计问题，并希望中国对寻求高质量的国际财务报告准则解决方案提供有用帮助。这些问题包括：一是关联方交易的披露。中国会计准则规定，对于仅受国家控制而无投资控制、共同控制、重大影响的国有企业，不视同为关联方，豁免披露关联方交易，国际会计准则理事会认为中国准则中这方面的规定可以考虑写入国际准则。国际会计准则理事会正式宣布将对《国际会计准则第24号——关联方披露》进行修订，并计划于2006年年底发布征求意见稿，2007年第二季度公布修订后的准则，期待国际关联方准则的修订将进一步促进国际财务报告准则与中国会计准则之间的趋同。二是公允价值计量问题。随着国际准则在越来越多的国家中得到应用，如何在新兴经济中应用公允价值问题成为国际会计准则理事会急需解决的问题，需要中国在这方面为其提供帮助。三是同一控制下的企业合并。中国准则结合现实的具体情况，规定了同一控制下的企业合并的会计处理，而国际准则中对此未予规定，国际会计准则理事会认为中国准则在这方面的规定和实践将为国际准则提供有益的参考。

（三）涵盖广泛

从内容上来看，中国企业会计准则体系涵盖了中国各类企业的各类经济业务。一方面，中国企业会计准则体系打破了行业的界限，既适用于一般工商业企业，也适用于银行、保险、证券等金融企业，涵盖了中国的各类企业；另一方面，中国企业会计准则体系中既包括企业一般业务类的准则，也包括特殊行业的特定业务准则，基本涵盖了企业各类经济业务的会计处理。

（四）独立实施

中国企业会计准则体系内容完整、逻辑严密、自成体系，是国家法规体系的组成部分。中国企业会计准则体系既包括基本准则和38项具体准则，还包括与准则相配套的应用指南，这一套完整的体系涵盖了会计的确认、计量、记录和报告4个环节。因此，对各类企业而言，中国企业会计准则体系是一套可以独立实施的体系。

【随堂小测验 3-1】

1.【单选】下列各项中，不属于会计基本假设的是（　　　）。

　　A．货币计量　　　　B．持续经营　　　　C．会计分期　　　　D．法律主体

2.【多选】下列各项中，属于基本准则规范的主要内容有（　　　）。

　　A．会计假设　　　　　　　　　　B．会计基础

　　C．财务报告目标　　　　　　　　D．会计信息质量要求

　　E．会计选择

3.【判断】我国企业会计准则规定企业会计确认、计量和报告应当以收付实现制为基础。（　　　）

4.【判断】中国企业会计准则体系具体由基本准则、具体准则构成。（　　　）

第二节　会计选择与盈余管理

一、会计选择的内涵与后果

随着会计信息对社会影响的日益加重，会计数据作为各种监管的一种重要工具，政府对会计的管制范围有越来越扩大之势，因此导致会计选择的广泛存在。广义上讲，会计选择不仅包括会计政策的选择，还包括会计估计的变更等。

会计政策是指企业进行会计核算和编制会计报表时所采用的具体原则、计量基础和会计处理方法。会计政策选择是指基于一定的目的，选择一定的方法（包括按照 GAAP 规定、税务规定和有关管制的规定）影响会计信息系统产出。

会计估计是指对结果不确定的交易或事项以最近可利用的信息为基础所做出的判断。为了定期、及时提供有用的会计信息，需将企业持续不断的营业活动（经济业务）划分为各个阶段，如年度、季度、月度，并在权责发生制的基础上对企业的财务状况和经营成果进行确认、计量和报告，就必须进行会计估计。

企业进行会计选择主要是通过选择会计手段改变会计数据结果，为财务报告使用者提供其"满意"的财务报表，从而吸引更多的投资者，提升企业价值。

二、会计政策选择

（一）会计政策选择的含义

企业会计政策选择是指企业根据本身的特点为达到一定的目标，在会计处理时依据既定规范（此规范一般由各国的会计准则、会计制度等组成），对可供选用的具体会计原则、方法和程序进行定性、定量的比较分析后，拟定决策并加以执行，企业一经选定某种方法，就不能随意变更。

（二）会计政策选择的特征

我国会计政策选择的特点：国家制定统一的会计制度、会计准则来规定可供企业选择的会计原则和会计方法。因此，选择不同的会计政策对企业将会产生不同的经济后果，此经济后果是指企业会计报告将影响企业、政府、投资者、债权人等信息使用者的决策行为，受影响的决策行为反过来又会影响其他相关者的利益。也就是说，不同的会计政策选择将会产生不同的会计信息，从而影响到不同利益集团的利益。

（三）会计政策选择的分类

按照会计政策选择与信息披露的后果，可以把会计政策选择分为技术型和交易型两类。

1. 技术型选择

技术型会计政策选择所产生的最终信息后果将改变公司的内在价值。管理当局交易特别性的地位体现了对技术性会计政策选择的主导地位。由于改变公司内在价值会给企业契约的各订约人带来较大程度的风险，管理当局进行机会主义的行为选择的可能性比较小。再加上逐渐规范的会计政策

框架使得这部分以技术性为特征的会计政策选择只具有很有限的可塑性，这说明管理当局对于这部分会计政策选择操纵空间越来越小。

2. 交易型选择

交易型的会计政策选择是最终信息后果不会影响公司内在价值的会计政策选择，这部分会计政策选择的目的在于通过形成信息屏障而让某些利益集团从信息交易中获利，其最主要的特点是具有广泛的可塑性，也就是通过会计政策选择会导致最大限度的机会主义。

金融资产的会计政策

（四）会计政策选择的经济影响

1. 金融资产会计政策的选择

根据《企业会计准则第 22 号——金融工具确认和计量》（CAS22）的规定，以公允价值计量且其变动计入当期损益的金融资产，是指以近期内出售、回购或赎回为目的的投资，可以进一步分为交易性金融资产和直接指定为以公允价值计量且其变动计入当期损益的金融资产。

2. 存货计价会计政策的选择

我国《企业会计准则》规定，确定发出存货成本的方法有先进先出法、移动加权平均法、月末一次加权平均法、个别计价法。存货是流动资产的重要组成项目，它的期末价值是否真实，直接影响企业期末拥有价值的真实性。又由于发出存货计价方法的不同，存货对经营成果也有较大的影响，即通过销售成本、营业费用等方面影响经营成果。

采用加权平均法和移动平均法使本期销货成本介于前期购货成本与本期购货成本之间，运用这两种方法得出的销售成本不易被操纵，因而被广泛采用；但用这两种方法得出的销售利润会大于本期实际进货配比的销售利润，其结果会使企业应纳所得税增加，未分配利润增加。期末存货构成期末资产总价值的一部分，因为这部分价值也介于前期购货和本期购货的成本之间，所以用这两种方法测算的期末存货价值也脱离了每次的实际进货成本，致使期末资产总值不真实。因此，这两种方法的使用，会造成会计信息的不真实。个别计价法计算的期末存货及销售成本，均能以实际购货成本为基础，符合收益和费用相配比原则及期末资产真实性原则。但是，个别计价法在实际操作中，手续烦琐，成本较高，对大多数存货品种来说不太实用。先进先出法的本身含义是假定先购进的先发出，该法使存货接近于购货成本，期末资产总价值较真实。但在通货膨胀条件下，销售成本偏低，使得利润虚增。

3. 折旧政策的选择

我国的《企业会计通则》《企业会计准则》及行业财会制度规定的企业计算折旧的方法，除采用平均年限法外，还增加了加速折旧法。无论采用的折旧年限是多少，折旧方法是哪种，当每年的获利水平相同时，企业在一定时期内应交纳的所得税总额是相等的，但每年的税负轻重不同。在相同的折旧年限内，采用的折旧方法不同，每年提取的折旧额不同，对税负的影响也不同。在平均年限法下，每年的折旧额相等、每年的纳税额相等；而加速折旧法下，每年的折旧额不等、税负不同；早期提取的折旧额多而税负减轻，后期提取的折旧额少而税负加重，但应交纳的所得税总额在平均法下是相等的。所以，加速折旧实际上是推迟了纳税时间。尽管早期减轻的税负与后期加重的税负在数额上是相等的，但考虑货币时间价值，企业减轻税负在前，加重税负在后，这使企业犹如获得一笔无息贷款，增加了现金流入的现值。特别是在通货膨胀、物价上涨时期，采用加速折旧实际上就是节约税负，对企业是有利的。在现阶段，加速折旧方法的使用被限制在一些国民经济中具有重要地位、技术进步快的企业，但新制度在规定折旧年限时，规定了折旧年限的弹性区间，所以企业还可以通过不同年限选择达到节税目的。

（五）我国会计政策选择的发展方向

1. 企业会计政策选择的目标趋向于为满足众多利益相关方所组成的利益集团的需要

随着企业投资主体多元化，公司已非简单的实物资产的集合，而是一种法律框架结构，在于治理所有在企业财富创造活动中做出特殊投资主体间的相互关系，包括股东、债权人、供应商、顾客、雇员等，他们都做出了特殊投资。所有在企业从事业务活动中做出特殊投资的各方，为了尽可能维护其自身的利益都需要了解备选会计政策对其利益的影响程度。企业管理当局在选择会计政策时，不得不综合权衡各利益相关者的需要并从中获取自己的那部分利益。因此，企业会计政策选择将是一个十分复杂的过程，取决于多种因素的影响和制约。

2. 企业会计政策选择的效果将越来越注重整体优化

企业会计政策是一个系统，各项看似独立的会计政策却有着共同的目标，但各项会计政策发挥的各自效用却未必一致，由于企业在会计政策选择时所处的环境不同，从单一动机出发进行的政策选择所产生的效用往往十分有限，甚至适得其反。因此，企业管理当局必须全面分析自身所处的环境、发展阶段、本行业的发展前景和在同行业竞争中的地位，以及所拥有的优势和存在的问题，明确本企业发展的总体目标，并在这一目标指引下，结合会计的职业判断，根据会计理论指导会计实务的基本原理，寻找或创立合理的会计处理程序和方法，并对可供选择的方法进行比较分析，从而形成最优化会计政策组合。

3. 企业会计政策选择的规范和监管力度将不断加强

可以预见，在以会计准则建设为核心的会计规范体系全面建立以后，随着人们法律意识的增强和有关部门与机构执法力度的提高，必然会对企业会计政策选择的规范和监管力度提出新的要求。

4. 企业会计政策选择的揭示程度将越来越规范

会计政策揭示是对企业会计政策选择结果的综合披露。从世界范围看，各国会计准则都强调企业既有适当选择会计政策的权利，也有进行充分披露的义务。随着我国对企业会计政策披露规范的不断完善，今后我国企业将在遵循其他报表信息揭示的一般原则下，更加注重企业会计政策揭示的重要性、明晰性、完整性、时效性和公正性，使企业会计政策的披露越来越规范。

三、盈余管理

（一）盈余管理的含义

美国会计学者斯科特（Scott）在其所著的《财务会计理论》一书中认为，盈余管理是会计政策的选择具有经济后果的一种具体表现。他认为，只要企业的管理人员有选择不同会计政策的自由，他们必定会选择使其效用最大化或使企业的市场价值最大化的会计政策，这就是所谓的盈余管理。美国著名会计学者 Schiper 在 1989 年认为盈余管理是为了获得某种私人利益（而并非仅仅为了中立地处理经营活动），对外部财务报告进行有目的的干预。而被普遍认可的是 Hedy 和 Wahlen 于 1999 年对盈余管理所做出的解释：当管理者在编制财务报告和构建经济交易时，运用判断改变财务报告，从而误导一些利益相关者对公司根本经济利益的理解，或者影响根据报告中会计数据形成的契约结果，盈余管理就产生了。根据上述 3 种对盈余管理的界定或解释，可以认为盈余管理是企业管理当局为了实现自身利益最大化，有意选择对自身有利的会计政策或交易安排，对企业对外报告的会计收益信息进行控制或调整。

（二）盈余管理的基本特征

（1）从一个足够长的时段（最长也就是企业的整个生命期）来看，盈余管理并不增加或减少企业实际的盈利，但会改变企业实际盈利在不同的会计期间的反映和分布。换句话说，盈余管理影响的是会计数据尤其是会计中的报告盈利，而不是企业的实际盈利。会计方法的选择、会计方法的运用和会计估计的变动、会计方法的运用时点、交易事项发生时点的控制都是典型的盈余管理手段。

（2）盈余管理的主体是企业管理当局。从现有的研究文献不难发现，在盈余管理的每一幕"戏剧"中唱主角的无非是公司的经理、部门经理和董事会。无论是会计方法的选择、会计方法的运用和会计估计的变动、会计方法的运用时点，还是交易事项发生时点的控制，最终的决定权都在他们手中。当然会计人员也加入其中，但应看作配角。在这里，可以明确企业管理当局对盈余管理应当承担的责任。

（3）盈余管理的客体主要是公认会计原则、会计方法和会计估计等。此外，时间特别是时点的选择也是盈余管理的对象之一。在研究盈余管理时，必须同时具有时间和空间的观念。公认会计原则、会计方法和会计估计等属于盈余管理的空间因素；会计方法的运用时点和交易事项发生时点的控制则可看作盈余管理的时间因素。需要加以说明的是，盈余管理是在 GAAP 允许的范围内综合运用会计和非会计手段来实现对会计收益的控制和调整，因此盈余管理的最终对象还是会计数据本身。人们所说的盈余管理，最终也就是在会计数据上做文章。

（4）盈余管理的受益者是企业管理者，有时也照顾某些股东的利益，但受害者通常是政府，如少交税款或拖延税款的缴纳。受益者的利益表现形式也十分复杂，有的是直接的经济利益如经理人员分红的增加；有的是间接的利益如职位晋升、股价飙升；有的是立竿见影的；有的是要潜伏很长的时期。

（三）盈余管理的手段

在经济交易和编制财务报告中存在各种不同的判断，为企业管理当局进行盈余管理提供了工具和有利的条件。

首先，管理者对财务报告中存在的大量未来经济事项必须作出判断，例如长期资产的预计使用年限和预计残值，养老金与退休金、递延税款坏账损失等。

其次，对于同一类经济业务，管理者必须在公认的会计方法中选择其中的一种处理方法，像折旧方法中的加速折旧法与直线折旧法、发出存货计价中的先进先出法、个别计价法与加权平均法等。管理者在营运资金管理方面也需要进行判断，例如存货水平、存货发出和采购的时间安排以及收账政策，它们都会影响到成本和收入。管理者也必须自主决定一些费用的发生时间，像研究和开发费用、广告费及维护费。

最后，管理者必须对公司的诸如企业联合、租赁合约以及权益性投资等交易做出决策，这些决策也给管理者提供了判断的空间，管理者可以将商业联合适用联营会计，也可适用购并会计；租赁合约可以是资产负债表内的义务，也可以是表外义务；权益性投资可按权益法核算，也可按成本法核算等。简而言之，不外乎以下三种方式：利用应计制中存在的会计判断，进行盈余管理；通过安排交易发生或交易方式进行盈余管理；通过营运资金的管理进行盈余管理。

（四）减少企业盈余管理的对策

盈余管理是一种机会主义行为，它的存在与市场效率、公司治理结构、会计准则制度设置以及企业的外部监督密切相关。要减少企业的盈余管理行为，就要从以下 4 个方面入手。

1. 提高资金市场特别是证券市场的有效性

20 世纪 60 年代学者法玛（Fama）提出有效市场理论，并将有效市场划分为弱式、半强式和强式市场，该理论不仅是进行相关研究的前提或假设，还为提高会计信息质量、减少盈余管理提供了思路。企业管理当局盈余管理的最大受害者是企业外部利益相关者，如果所有的外部利益相关者都是理性的，并且具备了辨析财务报告及其附注的能力和知识，那么在这种情况下，为了取信于外部相关利益者，企业管理当局就会减少盈余管理。

2. 完善公司的治理结构

公司治理结构的实质是对相关权利、责任和收益的安排。国外的大量实证研究表明：企业管理当局之所以能够进行盈余管理，这与公司治理结构有关，而董事长与总经理分离以及设立外部董事的公司进行盈余管理的程度要比其他公司轻得多。另外，在公司治理结构中，管理当局报酬的安排对盈余管理会产生较大影响。管理当局进行的盈余管理其实是短期行为的一种表现，因此，企业在进行报酬安排时可以运用一些长期酬劳计划。

3. 完善会计准则与方法

目前，大多数会计准则及相关制度给管理当局提供了太多的自主判断空间，对此准则和制度的制定者可以通过更清楚地设定不同会计处理方法和修缮估计方法的运用条件。同时，在成本效益原则的基础之上，增加会计信息披露的数量，提高会计信息披露的质量，也会在一定程度上减少企业的盈余管理。

4. 加强外部监督

主要是证券监督管理部门的监督和外部审计监督。一方面证券监督管理部门应从企业信息披露的相关性、可靠性以及披露的信息含量上加强管理与监督，并对违规的公司进行严惩。另一方面要在加强对外部审计机构审计责任的管理和监督的基础上，通过审计准则的安排，由外部审计机构提供被审计企业盈余管理的评价报告，从而提高会计信息的可靠性，减少企业的盈余管理。

当然，为实现会计信息提供有用信息和提高会计信息质量之目标，还应加强关于盈余管理动机、方法对利益相关者影响等方面的研究，提出减少企业盈余管理的途径和方法。

【随堂小测验 3-2】

1.【单选】下列选项中，关于会计政策变更会计处理方法的核心问题是（　　　）。
    A. 计算会计政策变更对当年净利润的影响
    B. 计算会计政策变更的累积影响数，并调整列报前期最早期初留存收益
    C. 计算会计政策变更对以后年度净利润的影响
    D. 在会计报表附注中披露有关会计政策变更的情况

2.【单选】下列各项中，不属于存货计价会计政策的是（　　　）。
    A. 先进先出法   B. 后进先出法
    C. 移动加权平均法   D. 月末一次加权平均法

3.【多选】下列各项中，不属于会计政策变更的有（　　　）。
    A. 企业新设的零售部商品销售采用零售价法核算，其他库存商品采用实际成本法
    B. 对初次发生或不重要的事项采用新的会计政策
    C. 由于改变了投资目的，将短期性股票投资改为长期股权投资
    D. 根据会计准则要求，期末存货由成本法核算改按成本与可变现净值孰低法计价
    E. 投资性房地产由成本模式改为公允价值模式计量

4.【判断】盈余管理可以通过会计方法的选择、会计方法的运用和会计估计的变动等手段增加企业实际的盈利。 （　　　）

第三节 | 年度报告

一、年度报告的内含与作用

年度报告是公司以年度为时间单位，定期、按时对外提供的财务报告和其他经营成果、财务状况和现金流量信息的报告。根据我国《证券法》和《公司法》的规定，所有公开上市交易的公司必须按时编制并披露年度报告。年度报告与财务报告并不相同，财务报告是年度报告的重要组成部分，但是年度报告的内容并不局限于财务报告。

（一）年度报告的内容

根据《公司法》以及中国证券监督管理委员会制定的信息披露法规，上市公司年度报告至少应

当包括以下内容：

（1）公司简况；

（2）公司的主要产品或者主要服务项目简况；

（3）公司所在行业简况；

（4）公司所拥有的重要的工厂、矿山、房地产等财产简况；

（5）公司发行在外股票的情况，包括持有公司 5%以上发行在外普通股股东的名单及前 10 名最大的股东名单；

（6）公司股东数量；

（7）公司董事、监事和高级管理人员简况、持股情况和报酬；

（8）公司及其关联人鉴表和简况；

（9）公司近 3 年或者成立以来的财务信息摘要；

（10）公司管理部门对公司财务状况和经营成果的分配；

（11）公司发行在外债券的变动情况；

（12）涉及公司的重大诉讼事项；

（13）经注册会计师审计的公司最近两个年度的比较财务报告及其附注、注释，该上市公司为控股公司的，还应当包括最近两个年度的比较合并财务报告；

（14）证监会要求载明的其他内容，如股东大会情况简介、董事会报告和监事会报告等。

（二）年度报告的作用

从信息的类型来看，年度报告的内容包括财务信息和非财务信息两部分。年度报告在财务报表分析中的作用，主要表现在以下 3 个方面。

（1）介绍公司行业情况和内部治理机制等背景资料。对公司进行财务报表分析，离不开对公司所处行业和内部治理结构的了解。虽然这些非财务信息不能直接反映经营成果和财务状况，但是能提供对企业进行深入分析的必要信息。不同行业间的盈利能力水平和资产营运效率存在差异，若不了解公司的行业背景难以对财务效率进行正确的分析。相同的财务行为或者经营活动，具有不同的经济含义，缺少对公司股权结构和公司治理结构的了解，则难以进行科学的财务报表分析。

（2）披露公司的经营成果和财务状况。作为年度报告的重要组成部分，财务报告提供了对企业经营成果和财务状况的详细量化信息。在董事会报告中，董事会对报告期公司的经营成果进行详细的分析，并提供更精确的信息。此外，年度报告还披露公司关联方交易的交易方、交易原则、交易价格等信息。这些信息分别从不同方面和不同角度，披露公司的经营成果和财务状况。

（3）提供公司未来的经营计划。在年度报告中，公司管理层会分析公司所处行业的发展趋势及公司面临的市场竞争格局，向投资者提示管理层所关注的公司未来发展机遇和挑战，披露公司发展战略，以及拟开展的新业务、拟开发的新产品和拟投资的新项目等。同时，公司会披露新年度的经营计划，包括收入、费用、成本计划及新年度的经营目标，如销售额的提升、市场份额的扩大、成本的升降和研发计划，以及为达到上述经营目标拟采取的策略和行动等。这些信息对于预测公司未来的经营业绩和财务状况都有重要作用。

二、审计报告

（一）审计意见

注册会计师审计报告是进行财务报表分析的重要信息。有人将审阅注册会计师审计报告作为财务报表分析的首要步骤，这足以说明审计报告的重要性。审计报告可向财务报表分析师提供有关财务报告是否公正表述的独立性、权威性意见。

注册会计师在审计报告中对所审计的财务报告可提出无保留意见和非无保留意见。无保留意见，是指当注册会计师认为财务报表在所有重大方面按照适用的财务报告编制基础编制并实现公允反映时发表的审计意见。非无保留意见，是指对财务报表发表的保留意见、否定意见或无法表示意见。

（二）审计报告类型

下面列示的是无保留意见和保留意见两种类型的审计报告。

审计报告（1）

XYZ股份有限公司全体股东：

我们审计了后附的XYZ股份有限公司（以下简称XYZ公司）201×年12月31日的资产负债表以及201×年度的利润表、现金流量表和所有者权益变动表以及财务报表附注。

一、对财务报表出具的审计意见

（一）审计意见

我们认为，XYZ公司财务报表在所有重大方面按照企业会计准则的规定编制，公允反映了XYZ公司201×年12月31日的财务状况以及201×年度的经营成果和现金流量。

（二）形成审计意见的基础

我们按照中国注册会计师审计准则的规定执行了审计工作。审计报告的"注册会计师对财务报表审计的责任"部分进一步阐述了在这些准则下的责任。按照中国注册会计师职业道德守则，我们独立于公司，并履行了职业道德方面的其他责任。我们相信，我们获取的审计证据是充分、适当的，为发表审计意见提供了基础。

（三）关键审计事项

关键审计事项是根据我们的职业判断，认为对本期财务报表审计最重要的事项。这些事项是在对财务报表整体进行审计并形成意见的背景下进行处理的，我们不对这些事项提供单独的意见。

（四）管理层对财务报表的责任

编制和公允列报财务报表是XYZ公司管理层的责任，这种责任包括：（1）按照企业会计准则的规定编制财务报表，并使其实现公允反映；（2）设计、执行和维护必要的内部控制，以使财务报表不存在由于舞弊或错误导致的重大错报。

（五）注册会计师的责任

我们的责任是在执行审计工作的基础上对财务报表发表审计意见。我们按照中国注册会计师审计准则的规定执行了审计工作。中国注册会计师审计准则要求我们遵守中国注册会计师职业道德守则，计划和执行审计工作以对财务报表是否不存在重大错报获取合理保证。

审计工作涉及实施审计程序，以获取有关财务报表金额和披露的审计证据。选择的审计程序取决于注册会计师的判断，包括对由于舞弊或错误导致的财务报表重大错报风险的评估。在进行风险评估时，注册会计师考虑与财务报表编制和公允列报相关的内部控制，以设计恰当的审计程序，但目的并非对内部控制的有效性发表意见。审计工作还包括评价管理层选用会计政策的恰当性和做出会计估计的合理性，以及评价财务报表的总体列报。

我们相信，我们获取的审计证据是充分、适当的，为发表审计意见提供了基础。

二、对其他法律和监管要求的报告

［本部分的格式和内容，取决于法律法规对其他报告责任的性质的规定。法律法规规范的事项（其他报告责任）应当在本部分处理，除非那些其他报告责任与审计准则所要求的报告责任涉及相同的主题。如果涉及相同的主题，其他报告责任可以在审计准则所要求的同一报告要素部分中列示。当其他报告责任和审计准则规定的报告责任涉及同一主题，并且审计报告中的措辞能够将其他报告责任与审计准则规定的责任予以清楚地区分（如差异存在）时，允许将两

者合并列示（即包含在对财务报表审计的报告部分中，并使用适当的副标题）。]

×××会计师事务所（盖章）　　　　　　　　中国注册会计师：（签名盖章）

中国　　×××市　　　　　　　　　　　　中国注册会计师：（签名盖章）

审计报告（2）

×××公司全体股东：

我们接受委托，审计了×××公司201×年12月31日的资产负债表，201×年度利润表，201×年度现金流量表和所有者权益变动表以及财务报表附注。

一、对财务报表出具的审计意见

（一）导致保留意见的事项

经审计，我们发现××公司201×年12月预付的下一年度广告费×××元，已列入当月费用。我们认为，按照《企业会计准则》的要求，预付的产品广告费应作为待摊费用处理，但××公司未接受我们的意见。该事项致使××公司12月31日资产负债表的流动资产减少了×××元，该年度利润表的利润减少了×××元。

（二）保留意见

我们认为，除"三、导致保留意见的事项"段所述事项可能产生的影响外，××公司财务报表在所有重大方面按照企业会计准则的规定编制，公允反映了XYZ公司201×年12月31日的财务状况以及201×年度的经营成果和现金流量。

（三）关键审计事项

关键审计事项是根据我们的职业判断，认为对本期财务报表审计最为重要的事项。这些事项是在对财务报表整体进行审计并形成意见的背景下进行处理的，我们不对这些事项提供单独的意见。

（四）管理层对财务报表的责任

编制和公允列报财务报表是XYZ公司管理层的责任，这种责任包括：（1）按照企业会计准则的规定编制财务报表，并使其实现公允反映；（2）设计、执行和维护必要的内部控制，以使财务报表不存在由于舞弊或错误导致的重大错报。

（五）注册会计师的责任

我们的责任是在执行审计工作的基础上对财务报表发表审计意见。我们按照中国注册会计师审计准则的规定执行了审计工作。中国注册会计师审计准则要求我们遵守中国注册会计师职业道德守则，计划和执行审计工作以对财务报表是否不存在重大错报获取合理保证。

审计工作涉及实施审计程序，以获取有关财务报表金额和披露的审计证据。选择的审计程序取决于注册会计师的判断，包括对由于舞弊或错误导致的财务报表重大错报风险的评估。在进行风险评估时，注册会计师考虑与财务报表编制和公允列报相关的内部控制，以设计恰当的审计程序，但目的并非对内部控制的有效性发表意见。审计工作还包括评价管理层选用会计政策的恰当性和做出会计估计的合理性，以及评价财务报表的总体列报。

我们相信，我们获取的审计证据是充分、适当的，为发表保留意见提供了基础。

二、对其他法律和监管要求的报告

[本部分的格式和内容，取决于法律法规对其他报告责任的性质的规定。法律法规规范的事项（其他报告责任）应当在本部分处理，除非那些其他报告责任与审计准则所要求的报告责任涉及相同的主题。如果涉及相同的主题，其他报告责任可以在审计准则所要求的同一报告要素部分中列示。当其他报告责任和审计准则规定的报告责任涉及同一主题，并且审计报告中的措辞能够将其他报告责任与审计准则规定的责任予以清楚地区分（如差异存在）时，允许将两

者合并列示（即包含在对财务报表审计的报告部分中，并使用适当的副标题）。]

  ××会计师事务所（公章）   中国注册会计师（签名盖章）

                中国注册会计师（签名盖章）

  中国 ×××市   ××××年×月×日

三、内部控制报告

  根据财政部 2008 年颁发的《内部控制基本规范》，内部控制是由企业董事会、监事会、经理层和全体员工实施的，旨在实现控制目标的过程。内部控制的目标是合理保证企业经营管理合法合规、资产安全、财务报告及相关信息真实完整，提高经营效率和效果，促进企业实现发展战略。继《内部控制基本规范》之后，财政部于 2010 年发布了《企业内部控制配套指引》，并于 2012 年开始在沪深两市的主板公司内开始逐步推行。内部控制涉及公司的组织结构、业务环节和信息系统等方面，也是重要的财务报表分析信息来源。

（一）内部控制的内容

  根据《内部控制基本规范》的要求，企业建立与实施有效的内部控制，应当包括 5 个要素。

1. 内部环境

  内部环境是企业实施内部控制的基础，一般包括治理结构、机构设置及权责分配、内部审计、人力资源政策、企业文化等。

2. 风险评估

  风险评估是企业及时识别、系统分析经营活动中与实现内部控制目标相关的风险，合理确定风险应对策略。

3. 控制活动

  控制活动是企业根据风险评估结果，采用相应的控制措施，将风险控制在可承受度之内。

4. 信息与沟通

  信息与沟通是企业及时、准确地收集、传递与内部控制相关的信息，确保信息在企业内部、企业与外部之间进行有效沟通。

5. 内部监督

  内部监督是企业对内部控制建立与实施情况进行监督检查，评价内部控制的有效性，发现内部控制缺陷，应当及时加以改进。

（二）内部控制评价报告

  为了评价内部控制设计和执行的有效性，企业应当由董事会或者类似机构围绕内部环境、风险评估、控制活动、信息与沟通和内部监督等要素，对内部控制设计和运行情况的有效性进行全面评价。

1. 内部控制评价报告

  内部控制评价需要对内部控制缺陷进行初步认定，并按其影响程度分为重大缺陷、重要缺陷和一般缺陷：重大缺陷是指一个或多个控制缺陷的组合，可能导致企业严重偏离控制目标；重要缺陷是指一个或多个控制缺陷的组合，其严重程度和经济后果低于重大缺陷，但仍有可能导致企业偏离控制目标；一般缺陷是指除重大缺陷、重要缺陷之外的其他缺陷。重大缺陷、重要缺陷和一般缺陷的具体认定标准，是由企业根据上述要求自行确定的。

  企业内部控制评价部门应当编制内部控制缺陷认定汇总表，结合日常监督和专项监督发现的内部控制缺陷及其持续改进情况，对内部控制缺陷及其成因、表现形式和影响程度进行综合分析和全面复核，提出认定意见，并以适当的形式向董事会、监事会或者经理层报告。重大缺陷应当由董事会予以最终认定。企业对于认定的重大缺陷，应当及时采取应对策略，切实将风险控制在可承受度之内，并追究有关部门或相关人员的责任。

在完成内部控制评价之后，企业应当编制内部控制评价报告。内部控制评价报告至少应当披露下列内容：（1）董事会对内部控制报告真实性的声明；（2）内部控制评价工作的总体情况；（3）内部控制评价的依据；（4）内部控制评价的范围；（5）内部控制评价的程序和方法；（6）内部控制缺陷及其认定情况；（7）内部控制缺陷的整改情况及重大缺陷拟采取的整改措施；（8）内部控制有效性的结论。

2. 内部控制信息披露

上市公司在完成内部控制评价后，应当编制内部控制自我评估报告，并应在年度报告披露的同时，披露年度内部控制自我评估报告，同时披露会计师事务所对内部控制自我评估报告的核实评价意见。

【案例 3-1】

深入推进信用风险内控评级制度建设，持续优化信用风险管理

中国工商银行的信用风险主要来源包括贷款、资金业务、应收款项、表外信用业务。为了评估、控制信用风险，工商银行遵循中国证监会的监管要求，在董事会和高级管理层的领导下，实行独立、集中、垂直的信用风险管理模式。2012年中国工商银行积极配合银监会新资本协议达标评估工作进程，深入推进信用风险内部评级体系的建设，持续优化信用风险管理，进一步优化客户评级模型，完善"模型统一、制度统一、系统统一"的集团法人客户评级体系，努力实现信用风险的内部评级集团化管理，并将结果应用于经营决策、资本配置、绩效考核等经营管理之中，有效地提升了工商银行的风险管理与内部控制水平。

在信贷资产质量管理方面，工商银行按照贷款风险分类的监管要求，实行贷款质量五级分类管理，根据预计的贷款本息收回的可能性把贷款划分为正常、关注、次级、可疑和损失五类。

【随堂小测验 3-3】

1. 【单选】下列各项中，不属于注册会计师对所审计的财务报告可提出意见的是（　　　）。
   A．保留意见　　　　B．否定意见　　　　C．无法表示意见　　D．肯定意见
2. 【多选】下列各项中，属于内部控制的主要内容有（　　　）。
   A．内部环境　　　B．风险评估　　　　C．控制活动
   D．内部监督　　　E．全面评价
3. 【判断】不能提供非财务信息是公司年度报告的主要局限性。　　　　　　　　　（　　　）

拓展阅读

上市公司法规

思考与练习

1. 会计主体的含义是什么？它与法律主体是什么关系？

2．可靠性的含义是什么？可靠性与相关性是什么关系？

3．持续经营假设与会计分期假设是什么关系？

4．谨慎性原则的含义是什么？它与客观性原则是否存在矛盾？

5．盈余管理的含义和特征是什么？

6．企业一般采用何种手段进行盈余管理？

7．减少企业盈余管理的对策是什么？试举例说明之。

8．年度报告包括哪些内容？

9．年度报告在财务报表分析中的作用体现在哪些方面？

10．审计报告在财务报表分析中的作用体现在哪些方面？

11．内部控制评价报告的内容有哪些？

案例分析

上市公司盈余管理案例分析

"天大天财"是一家老字号的高校概念股，其股价曾长期高居每股40元。但随着概念股的光环褪去，其第一大股东天津大学的管理能力也一直被人诟病，到2005年股价跌至每股3元。下面通过2003—2005年其相关财务情况分析该公司利用准备的计提和转回进行盈余管理的事实：

早在2003年时，天大天财就爆出每股巨亏3.13元的财务报告，其每股净资产也因此由原先的7.87元骤降至4.73元，其中计提1.71亿元的各项资产减值准备是造成巨额亏损的重要原因之一，这为2004年的"成功扭亏"埋下了伏笔。

根据公司2004年报披露，当年公司处置了位于天津开发区的2.9万平方米的土地使用权及其地上建筑物，实现净收益1 625.35万元，又处置鞍山西道220号房产，获净收益230.29万元。同年，公司转回相应的固定资产减值准备286.31万元。2003年年底，公司对这块房地产曾计提286万元减值准备，却在不到一年的转让时间内获得近2 000万元的转让净收益，这不免让人怀疑。2003年、2004年房地产价格持续攀升，天大天财相关房地产本应有明显升值，但是，公司却对这样一块有较大升值的资产在2003年时计提减值准备，这显然是通过计提转回准备的手段进行盈余管理而虚增利润。2003年巨额计提减值准备将利润隐藏，2004年再转回，造成扭亏的假象。

然而，事隔一年，公司居然又开始第二轮秘密计提。2005年9月，公司计提各项资产减值准备及预计负债24 291.12万元，造成公司前三季度每股巨亏2.46元，每股净资产由4.78元降至2.39元。天大天财公告称：根据公司2005年10月27日第三届董事会第五十二次会议决议，对截至2005年9月30日应收美国APEX公司账款按80%计提坏账准备，补提1 068.62万元。而公司在2004年年末按该项应收账款余额的50%计提了坏账准备1 781.03万元。APEX早在2004年因长虹事件名誉扫地，天大天财之所以将该公司拖欠的3 562万元应收账款选择在时隔大半年才补提30%坏账准备，原因在于公司在2004年账面净利润只有637.8万元，若当时就对APEX的应收款按80%计提坏账准备，则意味着需多提准备1 068万元，公司将陷入亏损境地。因此，天大天财选择在2005年9月补提坏账准备的手段也是一种盈余管理行为，从而损害了投资者的利益。

结合以上内容，请思考企业是如何利用随意计提减值准备来进行盈余管理的？在何种情况下，可以认为企业极有可能存在利用减值准备粉饰利润的情况？为何计提减值准备能一度成为上市公司操纵经营业绩、规避上市监管的主要工具？新准则是如何规避企业利用资产减值准备披露不足调节利润空间的问题？

第二篇

会计分析篇

【学习目标】

- 掌握财务报表体系构成、财务活动与财务报表体系之间的关系
- 熟悉财务报告体系构成及其各主表的信息作用
- 掌握会计报表各主表之间的钩稽关系
- 掌握财务报表附注的内容与信息作用

【关键词】 财务报表　财务报告　财务报表附注　资产负债表　利润表　现金流量表 所有者权益变动表　中期财务报表　年度财务报表　母公司财务报表　合并财务报表

【引导案例】

东芝公司舞弊案分析和启示

　　东芝公司成立于1875年7月，1984年4月更名为东芝株式会社，业务领域涵盖数码产品、电子元器件、家电等。20世纪90年代，公司在数字技术、移动通信技术和网络技术领域得到快速发展，成功实现从家电行业转变为IT行业的目标。2014财年的报表显示，公司收入高达66 559亿日元（约合555亿美元）。2015年2月15日，公司收到来自日本证券监管委员会（SESC）的通知，要求东芝针对员工举报的会计问题展开调查，尤其是某些工程项目中采用完工百分比法的合理性进行审视。此后，公司进行了自查，并于2015年4月3日成立特别调查委员会，就通知所涉问题展开调查，结果发现合同成本的总金额低估、合同损失（包括合同损失准备金）没有及时记录。错报金额约44亿日元。具体情况包括利用完工百分比法，推迟计提损失。在收购美国西屋公司之际，因发电站追加工程造成成本上升，但东芝却以不认可西屋3.85亿美元准备金为理由而处理了6 900万美元。其他舞弊手段还有填塞分销渠道，提升"盈利"。东芝PC业务在季度末时将大量零部件以高价卖给代工厂商，以提升该季度的盈利。控制开票时间，调增"利润"。东芝电视机业务曾要求对方晚开发票，将广告费和物流费计入下个季度而实现本季度"盈利"夸大存货价值，实现"营收"东芝半导体事业部曾夸大库存价值增收营业利润360亿日元。调查委员会认定包括前三任社长和两任CFO的五位高管未能履行应有的"注意义务"，忽视可疑的会计行为，从而给公司造成损失；在过去近7个财年累计发生的错报额2 248亿日元，占更正税前利润的38.56%。2015年11月18日，日本证券交易监管委员会建议对其处以约70亿日元（约5 700万美元）的罚款。此次会计造假事件是继2011年奥林巴斯以来又一重大财务造假行为，使东芝多年积累的信誉轰然倒塌，半数董事高管及总裁撤职。东芝公司此次陷于财务造假旋涡，对东芝公司的负面影响将是长期性的。

　　东芝公司的财务舞弊行为并不是个例。那么，公司为何要财务造假？财务造假对财务报表体系有何影响？在财务报表体系中各会计报表和附注有哪些功能及作用？能提供哪些信息？它们之间的关系如何？如何判断上市公司财务报表信息质量？通过本章学习来寻求答案。

第一节　财务报表体系与分类

一、财务报表体系

　　财务报表是财务报告的核心内容，由报表本身及其附注两部分构成，即"四表一注"。报表至少

应当包括资产负债表、利润表、现金流量表和所有者权益（或股东权益，下同）变动表；附注是财务报表的有机组成部分，是对报表的解释和说明。

1. 资产负债表

资产负债表是指反映企业在某一特定日期财务状况的会计报表。企业编制资产负债表的目的是通过如实反映企业的资产、负债和所有者权益的金额及其结构，从而有助于报表使用者评价企业资产的质量以及短期偿债能力、长期偿债能力和利润分配能力等。

2. 利润表

利润表是指反映企业在一定会计期间经营成果的会计报表。企业编制利润表的目的是通过如实反映企业当期实现的收入、发生的费用以及应当计入当期利润的利得和损失等项目的金额及其结构，从而有助于报表使用者分析、评价企业的盈利能力及其利润的构成与质量。

3. 现金流量表

现金流量表是指反映企业在一定会计期间的现金和现金等价物流入和流出的会计报表。企业编制现金流量表的目的是通过如实反映企业各项活动的现金流入和现金流出，从而有助于报表使用者评价企业的生产经营过程，特别是企业经营活动中现金流量的形成和资金周转的情况。

4. 所有者权益变动表

所有者权益变动表也称股东权益变动表是指反映构成所有者权益各组成部分当期增减变动情况的会计报表。在所有者权益变动表中，当期综合收益和与所有者（或股东，下同）的资本交易导致的所有者权益的变动，应当分别列示[①]。

5. 附注

附注是指对会计报表中列示项目的文字描述或明细资料，以及对未能在这些报表中列示项目的说明等。附注由若干附表和对有关项目的文字性说明组成。企业编制附注的目的是通过对会计报表数据解释和说明，以更加全面、系统地反映企业财务状况、经营成果和现金流量的全貌，从而有助于向财务报表使用者提供更为有用的决策信息，进而帮助其做出更加科学、合理的决策。

财务报表上述组成部分具有同等的重要程度。

二、财务报表的分类

财务报表可以按照不同的标准做以下分类。

1. 按财务报表编报期间不同的分类

按财务报表编报期间的不同，可以分为中期财务报表和年度财务报表。

中期财务报表是以短于一个完整会计年度的报告期间为基础编制的财务报表，包括月报、季报和半年报等。中期财务报表至少应当包括资产负债表、利润表、现金流量表和附注，其中，中期资产负债表、利润表和现金流量表的格式和内容，应当与年度财务报表相一致。与年度财务报表相比，中期财务报表中的附注披露可适当简略，但遵循重要性原则。企业在编制中期财务报告时不得随意变更会计政策。企业编制中期财务报表，应遵循《企业会计准则第 32 号——中期财务报告》的规范。

年度财务报表是指企业对外提供的反映企业一个完整会计年度的财务状况、经营成果和现金流量信息的报表。企业编制年度财务报表，应遵循《企业会计准则第 30 号——财务报表列报》。

2. 按财务报表列报主体不同的分类

按财务报表列报主体的不同，可以分为个别财务报表和合并财务报表。

---

① 以财政部新修订的，自 2014 年 7 月 1 日起在所有执行企业会计准则的企业范围内施行《企业会计准则第 30 号——财务报表列报》为依据。

个别财务报表是由企业在自身会计核算基础上对账簿记录进行加工而编制的财务报表，它主要用于反映企业自身的财务状况、经营成果和现金流量情况。母公司报表属于个别财务报表。

合并财务报表是以母公司和子公司组成的企业集团为一会计主体，根据母公司和所属子公司单独编制的个别财务报表，由母公司编制的综合反映企业集团财务状况、经营成果及现金流量的财务报表。

3. 按财务报表反映经济内容不同的分类

财务报表按反映的经济内容不同，可以分为反映财务状况的报表、反映经营成果的报表以及反映现金流量的报表。

反映财务状况的报表是指资产负债表及其附表；反映经营成果的报表主要有利润表及其附表；反映现金流量状况的报表是指现金流量表及其附表。

4. 按财务报表服务对象不同的分类

财务报表按其服务对象的不同，可以分为对内报表和对外报表。

对内报表是指根据企业内部管理需要编制的，以满足企业战略为目标，以决策和控制为核心，提供具有相关性、可靠性和可比性信息保证的文件。主要包括经营决策报表、成本报表和有关的附表、预算报表和业绩考评报表等。对外报表是指企业对外报送的财务报表。

三、财务活动与财务报表体系

财务报表是财务活动的结果，企业发生的所有财务活动，都可以直接或间接地通过财务报表中的四张主表体现出来。

1. 资产负债表与财务活动

资产负债表是反映企业持续经营过程中某一特定时点的静态画面，其左侧反映企业的投资活动，即企业有什么资源，有多少资源；右侧反映企业的筹资活动，即企业的资金来源，哪些属于所有者，哪些属于债权人。因此，资产负债表体现了企业投资活动和筹资活动在某一时点的结果。

2. 利润表与财务活动

利润表反映企业在一定会计期间的获利能力和经营业绩，是企业某一经营期间的动态画面，即企业在这一期间内取得了多少收入，耗费了多少费用、成本，获得多少利润，为企业所有者带来多少价值增值。因此，利润表反映企业某一期间经营活动的成果，是经营活动的具体体现。

3. 所有者权益变动表与财务活动

所有者权益变动表是反映企业在一定会计期间所有者权益各组成部分变动情况的报表。它既是对利润表的补充，又反映了资产负债表中所有者权益各项目的内容及所有者权益变动的原因。因此，所有者权益变动表是企业在某一期间的股权筹资活动和分配活动的具体体现。

4. 现金流量表与财务活动

现金流量表是反映企业在一定会计期间现金和现金等价物（以下简称"现金"）流入和流出的报表。它以现金流量为基础，按照收付实现制原则反映企业经营活动、投资活动和筹资活动的现金流入量、现金流出量以及净现金流量状况，是企业在某一期间的财务活动总体状况的具体体现。

除现金流量表按照收付实现制原则编制外，企业应按照权责发生制原则编制财务报表。可见，财务报表从静态到动态，从权责发生制到收付实现制，对企业财务活动中的筹资活动、投资活动、经营活动和分配活动进行了全面、系统、综合的反映。企业财务活动和财务报表之间的关系，如图4-1 所示。

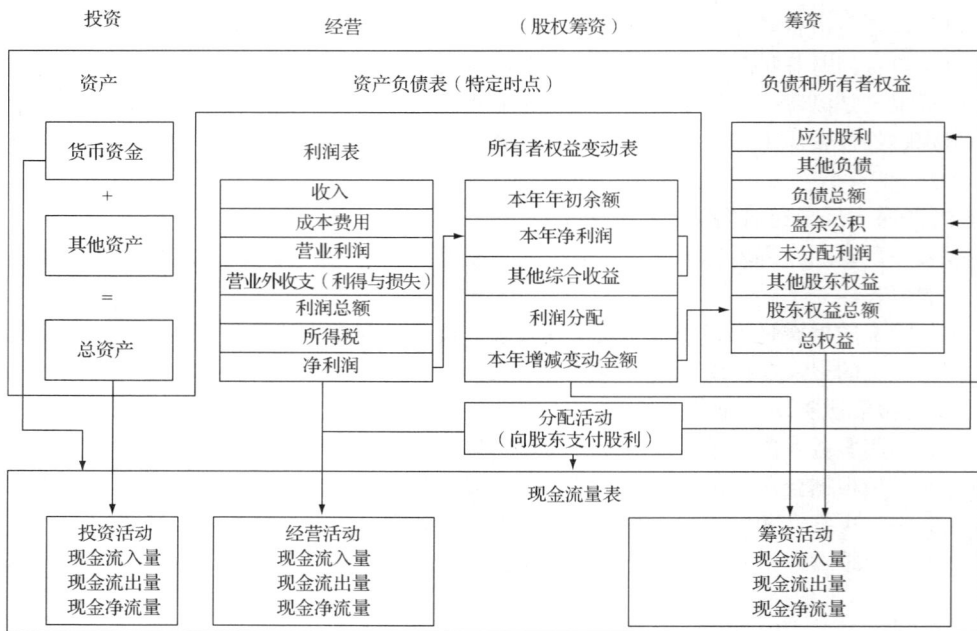

图 4-1 财务活动与财务报表的关系图

【随堂小测验 4-1】

1. 【单选】下列各项中，可以帮助报表使用者评价企业偿债能力信息的会计报表是（ ）。

    A. 现金流量表　　　　　　　　　　B. 所有者权益变动表

    C. 利润表　　　　　　　　　　　　D. 资产负债表

2. 【多选】下列各项中，属于按照权责发生制原则编制的财务报表有（ ）。

    A. 资产负债表　　　　　　　　　　B. 利润表

    C. 现金流量表　　　　　　　　　　D. 所有者权益变动表

    E. 附注

3. 【判断】利润表反映了企业持续经营过程中某一特定时点的获利能力和经营业绩。　　（ ）

第二节
财务报表地位及信息作用

一、财务报告体系构成以及财务报表的地位

（一）财务报告含义及体系

财务报告是指企业对外提供的反映企业某一特定日期的财务状况和某一会计期间的经营成果、现金流量等会计信息的文件。财务报告至少包括以下几层含义：（1）财务报告应当是对外报告，其服务对象主要是投资者、债权人等外部使用者，专门为了内部管理需要的报告不属于财务报告的范畴；（2）财务报告应当综合反映企业的生产经营状况，包括某一时点的财务状况和某一时期的经营成果与现金流量等信息，以勾画企业整体和全貌；（3）财务报告必须形成一个系统的文件，不应是零星的或者不完整的信息。

财务报告包括财务报表和其他应当在财务报告中披露的相关信息和资料。除了财务报表之外，

财务报告还应当包括其他相关信息和资料的具体内容，可以根据有关法律法规的规定和外部使用者的信息需求而定。如企业可以在财务报告中披露其承担的社会责任、对社区的贡献以及可持续发展能力等信息，这些信息对于使用者的决策也是相关的；尽管属于非财务信息，无法包括在财务报表中，但是如果有规定或者使用者有需求，企业就应当在财务报告中予以披露。

（二）财务报表是财务报告体系的核心

财务报表由会计报表本身及其附注两部分构成，而会计报表仅指报表本身不包括附注。财务报表是企业财务会计确认与计量的最终结果的体现，投资者等报表使用者主要是通过财务报表来了解企业当前的财务状况、经营成果和现金流量等情况，从而预测企业未来的发展趋势。因此，财务报表是向投资者等财务报告使用者提供对决策有用的信息的主要媒介和渠道，是连接投资者、债权人、政府及其他利益相关者与企业管理层进行信息沟通的桥梁和纽带。

以财务报表为核心的财务报告体系可以从不同的侧面提供反映企业财务状况、经营业绩和现金流量等方面的较为完整的会计信息。在经济全球化背景下，高质量的财务报表，能够产生多样化信息，为投资人、债权人和其他利益相关者做出合理的决策，具有重要的意义和价值。

财务报告与财务报表之间的关系如图 4-2 所示。

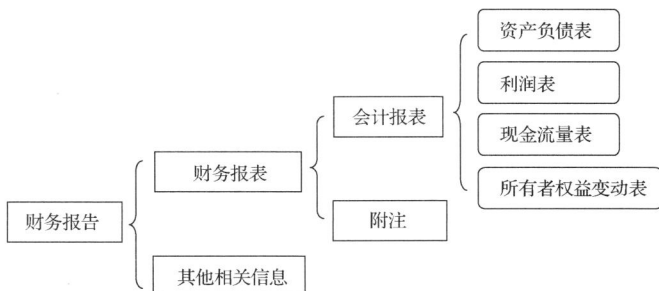

图 4-2　财务报告与财务报表的关系图

二、资产负债表及信息作用

资产负债表也称财务状况表，是反映企业在某一特定日期（通常为各会计期末，即月末、季末、半年末、年末）财务状况的报表。它根据资产、负债、所有者权益之间的相互关系，以"资产=负债+所有者权益"这一会计等式为依据，按照一定的分类标准和顺序，把企业在一定日期的资产、负债、所有者权益各项目予以适当排列，浓缩成一张静态报表，是反映企业财务状况的快照。

资产负债表所反映的信息主要体现在以下几个方面。

第一，反映企业资产的规模和结构

资产负债表能够提供企业在某一特定日期所拥有的资产总额及其结构，表明企业拥有或控制的能够用货币表现的资源及其分布情况。报表使用者可以一目了然地从资产负债表上了解到企业在某一特定日期所拥有的资产总量及其分布状况，进而掌握企业变现能力方面的信息。企业的资产结构能够反映其行业特征和生产经营过程的特点，有利于报表使用者进一步分析企业生产经营的稳定性；此外，报表使用者利用资产负债表信息，还可以进一步分析资产总量及其分布状况的变化和原因，为预测企业未来财务状况提供依据。

第二，反映企业债务水平和结构

资产负债表能够提供企业在某一特定日期债权人的要求权，即企业所负担债务总额及其结构。它表明了企业未来需要用多少资产或劳务来清偿债务以及清偿所需的时间，进而反映了企业的短期偿债能力、长期偿债能力和实际支付能力，有助于预测企业未来的财务安全程度，为企业的信贷决策提供依据。

第三，反映企业所有者权益结构和资本增值潜力

资产负债表能够反映企业在某一特定日期所拥有净资产的数额，以及企业所有者权益的构成。据以了解企业的资本结构和财务实力，有利于报表使用者判断企业能否有效利用现有资源实现资本

保值、增值，为投资者的投资决策提供信息依据。

第四，综合反映企业偿债能力和财务状况趋势

资产负债表能够反映企业在某一特定日期的资产总额和权益总额。它从企业资产总量方面反映企业的财务状况、资产对债务的保障程度，以及负债和所有者权益之间的比例是否合理，进而分析、评价企业的财务风险和未来的发展趋势。

本书选取 ABC 股份有限公司作为案例分析对象。ABC 股份公司是一家上市公司，本书根据其公开发布的年报信息，整理其合并财务报表，其中 2×16 年的合并资产负债表如表 4-1 所示。

表4-1　　　　　　　　　　　　　　合并资产负债表

编制单位：ABC 股份公司　　　　　　　　　　2×16 年 12 月 31 日　　　　　　　　　　　　单位：万元

资产	2×16-12-31	2×15-12-31	负债及所有者权益	2×16-12-31	2×15-12-31
流动资产：			流动负债：		
货币资金	4 436 541	5 229 154	短期借款	510 251	993 240
应收账款	307 897	188 655	以公允价值计量且其变动记入当期损益的金融负债	1 169	2 576
预付款项	2 865 367	3 337 361	应付票据	1 478 390	497 713
其他应收款	3 481 532	2 005 792	应付账款	6 395 846	4 486 100
存货	33 113 321	25 516 412	预收款项	15 551 807	13 102 398
流动资产合计	44 204 658	36 277 374	应付职工薪酬	245 167	217 775
非流动资产：			应交税费	457 821	451 559
可供出售金融资产	246 619	476	应付利息	29 124	64 969
长期股权投资	1 063 749	704 030	其他应付款	5 470 429	3 604 532
投资性房地产	1 171 047	237 523	一年内到期的非流动负债	2 752 179	2 562 496
固定资产	212 977	161 226	流动负债合计	32 892 183	25 983 358
在建工程	91 367	105 112	非流动负债：		
无形资产	43 007	42 685	长期借款	3 668 312	3 603 607
商誉	20 169	20 169	应付债券	739 839	
长期待摊费用	6 351	4 232	预计负债	4 688	4 429
递延所得税资产	352 526	305 486	其他非流动负债	4 296	1 568
其他非流动资产	508 062	21 849	递延所得税负债	67 272	73 381
非流动资产合计	3 715 874	1 602 788	非流动负债合计	4 484 407	3 682 985
			负债合计	37 376 590	29 666 343
			所有者权益：		
			股本	1 101 497	1 099 555
			资本公积	854 913	868 386
			其他综合收益	48 958	44 099
			盈余公积	2 013 541	1 701 705
			未分配利润	3 670 689	2 668 810
			归属于母公司所有者权益合计	7 689 598	6 382 555
			少数股东权益	2 854 344	1 831 264
			所有者权益合计	10 543 942	8 213 819
资产总计	47 920 532	37 880 162	负债及所有者权益合计	47 920 532	37 880 162

三、利润表及信息作用

利润表是反映企业在一定会计期间经营成果的会计报表，即反映企业一定会计期间（如月度、季度、半年度、年度）经营业绩的主要来源和构成，以及最终成果——净利润的实现情况。它有助

于报表使用者判断净利润的质量及其风险，据以判断企业资本保值和增值程度，预测净利润的持续性，从而做出正确的决策；报表使用者通过利润表还可以分析利润变化的原因，据此判断企业未来的发展趋势，为编制下期的利润预算、改进经营管理提供科学的依据。利润表的列报必须充分反映企业经营业绩的主要来源和构成，有助于使用者判断净利润的质量及其风险，有助于使用者预测净利润的持续性，从而做出正确的决策。

利润表的信息作用具体体现在以下几个方面。

第一，反映企业的经营成果。盈利是企业经营的根本目标。利润表通过把企业在某一特定期间内的收入、成本和费用情况加以对比分析，来表明企业投入产出的比例关系，全面反映企业经营业绩的主要来源和构成，确定企业是盈利还是亏损。利润表信息有助于报表使用者判断企业净利润的质量及其风险，预测净利润的持续性，从而做出正确的决策。因此，利润表为报表使用者提供企业盈利能力方面的信息。

第二，反映并预测企业的获利能力。企业的获利能力是该企业各利益相关者都特别关心的问题。利润表所提供的营业利润、利润总额、净利润等企业经营成果的详细信息，有助于报表使用者了解和评价企业的获利状况。由于利润受各阶段和各方面因素的影响，因此，报表使用者通过对不同阶段利润的分析，可以较为准确地掌握企业各环节的业绩，分析和预测企业未来经营的发展变化趋势，进而预测企业未来的盈利能力。

第三，为投资者、债权者的投资与信贷决策提供正确信息。由于企业产权关系及管理体制的变动，越来越多的人开始关注企业的利润：企业经营者是这样，投资者、债权者也是如此。他们通过对企业利润表进行分析，评价企业经营业绩和盈利能力，揭示出企业的经营潜力及发展前景，据此为是否投资或追加投资、投向何处、投资多少以及信贷决策提供依据。

第四，考核企业业绩，判断企业价值。利润表可以反映企业生产经营活动的成果，即净利润的实现情况。报表使用者通过利润表可以及时、准确地发现企业生产经营管理各环节存在的问题和不足，并找出原因——这对于评价企业业绩，规划企业未来至关重要。同时，报表使用者对利润形成的原因进行分析，还可判断企业效益质量，进而评价企业资本保值和增值能力。

此外，利润表信息，与资产负债表信息相结合还可以直接提供企业盈利能力信息、营运能力信息，间接提供企业偿债能力信息；与现金流量表信息结合，可以反映企业盈利质量的高低，从而为报表使用者进行决策提供全方位的综合信息。本书选取的 ABC 股份公司 2×16 年合并利润表如表 4-2 所示。

表 4-2　　　　　　　　　　　　　合并利润表

编制单位：ABC 股份公司　　　　　　　　2×16 年度　　　　　　　　　　　　单位：万元

项目	2×16 年	2×15 年
一、营业总收入	13 541 879	10 311 625
二、营业总成本	11 216 207	8 302 317
其中：营业成本	9 279 765	6 542 160
税金及附加	1 154 500	1 091 630
销售费用	386 471	305 638
管理费用	300 284	278 031
财务费用	89 172	76 476
资产减值损失	6 015	8 382
加：公允价值变动损失	−57	−872
投资收益	100 519	92 868
其中：对联营企业和合营企业的投资收益	99 940	88 979

续表

项目	2×16 年	2×15 年
三、营业利润	2 426 134	2 101 304
加：营业外收入	11 897	14 465
减：营业外支出	8 930	8 750
其中：非流动资产处置损失	682	607
四、利润总额	2 429 101	2 107 019
减：所得税费用	599 346	540 760
五、净利润	1 829 755	1 566 259
归属于母公司所有者的净利润	1 511 855	1 255 118
少数股东损益	317 900	311 141
六、每股收益		
（一）基本每股收益（元/每股）	1.37	1.14
（二）稀释每股收益（元/每股）	1.37	1.14
七、其他综合收益	48 958	44 099
八、综合收益总额	1 834 614	1 553 043
归属于母公司所有者的综合收益总额	1 516 714	1 241 902
归属于少数股东的综合收益总额	317 900	311 141

四、所有者权益变动表及信息作用

所有者权益变动表也称股东权益变动表，是指企业资产扣除负债后由股东享有的"剩余权益"，也称净资产，是股东投资资本与经营过程中所形成的留存收益的集合。所有者权益变动表是反映构成所有者权益各组成部分当期增减变动情况的报表，从所有者权益变动表中可以了解企业会计政策变更和会计差错更正的累积影响金额、当期实现的净利润情况、其他综合收益状况、所有者投入和减少资本情况、企业利润分配的情况以及所有者权益内部结转情况等。所有者权益变动表不仅包括所有者权益总量的增减变动，还包括所有者权益增减变动的重要结构性信息，特别是反映直接计入所有者权益的利得和损失，让报表使用者准确理解所有者权益增减变动的根源。

所有者权益变动表的信息作用具体体现在以下几个方面。

第一，在一定程度上体现全面收益观。所谓全面收益，或称综合收益，是指企业在某一期间除所有者以其所有者身份进行的交易之外的其他交易或事项所引起的所有者权益变动。综合收益总额项目反映净利润和其他综合收益扣除所得税影响后的净额相加后的合计金额。净利润是企业已实现并已确认的收益，而其他综合收益是指企业根据其他会计准则规定未在当期损益中确认的各项利得和损失。所有者权益变动表，将综合收益项目单列反映，体现了企业综合收益的构成和理念；将企业的经营成果净利润和反映股东价值的净资产之间的关系明朗化，能够更好地帮助投资者获得与其决策相关的全面收益信息。

第二，全面反映所有者权益的变化原因。所有者权益变动表可以反映股东所拥有的权益，据以判断资本保值、增值的情况以及对负债的保障程度。该表将全面反映企业的所有者权益在年度内的变化，便于报表使用者深入分析企业所有者权益增减变化的原因，进而对企业的资本保值、增值情况做出正确判断，据此提供对决策有用的信息。投资者可以透过所有者权益变动表看出被投资方的投资价值、股利发放和员工红利等各项权益变动因素，以预测投资效益。所有者权益变动表体现了"资产负债表观"，净资产增加才是企业资产增加、价值增加的根本途径。因此，从受托责任的角度来说，编制所有者权益变动表，既是对投资者负责，也是对股东和企业自身负责。

第三，为利润表和资产负债表提供辅助信息。所有者权益变动表中的"其他综合收益"以及"利润分配"，与利润表存在较强的关联性："其他综合收益"与利润表中的"公允价值变动净收益"相辅相成，共同反映了公允价值变动对于企业所产生的影响；"利润分配"则提供了企业利润分配的去向和数量，是对利润表信息的补充。所有者权益变动表中提供的所有者权益结构变动信息与资产负债表中所有者权益部分相辅相成，提供了所有者权益具体项目变动的过程及其原因。因此，所有者权益变动表是利润表和资产负债表之间连接的桥梁。

第四，突出会计政策变更和前期差错更正对所有者权益的影响。会计政策变更和前期差错更正对所有者权益本年年初余额的影响，原先主要在财务报表附注中体现，很容易被投资者忽略。新准则要求除了在附注中披露与会计政策变更、前期差错更正有关的信息外，还要在所有者权益变动表上直接列示会计政策变更和前期差错更正对所有者权益的影响，使会计政策变更、前期差错更正对所有者权益的影响得到更清晰的体现。

本书选取的 ABC 股份公司 2×16 年合并股东权益变动表如表 4-3 所示。

表 4-3 　　　　　　　　　　　　　　合并股东权益变动表

编制单位：ABC 股份公司　　　　　　　　　　2×16 年度　　　　　　　　　　单位：万元

| 项目 | 归属于母公司股东权益 | | | | | | 少数股东权益 | 股东权益合计 |
	股本	资本公积	其他综合收益	盈余公积	未分配利润	小计		
一、上年年末余额	1 099 555	868 386	44 099	1 701 705	2 668 810	6 382 555	1 831 264	8 213 819
加：会计政策变更								
前期差错更正								
其他								
二、本年年初余额	1 099 555	868 386	44 099	1 701 705	2 668 810	6 382 555	1 831 264	8 213 819
三、本年增减变动金额（减少以"-"号填列）	1 942	-13 473	4 859	311 836	1 001 879	1 307 043	1 023 080	2 330 123
（一）综合收益总额	—	—	4 859	—	1 511 855	1 516 714	317 90	1 834 614
（二）股东投入和减少资本	1 942	-13 473	—	—	—	-11 531	839 271	827 740
1. 股东投入的普通股	1 942	18 661	—	—	—	20 603	936 005	956 608
2. 股份支付计入股东权益的金额	—	-337	—	—	—	-337	—	-337
3. 股东减少资本	—	—	—	—	—	—	-96 734	-96 734
4. 其他	—	-31 797	—	—	—	-31 797	—	-31 797
（三）利润分配	—	—	—	311 836	-509 976	-198 140	-134 091	-332 231
1. 提取盈余公积	—	—	—	311 836	-311 836	—	—	—
2. 对股东的分配	—	—	—	—	-198 140	-198 140	-134 091	-332 231
四、本年年末余额	1 101 497	854 913	48 958	2 013 541	3 670 689	7 689 598	2 854 344	10 543 942

五、现金流量表及信息作用

现金流量表以现金及现金等价物为基础，按照收付实现制原则编制，反映企业经营活动、投资活动和筹资活动的现金流量状况，提供将权责发生制下的盈利信息调整为收付实现制下的现金流量信息。现金流量表是反映企业资金变动情况的一种形式，它具体通过现金和现金等价物的来源、运用、增加和减少来说明企业财务状况的资金变动情况，以便报表使用者了解和评价企业获取现金和现金等价物的能力，并据以预测企业未来的现金流量。

现金流量表的信息作用具体体现在以下几个方面。

第一，反映企业整体现金流量的来龙去脉。企业的经济活动主要包括经营活动、投资活动和筹资活动三个方面。这三个方面的经济活动都影响企业的现金流量，从而影响企业的财务状况和盈利质量。虽然有关现金流量的资料可以从企业的比较资产负债表和利润表中获得，但这两张报表并不能提供企业现金流量的全貌；而现金流量表能够反映企业在一定会计期间的现金和现金等价物从哪里来（即现金和现金等价物的主要来源及构成），到哪里去（即现金和现金等价物的使用方向）以及现金流入和流出的原因，进而反映企业资金来源的保障程度、企业资金支出方向和资金利用效率。根据企业现金流量状况，报表使用者可以大致判断企业经营周转是否顺畅，企业资金是否充足，企业资金来源与运用是否合理，企业当期现金增减是否适当，从而为改善企业资金管理指明方向，为评价企业整体财务状况的变动提供依据。

第二，提供可分析企业支付能力、偿债能力和周转能力的信息。报表使用者可通过现金流量表分析企业现金流入、流出的构成；配合资产负债表和利润表，将现金和流动负债进行比较，计算出现金比率；将现金流量净额与发行在外的普通股权加权平均股数进行比较，计算出每股现金流量；将经营活动现金流量净额与净利润进行比较，计算出盈利现金比率等。据此，报表使用者可以分析企业获取现金的能力、企业的现金能否及时偿还到期债务的能力以及能否支付股利和进行必要的固定资产投资的能力，进而分析企业现金流转效率和效果等。这便于增强投资者的投资信心和债权人收回债权的信心，便于债权人对企业的支付能力和偿债能力以及企业对外部资金的需求情况做出更可靠的判断。

第三，正确分析和评价企业的盈利能力和质量。现金流量表以收付实现制为基础，消除了利润表以权责发生制为基础编制的局限性。报表使用者通过现金流量表，可以将经营活动的现金流量与净利润进行比较，从而更好地评价企业盈利的质量；还可以掌握利润表未能提供的企业投资活动和筹资活动的现金流量状况，依据具体数据从现金角度分析企业的盈利构成，从而更好地评价企业的盈利能力，为分析和判断企业的财务前景提供更充分的信息。此外，将经营活动产生的现金流量与净利润相比较，可以从现金流量的角度了解净利润的质量。

第四，预测企业未来的现金情况。一般来说，如果现金流量表中各部分现金流量结构合理，现金流入、流出无重大异常波动，则说明企业的整体财务状况基本良好。报表使用者通过现金流量表及其他财务信息，可以分析企业现金的来源和用途是否合理；了解经营活动产生的现金流量有多少；判断企业在多大程度上依赖外部资金；评价企业未来获取或支付现金的能力及企业产生净现金流量的能力是否偏低。这就会为企业编制现金流量计划、合理有效地使用现金创造条件，为分析和预测企业的财务前景、现金状况及为投资者和债权人评价企业的未来现金流量、做出的投资和信贷决策提供必要信息。

本书选取的 ABC 股份公司 2×16 年合并现金流量表如表 4-4 所示。

表 4-4　　　　　　　　　　　　　　合并现金流量表

编制单位：ABC 股份公司　　　　　　　　　　2×16 年度　　　　　　　　　　　　　　单位：万元

项目	2×16 年度	2×15 年度
一、经营活动产生的现金流量		
销售商品、提供劳务收到的现金	15 343 707	11 610 884
收到其他与经营活动有关的现金	2 223 968	548 059
经营活动现金流入小计	17 567 675	12 158 943
购买商品、接受劳务支付的现金	12 865 694	8 732 365
支付给职工以及为职工支付的现金	347 270	290 888
支付的各项税费	2 121 392	1 808 157
支付其他与经营活动有关的现金	2 040 932	954 937
经营活动现金流出小计	17 375 288	11 786 347
经营活动产生的现金流量净额	192 387	372 596
二、投资活动产生的现金流量		
收回投资收到的现金	74 644	1 200

续表

项目	2×16 年度	2×15 年度
取得投资收益收到的现金	73 452	16 718
处置固定资产、无形资产和其他长期资产收回的现金净额	180	153
处置子公司或其他营业单位收到的现金净额	19 010	—
收到其他与投资活动有关的现金	60 493	99 880
投资活动现金流入小计	227 779	117 951
购建固定资产、无形资产和其他长期资产所支付的现金	243 939	15 067
取得子公司及其他营业单位支付的现金净额	123 862	286 084
支付的其他与投资活动有关的现金	—	12 100
投资活动现金流出小计	1 023 221	363 296
投资活动产生的现金流量净额	-795 442	-245 345
三、筹资活动产生的现金流量		
吸收投资收到的现金	318 354	299 112
其中：子公司吸收少数股东投资收到的现金	318 354	299 112
取得借款收到的现金	4 446 777	4 747 734
发行债券所收到的现金	747 679	
筹资活动现金流入小计	5 512 810	5 046 846
偿还债务支付的现金	4 843 026	2 686 442
分配股利、利润或偿付利息支付的现金	875 549	731 853
其中：子公司支付给少数股东的股利、利润	65 534	156 892
筹资活动现金流出小计	5 718 575	3 418 295
筹资活动产生的现金流量净额	-205 765	1 628 551
四、汇率变动对现金及现金等价物的影响	-2 787	-5 191
五、现金及现金等价物净增加/（减少）额	-811 607	1 750 611
加：年初现金及现金等价物余额	5 112 022	3 361 411
六、年末现金及现金等价物余额	4 300 415	5 112 022

【随堂小测验 4-2】

1. 【单选】下列各项中，属于资产负债表中所有者权益项目排列顺序依据的是（   ）。
   A. 依据权益的流动性
   B. 永久性程度高的在前，低的在后
   C. 依据投资顺序
   D. 永久性程度高的在后，低的在前

2. 【单选】下列各项中，属于我国利润表格式的是（   ）。
   A. 单步式
   B. 变动式
   C. 复合式
   D. 多步式

3. 【多选】下列各项中，属于所有者权益变动表主要信息作用的有（   ）。
   A. 提供所有者权益变动的原因
   B. 解释所有者权益内部结构的变动
   C. 提供企业全面收益的信息
   D. 提供企业经营业绩结构的信息
   E. 为利润表和资产负债表提供辅助信息

4. 【多选】下列各项中，属于现金流量表主要信息作用的有（   ）。
   A. 提供可分析企业支付能力、偿债能力和周转能力的信息
   B. 正确分析和评价企业的盈利能力和质量
   C. 为利润表和资产负债表提供辅助信息
   D. 预测企业未来的现金情况
   E. 反映企业整体现金流量的来龙去脉

5.【判断】资产负债表反映企业所有者权益结构和资本增值潜力。   （   ）

第三节 会计报表之间的关系

会计报表由四张主表构成，这四张主表之间并不是孤立存在的，而是可以在某一时点或一段时间内联系在一起的。资产负债表是存量报表，它报告的是在某一时点上的价值存量，如同反映水位。利润表、现金流量表和所有者权益变动表是流量报表，它们度量的是流量，或者说反映在两个时点的存量变化。利润表是对资产负债表中未分配利润的补充，现金流量表是对资产负债表中货币资金期初、期末差额变动的具体反映，所有者权益变动表是对资产负债表中所有者权益期初、期末差额变动原因的解释。这就是四张主表之间主要的内在关系。

一、资产负债表与利润表之间的钩稽关系

企业的盈利状况会影响资产的规模，利润表中的净利润会通过"利润分配——未分配利润"科目结转至资产负债表。在不分配股利、不计提盈余公积的情况下，净利润对应资产负债表中所有者权益部分的"未分配利润"项目，即在不分配股利、不计提盈余公积的情况下，资产负债表与利润表之间存在如下逻辑关系：

企业资产负债表期末未分配利润–期初未分配利润=本年净利润

二、资产负债表与现金流量表相关项目的钩稽关系

现金流量表可以说是对资产负债表中"货币资金"项目的解释和说明。在企业不存在现金等价物的前提下，资产负债表"货币资金"项目期末和期初的差额，与现金流量表"现金及现金等价物净增加"项目存在一定的钩稽关系。

具体来说，一般企业的"现金及现金等价物"所包括的内容大多与"货币资金"口径一致；投资活动中"购建固定资产、长期资产所支付的现金"与资产负债表中的"固定资产、在建工程、无形资产"等项目的增加相对应；筹资活动中"取得借款收到的现金、发行债券所收到的现金"与资产负债表中的"短期借款""长期借款"及"应付债券"的增加相对应。由此可见，现金流量表是对资产负债表的补充说明。

三、利润表与现金流量表之间的钩稽关系

利润表是按照权责发生制编制的，现金流量表是按照收付实现制编制的。在长期范围内，二者反映的累计结果应该趋于一致，即净利润和经营活动产生的净现金流量在一段很长时间内的累计结果应该趋于一致。然而，在某个会计期间内，净利润与经营活动产生的现金流量净额往往不一致。其实，在净利润的基础之上进行调整，即可求得经营活动产生的现金流量净额，两者的关系如下：

经营活动产生的现金流量净额=本期净利润+不减少现金的经营性费用+非经常性活动损益
–非经常性活动收入+非现金流动资产的减少额–非现金流动
资产的增加额+流动负债的增加额–流动负债的减少额

由此可见，现金流量表是对利润表的补充说明。

四、资产负债表与所有者权益变动表之间的钩稽关系

资产负债表与所有者权益变动表之间的关系非常紧密。所有者权益变动表相当于是对资产负债表的一个详细说明，它是对资产负债表中所有者权益项目的具体解释。企业的所有者权益是股东实际拥有的财产，其增减变动会影响企业每一个股东的利益。资产负债表中"所有者权益"项目期末余额大于期初余额，说明本期股东权益增加，而增加的原因则需要所有者权益变动表来解释。资产负债表与所有者权益变动表之间存在如下逻辑关系：

企业资产负债表期末所有者权益−期初所有者权益=所有者权益变动表中的本年增减变动金额

五、利润表与所有者权益变动表之间的钩稽关系

利润表中的净利润是所有者权益变动表中未分配利润的来源，其通过利润分配最终反映在所有者权益变动表中，是所有者权益变动表本年增减变动金额的主要影响因素。

综上所述，资产负债表给企业提供了生产经营活动的基础，管理者必须对企业的资产进行有效的运营，激活盘存的资产，合理组织投放的资金，才能使利润表充盈起来。如果把财务报表综合在一起进而分析企业的综合财务状况和经营成果，例如资产运营情况，收入费用多少、经济效益质量、企业现金的筹集、运用方式和股东价值增值等，即分析四张主表之间的内在逻辑性和各项目之间的钩稽关系，就会发现利润表和所有者权益变动表其实都是对资产负债表中某一项目的解释和说明。而现金流量表则是从企业财务活动角度说明现金流量的状况，是资产负债表和利润表之间的桥梁。对财务报表的过程分析至关重要，并且要将各种分析方法融入其中。因此，在对各主表每一部分的分析中都必须注意各主表之间的钩稽关系，这样才能全面客观地掌握财务报表带给我们的企业经营管理信息，以便对企业未来进行决策和建议。

【随堂小测验 4-3】

1.【单选】在现金流量表中，分得股利所收到的现金属于（　　　）。

    A．经营活动现金流入量   B．分配活动现金流入量

    C．筹资活动现金流入量   D．投资活动现金流入量

2.【多选】下列各项中，能同时引起资产和利润减少的项目有（　　　）。

    A．计提短期借款的利息   B．计提行政管理部门固定资产折旧

    C．计提坏账准备   D．无形资产摊销

    E．支付之前所欠货款

3.【判断】利润表是对资产负债表中未分配利润的补充说明。（　　　）

第四节 | 财务报表附注

一、财务报表附注及内容

财务报表附注是对资产负债表、利润表、现金流量表和所有者权益变动表等报表中列示项目的文字描述或明细资料，以及对未能在这些报表中列示项目的说明等。它是财务报表不可或缺的组成部分，可以使报表使用者全面了解企业的财务状况、经营成果和现金流量。

　　财务报表项目是被高度浓缩的会计信息，且由于经济业务的复杂性和企业在编制财务报表时可能选择了不同的会计政策，对此企业需要通过财务报表附注对财务报表的编制基础、编制依据、编制原则和方法及主要事项等进行解释，以此增进会计信息的可理解性，同时使不同企业的会计信息的差异更具可比性，便于进行对比分析。因此，财务报表附注通常披露以下内容。

1. 企业的基本情况

　　企业的基本情况主要披露企业注册地、组织形式和总部地址；企业的业务性质和主要经营活动，如企业所处的行业、所提供的主要产品或服务、客户的性质、销售策略、监管环境的性质等；母公司以及集团最终母公司的名称；财务报告的批准报出者和财务报告批准报出日，或者以签字人及其签字日期为准；营业期限有限的企业，还应当披露有关其营业期限的信息。

2. 财务报表的编制基础

　　企业编制财务报表应当以持续经营为基础；报表项目各个会计期间保持一致，不得随意变更；根据重要性原则，收入和费用项目不能相互抵消；至少提供两年的报表数据；在报表显著位置披露有关内容；企业至少应当按年编制财务报告。

3. 遵循企业会计准则的声明

　　企业应当声明编制的财务报表符合企业会计准则的要求，真实、完整地反映了企业的财务状况、经营成果和现金流量等有关信息。

4. 重要会计政策和会计估计

　　根据财务报表列报准则的规定，企业应当披露采用的重要会计政策和会计估计，不重要的会计政策和会计估计可以不披露。

　　（1）重要会计政策的说明

　　重要会计政策的说明，包括财务报表项目的计量基础和在运用会计政策过程中所做的重要判断等。

　　企业在发生某项交易或事项允许选用不同的会计处理方法时，应当根据准则的规定从允许会计处理方法中选择适合本企业特点的会计政策。例如，存货的计价可以选择先进先出法、加权平均法、个别计价法等。为了有助于报表使用者理解，有必要对这些会计政策加以披露。

　　此外，还需要披露以下两项重要事项。第一，财务报表项目的计量基础。即会计计量基础包括历史成本、重置成本、可变现净值、现值和公允价值，这直接显著影响报表使用者的分析。第二，会计政策的确定依据。其主要是指企业在运用会计政策过程中，对报表中确认的项目金额所做的重要判断。例如，企业应当根据本企业的实际情况说明确定金融资产分类的判断标准等，这些判断对在报表中确认的项目金额具有重要影响。

　　（2）重要会计估计的说明

　　重要会计估计的说明，包括可能导致下一个会计期间内资产、负债账面价值重大调整的会计估计的确定依据等。

　　财务报表列报准则强调了对会计估计不确定因素的披露要求。企业应当披露会计估计中所采用的关键假设和不确定因素的确定依据，这些关键假设和不确定因素在下一会计期间内很可能导致对资产、负债账面价值进行重大调整。

　　在确定报表中确认的资产和负债的账面金额的过程中，企业有时需要对不确定的未来事项在资产负债表日对这些资产和负债的影响加以估计。例如，固定资产可收回金额的计算需要根据其公允价值减去处置费用后的净额与预计未来现金流量的现值两者之间的较高者确定，在计算资产预计未来现金流量的现值时需要对未来现金流量进行预测，并选择适当的折现率，所以，报表编制者应当在附注中披露未来现金流量预测所采用的假设及其依据、所选择的折现率为什么是合理的等。又如，为正在进行的诉讼确认预计负债时最佳估计数的确定依据等。这些假设的变动对这些资产和负债项目金额的确定影响很大，有可能会在下一个会计年度内做出重大调整。因此，强调这一披露要求，有助于提高财务报表的可理解性。

企业应当披露采用的重要会计政策和会计估计，并结合企业的具体实际披露其重要会计政策的确定依据和财务报表项目的计量基础，及其会计估计所采用的关键假设和不确定因素。

5. 会计政策和会计估计变更以及差错更正的说明

企业应在财务报表附注中说明与会计政策、会计估计变更以及差错更正相关的信息，例如会计政策变更的性质、内容和原因，当期和各个列报前期财务报表中受影响的项目名称和调整金额；会计估计变更的内容和原因，对当期和未来期间的影响金额；前期差错的性质等。企业应当按照《企业会计准则第 28 号——会计政策、会计估计变更和差错更正》的规定，披露会计政策和会计估计变更以及差错更正的情况。

6. 报表重要项目的说明

企业应当按照资产负债表、利润表、现金流量表、所有者权益变动表及其项目列示的顺序，对报表重要项目的说明采用文字和数字描述相结合的方式进行披露。报表重要项目的明细金额合计，应当与报表项目金额相衔接。

此外，企业还应当在附注披露费用按照性质分类的利润表补充资料，可将费用分为耗用的原材料、职工薪酬费用、折旧费用、摊销费用等。

7. 其他需要说明的重要事项

其他需要说明的重要事项主要包括或有和承诺事项、资产负债表日后非调整事项、关联方关系及其交易，以及有助于财务报表使用者评价企业管理资本的目标、政策及程序的信息等。

此外，企业应当在附注中披露终止经营的收入、费用、利润总额、所得税费用和净利润，以及归属于母公司所有者的终止经营利润。

其他需要说明的
重要事项

二、财务报表附注的信息作用

财务报表中的数字是经过分类与汇总后的结果，是对企业发生的经济业务的高度简化和浓缩的数字，如果没有形成这些数字所使用的会计政策和理解这些数字所必需的披露，财务报表就不可能充分发挥效用。因此，附注与资产负债表、利润表、现金流量表、所有者权益变动表等报表具有同等的重要性，是财务报表的重要组成部分。财务报表附注的信息作用主要体现在以下 2 个方面。

1. 与主表信息相辅相成

会计报表由于其固有的格式、项目和填列方法，使得表内信息并不能完整地反映一个企业的综合状况；而附注相对来说比较灵活，可以弥补表内信息的局限性，使表内信息更容易理解，更加相关。会计报表与附注之间是一个主次关系，即四张主表是根本，附注是补充；附注处于从属地位，没有主表的存在，附注就失去了依靠，其功能也就无处发挥；而没有附注恰当的延伸、补充和说明，主表的功能就难以有效地全面实现。两者相辅相成，形成一个完善的有机整体，提高了财务报表体系的层次和信息质量，有助于报表使用者从整体上更好地理解财务报表。

2. 提高会计信息的完整性

由于财务会计在确认计量上有严格的标准，这就使得一些与决策相关的信息不能进入会计报表，而忽视它们的存在，势必会影响使用者做出正确的决策。附注拓展了企业会计报表信息的内容，打破了四张主要报表的项目必须既符合会计要素的定义又必须同时满足相关性和可比性的限制，突破了揭示项目必须用货币加以计量的局限性，借助多种计量手段、计量属性及不同的格式将那些无法进入表内的信息加以适当地披露。将附注的文字说明辅以某些统计资料或定性信息，恒定量、定性信息相结合，可弥补财务信息的不足，从而能全面反映企业面临的机会与风险，进而从量和质两个角度对企业经济事项进行完整反映，保证信息的完整性，更好地满足信息使用者的决策需求。

【随堂小测验 4-4】

1．【单选】下列各项中，不属于财务报表附注作用的是（　　　）。
    A．提高信息可比性　　　　　　　　B．降低信息可比性
    C．增强信息可理解性　　　　　　　D．突出信息重要

2．【多选】下列各项中，关于财务报表附注的表述正确的是（　　　）。
    A．附注中包括财务报表重要项目的说明
    B．对未能在财务报表列示的项目在附注中说明
    C．如果没有需要披露的重大事项，企业不必编制附注
    D．附注中包括会计政策和会计估计变更以及差错更正的说明
    E．附注提高了会计信息的完整性

3．【判断】附注与资产负债表、利润表、现金流量表、所有者权益变动表等报表相比，信息的重要性略逊一筹。（　　　）

拓展阅读

新修订企业会计准则三大亮点——《企业会计准则第30号——财务报表列报》

思考与练习

1．财务报告与财务报表之间的关系。
2．如何认识财务报表体系？
3．资产负债表的信息作用有哪些？
4．利润表的信息作用有哪些？
5．简述财务活动过程及其与财务目标的关系。
6．会计报表在财务报表分析中的作用有哪些？
7．现金流量表的信息作用有哪些？
8．所有者权益变动表的信息作用有哪些？
9．会计四大主表之间有什么内在的关系？
10．会计报表附注的信息作用有哪些？

案例分析

❖❖❖

万福生科财务舞弊分析

企业财务报表是企业反映当期自身的资产与资本结构、经营成果与现金流动，进而向外部信息使用者提供自身商品经营与资本经营成果与全面收益状况，从而满足具有不同需求的外部信息使用者获得富有价值的决策信息的会计报表和附注。本案例分析万福生科湖南农业开发股份有限公司（以下简称"万福生科"）的舞弊，不但强化了本章内容，也为后续章节的内容做了铺垫。

为了符合我国创业板上市标准，万福生科不惜通过虚增利润的方式粉饰报表以达到我国创业板的上市条件，但是财务报表体系之间存在逻辑关系，是钩稽关系极强的报告体系，企业最终无法通过粉饰财务报告瞒天过海。万福生科上市一年之后业绩下降明显，其粉饰报表的行为众目昭彰，成为我国创业板财务造假第一股，对我国的创业板发展产生较大的负面影响。通过对万福生科上市前及上市后连续五年的财务报表进行分析，我们发现了万福生科在其上市审计报告及其上市后的财务报告中存在一些矛盾与可疑之处，具体分析如下。

万福生科2008—2012年度的主要数据如表4-5所示。

表4-5　　　　　　　　　万福生科主要财务数据　　　　　　　　　单位：万元

报表项目	2008-12-31	2009-12-31	2010-12-31	2011-12-31	2012-12-31
货币资金	1 600	4 312	5 756	38 867	26 040
应收账款	772	578	809	3 699	1 636
预付账款	3 182	1 564	2 173	11 938	733
存货	14 253	19 229	19 013	24 509	23 983
流动资产	19 843	26 139	28 588	79 359	55 314
固定资产	8 805	10 620	14 188	14 230	14 774
在建工程	1 716	148	2 934	8 675	18 885
无形资产	1 109	1 183	2 923	2 879	2 813
非流动资产	11 673	12 089	22 020	25 947	36 708
资产总额	31 516	38 228	50 608	105 306	92 022
短期借款	17 440	9 397	22 200	29 000	26 500
应付账款	148	218	477	384	7 505
预收账款	1 196	354	136	867	351
流动负债	22 635	20 785	23 254	33 344	38 774
长期借款	1 800	1 500	5 500	4 500	3 400
非流动负债	1 800	1 500	5 855	4 955	4 535
负债合计	24 435	22 285	29 109	38 299	43 309
所有者权益	7 082	15 944	21 499	67 007	48 713
报表项目	2008 年度	2009 年度	2010 年度	2011 年度	2012 年度
营业收入	22 824	32 765	43 359	55 324	29 616
营业成本	17 625	24 685	32 985	42 895	25 350
财务费用	1 153	1 049	1 198	1 726	1 902
净利润	2 566	3 956	5 555	6 027	-342
销售商品、提供劳务收到的现金	26 664	37 447	49 343	62 288	33 726
购买商品、接受劳务支付的现金	27 473	32 384	38 472	53 389	35 955
经营活动产生的现金流量净额	205	1 263	7 163	3 340	2 753
购建固定资产、无形资产和其他长期资产支付的现金	3 781	979	10 313	14 593	6 638
投资活动产生的现金流量净额	-3 781	-931	-11 160	-13 616	-6 638
筹资活动现金流入小计	20 959	35 039	41 200	79 575	48 400
筹资活动产生的现金流量净额	3 481	2 383	5 439	43 386	-8 942

如表4-5所示，万福生科近五年的财务数据表明其前四年经营状况较好，但通过其现金流量表却发现了以下矛盾之处。一是万福生科自2008—2011年，营业收入和营业成本增长很大，但与之相对应的应收账款在前三年始终保持在较低水平，应付账款余额一直保持在较低的水平，这与其现金流量表的内容存在重大不一致。二是在2011年报告中披露用于购建固定资产、无形资产和其他长期资产支付的现金金额较大，大于当期非流动资产的增长（已考虑预付的工程设备款项）。万福生科2012年度财务报表中大部分数据同比变化较大，说明万福生科是通过多种相互联系的粉饰手段对其财务信息进行了严重舞弊。实际上，万福生科主要通过以下方式进行舞弊。

首先，通过虚增资产粉饰利润。在其2011年报告中提及的"在建工程"项目中对"淀粉糖扩改工程"的投入金额增长了12.5倍，而工程进度却反而降低了，公司并未对此在附注中披露该重大事项，这存在重大遗漏。此外，在公司2012年半年报更正前的"预付账款"中记载着预付第一大自然人客户童大全1 002.71万元，半年报显示未结算的原因为预付工程、设备款，工程尚在建设中；但通过深入调查发现，客户童大全为万福生科的粮食经纪人，并非工程与设备供应商。可见，公司主要通过选择虚增"在建工程"和"预付账款"来掩人耳目，以达到虚增利润的目的。

其次，通过虚拟业务粉饰公司经营成果。万福生科从2008年到2011年的年报显示公司的收入连续增长，且利润也呈现相同的趋势。在对2012年半年报更正前，年报显示对常德市湘原贸易有限公司、湖南双佳农牧科技有限公司、乐哈哈食品厂、佛山南海娥兴粮油经营部、衡阳市炎健商贸有限责任公司5家公司的"应收账款"合计512.29万元，实际上这些业务均是万福生科虚拟的业务。

最后，报表间的钩稽关系存在矛盾之处。以现金收付实现制为基础的现金流量表与全面反映公司全面收益的所有者权益变动表是分析公司资本保值与增值活动成果的重要依据。万福生科2008—2012年年报中的"净利润"分别为2 566万元、3 956万元、5 555万元、6 027万元和-342万元，基本呈现逐年递增的趋势；而净经营现金流量分别为205万元、1 263万元、7 163万元、3 340万元和2 753万元，在2009年至2011年，净经营现金流量远低于净利润，在2012年情况发生了好转，这表明万福生科在前四年间不是"纸面富贵"即盈利质量低，就是存在造假嫌疑。

结合以上内容，请思考财务报表体系中各会计报表主表和附注具有哪些功能及作用？万福生科各会计报表之间存在着哪些不符合逻辑的关系？采取了哪些盈余管理手段？如何判断上市公司财务报表信息质量？

所有者权益变动表分析 第五章

【学习目标】

- 理解所有者权益变动表的内涵与意义
- 掌握所有者权益变动表水平分析和垂直分析的方法
- 掌握所有者权益变动表主要项目变动的内容与影响
- 掌握会计政策变更与前期差错更正的原因分析
- 理解股利决策对所有者权益变动的影响

【关键词】

所有者权益变动表 会计政策变更 前期差错更正 其他综合收益 利润分配
所有者权益内部结转 现金股利 股票股利

【引导案例】

近800家新三板公司拟派发现金股利

Wind统计数据显示，截至2017年4月18日，在已发布2016年年报的3918家新三板公司中，进行利润分配及资本公积金转增股本的公司有1 064家，约占3 918家披露年报公司的27.16%。其中，792家公司拟派发现金股利，派现最高的公司每股派10元。部分公司拟通过送红股或进行资本公积金转增扩大股本规模。派现公司普遍业绩增长情况较好，货币资金充裕。数据显示，在上述进行利润分配及资本公积金转增股本的1 064家公司中，792家公司拟派发现金股利（其中包括74家拟送红股），138家公司拟送红股；合计930家公司对2016年利润进行分配，包括派现以及送红股，占3 918家公司的23.74%。另有340家公司进行资本公积金转增股本，占3 918家公司的比例约为8.7%。其中，40家公司只进行资本公积金转增股本，占3 918家公司的约1%，其他300家公司同时进行利润分配。从派现的公司情况看，多以良好的业绩为基础，其中不少公司现金充裕。数据显示，在每股派现1元以上的39公司中，36家公司2016年净利润同比增长。其中，增幅超过50%的公司有25家。从2016年年底的货币资金纬度看，8家公司货币资金超过1亿元，最多的达到7.98亿元；期末货币资金在5 000万元至1亿元的公司7家。从货币资金增长情况看，增长幅度超过50%的公司有23家。其中，8家公司增幅超过5倍。

上市公司年末对利润进行分配通常会进行综合考虑。在业绩增长较好的情况下，股本规模通常是送红股的重要考量因素。通过送红股，公司可以扩大股本，增加股票流动性。特别是在上市公司需要大量现金时，保留现金也有利于公司的经营和发展。派放现金股利只是公司股利分配政策中的一种，那么股利分配政策还有哪些？对所有者权益变动表会产生哪些影响？我们该如何理解和分析所有者权益变动表？所有者权益变动表在会计报表中处于何等地位？这些问题都是本章将要介绍的内容。

第一节 所有者权益变动表一般分析

一、所有者权益变动表的内涵及其分析目的

（一）所有者权益变动表的内涵

2007年我国颁布了新会计准则，规定所有者权益变动表正式成为继现金流量表后的第四张财务报表。所有者权益是企业股东对企业"剩余价值"享有的权利，是所有者投入资本和企业经营积累

的总和，体现企业资本保值与增值活动的结果。随着我国市场经济进一步发展，提高会计信息使用者对财务报告质量的要求和与国际准则进一步趋同，成为我国新会计准则的发展方向。

所有者权益变动表是专门反映一定期间内企业所有者权益变动原因的报表。企业资产剔除负债后所有者享有的"剩余价值"，即所有者权益，是股东投入资本与其在企业资本经营过程中形成的资本增值，体现了企业资本规模发展潜力的信息，是企业能够可持续发展，完成自身战略目标的资本源泉。所有者权益可以分为两类内容，一是股东投入部分，即实收资本与投资时形成的资本公积；二是资本经营的结果，即留存收益与其他资本公积。

所有者权益变动表与资产负债表、利润表和现金流量表不但相互补充，更重要的是为报表使用者提供股东价值是否增长及其原因的全面而有价值的会计信息，有助于报表使用者了解企业的资本经营与资本增值状况。股东权益增减变动应符合企业价值最大化的财务管理目标以及财务报表分析目标要求，是继"利润表观念"和"资产负债表观念"之后"全面收益观念"的集中体现；同时也是将所有者权益变动表分析作为四张主表中的第一表进行分析的主要原因。

企业会计准则
第 30 号——财务
报表列报

（二）编制所有者权益变动表的意义

1. 编制所有者权益变动表符合国际会计准则的发展趋势

如何更好地发现并衡量企业的价值，反映企业的全面收益成为国际会计准则的热点讨论话题与亟待解决的客观问题，增强对企业全面收益的反映首当其冲。1992 年 10 月，英国会计准则理事会（ASB）要求对外编报的主要财务报表增加"全部已确认利得与损失表"；1997 年美国财务会计准则委员会（FASB）要求财务报表中必须有一个独立的组成部分，突出显示企业的全部利得和损失，在收益表之外报告全面收益；1997 年国际会计准则委员会（IASC）公布的修订后的 IAS1"财务报表表述"中，要求财务报表中必须有一个独立的组成部分，来突出显示企业的全部利得和损失。

从国外会计准则制定机构关于财务业绩报告的改革过程来看，改革业绩报告的目标基本一致，都要求报告提供更全面、更有用的财务业绩信息，以满足使用者投资、信贷及其他经济决策的需要。

我国在 2007 年施行的《企业会计准则——基本准则》中对所有者权益要素做了如下规定："所有者权益的来源包括所有者投入的资本、直接计入所有者权益的利得和损失、留存收益等。"其中，直接计入所有者权益的利得和损失是指不应计入当期损益、与所有者投入资本或者利润分配活动无关，但会引起所有者权益发生增减变动的利得或者损失。

由所有者权益变动表的内容可知，我国的所有者权益变动表的作用实际上就相当于英国 ASB 的"全部已确认利得与损失表"，美国 FASB 的"全面收益表"，国际会计准则委员会（IASC）的"权益变动表"。我国新准则颁布后的所有者权益变动表能更好地帮助投资者获得与其决策相关的全面收益信息。

2. 编制所有者权益变动表是公司所有者权益和受托责任日益受到重视的体现

所有者权益变动表无疑是对企业"剩余价值"的计量，反映了企业经过商品经营、资产经营和资本经营之后资本保值、增值的结果以及对企业债权人的保证程度。该表能够更全面、更直接地反映企业在报告期内企业所有者权益的变动情况，为会计信息使用者提供更富有决策价值的信息，增强对企业资本保值与增值过程和结果的分析。并且该表通过直接地反映企业筹资活动（如股利政策等），使会计信息使用者结合企业的发展阶段与企业行业特征，对企业未来发展潜力与潜在风险做出更有效的预测和判断。正是由于该表能够准确反映企业"剩余价值"与发展潜力，因此，它能够更好地衡量企业经营者对企业受托管理的结果，即增强了企业会计信息的受托责任观；同时，也能考核企业管理者对企业的管理是否高效，所谓"一举两得"。

3. 编制所有者权益变动表将更好地为完善企业财务报表体系

企业经营活动的结果往往是通过利润表中的净利润反映到资产负债表，但此列报并不能全面反映企业的资本保值与增值情况。所有者权益变动表中的"直接计入所有者权益的利得和损失"以及"利润分配"，与资产负债表和利润表之间存在较强的关联性，而且"直接计入所有者权益的利得和损失"与利润表中的"公允价值变动净收益"相辅相成，共同反映了公允价值变动对企业产生的影响。所有者权益变动表中对可供分配利润的描述则提供了企业利润分配的去向和数量，为利润表提供了辅助信息。所有者权益变动表可以理解为将企业当期的经营成果情况（即利润表）与企业当期的资本保值增值活动相联系，详细地反映自身所有者权益变动的情况，因此可以全面地反映企业全面收益情况。

4. 编制所有者权益变动表进一步完善了会计信息的相关性

所有者权益变动表，能够直观反映会计政策变更和前期差错更正对所有者权益本年年初余额的影响，将此部分内容由原准则中在报表附注中披露，提升至在财务报表主表中进行披露，增强了财务报表信息的相关性。此外，所有者权益变动表进一步细化了直接计入所有者权益的利得和损失，使得企业的财务报表更趋全面，也进一步增强了会计信息的相关性。

（三）所有者权益变动表的分析目的

对所有者权益变动表进行分析的目的在于企业利益相关者可全面了解企业资本保值与增值情况，评价企业"全面收益"状况以获得与自身决策相关的信息。具体而言，所有者权益变动表分析是通过所有者权益的来源及变动情况，了解会计期间内影响所有者权益增减变动的具体原因，判断构成所有者权益各个项目变动的合法性与合理性，为报表使用者提供较为真实的所有者权益总额及其变动信息。

1. 有助于会计信息使用者获得企业更全面的保值增值信息

作为专门反映企业所有者权益变化的财务报表，报表使用者通过对该表进行细致的分析能够识别并理清报表期间构成所有者权益各个项目的变动规模与结构，了解其变动趋势，准确理解所有者权益增减变动的根源。所有者权益变动表反映企业通过资本运营而实现的资本保值与增值的结果，有助于企业会计信息使用者对股东"剩余价值"质量的评价。

2. 有助于会计信息使用者获取更有效的决策信息

会计信息使用者通过对所有者权益变动表的分析能够充分掌握企业在资本运营过程中实现的资本保值与增值信息，不但能对企业自有资本运作进行评价，而且能够结合企业的资本结构与经营效果与效率，更深入地知悉企业的发展潜力，从而获得与投资、信贷、监管及其他经济决策更相关的决策信息。

3. 有助于对全面收益的披露

所有者权益变动表将会计政策变更以及直接计入所有者权益损益的部分单独列示在报表中，因此对该表的分析能够充分对资产负债表信息进行补充，能够进一步满足会计信息使用者对企业在报表期间对全面收益的评价，增强企业盈利信息的透明度，减少企业利润操纵空间，保护投资者利益和为资本市场健康发展提供保障。

4. 有助于对企业自有资本管理活动及其效果的评价

所有者权益变动表可以反映股权分置、股东分配政策、再筹资方案等财务政策对所有者权益的影响。财务报表分析者若想恰当地评价企业资本保值与增值活动的成果以确定自身的决策优势，必须深入了解企业的全面收益情况，需要联同对企业其他报表与报表附注进行分析，并结合企业所处的生命周期、所处行业特点、经营环境与自身的资源与能力。

二、所有者权益变动表水平分析

所有者权益变动表水平分析，是将所有者权益各个项目的本期数据与基期数据进行对比，分析企业所有者权益总额和各具体项目增减变动情况及变动趋势，以揭示公司当期所有者权益变动的原因，判断构成所有者权益各个项目变动的合理性与合法性，并结合企业自身的资源、能力和竞争环境与产业特点分析企业当期资本保值与增值情况，以及存在的主要问题，借以进行相关决策的过程。对所有者权益本年增减变动额进行分析，是所有者权益变动表水平分析的重要内容之一。

下面以 ABC 股份公司 2×16 年所有者权益变动表为例，对 ABC 股份公司所有者权益变动表的规模变动进行水平分析。根据表 4-3 提供的资料，编制 ABC 股份公司 2×16 年所有者权益变动表水平分析，如表 5-1 所示。

表 5-1　　　　　　　　　　ABC 股份公司 2×16 年所有者权益变动表水平分析　　　　　　　　　　单位：万元

项目	归属于母公司股东权益						少数股东权益	股东权益合计
	股本	资本公积	其他综合收益	盈余公积	未分配利润	小计		
一、上年年末余额	1 099 555	868 386	44 099	1 701 705	2 668 810	6 382 555	1 831 264	8 213 819
加：会计政策变更	—	—	—	—	—	—	—	—
前期差错更正	—	—	—	—	—	—	—	—
二、本年年初余额	1 099 555	868 386	44 099	1 701 705	2 668 810	6 382 555	1 831 264	8 213 819
三、本年年末余额	1 101 497	854 913	48 958	2 013 541	3 670 689	7 689 598	2 854 344	10 543 942
四、本年增减变动金额（减少以"–"号填列）	1 942	-13 473	4 859	311 836	1 001 879	1 307 043	1 023 080	2 330 123
五、本年增减变动率（%）	0.18	-1.55	11.02	18.32	37.54	20.48	55.87	28.37

注：本年增减变动额=本年年末余额-本年年初余额

本年增减变动率（%）=各项目本年增减变动金额÷各项目本年年初余额

从表 5-1 可以看出，ABC 股份公司 2×16 年所有者权益年末余额比基期，即期初 2×16 年年初余额增加 2 330 123 万元，增长幅度为 28.37%，其中少数股东权益增加 1 023 080 万元，增长幅度为 55.87%；归属于母公司股东权益增加 1 307 043 万元，增长幅度为 20.48%。从所有者权益构成项目的水平变化分析，未分配利润增加 1 001 879 万元，增长幅度为 37.54%；盈余公积增加 311 836 万元，增长幅度为 18.32%，其他综合收益增加 4 859 万元，增长幅度为 11.02%，三者合计本期增加 1 318 574 万元，占归属于母公司所有者权益变化 100.88%（1 318 574÷1 307 043=100.88%）。因此，对 ABC 股份公司所有者权益变动表水平分析表分析得出，2×16 年 ABC 股份公司自身盈利是所有者权益增加的驱动因素，不但完成了自身资本的保值，而且成功地实现了资本增值的目标，展现了企业良好的发展潜力。

三、所有者权益变动表垂直分析

所有者权益变动表垂直分析，是将所有者权益各个子项目作为分析主体，计算其变动占所有者权益变动的比重，然后进行分析评价，揭示公司当期所有者权益各个项目的比重及其变动情况，并结合企业与所属行业的特点进行分析与评价，分析公司净资产构成的变动原因，衡量企业收益的构成，借以进行相关决策的过程。

根据表 4-3 提供的资料，编制 ABC 股份公司 2×16 年所有者权益变动表垂直分析，如表 5-2 所示。

表 5-2　　　　　　　　　　ABC 股份公司 2×16 年所有者权益变动表垂直分析　　　　　　　　　　单位：万元

项目	归属于母公司股东权益						少数股东权益	股东权益合计
	股本	资本公积	其他综合收益	盈余公积	未分配利润	小计		
一、上年年末余额	1 099 555	868 386	44 099	1 701 705	2 668 810	6 382 555	1 831 264	8 213 819
加：会计政策变更	—	—	—	—	—	—	—	—
前期差错更正	—	—	—	—	—	—	—	—
二、本年年初余额	1 099 555	868 386	44 099	1 701 705	2 668 810	6 382 555	1 831 264	8 213 819
三、本年年末余额	1 101 497	854 913	48 958	2 013 541	3 670 689	7 689 598	2 854 344	10 543 942
四、本年增减变动金额（减少以"–"号填列）	1 942	-13 473	4 859	311 836	1 001 879	1 307 043	1 023 080	2 330 123
五、本年增减变动构成比重（%）	0.08	-0.58	0.21	13.38	43.00	56.09	43.91	100

注：本年增减变动构成比重（%）=各项目本年增减变动金额÷2 330 123

从表 5-2 可以看出，ABC 股份公司 2×16 年所有者权益变动项目总构成为 100%，其中：股本增减变动的构成比重为 0.08%，表明 ABC 股份公司股本较为稳定，波动较小，对归属于母公司股东权益的变动影响较小；资本公积增减变动的构成比重为-0.58%，虽然变动比例不大，但是由于其金额较上年减少，导致归属于母公司股东权益金额减少，因此分析时应重点关注此部分变动的原因。其他综合收益增减变动的构成比重为 0.21%，盈余公积增减变动的构成比重为 13.38%，未分配利润增减变动的构成比重为 43.00%，上述项目之和即归属于母公司所有者权益变动的构成为 56.09%，少数股东权益的构成为 43.91%。

从所有者权益变动表垂直分析表可见，ABC 股份公司 2×16 年所有者权益变动以自身盈利为主要原因，即良好的经营成果成为 ABC 股份有限公司持续的"输血"源泉。其中，企业"营利性"变化使归属于母公司股东权益增加的比重为 56.38%，这也正是留存收益增加的比重 56.38%（13.38%+43.00%）。此外，归属于母公司的股东权益小部分得益于筹资形成的资本增加，"输血性"变化使归属于母公司的所有者权益增加的比重为-0.50%（0.08%-0.58%），即股本增加的比重和资本公积减少比重之和；少数股东权益增加的比重为 43.91%。总体而言，2×16 年 ABC 股份有限公司股东权益的增加，部分得益于筹资形成的资本增加，但主要的源泉来自其资本保值与增值活动形成的资本积累。

【随堂小测验 5-1】

1．【单选】下列各项中，不属于所有者权益的是（　　　）。

　　A．资本公积　　　　B．其他综合收益　　C．盈余公积　　　　D．外币报表折算差额

2．【多选】下列各项中，属于影响当期所有者权益变动额的有（　　　）。

　　A．净利润　　　　　　　　　　　　B．所有者投入和减少资本

　　C．所有者权益内部结转　　　　　　D．分配现金股利

　　E．库存股增加

3．【多选】下列各项中，不在"所有者权益变动表"中单独填列的有（　　　）。

　　A．净利润　　　　　　　　　　　　B．公允价值变动收益

　　C．其他综合收益　　　　　　　　　D．与计入所有者权益项目相关的所得税影响

　　E．稀释每股收益

4．【判断】所有者权益变动表可以反映债权人所拥有的权益，据以判断资本保值、增值的情况以及对负债的保障程度。　　　　　　　　　　　　　　　　　　　　　　　（　　　）

第二节　所有者权益各项目分析

所有者权益变动表的主要项目分析，是将组成所有者权益的各主要项目进行具体剖析对比分析其变动成因、合理性与合法性、是否有人为操纵的迹象等事项的过程。通过对所有者权益主要项目的分析，分析者可以对股东价值增长及变化原因进行分析。所谓股东价值是指企业股东所拥有的普通股权益的价值。股东价值增长及其变化原因分析是财务报表分析的核心，这也是本书把所有者权益变动表分析作为第二篇第一个主表分析的重要原因，符合财务报表分析的目标要求。

一、从"上年年末余额"调整到"本年年初余额"

一般情况下，所有者权益变动表本年的年初余额等于上年年末余额。但是，如果企业年度内发生会计政策变更和会计差错更正等事项，需要对上年所有者权益进行调整，企业在上年年末余额的

基础上，将会计政策变更和会计差错更正的影响金额，在所有者权益变动表中单独列示，将上年年末余额调整为本年年初余额。即上年年末余额+会计政策变更+前期差错更正=本年年初余额。

（一）会计政策变更项目

会计政策变更将直接影响期初盈余公积和未分配利润，从而使所有者权益出现变动，变更的影响额在本项目中反映。同时，会计政策变更涉及相关的资产、负债项目的调整，将导致资产负债结构发生变化，这些变化相应调整了相关项目的数额。所有者权益变动将此部分详细列示，有助于分析者获得企业全面收益进而获取与决策相关的会计信息。同时，不论何种原因引起的企业会计政策的变更，均会导致企业在不同的会计年度之间的财务信息出现不可比性，分析者应予以充分的关注。

（二）前期差错更正项目

根据我国会计准则的规定，前期差错是指由于没有运用或错误运用下列两种信息，从而对前期财务报表造成省略或错报。（1）编报前期财务报表时，预期能够取得并加以考虑的可靠信息；（2）前期财务报告批准报出时能够取得的可靠信息。

分析者应结合报表中的数据与附注中的注释综合分析差错产生的深层原因，结合企业的客观环境与行业情况考虑差错对其生产经营的影响。企业为达到某些目的（如获得IPO资格或达到债务融资条件等），而通过前期差错更正实现盈余调整的行为屡见不鲜，分析者如不能通过结合相关资料对该表进行分析，并发现上述问题，势必会对企业资本保值与增值能力和效果产生曲解。

总而言之，对会计政策变更和前期差错更正累积影响数分析，其主要目的在于确定其对企业财务成果产生的影响，是否存在人为操纵利润、蓄意调整利润的现象，以辨别会计信息的质量。ABC股份公司2×16年度不涉及会计政策变更和会计差错更正对所有者权益的影响。

【案例5-1】

东方集团股份有限公司发布关于会计差错更正的公告

2017年东方集团股份有限公司发出公告，对该公司当年度会计差错更正事项进行说明。公告称，国开东方城镇发展投资有限公司（以下简称国开东方）原系东方集团二级子公司东方集团商业投资有限公司（以下简称商业投资）的联营企业。2016年6月，商业投资又收购了国开东方37.50%的股权，国开东方成为东方集团二级子公司商业投资的控股子公司，并纳入东方集团合并报表范围。经复核发现，国开东方在2014年度及2015年度存在对2016年度财务报表产生影响的错报。公司随后对该会计差错进行更正，并采用追溯重述法对2014年度及2015年度公司财务报表数据进行更正和重述。

公告指出，上述会计差错将导致2016年度期末未分配利润减少11 482.19万元，2016年度期末少数股东权益减少9.62万元，2016年度归属于母公司净利润减少9 327.19万元，2016年度少数股东损益减少6.53万元。其中东方集团前期差错更正对合并利润表相关项目的影响如表5-3所示。

表5-3 东方集团前期差错更正对合并利润表相关项目的影响 单位：万元

受影响的报表项目名称	调整前期初金额	累积影响金额	调整后期初金额
投资收益	1 201 882.30	-13 587.80	1 188 294.50
利润总额	2 124 073.31	-135 87.80	2 110 485.51
净利润	222 417.71	-2 095.99	220 321.72
未分配利润	428 232.69	-11 482.19	416 750.50
其中：归属于母公司所有者的净利润	1 038 470.80	-13 578.18	1 024 892.62
少数股东损益	34 727.38	-9 62	34 717.76

东方集团前期差错更正对合并资产负债表相关项目的影响如表5-4所示。

表 5-4　　　　　　东方集团前期差错更正对合并资产负债表相关项目的影响　　　　　　单位：万元

受影响的报表项目名称	调整前期初金额	累积影响金额	调整后期初金额
长期股权投资	1 201 882.30	-13 587.80	1 188 294.50
资产总计	2 124 073.31	-13 587.80	2 110 485.51
资本公积	222 417.71	-2 095.99	220 321.72
未分配利润	428 232.69	-11 482.19	416 750.50
归属于母公司所有者权益合计	1 038 470.80	-13 578.18	1 024 892.62
少数股东权益	34 727.38	-9.62	34 717.76
所有者权益总计	1 073 198.18	-13 587.80	1 059 610.37

可见，由于前期差错调整，使公司2016年年初所有者权益总额减少13 587.80万元，其中归属于母公司所有者权益减少13 578.18万元。

二、"本年增减变动金额"项目分析

引起所有者权益本年增减变动的因素主要有综合收益总额、股东投入和减少资本以及利润分配等。各因素之间有以下的关系。

本期所有者权益变动额=综合收益总额+股东投入资本-股东减少资本-向股东分配利润

（一）"综合收益"项目分析

2×16 年年报中综合收益包括净利润和其他综合收益两项内容。

所有者权益变动表中的纵向栏本年增减变动金额之一的综合收益，其中所包含的净利润项目，与利润表中的金额一致，其对应列在"未分配利润"栏；因此该表可以看作资产负债表与利润表的桥梁，将企业当期的经营成果与资本保值增值的结果能够详细地结合在一起，能够为分析者提供全面的分析方向。分析者能充分地结合企业的资源与能力，并且根据企业所属行业特征，综合分析企业的资本保值与增值的执行效果与战略目标的执行情况。

其他综合收益反映企业当年根据企业会计准则规定未在损益中确认的各项利得和损失扣除所得税影响后的净额，并对应列在"其他综合收益"栏。其他综合收益主要包括可供出售金融资产产生的利得（或损失）、按照权益法核算的在被投资单位其他综合收益中所享有的份额、现金流套期工具产生的利得（或损失）、外币财务报表折算差额等。

根据表4-1 ABC 股份公司合并资产负债表，编制 ABC 股份公司 2×16 年度所有者权益变动表中净利润和"其他综合收益"项目分析，如表5-5 所示。

表 5-5　　　　　　ABC 股份公司 2×16 年度净利润和"其他综合收益"项目分析　　　　　　单位：万元

项目	归属于母公司股东权益			少数股东权益	股东权益合计
	资本公积	未分配利润	其他综合收益		
一、本年年初余额	868 386	2 668 810	44 099	1 831 264	8 213 819
二、本年增减变动金额（减少以"-"号填列）	-13 473	1 001 879	4 859	1 023 080	2 330 123
三、本年年末余额	854 913	3 670 689	48 958	2 854 344	10 543 942
四、本年规模变动原因					
（一）净利润	—	1 511 855	—	317 900	1 829 755
（二）其他综合收益	—	—	-1 691		
1. 可供出售金融资产产生的利得（损失）金额	—	—	—		
加：当期利得金额	—	—	-1 662		
减：可供出售金融资产产生的所得税影响	—	—	29		
减：前期计入其他综合收益当期转入利润的金额	—	—	—		
小计	—	—	-1 691		
2. 外币财务报表折算差额	—	—	6 550		
综合收益总额	—	1 511 855	4 859	317 900	1 834 614

如表 5-5 所示，ABC 股份公司 2×16 年度全面收益增加 1 834 614 万元，其中由于净利润导致其增加 1 829 755 万元，分别为母公司未分配利润增加 1 511 855 万元，少数股东权益增加 317 900 万元；其他综合收益增加 4 859 万元，其中可供出售金融资产产生的损失金额为 1 691 万元，外币报表折算差额为 6 550 万元。表明 ABC 股份有限公司本期生产经营成果是其资本增值的主要源泉，同时分析时也应充分考虑其他综合收益变动的合理性，这样才能准确分析 ABC 股份有限公司的全面收益情况。

（二）"股东投入和减少资本"项目分析

股东投入和减少资本反映企业接受所有者投入的资本和减少的资本，清晰地计量与反映股东的资本投入情况，主要包括三项内容。

1. 股东投入资本项目

此部分反映企业接受投资者投入形成的实收资本（或股本）和资本溢价或股本溢价，为企业的运营提供了原始资本。我国相关法律法规对此部分金额、实际出资、计量、披露与运用十分严格，这既有利于企业的稳定经营也有助于保障债权人的利益。因此，分析者对此部分的分析不但要考虑当期的变动情况，也需关注企业的历史资料，才能完成评价企业对原始资本保值与增值活动的成果。

2. 股份支付计入所有者权益的金额项目

此部分反映企业处于等待期中的权益结算的股份支付当年计入资本公积的金额，并对应列在"资本公积"栏。随着我国资本市场的完善，企业面临的经营环境的竞争日益加剧，股份支付逐渐步入了我国企业管理。股份支付主要有助于企业挽留特殊技能人员，对外传递良好的信号，并且有利于推动上市公司的股价。但作为企业会计信息使用者应更关注对此部分的分析，并从以下三个方面着手：一是股份支付的核算方法是否正确；二是股份支付是否处于有利于企业可持续发展的目的，即并非企业管理层为了自身利益而开展；三是股份支付是否达到了其应有的目标，即需综合分析企业当期的资本保值与增值效率。

3. 股东减少资本项目

此部分反映当期企业回购或注销企业的资本，主要包括企业回购与注销股份和减少注册资本等行为，我国相关法律法规对此项内容进行了严格的规范，即为了保护债权人的角度与保障企业经营的稳定性。分析者应注重对此部分合法性与合理性的分析，特别是分析企业当期减少股东资本的根本目的。

（三）"利润分配"项目分析

"利润分配"下各项目，反映当年对所有者（或股东）分配的利润（或股利）金额和按照规定提取的盈余公积金额，并对应列在"未分配利润"和"盈余公积"栏。

1. 提取盈余公积项目

盈余公积是指公司按照规定从净利润中提取的、存留于企业内部、具有特定用途的各种积累资金，包括提取的法定公积金和任意公积金。法定公积金的提取比例，一般为当年实现净利润的 10%（非公司制企业也可按照超过 10% 的比例提取）。提取法定盈余公积金的基数不应包括企业年初的未分配利润。法定公积金累计额达到公司注册资本的 50% 以上时，可以不再提取。法定公积金不足以弥补以前年度亏损的，在提取法定公积金之前，应先用当年利润抵亏。

企业可以不提取任意公积金，也可按照公司股东会或者股东大会决议，从税后利润中提取一定比例的任意盈余公积金。外商投资企业应当按照法律、行政法规的规定，按净利润提取储备基金、企业发展基金、职工奖励及福利基金等。中外合作经营企业按规定在合作期内以利润归还投资者的投资，也从可供分配的利润中扣除。

2. 提取一般风险准备项目

一般风险准备，是指从事证券业务的金融企业按规定从净利润中提取，用于弥补亏损的风险准备。一般风险准备按净利润的 10% 计提，只能用于弥补亏损。

3. 对股东的分配项目

企业可供分配的利润减去应提取的法定盈余公积、任意盈余公积金等后，为可供股东分配的利润。可供股东分配的利润，首先支付优先股股利；其次支付普通股股利，即企业按利润分配方案分配给普通股股东的现金股利。或者企业向投资者分配利润。

（四）"所有者权益内部结转"项目分析

"所有者权益内部结转"下各项目，反映不影响当年所有者权益总额的所有者权益各组成部分之间当年的增减变动，包括资本公积转增资本（或股本）、盈余公积转增资本（或股本）、盈余公积弥补亏损等项金额。这些项目之间结转后，所有者权益总额不变。

ABC 股份公司 2×16 年"股东投入和减少资本""利润分配""所有者权益内部结转"项目分析如表 5-6 所示。

表 5-6　　　"股东投入和减少资本""利润分配""所有者权益内部结转"项目分析　　　单位：万元

项目	归属于母公司股东权益				少数股东权益	股东权益合计
	股本	资本公积	盈余公积	未分配利润		
一、本年年初余额	1 099 555	868 386	1 701 705	2 668 810	1 831 264	8 213 819
二、本年增减变动金额（减少以"-"号填列）	1 942	-13 473	311 836	1 001 879	1 023 080	2 330 123
三、本年规模变动原因						
（一）股东投入和减少资本	1 942	-13 473	—	—	839 271	827 740
1. 股东投入资本	1 942	18 661	—	—	936 005	956 608
2. 股份支付计入股东权益的金额	—	-337	—	—	—	-337
3. 股东减少资本	—	—	—	—	-96 734	-96 734
4. 其他	—	-31 797	—	—	—	-31 797
（二）利润分配			311 836	-509 976	-134 091	-332 231
1. 提取盈余公积			311 836	-311 836	—	—
2. 对股东的分配				-198 140	-134 091	-332 231
四、本年年末余额	1 101 497	854 913	2 013 541	3 670 689	2 854 344	10 543 942

如表 5-6 所示，ABC 股份公司 2×16 年度因股东投入和减少资本导致所有者权益增加 827 740 万元，其中由于股东投入资本使其增加 956 608 万元，分别为母公司股本增加 1 942 万元、资本公积增加 18 661 万元，少数股东权益增加 936 005 万元。由于股份支付计入股东权益的金额使其减少 337 万元，为资本公积减少 337 万元。由于股东减少资本使其减少了 96 734 万元，为少数股东权益减少了 96 734 万元。其他使其减少了 31 797 万元，为资本公积导致的减少额。ABC 股份有限公司 2×16 年度因利润分配导致所有者权益减少 332 231 万元，其中，由于对股东的分配使其减少 332 231 万元，分别为未分配利润减少 198 140 万元，少数股东权益减少 134 091 万元。

另外，ABC 股份公司 2×16 年度没有发生所有者权益内部结转业务。

【随堂小测验 5-2】

1.【单选】下列各项中，关于所有者权益变动表说法不正确的是（　　　）。

　　A. 所有者权益变动表应该以矩阵形式列示

　　B. 所有者权益变动表应该单独列示会计政策变更和差错更正的累积影响金额

　　C. 所有者权益变动表应该单独列示综合收益项目

　　D. 所有者权益变动表分为"本年金额"和"上年金额"两行列示

2.【多选】下列各项中，通常属于前期差错的有（　　　）。

　　A. 应用会计政策错误　　　　　　　　B. 计算错误

　　C. 疏忽产生的影响　　　　　　　　　D. 曲解事实产生的影响

　　E. 支付为子公司提供的担保费

3．【多选】下列各项中，不属于以后会计期间能重分类进损益的其他综合收益项目的有（　　　）。

　　A．重新计量设定受益计划净负债或净资产导致的变动

　　B．持有至到期投资重分类为可供出售金融资产形成的利得或损失

　　C．外币财务报表折算差额

　　D．按照权益法核算的在被投资单位不能重分类进损益的其他综合收益变动中所享有的份额

　　E．按照权益法核算的在被投资单位可重分类进损益的其他综合收益变动中所享有的份额

4．【判断】在不考虑其他项目时，将净利润调整为本期所有者权益变动额，应该在净利润的基础上，减去向股东分配的利润。

（　　　）

第三节　股利分配政策分析

股利分配政策作为企业财务活动的最后环节，是调节企业资本结构的重要手段。企业决策机构通过分析当前的投资机会与融资环境，结合企业的生命周期、行业地位与所属行业发展状况，并考虑证券市场环境与股东的初步预期后，对当期经营成果进行合理分配，通过分配活动调节资金的流向，并最终影响所有者权益部分的金额与内部结构。所以，对企业的股利分配政策进行分析是进行所有者权益分析的一项重要内容。

一、股利分配政策对企业所有者权益的影响

企业的股利分配政策，不仅要考虑战略目标、资源与能力等内部因素，还要关注企业的经营环境、资本市场等外部因素。可见，股利分配政策既是企业管理者重要的资本经营活动之一，也是企业调整资本结构、向外部传递企业信号的重要途径。在我国，股利分配政策按支付方式的不同通常分为两类：一种是以现金支付，即现金股利；另一种是以股票支付，即股票股利。这两者对企业财务状况产生的影响截然不同：现金股利能够使企业账面的未分配利润减少，股本增加，从而影响每股账面价值和每股收益。由于股利分配政策往往是企业报表期间最后的资本经营决策，因此也是财务报表分析的重点。

（一）现金股利

1．现金股利的含义

发放现金股利，又称派现，是企业以发放现金的形式给投资者以回报。现金股利能够极大满足风险厌恶型投资者的需求，也是大部分投资者希望得到的投资回报。企业是否发放现金股利，不仅取决于企业是否有充裕的可供分配利润与现金流量，还取决于企业所处的发展阶段、所属的行业特征与自身发展战略等因素。

2．发放现金股利的财务影响分析与动机分析

实施现金股利的财务结果会导致公司现金流出，减少公司的资产和所有者权益规模，降低公司内部筹资的总量，增加企业的财务风险，既影响所有者权益内部构成，也影响企业整体资本结构。

ABC股份公司发放现金股利将引起以下财务结果：一是减少自身的资产和留存收益金额；二是降低了自身的财务弹性；三是影响公司整体的投资与筹资决策；四是向外界传递了ABC股份有限公司处于平稳发展阶段投资风险较小的信号。总体而言，研究企业分派现金股利的原因应当是分析的重点。分析者可以从以下方面分析企业派现的动机。

第一，降低不确定性。投资者的回报由股利与资本利得构成，但投资者对两者的偏好却大相径

庭。大多数投资者认为"二鸟在林"不如"一鸟在手",认为未来的资本利得具有很大的不确定性,而现金股利的风险却几乎为零。特别是在经济低谷时,现金股利能够更好地吸引投资者。

第二,传达发展稳健的信号。在半强势有效的资本市场中,股利政策常常被企业管理者用作传递公司未来前景的信息。相关研究表明,现金股利往往被投资者认为是企业未来经营比较稳定的资金来源,因此现金股利被企业管理者用来传递企业的绩优信息,借以提高公司的股票价格。

第三,减少股东代理成本。分配现金股利一方面使股东收回投资,另一方面通过改变企业的资本结构增加了财务风险。企业股东一方面通过收回投资直接降低委托代理成本,另一方面通过财务杠杆将部分风险转移到企业的债权人,从而间接降低了自身代理成本。

第四,返还股东投资。根据企业生命周期理论,当企业处于成熟期或者衰退期,企业将缺乏新的投资项目,企业管理者为了吸引与稳定股东投资,降低股东委托代理成本会将经营形成的稳定现金流分配给股东。这种情况下,财务分析者应结合企业的生命周期与股东偏好,重点关注资本保值因素。

【案例5-2】

浦发银行 2016 年年度利润分配情况分析

作为股份制银行中的佼佼者,浦发银行曾以高收益、高分红政策在广大投资者中备受青睐。公司在2012—2014年的利润分配方案中,连续三年现金股利分配总额占净利润的比例在30%以上,其投资者无不深受鼓舞,大呼幸福。但是,这种情况在近两年却有所变化。

根据公司2016年的会计报表,根据经审计的2016年度会计报表,母公司共实现净利润 516.97亿元,扣除2016年已发放的浦发优1和浦发优2股息17.25亿元后,可供普通股股东分配的当年利润为499.72亿元。2016 年初未分配利润为896.48亿元,扣除2015年度各项利润分配事项446.04亿元,实际可供普通股股东分配的利润为950.16亿元。在遵守《金融企业准备金计提管理办法》等特殊规定后,公司2016年度利润分配预案如下。

(1)按当年税后利润30%的比例提取任意盈余公积,共计155.09亿元;

(2)提取一般准备98.55亿元;

(3)以2016年末普通股总股本21 618 279 922股为基数,向全体股东每10股派送现金股利2元人民币(含税),合计分配现金股利人民币43.24亿元;以资本公积按每10股转增3股,合计转增人民币64.85亿元。

浦发银行2012—2016年利润分配方案汇总如表5-7所示,通过对比分析,发现公司每年都以分红或配股方式回报投资者,但是其分红力度近两年却有所减弱,2012年每10股派送5.5元,2014年每10股派息也有7.57元,但是在2016年的分配预案中却减少到每10股派息2元,现金分红的数额也有所下降,其现金股利分配总额占净利润的比例也从2012年的30.14%减少到2016年分配预案中的8.14%。

表 5-7 　　　　　　　　　　浦发银行 2012—2016 年度利润分配方案汇总表 　　　　　　　　　单位:人民币亿元

分红年度	每 10 股送红股数(股)	每 10 股派息数(元)(含税)	现金分红的数额(含税)	分红年度合并报表中归属于上市公司股东的净利润	占合并报表中归属于上市公司股东的净利润的比率(%)
2016 年	—	2.00	43.24	530.09	8.14
2015 年	—	5.15	101.21	506.04	20.00
2014 年	—	7.57	141.21	470.26	30.03
2013 年	—	6.60	123.11	406.22	30.30
2012 年	—	5.50	102.59	340.42	30.14

注:2016年度利润分配预案尚需浦发银行股东大会审议批准后方可实施。

巴菲特的投资"三要三不要"理念之一是:要投资那些始终把股东利益放在首位的企业。事实上,巴菲特也总是青睐那些经营稳健、讲究诚信、分红回报高的企业,以最大限度地避免股价波动,确保投资的保值和增值。从前述浦发银行的资料来看,公司在 2012—2014 年间现金股利分配总额占净利润的比例都在 30%左右,近两年对股东的分红回报下降幅度较大,其原因为何?还有待于长期观察和进一步研究。总之，作为上市公司只有一直坚持将股东利益放在首位，诚信经营、回馈股东才能在资本市场上获得更好的发展。

（二）股票股利

1. 股票股利的含义

股票股利又称"送红股"，是指上市公司以股东股份的一定比例增发股票作为股利发放的一种形式。发放股票股利是企业为获得更多的股本，而将企业生产经营积累的"剩余"按照预定的比例分配给预定股东以增加其享有企业"剩余"的权利。在实务操作中，特别是在上市公司，企业发放股票股利往往为企业带来额外收益，提高企业的声誉与价值。

2. 发放股票股利的财务结果

企业分派股票股利实际是对自身所有者权益内部结构在当期资本保值与增值活动的优化，此方式并不会导致企业所有者权益规模的增加。但相关研究表明，上市公司实行股票股利政策后会被社会公众认为是一种良好的信号，使公司股价与声誉得到积极发展，推进企业完成自身的战略目标。

3. 股票股利的发放动机

分析企业发放股票股利是否恰当，首先要明确企业发放股票股利的动因。一般而言，企业选择发放股票股利的动因有：①企业通过股票股利对外传递了自身正处于上升的发展阶段，并且有能力与资源支撑自身的发展，向资本市场传达了积极的信号。②企业分派股票股利有利于优化自身所有者权益结构，将自身实现的收益转化为既定股东的权益，增强股东对企业投资的信心，进而使企业能够获得更多的资本以实现在未来资本经营活动中完成自身资本保值与增值的目标。③降低企业融资成本。企业分派股票股利，将以前期间的留存利润以股票股利的方式转化为股本，变相利用内部资本，减少外部债务筹资规模，以此降低企业的融资成本。④股票股利能够有效减少企业股东由于分红带来的相关税费。财务报表分析者应将企业的发展战略目标、生命周期以及所处的经营环境与其股票股利政策相结合，有效地评价资本保值与增值活动。

二、 股票分割对公司所有者权益的影响

（一）股票分割的含义

股票分割是企业在保持股本规模不变的前提下，将原每股分割为若干股份，从而降低股票面值，增加股票数量的行为。股票分割对公司的资本结构不会产生任何影响，一般只会使发行在外的股票总数增加，资产负债表中股东权益各项目的金额都保持不变，股东权益总额也保持不变。股票分割给投资者带来的不是现实的利益，但能够增加对未来多分股息和获得更高收益的预期，对股价上涨的刺激作用更大。其具体体现为：

（1）优化企业股本结构。股票分割可以促进企业股本的流通，带来股东数量的增加，从而促进企业股本的换手率。公司股票价格太高，会使许多潜在的投资者力不从心而不敢轻易对公司的股票进行投资。股票分割后由于降低股票价格，能够降低吸引企业潜在的投资者，会在一定程度上加大对公司股票恶意收购的难度。

（2）传递企业具有良好发展潜力的信息。进行股票分割后，上市公司往往在短期内取得了超额收益，即推动了自身的股价上涨，有力地推动了潜在投资者对其投资。

（3）有利于稳定上市公司股价。股票分割会产生增加股本的效果，虽然上市公司的总股本规模不变，但股票分割能够增加股东现金股利与股票股利的份额，从而使原股东获得更多回报，有利于稳定股价并增强原股东的信心。与此相对，上市公司也可通过反分割的方法将每股价格提高，来解决其股票被低估的问题。

（二）股票分割对所有者权益的影响

股票分割并不涉及企业留存收益的变动，它仅仅涉及自身股本结构的变化，因此股票分割不直接增加股东的财富，也不影响公司的资产、负债及所有者权益的金额变化，同时也不会引起自身股东权利的变化。

（三）股票分割对每股收益和每股市价的影响

虽然股票分割不属于纯粹的某种股利，但股票分割会向公司外部传达积极的信号，因此股票分割势必会提高公司股价。但由于股票分割会增加上市公司的股本，因此会稀释自身的每股收益与每股市价。

三、股票回购对公司所有者权益的影响

（一）股票回购及其方式

股票回购是指股份公司出资将其发行流通在外的股票以一定价格购回予以注销或库存的一种资本运作方式。当公司投资机会较少、现金持有较多时，有两种途径可以将现金转移给股东：一种途径是发放现金股利，另一种途径是在二级市场回购股票。公司购回已发行的股份，使得发行在外的股票股数相应减少，公司的每股收益势必提高，从而导致公司股票价格上升，因此而带来的资本收益可以代替股利收入，作为投资者的投资回报，从这个意义上说股票回购是导致企业资本变动的一种间接支付股利的方式。

一般来说，股票回购的方式主要有三种：一是在市场上直接购买；二是向股东定向回购；三是与少数大股东协商购买。公司对回购的股份一般采取两种处理办法：一种是将回购的股份注销；一种是将回购的股份作为库存股[①]处理。

（二）股票回购的动机对公司所有者权益的影响

（1）提高财务杠杆比例，改善企业资本结构。公司回购股票不仅可以向股东分配过剩的资金，还可以降低资本总额，减少股东权益，增大负债比例，以此优化资本结构，提高财务杠杆，为股东创造价值发挥作用。

（2）满足企业兼并与收购的需要。公司在兼并或者收购时，财产转让的支付方式主要是现金购买或以股票交换股票。若公司拥有库存股，即可以使用公司内部的库藏股票来交换被兼并或收购公司的股票，从而减少或消除因公司并购而带来的每股收益稀释效应。

（3）分配企业超额现金。由于回购令股票的流通量减少，增加每股收益和每股股利，从而促使股价上升。在不考虑税收与交易成本的情况下，股票回购为股东带来的资本利得等于股利发放。因此，当公司拥有多余现金，但又没有把握维持高股利政策时，通过股票回购将现金发放给股东，可以增加股票的市场价值。

（4）在公司的股票价值被低估时，提高其市场价值。股票回购中公司将支付给股东大量现金，减少公司流通在外的股份，提高了市场对每股收益的预期，而这种预期会带来公司股价的上升；特别是在要约回购时，表明管理层对公司前景看好，对公司未来业绩充满信心，能体现真实的股票价值。

（5）股票回购的节税效应。对股东而言，资本利得的税率低于股利所得的税率，通过股票回购

---

① 库存股也称库藏股，是指由公司购回而没有注销、并由该公司持有的已发行股份。库存股在回购后并不注销，而由公司自己持有，在适当的时机再向市场出售或用于对员工的激励。也就是说，公司将已经发行出去的股票，从市场中买回，存放于公司，而尚未再出售或是注销。库存股是发行总股本的减项，可以被理解为将奖励一次性支付给股东，属于间接股利分配形式。

库存股同时具备以下4个特点：（1）库存股是本公司的股票；（2）库存股是已发行的股票；（3）库存股是收回后尚未注销的股票；（4）库存股是可以再次出售的股票。根据定义，也可以做如下的理解：凡是属于公司未发行的股票，公司持有的其他公司的股票或者是公司已回收并注销的股票都不能被视为库存股。

获得的资本收益可以减少纳税，且只有在股票出售时增值的已实现回购的部分才征收资本利得税，减少股东的税负负担。对公司而言，在资产负债率较低的情况下，回购股票能够改善资本结构，提高债务比率，更多地利用利息避税，增强财务杠杆的效应。

此外，股票回购需要大量资金支付回购的成本，易造成公司资金紧缺，资产流动性变差，影响公司发展后劲；一旦股票回购后股价下跌，将会给公司和股东带来损失；回购股票可能使公司的发起人股东更注重创业利润的兑现，而忽视公司长远的发展，损害公司的根本利益；股票回购容易导致内幕操纵股价，损害投资者的利益。

【随堂小测验 5-3】

1．【单选】下列各项中，属于产生库存股的条件是（　　　）。

    A．股票回购　　　　B．股票分割　　　　C．股票股利　　　　D．流通股权对价

2．【多选】下列各项中，属于所有者权益内部结转的有（　　　）。

    A．资本公积转增资本　　　　　　　　B．盈余公积转增资本

    C．盈余公积弥补亏损　　　　　　　　D．股票分割

    E．股票回购

3．【判断】股票分割会影响所有者权益的内部结构，而股票股利则不会改变公司的所有者权益结构。　　　　　　　　　　　　　　　　　　　　　　　　　　　　　　（　　　）

拓展阅读

所有者权益变动表
分析主要教材观点

思考与练习

1．所有者权益变动表包含哪些主要内容？

2．简述如何分析所有者权益变动表中列示的会计政策变更。

3．如何判断所有者权益变动表包含的财务信息质量？

4．何为所有者权益变动表的水平分析？

5．股东价值增长及变化的主要原因是什么？

6．股利分配决策对所有者权益变动有哪些影响？

案例分析

宝山钢铁股份有限公司回购股份

"次债危机"以来，我国上市公司的股价经历了强烈的震荡，保障投资者的利益与获得充足的

资本支持以完成自身的战略目标成为企业资本保值与增值活动的重要目标。本案例通过分析与评价宝山钢铁股份有限公司（以下简称"宝钢股份"，股票代码：600019）2013年度所有者权益变动表，在此基础之上分析了宝钢股份所有者权益变动情况并通过分析宝钢股份全面收益情况，进而评价其资本保值与增值能力。与此同时，结合宝钢股份实施的股份回购事项，结合宝钢股份股价变动情况与自身资源与能力，进一步分析了未来宝钢股份未来价值创造能力，宝钢股份2013年度所有者权益变动表如表5-8所示。

表5-8　　　　　　　　　　　宝钢股份2013年度所有者权益变动表　　　　　　　　　　单位：亿元

项目	本年金额									
	股本	资本公积	减：库存股	专项储备	盈余公积	未分配利润	外币报告折算差额	小计	少数股东权益	股东权益合计
一、上年年末余额	171.22	358.92	-1.16	0.18	232.3	355.41	-3	1 113.87	59.55	1 173.42
同一控制下企业合并的影响	—	1.17	—	—	—	-7.38	—	-6.21	32.39	26.18
二、2013年1月1日余额	171.22	360.09	-1.16	0.18	232.3	348.03	-3	1 107.66	91.94	1 199.60
三、本年增减变动金额	-6.5	-30.42	1.16	0.04	12.98	22.42	-2.21	-2.53	3.59	1.06
（一）净利润	—	—	—	—	—	58.18	0	58.18	2.22	60.4
（二）其他综合收益	—	-4.01	—	—	—	—	-2.21	-6.22	-0.3	-6.52
上述（一）和（二）小计	—	-4.01	—	—	—	58.18	-2.21	51.96	1.93	53.89
（三）股东投入和减少资本	—	-0.93	-30.83	—	—	—	—	-31.76	3.1	-28.66
1．子公司少数股东投入资本	—	—	—	—	—	—	—	—	3.43	3.43
2．购买子公司少数股东股权	—	-1.43	—	—	—	—	—	-1.43	-0.33	-1.76
3.其他	—	0.5	-30.83	—	—	—	—	-30.33	—	-30.33
（四）利润分配	—	—	—	—	12.98	-35.76	—	-22.78	-1.44	-24.22
1．提取盈余公积	—	—	—	—	12.98	-12.98	—	—	—	—
2．对股东的分配	—	—	—	—	—	-22.78	—	-22.78	—	-22.78
3．少数股东股利	—	—	—	—	—	—	—	—	-1.44	-1.44
（五）股东权益内部结转	-6.5	-25.48	31.99	—	—	—	—	—	—	—
其他	-6.5	-25.48	31.99	—	—	—	—	—	—	—
（六）专项储备	—	—	—	0.04	—	—	—	0.04	0.02	0.06
1．本年提取	—	—	—	3.35	—	—	—	3.35	0.11	3.46
2．本年使用	—	—	—	-3.31	—	—	—	-3.31	-0.09	-3.4
四、本年年末余额	164.72	329.67	—	0.22	245.28	370.45	-5.21	1 105.13	95.53	1 200.66

注：本表根据宝钢股份公司年报金额整理后取得，小数位进行了四舍五入调整。

如表5-8所示，宝钢股份当期所有者权益增长1.06亿元，变动比例仅仅0.09%（1.06÷1 173.42），但内部结构变化较大。宝钢股份当期实现净利润58.18亿元，但归属于母公司股东权益却减少2.53亿元，由此可见宝钢股份当期对股东资本进行了较大的调整，因此对当期的资本活动分析首当其冲。

由表5-8所示，宝钢股份当期归属于母公司股东权益占当期所有者权益减少的238%（-2.53÷1.06）。宝钢公司在2013年获得的经营收益归属于母公司股东权益与少数股东权益增长的驱动因素，当期留存收益变动占其所有者权益规模变化的3 340%（35.40÷1.06），当期股本与资本公积的减少是所有者权益减少的主要原因，使当期所有者权益减少3 483%（-36.92÷1.06）。在2013年年末，宝钢股份的所有者权益仍主要来源其生产经营活动的积累，留存收益占所有者权益的51%（615.73÷1 200.66）。因此，当期对资本公积与少数股东权益分析成为对宝钢股份全面收益分析的重点内容，并且当期股本与资本公积的减少无疑成为评价其资本保值与增值活动的关键内容。

2013年度，宝钢股份所有者权益结构变化较大，根据其2013年度财务报告，宝钢股份实施股份回购是当期所有者权益结构变化的主要原因。宝钢公司回购股份始于2012年，并且成为我国资本市场最大金额的股份回购。在2012年8月27日，宝钢股份报收于4.07元／股。宝钢股份的充裕资金存量与较强的竞争优势（2012年6月底货币资金达187亿元，并且在同行业企业中盈利能力优势明显）为稳定股价、保障投资者的利益与调整股权结构提供了坚实的基础。因此，宝钢股份于2012年9月21日披露此行为，并且于2013年6月24日将回购的股本注销，完成了我国资本市场规模最大的股份回购行为，通过股份回购宝钢股份实现了其稳定股价的目的，如图5-1所示。

图 5-1　宝钢股份股价变动图

　　如图5-1所示，通过股份回购，宝钢股份向资本市场传达了保障股价稳定的决策与通过分派股利的形式来保障投资者的利益，短期内为了保证其未来的发展与向新兴产业的渗透，债务融资成为其主要的资本来源，即增加了自身的财务风险，但从其未来战略执行方面分析，宝钢股份逐步拓展自身的经营产业，因而在未来会需要较大的资本投入，宝钢股份在股价较低时对其股票回购，随着未来公司良好的发展与资本市场的稳定有利于未来股权再融资时以较高的金额发行股份，从而有利于其未来发展战略所需要的资本来源。

　　结合以上内容，请思考如何利用宝山钢铁股份有限公司2013年度所有者权益变动表信息评价公司股东价值增长状况及其变化的主要原因，宝钢公司回购股份对所有者权益有何影响？

资产负债表分析 | 第六章

【学习目标】
- 熟悉资产负债表分析的目的
- 掌握资产负债表水平分析方法、思路并进行分析评价
- 掌握资产负债表垂直分析方法、思路并对资产负债表结构变动情况进行分析评价
- 掌握资产负债表主要流动资产项目质量分析
- 掌握资产负债表主要非流动资产项目质量分析
- 掌握资产负债表主要项目风险分析以及债务结构风险分析
- 熟悉资产负债表特殊项目分析

【关键词】 资产负债表水平分析 资产负债表垂直分析 资产质量 货币资金分析 应收款项分析 存货分析 长期股权投资分析 固定资产分析 债务结构风险分析 特殊项目分析

【引导案例】

以存货为核心的上下游关系管理

格力电器（000651）主要从事的是家电制造，是目前全球最大的集研发、生产、销售、服务于一体的专业化空调企业。2012年，公司全年实现营业总收入1 001.10亿元，利润总额87.63亿元，总资产1 075.67亿元，较上年增长26.24%。本案例通过将格力电器与美的电器和青岛海尔存货规模进行对比，综合分析格力电器的购货付款及销售回款安排情况，深入评价在"购进材料设备—生产产品—形成存货—存货销售—变现"的链条上，格力电器的上下游关系管理状况，即企业是否存在"两头吃"的情况。下面根据2008—2012的财务数据，比较格力电器、美的电器和青岛海尔的存货管理状况。

1. 从报表数据看存货规模

格力电器、美的电器和青岛海尔2008—2012年存货规模变动情况如表6-1和图6-1所示。

表 6-1 　　　　　　　　　　2008—2012 年三家公司的存货规模变动表 　　　　　　　　　　单位：亿元

项目	2008 年	2009 年	2010 年	2011 年	2012 年
格力电器	47.9	58.2	115.6	175	172.4
美的电器	51.4	58.3	104.4	123.6	99.2
青岛海尔	18.5	17.4	35.6	59.7	71

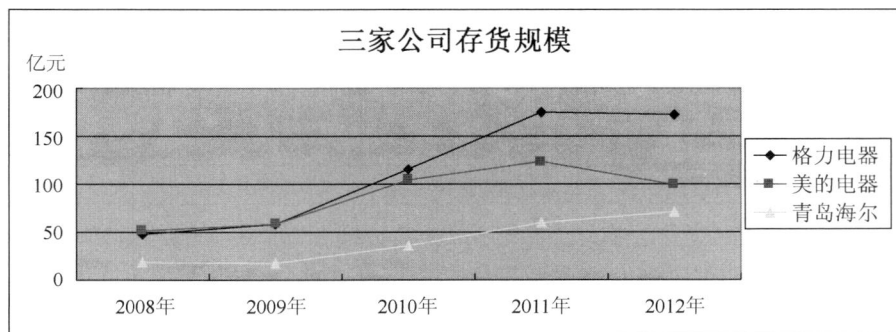

图 6-1　2008—2012年三家公司存货规模变动

在2010—2012年格力电器的存货规模均高于青岛海尔和美的电器，2008年和2009年格力电器与美的电器的存货规模基本持平。就变化趋势来看，2008—2009年，三家公司的存货增幅都不大，比较平稳，从2010年开始，格力电器的存货以较高的增幅上升，2010年存货总额达到175亿元，2012年虽然较上年有所下降，但规模依然庞大。另外在参考格力电器的资产负债表数据后发现，存货在流动资产中占的比重较大，且与流动资产和速动资产的变动趋势保持一致。

2. 购货付款安排

下面从格力电器的付款安排，分析企业合并报表和母公司报表信息之间的关系以及企业与供应商之间的资金往来关系，其具体数据如表6-2所示。

表6-2　　　　　　　格力电器2012年母公司报表与合并报表中部分资产数据表　　　　　　　单位：亿元

项目	2012年末		2012年初	
	合并数	母公司	合并数	母公司
存货	172.35	127.75	175.03	140.29
预付款项	17.40	24.55	23.16	23.23
应付票据	79.84	89.32	106.44	84.27
应付账款	226.65	235.86	156.36	153.58
合计	306.49	325.18	262.8	237.85

从表6-2的数据可以看出，2012年年末格力电器合并报表的预付款规模小于母公司预付款规模7.15亿元，呈现合并后减少的态势，说明母公司以预付款的形式向子公司提供资金。此外，2012年年末预付款项合并数小于年初数值，说明公司在2012年减少了预付款项，给供应商免费资金的规模减少。而应付项目总体水平呈现上升状态，说明占用了供应商更多的资金。从结算方式上来看，应付票据较少，应付账款占大多数，且应付票据2012年年末较2011年年初有所降低，说明格力电器在付款方式上更倾向于采用应付账款，以尽可能延长占用对方货款的时间，这对公司的未来发展是非常有利的。

综上所述，可以认为格力电器对上游购货付款安排能切合企业的实际情况，能占用上游企业的资金，对购货付款环节有较强的安排能力。

3. 销售回款安排

企业除销的目的是获得利润，同时还要保持存货正常周转、货款回收以及和盈利规模之间的动态平衡关系。下面从格力电器的销售回款安排，分析企业合并报表和母公司报表信息之间的关系以及企业与客户之间的资金往来关系，其具体数据如表6-3所示。

表6-3　　　　　　　　格力电器2012年母公司部分资产数据表　　　　　　　单位：亿元

项目	母公司2012年年末	母公司2012年年初	增减变动额	变动率（%）
应收票据	324.49	281.60	42.89	15.23
应收账款	7.58	5.45	2.13	39.08
应收项目小计	332.07	287.05	45.02	15.68
预收账款	188.64	219.51	-30.87	-14.06
营业收入	968.26	815.14	153.12	18.78
存货	127.75	140.29	-12.54	

表6-3的数据显示，虽然格力电器2012年年末应收票据和应收账款合计规模很大，占营业收入的1/3左右，但应收项目的增幅15.68%小于营业收入的增幅18.78%，说明企业收入质量较好。另外，应收项目中应收票据占了绝大比重，应收票据多为银行承兑汇票，比应收账款更有保证；应收账款中一年以内到期的应收账款占了绝大比重，这部分应收账款还款期短，坏账率低，对现金回收影响较

小。这说明企业应尽量避免下游企业对自身资金的大量占用。还需值得注意的是，大量的预收账款体现了格力电器的竞争力，说明其对下游企业资金的占用能力较强。

通过以上内容，可以发现：资产负债表分析可能并不简单局限于某一个报表、某一个报表的某些项目，更重要的是通过报表数据透视公司的经营活动以及财务状况的真实性和质量。那么，报表使用者应基于哪些项目来深入分析公司的购货付款及销售回款状况？分析购货付款时为什么需要结合母公司及合并财务报表的数据对比分析？公司提高上下游关系管理水平，是否能够帮助企业最大限度地节省资金？提高上下游关系管理水平对公司的未来发展有什么帮助？提高上下游关系管理水平会对公司的财务报表中的哪些项目产生影响？资产负债表分析的核心是什么？通常使用哪些分析方法？除了存货外还应关注哪些项目？通过本章的学习，相信你会有不同的收获。

第一节 资产负债表一般分析

一、资产负债表分析的目的

为了实现财务目标，企业会通过各种筹资渠道，采用适当的筹资方式取得经营所需资本，从而形成对一个企业所拥有资产的不同要求权。企业取得资本后，必须有目的地投放使用，使其转化为相应的资产，以谋取最大的资本收益。企业的所有资本活动及其结果，必然会直接通过资产负债表全面、系统、综合地反映出来。资产负债表分析的目的，在于了解企业会计对企业财务状况的反映程度和评价其所提供的会计信息的质量，据此对企业资产和权益的变动情况、资产质量以及财务风险做出恰当的评价，最大限度地满足报表使用者的决策需要。资产负债表分析的目的具体来说有如下内容。

（一）通过资产负债表分析，揭示资产负债表及其相关项目的内涵

从根本上讲，资产负债表上的数据是企业经营活动的直接结果，但这种结果是通过企业会计依据某种会计政策，按照某种具体会计处理方法进行会计处理后编制出来的。因此，企业采用何种会计政策，使用何种会计处理方法，必然会对资产负债表上的数据产生影响。例如，某一经营期间耗用的材料一定时，采用不同存货计价方法进行会计处理，期末资产负债表上的存货金额就会有很大差异。如果不能通过分析搞清资产负债表及其相关项目的内涵，就会把由企业会计处理产生的差异看作生产经营活动导致的结果，从而得出错误的分析结论。

（二）通过资产负债表分析，了解企业财务状况的变动情况

在企业经营过程中，企业资产规模和各项资产会不断发生变动，与之相适应的是资金来源也会发生相应的变动，资产负债表只是静态地反映变动后的结果。企业的资产、负债及股东权益在经过一段时期的经营后，发生了什么样的变化，这种变动对企业未来经营会产生什么影响，只有通过对资产负债表进行分析后才能知道，在此基础上，再对企业财务状况的变动情况做出合理的解释和评价。

（三）通过资产负债表分析，评价企业会计对企业经营状况的反映程度

资产负债表是否充分反映了企业的经营状况，其真实性如何，资产负债表本身不能说明这个问题。企业管理者出于某种需要，既可能客观、全面地通过资产负债表反映企业的经营状况，也可能隐瞒企业经营中的某些重大事项。根据一张不能充分而真实地反映企业经营状况的资产负债表，是不能对企业财务状况的变动及其原因做出合理解释的。虽然评价企业会计对企业经营状况的反映程

度具有相当大的难度，特别是对那些不了解企业真实经营状况的外部分析者来说，其难度更大，但这却是资产负债表分析的重要目标之一。

（四）通过资产负债表分析，评价企业的会计政策

企业的会计核算必须在企业会计准则指导下进行，但企业会计在会计政策选择和会计处理方法选择上也有相当的灵活性，如存货计价方法、折旧政策的选择等。采用不同的会计政策和会计处理方法，体现在资产负债表上的结果也往往不同，某种会计处理并非是单纯的会计技术或手段问题，在其背后总是暗藏玄机，是企业会计政策和会计目的的法律设计。因此，进行资产负债表分析时，应特别关注企业所选择的会计政策和会计处理方法是否合适，企业是否利用会计政策选择达到某种会计目的。通过深入分析资产负债表及其相关项目的不正常变动，了解企业会计政策选择的动机，进而评价企业的会计政策，消除会计报表外部使用者对企业会计信息的疑惑。

（五）通过资产负债表分析，判断企业盈利质量

资产是否真实、计价基础是否夯实，直接关系到企业盈利质量的高低。资产负债表是进行财务报表分析的重要基础资料，即使企业不是出于某种目的而对其进行调整，资产负债表数据的变化也不完全是企业经营影响的结果。会计政策、会计估计及变更等企业经营以外的因素对资产负债表数据也有相当大的影响。如果企业虚盈实亏，必然表现为对资产的高估或对负债的低估。通过资产负债表分析，要揭示出资产负债表数据所体现的财务状况与真实财务状况的差异；通过差异调整，修正资产负债表数据，尽可能防止会计信息失真，以保证财务报表分析结论的可靠性。如果资产质量低劣，说明企业盈利存在虚增的可能性，因此，资产质量是检验盈利质量的"试金石"。资产负债表项目于盈利质量的关系如图6-2所示。

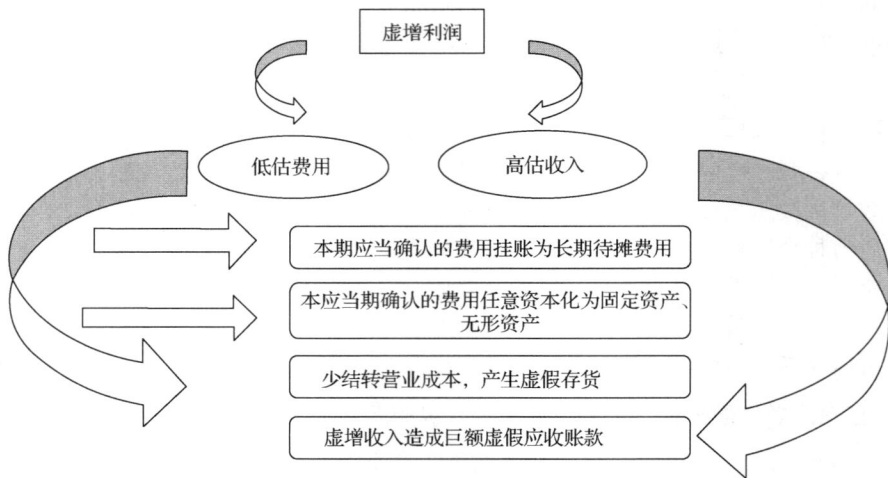

图 6-2　资产负债表项目与盈利质量的关系图

二、资产负债表水平分析

资产负债表水平分析，是指通过对企业各项资产、负债和股东权益的对比分析，揭示企业筹资与投资过程的差异，从而分析与揭示企业的生产经营活动、经营管理水平、会计政策及会计变更对筹资与投资的影响。

（一）资产负债表水平分析表的编制

资产负债表水平分析的目的之一就是从总体上概括了解资产、权益的变动情况，揭示出资产、

负债和股东权益三者的变动差异，分析其差异产生的原因。资产负债表水平分析的资料依据就是资产负债表。报表使用者可通过采用水平分析法，将资产负债表的报告期数与选定的标准（基期数）进行比较，编制出资产负债表水平分析表，并在此基础上进行分析评价。

资产负债表水平分析要根据分析的目的来选择比较的标准（即基期），当分析的目的在于揭示资产负债表实际变动情况和分析产生实际差异的原因时，其比较的标准应选择资产负债表的上年实际数。当分析的目的在于揭示资产负债表预算或计划的执行情况，分析影响资产负债表预算或计划的执行情况的原因时，其比较的标准应选择资产负债表的预算数或计划数。

资产负债表水平分析除了要计算某项目的变动额和变动率外，还应计算出该项目变动对总资产或权益总额的影响程度，以便确定影响资产总额或权益总额的重点项目，为进一步分析指明方向。某项目变动对总资产或权益总额的影响程度可按下式计算：

$$某项目变动对总资产（权益总额）的影响（\%）=\frac{某项目的变动额}{基期总资产/权益总额}×100\%$$

据表 4-1 提供的资料，编制 ABC 股份公司资产负债表水平分析表，如表 6-4 所示。

表 6-4　　　　　　　　　　　ABC 股份公司资产负债表水平分析表　　　　　　　　　　单位：万元

项目	2×16 年	2×15 年	变动情况		对总额影响（%）
			变动额	变动率（%）	
流动资产：					
货币资金	4 436 541	5 229 154	-792 613	-15.16	-2.09
应收账款	307 897	188 655	119 242	63.21	0.31
预付款项	2 865 367	3 337 361	-471 994	-14.14	-1.25
其他应收款	3 481 532	2 005 792	1 475 740	73.57	3.90
存货	33 113 321	25 516 412	7 596 909	29.77	20.06
流动资产合计	44 204 658	36 277 374	7 927 284	21.85	20.93
非流动资产：					
可供出售金融资产[①]	246 619	476	246 143	51 710.71	0.65
长期股权投资	1 063 749	704 030	359 719	51.09	0.95
投资性房地产	1 171 047	237 523	933 524	393.02	2.46
固定资产	212 977	161 226	51 751	32.10	0.14
在建工程	91 367	105 112	-13 745	-13.08	-0.04
无形资产	43 007	42 685	322	0.75	0.00
商誉	20 169	20 169	0	0.00	0.00
长期待摊费用	6 351	4 232	2 119	50.07	0.01

---

① 2017 年 3 月 31 日，财政部修订并发布了《企业会计准则第 22 号——金融工具确认和计量》《企业会计准则第 23 号——金融资产转移》和《企业会计准则第 24 号——套期会计》三项金融工具相关的会计准则。金融工具相关会计准则将自 2018 年 1 月 1 日起在境内外同时上市的企业，以及在境外上市并采用国际财务报告准则或企业会计准则编制财务报告的企业施行，自 2019 年 1 月 1 日起在其他境内上市企业施行，自 2021 年 1 月 1 日起在执行企业会计准则的非上市企业施行，鼓励企业提前施行。保险公司执行新金融工具相关会计准则的过渡办法另行规定。

新修订的金融工具相关会计准则主要修订内容包括三项：

一是对其确认和计量做了较大改进，减少金融资产分类，即将金融资产分为以摊余成本计量的金融资产、以公允价值计量且其变动计入其他综合收益的金融资产和以公允价值计量且其变动计入当期损益的金融资产三类，取消了贷款和应收款项、持有至到期投资和可供出售金融资产三个原有分类。该项内容简化嵌入衍生工具的会计处理，提高分类的客观性和会计处理一致性，这项变动将会影响未来资产负债表项目；

二是金融资产减值会计由"已发生损失法"改为"预期信用损失法"。该项举措有利于更加及时、足额地计提金融资产减值准备，符合谨慎性与前瞻性原则，以判断金融工具的违约风险及时做出准备；

三是修订套期会计相关规定，强调套期会计与企业风险管理活动的有机结合，使套期会计更加如实地反映企业的风险管理活动。

续表

项目	2×16年	2×15年	变动情况		对总额影响（%）
			变动额	变动率（%）	
递延所得税资产	352 526	305 486	47 040	15.40	0.12
其他非流动资产	508 062	21 849	486 213	2 225.33	1.28
非流动资产合计	3 715 874	1 602 788	2 113 086	131.84	5.58
资产总计	47 920 532	37 880 162	10 040 370	26.51	26.51
流动负债：					
短期借款	510 251	993 240	-482 989	-48.63	-1.28
以公允价值计量且其变动计入当期损益的金融负债	1 169	2 576	-1 407	-54.62	0.00
应付票据	1 478 390	497 713	980 677	197.04	2.59
应付账款	6 395 846	4 486 100	1 909 746	42.57	5.04
预收款项	15 551 807	13 102 398	2 449 409	18.69	6.47
应付职工薪酬	245 167	217 775	27 392	12.58	0.07
应交税费	457 821	451 559	6 262	1.39	0.02
应付利息	29 124	64 969	-35 845	-55.17	-0.09
其他应付款	5 470 429	3 604 532	1 865 897	51.77	4.93
一年内到期的非流动负债	2 752 179	2 562 496	189 683	7.40	0.50
流动负债合计	32 892 183	25 983 358	6 908 825	26.59	18.24
非流动负债：			0		0.00
长期借款	3 668 312	3 603 607	64 705	1.80	0.17
应付债券	739 839		739 839		1.95
预计负债	4 688	4 429	259	5.85	0.00
其他非流动负债	4 296	1 568	2 728	173.98	0.01
递延所得税负债	67 272	73 381	-6 109	-8.33	-0.02
非流动负债合计	4 484 407	3 682 985	801 422	21.76	2.12
负债合计	37 376 590	29 666 343	7 710 247	25.99	20.35
所有者权益：					
股本	1 101 497	1 099 555	1 942	0.18	0.01
资本公积	854 913	868 386	-13 473	1.55	0.04
其他综合收益	48 958	44 099	4 859	11.02	0.01
盈余公积	2 013 541	1 701 705	311 836	18.32	0.82
未分配利润	3 670 689	2 668 810	1 001 879	37.54	2.64
归属于母公司所有者权益合计	7 689 598	6 382 555	1 307 043	20.48	3.45
少数股东权益	2 854 344	1 831 264	1 023 080	55.87	2.70
所有者权益合计	10 543 942	8 213 819	2 330 123	28.37	6.15
负债及所有者权益合计	47 920 532	37 880 162	10 040 370	26.51	26.51

（二）资产负债表变动情况的分析评价

总资产表明企业资产的存量规模，随着企业经营规模的变动，资产存量规模也处在变动之中。资产存量规模过小，将难以满足企业经营的需要，影响企业经营活动的正常进行。资产存量规模过大，将造成资产的闲置，使资金周转缓慢，影响资产的利用效率。资产作为保证企业经营活动正常进行的物质基础，它的获得必须有相应的资金来源。企业通过举债或吸收投资人投资来满足对企业资产的资金融通，从而产生了债权人、投资人对企业资产的两种不同要求权，即权益。资产、权益分别列示在资产负债表左右两方，反映出企业的基本财务状况，对资产负债表变动情况的分析评价也应当从这两大方面进行。

1. 从投资或资产角度进行分析评价

从投资或资产角度进行的分析评价主要从以下几方面进行。

第一，分析总资产规模的变动状况以及各类、各项资产的变动状况，揭示出资产变动的主要方面，从总体上了解企业经过一定时期经营后资产的变动情况。

第二，发现变动幅度较大或对总资产变动影响较大的重点类别和重点项目。分析时首先要注意发现变动幅度较大的资产类别或资产项目，特别是发生异常变动的项目。其次，要把对总资产影响较大的资产项目作为分析重点。某资产项目变动自然会引起总资产发生同方向变动，但不能完全根据该项目本身的变动来说明对总资产的影响。该项目变动对总资产的影响，不仅取决于该项目本身的变动程度，还取决于该项目在总资产中所占的比重。当某项目本身变动幅度较大时，如果该项目在总资产中所占比重较小，则该项目变动对总资产变动的影响就不会太大；反之，即使某个项目本身变动程度较小，如果其所占比重较大时，其影响程度也可能很大。如本例中可供出售金融资产项目，在 2×16 年的数额相对于 2×15 年变动幅度高达 51 710.71%，但由于该项目仅占总资产的 0.001 26%，仅使总资产增加了 0.65%，故不作为重点项目分析。而存货项目 2×16 年虽然仅增加了 29.77%，但由于其占总资产比重高达 67.36%（25 516 412÷37 880 162×100%），对总资产的影响达到了 20.06%，将作为重点项目分析。只有这样才能突出分析重点，抓住关键问题，有助于深入分析，并减轻分析工作量。

第三，注意分析会计政策、会计估计变动的影响。企业资产的变动虽然主要受到生产经营规模的影响，但对企业管理人员在进行会计核算和编制财务报表时所采用的会计政策和会计估计等对企业资产变动的影响也不可忽视。尽管会计准则和会计制度对会计核算乃至财务报告的编制都有相应的要求，但会计准则和会计制度也给企业灵活选择会计政策和会计估计留有相当大的余地，企业管理人员可以通过会计政策变更或灵活地选用会计估计对资产负债表的数据做出调整。例如，改变存货计价方法，就会引起资产负债表上存货的变化。此外，企业大量的经营业务需要会计做出判断。例如，对于企业当期的坏账损失占应收账款的比率，会计的随意性判断就会使应收账款净值发生变动。因此，分析时首先要了解企业所采用的会计政策和会计估计，把会计政策和会计估计的变更或会计随意性所造成的影响充分地揭示出来，以便纠正失真的会计数据，使财务报表分析能够依据真实可靠的会计资料进行，从而保证财务报表分析结论的正确性。根据表 6-4，可以对 ABC 股份公司总资产变动情况做出以下分析评价：

该公司总资产 2×16 年增加 10 040 370 万元，增长幅度为 26.51%，说明 ABC 股份公司当年资产规模有较大幅度的增长。进一步分析可以发现：

（1）流动资产 2×16 年增加 7 927 284 万元，增长幅度为 21.85%，使总资产规模增长了 20.93%。非流动资产 2×16 年增加了 2 113 086 万元，增长幅度为 131.84%，对总资产的规模影响较小，仅使总资产规模增长 5.58%，两者合计使总资产增加了 10 040 370 万元，增长幅度为 26.51%。可见，流动资产增加是 2×16 年总资产增加的主要原因。

（2）2×16 年总资产的增长主要体现在流动资产的增长上。如果仅从这一变化来看，该公司资产的流动性有所增强。尽管流动资产的各项目都有不同程度的增长，但其增长主要体现在存货的增加。2×16 年存货增加 7 596 909 万元，较 2×15 年增长 29.77%，对总资产的影响为 20.06%。存货与企业的产品直接相关，该项目增长过快既有可能是企业生产力的大幅提升，也可能是采购环节或者产品滞销引起的，因此应结合固定资产变动情况以及存货结构，具体分析其变动的合理性。2×16 年应收账款和其他应收款虽都有不同程度的增长，但因规模较小，对总资产造成的影响也比较小。

（3）非流动资产的变动对总资产变动影响较小，其变动主要体现在以下三个方面：一是投资性房地产的增长。投资性房地产2×16年增加933 524万元，较2×15年增加393.02%，对总资产的影响为2.46%。投资性房地产是指为赚取租金或资本增值，或者两者兼有而持有的房地产，包括已出租的土地使用权、持有并准备增值后转让的土地使用权以及已出租的建筑物。结合案例对象的特征，该项目金额较大有其一定的合理性。二是其他非流动资产的增加。其他非流动资产2×16年增加486 213万元，较上年增长2 225.33%，对总资产的影响为1.28%。其他非流动资产主要包括特准储备物资、冻结存款、冻结物资、涉及诉讼中的财产等。通常一般企业不一定有其他非流动资产，即使有金额也不大。三是长期股权投资的增加。长期股权投资2×16年增加359 719万元，较上年增长51.09%，对总资产影响为0.95%。该项目体现为公司对子公司的投资，以及其他非控制性投资。不同企业因投资政策的不同，该项目占总资产的比重也有较大差别。分析评价该对象的变化是否合理，仍需结合长期股权投资的具体构成进行分析。

2. 从筹资或权益角度进行分析评价

从筹资或权益角度进行的分析评价主要从以下几个方面进行。

第一，分析权益总额的变动状况以及各类、各项筹资的变动状况，揭示出权益总额变动的主要方面，从总体上了解企业经过一定时期经营后权益总额的变动情况。

第二，发现变动幅度较大或对权益总额变动影响较大的重点类别和重点项目，为进一步分析指明方向。

第三，分析评价权益资金变动对企业未来经营的影响。在资产负债表上，资产总额等于负债与所有者权益的总额之和，当资产规模发生变动时，必然要有相应的资金来源。如果资产总额的增长幅度大于股东权益的增长幅度，表明企业债务负担加重，这虽然可能是因为企业筹资政策变动而引起的，但后果是引起企业偿债保证程度下降，偿债压力加重。因此，不仅要分析评价权益资金发生了怎样的变动，而且要注意分析评价这种变动对企业未来经营的影响。

根据表6-4所示，可以对ABC股份公司权益总额变动情况做出以下分析评价。

该公司权益总额较上年同期增加10 040 370万元，增长幅度为26.51%，说明ABC股份公司2×16年权益总额有较大幅度的增长。进一步分析可以发现：

（1）负债在2×16年增加7 710 247万元，增长幅度为25.99%，使权益总额增长了20.35%；股东权益在2×16年增加了2 330 123万元，增长幅度为28.37%，使权益总额增长了6.15%，两者合计使权益总额在2×16年增加10 040 370万元，增长幅度为26.51%。说明ABC股份公司在2×16年的负债增长大于股东权益增长，负债增长是权益总额增长的主要原因。

（2）2×16年的权益总额增长主要体现在负债的增长上，流动负债增长是其主要原因。流动负债2×16年增长6 908 825万元，增长幅度为26.59%，对权益总额的影响为18.24%，这种变动可能导致公司偿债压力的加大及财务风险的增加。流动负债增长主要表现在三个方面：一是应付款项的增长。应付账款2×16年增长1 909 746万元，应付票据2×16年增长980 677万元，其增长幅度分别为42.57%和197.04%，对权益总额的影响合计为7.63%。该项目的大幅度增长给公司带来了巨大的偿债压力，如不能按期支付，将对公司的信用产生严重的不良影响。尤其是应付票据增长幅度较大，对此应进一步分析公司在采购阶段的竞争力是否下降。二是预收款项2×16年增加2 449 409万元，增长幅度为18.69%，对权益总额的影响为6.47%。该项目反映的是公司对客户资金的占用能力，也说明了公司在行业中有较大的话语权。三是其他应付款2×16年增加1 865 897万元，增幅达51.77%，对总资产的影响为4.93%。非流动负债2×16年仅增加801 422万元，对权益总额的影响仅为2.12%。该公司2×16年长期借款增加64 705万元，增长幅度达1.80%，对权益总额的影响为0.17%。

（3）股东权益在2×16年增加2 330 123万元，增长幅度为28.37%，对权益总额的影响为6.15%。

股东权益的变动主要受以下两方面影响：一是未分配利润的增加。公司 2×16 年的未分配利润增加 1 001 879 万元，增长幅度达 37.54%，对权益总额的影响为 2.64%。未分配利润体现为对公司的经营成果进行分配之后的留存部分，该项目增长越多，说明公司的经营效率越好；二是盈余公积的增加。2×16 年盈余公积增加 311 836 万元，增长幅度为 18.32%，对权益总额的影响为 0.82%。盈余公积是留存收益的一部分，体现为对公司利润的积累。

值得注意的是，权益各项目的变动既可能是由公司经营活动造成的，也可能是由公司会计政策、会计估计变更造成的，或者是由会计的灵活性、随意性造成的，因此，只有结合权益各项目变动情况的分析，才能揭示权益总额变动的真正原因。

另外，对资产负债表水平分析表的分析评价还应结合资产负债表垂直分析、资产负债表附注分析和资产负债表项目分析进行，同时还应注意与利润表、现金流量表结合进行分析评价。

三、资产负债表垂直分析

资产负债表垂直分析，是指通过将资产负债表中各项目分别与总资产或权益总额进行对比，分析企业的资产构成、负债构成和股东权益构成，揭示企业资产结构和资本结构的合理程度，探索企业企业资产结构优化和资本结构优化的新思路。

（一）资产负债表垂直分析表的编制

资产负债表的结构反映了资产负债表各项目的相互关系及各项目所占的比重。资产负债表垂直分析是通过计算资产负债表中各项目占总资产或权益总额的比重，分析评价企业资产结构和权益结构的变动情况及其合理程度，具体来讲就是：第一，分析评价企业资产结构的变动情况及变动的合理性；第二，分析评价企业资本结构的变动情况及变动的合理性。

资产负债表垂直分析可以从静态角度和动态角度两方面进行。从静态角度分析就是以本期资产负债表为分析对象，分析评价其实际构成情况。从动态角度分析就是将资产负债表的本期实际构成与选定的标准进行对比分析，对比的标准可以是上期实际数、预算数和同行业的平均数或可比企业的实际数。对比标准的选择视分析目的而定。

根据表 4-1 提供的资料，编制 ABC 股份公司资产负债表垂直分析表，如表 6-5 所示。

表 6-5 　　　　　　　　　　　　ABC 股份公司资产负债表垂直分析表　　　　　　　　　　　金额单位：万元

项目	2×16 年	2×15 年	2×16 年（%）	2×15 年（%）	变动情况（%）
流动资产：					
货币资金	4 436 541	5 229 154	9.26	13.80	-4.55
应收账款	307 897	188 655	0.64	0.50	0.14
预付款项	2 865 367	3 337 361	5.98	8.81	-2.83
其他应收款	3 481 532	2 005 792	7.27	5.30	1.97
存货	33 113 321	25 516 412	69.10	67.36	1.74
流动资产合计	44 204 658	36 277 374	92.25	95.77	-3.52
非流动资产：					
可供出售金融资产	246 619	476	0.51	0.00	0.51
长期股权投资	1 063 749	704 030	2.22	1.86	0.36
投资性房地产	1 171 047	237 523	2.44	0.63	1.82
固定资产	212 977	161 226	0.44	0.43	0.02
在建工程	91 367	105 112	0.19	0.28	-0.09

项目	2×16 年	2×15 年	2×16 年（%）	2×15 年（%）	变动情况（%）
无形资产	43 007	42 685	0.09	0.11	-0.02
商誉	20 169	20 169	0.04	0.05	-0.01
长期待摊费用	6 351	4 232	0.01	0.01	0.00
递延所得税资产	352 526	305 486	0.74	0.81	-0.07
其他非流动资产	508 062	21 849	1.06	0.06	1.00
非流动资产合计	3 715 874	1 602 788	7.75	4.23	3.52
资产总计	47 920 532	37 880 162	100.00	100.00	0.00
负债及所有者权益					
流动负债：					
短期借款	510 251	993 240	1.06	2.62	-1.56
以公允价值计量且其变动计入当期损益的金融负债	1 169	2 576	0.00	0.01	0.00
应付票据	1 478 390	497 713	3.09	1.31	1.77
应付账款	6 395 846	4 486 100	13.35	11.84	1.50
预收款项	15 551 807	13 102 398	32.45	34.59	-2.14
应付职工薪酬	245 167	217 775	0.51	0.57	-0.06
应交税费	457 821	451 559	0.96	1.19	-0.24
应付利息	29 124	64 969	0.06	0.17	-0.11
其他应付款	5 470 429	3 604 532	11.42	9.52	1.90
一年内到期的非流动负债	2 752 179	2 562 496	5.74	6.76	-1.02
流动负债合计	32 892 183	25 983 358	68.64	68.59	0.05
非流动负债：			0.00	0.00	0.00
长期借款	3 668 312	3 603 607	7.65	9.51	-1.86
应付债券	739 839		1.54	0.00	1.54
预计负债	4 688	4 429	0.01	0.01	0.00
其他非流动负债	4 296	1 568	0.01	0.00	0.00
递延所得税负债	67 272	73 381	0.14	0.19	-0.05
非流动负债合计	4 484 407	3 682 985	9.36	9.72	-0.36
负债合计	37 376 590	29 666 343	78.00	78.32	-0.32
所有者权益：			0.00	0.00	0.00
股本	1 101 497	1 099 555	2.30	2.90	-0.60
资本公积	854 913	868 386	1.78	2.29	-0.51
其他综合收益	48 958	44 099	0.10	0.12	-0.02
盈余公积	2 013 541	1 701 705	4.20	4.49	-0.29
未分配利润	3 670 689	2 668 810	7.66	7.05	0.61
归属于母公司所有者权益合计	7 689 598	6 382 555	16.05	16.85	-0.80
少数股东权益	2 854 344	1 831 264	5.96	4.83	1.12
所有者权益合计	10 543 942	8 213 819	22.00	21.68	0.32
负债及所有者权益总计	47 920 532	37 880 162	100.00	100.00	0.00

（二）资产负债表结构变动情况的分析评价

资产负债表结构变动情况的分析评价可从 5 个方面进行。

（1）资产结构的分析评价

对企业资产结构进行分析评价的思路如下。

第一，从静态角度观察企业资产的配置情况，要特别关注流动资产和非流动资产的比重以及其中重要项目的比重，分析时可通过与行业的平均水平或可比企业资产结构的比较，对企业资产的流动性和资产风险做出判断，进而对企业资产结构的合理性做出评价。就一般意义而言，企业的流动资产变现能力强，其资产风险较小；非流动资产的变现能力较差，其资产风险较大。所以，流动资产比重较大时，企业资产的流动性强而风险小，非流动资产比重高时，企业资产弹性较差，不利于企业灵活调度资金，风险较大。从表 6-5 可以看出：ABC 股份公司 2×16 年流动资产所占的比重高达 92.25%，非流动资产的比重仅为 7.75%。根据 ABC 股份公司的资产结构，可以认为该公司资产的流动性较强，资产风险较小。ABC 股份公司的资产结构符合房地产行业的基本特征。

第二，从动态角度分析企业资产结构的变动情况，对企业资产结构的稳定性做出评价，进而对企业资产结构的调整情况做出评价。从表 6-5 可以看出：从动态方面分析，ABC 股份公司在 2×16 年流动资产比重下降了 3.52%，非流动资产比重上升了 3.52%，结合各资产项目的结构变动情况来看，除货币资金、预付款项的比重分别下降了 4.55%、2.83%，存货和其他应收款分别上升了 1.74%、1.97%外，其他项目变动幅度不是很大，说明该公司的资产结构相对比较稳定。

（2）资本结构的分析评价

对企业资本结构进行分析评价的思路如下。

第一，从静态角度观察资本的构成，衡量企业的财务实力，评价企业的财务风险，同时结合企业的盈利能力和经营风险，评价其资本结构的合理性。静态方面从表 6-5 可以看出：2×16 年 ABC 股份公司的股东权益比重为 22%，负债比重 78%，资产负债率还是比较高的，财务风险相对较大。这样的财务结构是否合适，仅凭以上分析难以做出判断，必须结合公司盈利能力，通过权益结构的优化分析才能予以说明。

第二，从动态角度分析企业资本结构的变动情况，对资本结构的调整情况及其对股东收益可能产生的影响做出评价。动态方面从表 6-5 可以看出：ABC 股份公司在 2×16 年的股东权益比重较上年上升了 0.32%，负债比重下降了 0.32%，各项目变动幅度不大，表明该公司资本结构还是比较稳定的，财务实力略有上升。

（3）资产负债表整体结构的分析评价

对资产负债表整体结构进行分析评价的思路如下。

第一，分析资产结构与资本结构的依存关系。企业的资产结构受制于企业的行业性质，不同的行业性质，其资金融通的方式也有差异。因此，尽管总资产与总资本在总额上一定相等，但由不同投资方式产生的资产结构与不同筹资方式产生的资本结构却不完全相同，通常资本结构受制于资产结构，而资本结构也会影响资产结构。

第二，分析评价不同的资产负债表整体结构可能产生的财务结果，以便对企业未来的财务状况及其对企业未来经营的影响做出推断。

（4）固定资产与流动资产的比例关系

一般而言，企业固定资产与流动资产之间只有保持合理的比例结构，才能形成现实的生产能力，否则，就有可能造成部分生产能力闲置或加工能力不足。以下三种固流结构（固定资产和流动资产之间的比率）政策可供企业选择：①适中的固流结构政策。采取这种策略，就是将固定资产存量与流动资产存量的比例保持在平均水平。在这种情况下，企业的盈利水平一般，风险程度一般。②保守的固流结构政策。采取这种策略，流动资产的比例较高。在这种情况下，由于增加了流动资产，企业资产的流动性提高，资产风险会因此降低，但可能导致盈利水平的下降。③激

资产负债表整体结构的表现形式

逮的固流结构政策。采取这种策略，固定资产的比例较高。在这种情况下，由于增加了固定资产，会相应提高企业的盈利水平，但同时可能会导致企业资产的流动性降低，资产风险会因此提高。

根据表6-5的分析可以发现，ABC股份公司在2×16年度的流动资产比重为92.25%，固定资产比重为0.44%，固流比例大致为1：207.56，2×15年度流动资产比重为95.77%，固定资产比重为0.43%，固流比例大致为1：225，因而固流比例比较稳定。

【案例6-1】

①根据ABC股份公司的资产负债表，2×16年流动资产占总资产的比重为92.25%，而包括固定资产、无形资产等在内的非流动资产占总资产的比重仅为7.75%，可见资产具有非常好的流动性，这种结构同时也是房地产开发企业开发产品外包所形成的行业特征。而参考中国联通公司的资产负债表后笔者发现，固定资产和无形资产在总资产中所占的比重非常高。为此笔者编制了2012—2016年中国联通的固定资产和无形资产内部结构表以及无形资产与固定资产之和占总资产的比重表，如表6-6、表6-7、图6-3所示。

表6-6　　　　　　　　　中国联通固定资产和无形资产之和占总资产的比重表

项目	2012年	2013年	2014年	2015年	2016年
中国联通固定资产和无形资产之和占总资产的比重（%）	86.92	85.34	84.45	78.03	77.32

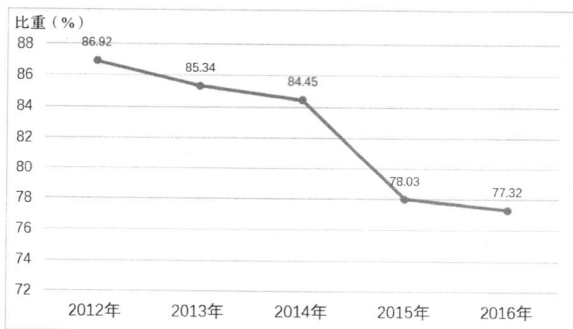

图6-3　中国联通固定资产和无形资产之和占总资产的比重图

表6-7　　　　　　　　　中国联通固定资产及无形资产结构变动表　　　　　　　　　单位：百万元

中国联通	固定资产	在建工程	工程物资	固定资产小计	无形资产	固定资产和无形资产之和	总资产	（固定资产+无形资产）/总资产（%）
2012年	367 281	59 935	1 965	429 181	21 362	450 543	518 357	86.92
2013年	370 674	57 176	1 797	429 647	23 823	453 470	531 364	85.34
2014年	377 765	57 191	1 375	436 331	25 717	462 048	547 125	84.45
2015年	355 651	96 500	996	453 147	26 983	480 130	615 319	78.03
2016年	371 100	78 143	657	449 900	26 344	476 244	615 907	77.32

中国联通公司是大型电信运营商，属于资金、技术密集型产业。因此，其固定资产与无形资产之和占总资产的比重较高。由表6-6可以看出，中国联通固定资产和无形资产之和占总资产的比重在2012—2016年这5年间均在77%以上，虽然近两年比重有所下降，但仍旧占总资产绝大部分比重。而ABC股份公司属于房地产行业，由于其产品开发通常委托施工企业，因此固定资产与无形资产比重较低。这二家公司的差异体现了不同行业的资产结构特点。

表6-7所示是中国联通固定资产和无形资产在2012—2016年5年间的各项目结构表，从表6-7中可以看出，中国联通的固定资产规模非常大，但由于其固定资产的通用性较低，行业退出壁垒高，

---

① 本案例根据中国联通资产负债表中固定资产、无形资产及附注中的相关数据整理形成。

因此行业之间竞争激烈，在资产负债表分析中，应注意这种特殊资产结构的风险。

（5）流动资产的内部结构分析

ABC 股份公司的流动资产在总资产中所占比重较大，因此还应重点分析流动资产的内部结构。流动资产内部结构是指组成流动资产的各个项目占流动资产总额的比重。分析流动资产结构，可以了解流动资产的分布和配置状况、资产的流动性及支付能力。

根据表 4-1 提供的资料，编制流动资产结构分析表，如表 6-8 所示。

表 6-8　　　　　　　　　ABC 股份公司 2×16 年流动资产结构分析表　　　　　　　　单位：百万元

项目	金额（万元）		结构（%）		
	2×16 年	2×15 年	2×16 年	2×15 年	差异
货币资金	4 436 541	5 229 154	10.04	14.41	-4.38
应收账款	307 897	188 655	0.70	0.52	0.18
预付款项	2 865 367	3 337 361	6.48	9.20	-2.72
其他应收款	3 481 532	2 005 792	7.88	5.53	2.35
存货	33 113 321	25 516 412	74.91	70.34	4.57
合计	44 204 658	36 277 374	100.00	100.00	0.00

企业流动资产结构是否合理，没有一个统一的绝对判断标准，仅仅通过前后两期的对比，只能说明流动资产的结构变动情况，而不能说明这种变动的合理性。如表 6-8 所示，ABC 股份公司在 2×16 年货币资产比重下降 4.38%，存货资产比重上升 4.57%，这只能说明企业的即期支付能力下降了，但这种变化是使流动资产结构更加趋于合理还是变得更不合理，以上分析还不能说明这一点。为此，企业应首先选择一个标准，然后将流动资产结构的变动情况与选定的标准进行比较，以反映流动资产变动的合理性。一般来说，选择同行业的平均水平或财务计划中确定的目标为标准还是比较合适的。同行业的平均水平是该产业部门目前已达到的平均水平，具有代表性，应当认为是合理的。企业财务计划中确定的目标是根据企业整体经营目标，并结合企业的具体情况制定的，因此也可以作为评价标准。

【随堂小测验 6-1】

1．【单选】下列各项中，属于资产负债表水平分析目的的是（　　　　）。

A．分析资产、权益的结构变动情况

B．分析资产、负债和股东权益三者的变动差异及其形成原因

C．分析资产负债表数据的形成过程

D．分析资产、负债和股东权益之间的对应关系

2．【多选】下列各项中，属于资产负债表结构变动情况分析评价的有（　　　　）。

A．资产结构的分析评价　　　　　　　B．资产负债表整体结构的分析评价

C．固定资产与流动资产的比例关系　　D．流动资产内部结构分析

E．资产项目变动幅度分析

3．【多选】下列各项中，属于对资产负债表变动情况分析评价角度的有（　　　　）。

A．投资或资产角度　　　　　　　　　B．筹资或权益角度

C．筹资或负债角度　　　　　　　　　D．投资或权益角度

E．资产或负债角度

4．【判断】资产负债表数据的变化全部是企业经营活动影响的结果。　　　　　　　　（　　　）

第二节 | 资产质量分析

一、主要流动资产项目质量分析

在流动资产中，一般企业通常以货币资金、应收债权和存货为主要项目。结合本教材案例对象的特点，做如下分析。

（一）货币资金分析

货币资金包括现金、银行存款和其他货币资金。货币资金是企业流动性最强、最有活力的资产，同时又是获利能力最低，或者说几乎不产生收益的资产，其拥有量过多或过少都对企业生产经营会产生不利影响。货币资金分析应关注以下几方面。

1. 分析货币资金发生变动的原因

企业货币资金发生变动的主要原因可能是：第一，销售规模的变动。企业销售商品或提供劳务是取得货币资金的重要途径，当销售规模发生变动时，货币资金存量规模必然会发生相应的变动，并且二者具有一定的相关性。第二，信用政策的变动。销售规模的扩大是货币资金增加的先决条件，如果企业改变信用政策，则货币资金存量规模就会因此而变化。例如，在销售时，企业提高现销比例，货币资金存量规模就会变大些；反之，货币资金存量规模就会小些。如果企业奉行较严格的收账政策，收账力度较大，货币资金存量规模就会大些。第三，为大笔现金支出做准备。在企业生产经营过程中，可能会发生大笔的现金支出，如准备派发现金股利，偿还将要到期的巨额银行贷款，或集中购货等，企业为此必须提前做好准备，积累大量的货币资金以备需要，这样就会使货币资金存量规模变大。第四，资金调度。一般来说，企业货币资金存量规模过小，会降低企业的支付能力，影响到企业的信誉，因此而负担不必要的罚金等支出，或因此而丧失优惠进货的机会及最佳投资机会等；反之，如果货币资金存量规模过大，则会使企业丧失这部分资金的获利机会，影响企业资金的利用效果。企业管理人员对资金的调度会影响货币资金存量规模，如在货币资金存量规模过小时通过筹资活动提高其存量规模，而在其存量规模较大时，通过短期证券投资的方法加以充分利用，就会降低其存量规模。第五，所筹资金尚未使用。企业通过发行新股、债券和银行借款而取得大量现金，但由于时间关系而没来得及运用或暂时没有合适的投资机会进行投资，就会形成较大的货币资金余额。

2. 分析货币资金规模及其变动情况与货币资金比重及其变动情况是否合理

货币资金是企业资产的中一项特殊资产，其特殊性表现在货币资金是满足企业正常经营必不可少的资产，但它又是几乎不产生收益的资产。货币资金存量过低，就不能满足日常经营所需；存量过高，则既影响资产的利用效率，又降低资产的收益水平。因此，判断企业货币资金存量及比重是否合适应结合以下因素进行分析：第一，企业货币资金的目标持有量。企业货币资金的目标持有量是指既能满足企业正常经营需要，又避免现金闲置的合理存量。企业应根据其目标持有量，控制货币资金存量规模及比重。第二，资产规模与业务量。一般来说，企业资产规模越大，业务量越大，处于货币资金形态的资产就可能越多。第三，企业融资能力。如果企业有良好信誉，融资渠道畅通，就没有必要持有大量的货币资金，其货币资金的存量与比重就可以低些。第四，企业运用货币资金的能力。如果企业运用货币资金的能力较强，能灵活进行资金调度，则货币资金的存量与比重可维持较低水平。第五，行业特点。处于不同行业的企业，由其行业性质所决定，其货币资金存量与比重会有差异。

根据表 6-4、表 6-5 及表 6-8 可以对 ABC 股份公司的货币资金存量规模、比重及变动情况作如下分析评价：①从存量规模及变动情况看，2×16 年该公司货币资金比 2×15 年下降了 792 613 万元，下降了 15.16%，变动幅度较大，究其原因，主要是经营活动现金流的减少，2×16 年经营活动现金流量净额为 192 387 万元（上年为 372 596 万元）。从现金流量表来看，经营活动，投资活动，筹资活动所产生的现金净额分别是 192 387 万元、-795 442 万元、-205 765 万元。三者总计为-808 820 万元。投资活动的现金支出，2×16 年相比 2×15 年增长了 181.65%，这是相当大的增长幅度。而其中以购建固定资产、无形资产和其他长期资产所支付的现金为主要流出方向，增长了 1 519.05%。查看报表附注发现 ABC 股份公司主要把钱投在了购买土地使用权以及为了销售和办公的场地租用以及设备上。这说明在 2×16 年房地产行业慢慢复苏之际，ABC 股份公司正积累着力量准备大幅扩大销售规模。②从比重及变动情况看，该公司 2×16 年的期末货币资金占流动资产的比重为 10.04%，期初比重为 14.41%，货币资金比重下降了 4.38%（可以说货币资金的比重还是较高的），而且有继续下降的趋势，公司应注意控制其存量规模及比重。

为了比较 ABC 股份公司的货币资金规模及其比重是否合理，可结合房地产行业的货币资金持有状况来进行分析。截至目前，笔者已获取房地产行业 2×08—2×15 年的货币资金持有水平，因此，将 ABC 股份公司的货币资金持有状况与行业水平进行比较。房地产行业上市公司在 2×08—2×15 年的货币资金持有状况如表 6-9 和图 6-4 所示，ABC 股份公司在 2×12—2×16 年的货币资金规模及比重如表 6-10 所示。

表 6-9　　　　　　　房地产行业上市公司 2×08—2×15 年货币资金持有状况表　　　　　　单位：亿元

项目	2×08 年	2×09 年	2×10 年	2×11 年	2×12 年	2×13 年	2×14 年	2×15 年
货币资金金额	324.97	563.90	907.53	1 019.19	2 017.6	2 411.82	2 292.71	3 284.32
占总资产比重（%）	13.15	14.24	15.18	13.43	18.03	15.74	11.86	13.49

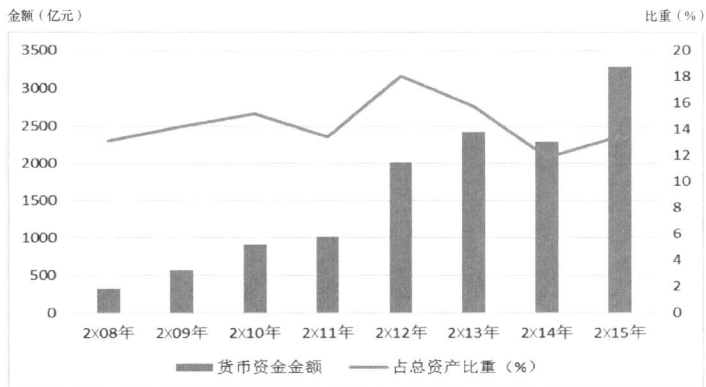

图 6-4　房地产行业上市公司 2×08—2×15 年货币资金持有状况图

表 6-10　　　　　　ABC 股份有限公司 2×12—2×16 年货币资金规模及比重表

项目	2×12 年	2×13 年	2×14 年	2×15 年	2×16 年
货币资金（万元）	2 300 192	3 781 693	3 423 951	5 229 154	4 436 541
占总资产比重（%）	16.72	17.54	11.56	13.80	9.26

从表 6-9 显示的行业平均水平与表 6-10 表现的 ABC 股份公司的货币资金状况对比来看，ABC 股份公司的货币资金规模在 2×12—2×15 年与行业水平基本持平，2×12 年占总资产的比重略低于行业平均水平，2×13 年略高于行业平均水平，2×14 年和 2×15 年与行业平均水平大致相等。总体

而言，ABC 股份公司的货币资金规模占总资产的比重在 2×12—2×15 年期间围绕行业平均水平上下波动，且波动幅度并不大，说明其货币资金在总资产中的比重合理且能够维持企业正常运营。

（二）应收款项分析

应收款项主要包括应收账款（应收票据）和其他应收款。由于二者产生的原因不同，所以应分别进行分析。

1. 应收账款（应收票据）分析

应收账款是因为企业提供商业信用产生的。单纯从资金占用角度讲，应收账款的资金占用是一种最不经济的行为，但这种损失往往可以通过企业扩大销售而得到补偿，所以，应收账款的资金占用又是必要的。对应收账款的分析，应从以下几方面进行。

（1）关注企业应收账款的规模及变动情况。企业赊销产品是应收账款形成的直接原因，在其他条件不变时，应收账款会随销售规模的增加而同步增加。如果企业的应收账款增长率超过销售收入、流动资产和速动资产等项目的增长率，就可以初步判断其应收账款存在不合理增长的倾向。对此，报表使用者应分析应收账款增加的具体原因是否正常。从经营角度讲，应收账款变动可能出于以下原因：①企业销售规模变动导致应收账款变动。②企业信用政策改变，当企业实行比较严格的信用政策时，应收账款的规模就会小些；反之，则会大些。③企业收账政策不当或收账工作执行不力。当企业采取较严格的收账政策或收账工作得力时，应收账款的规模就会小些；反之，则会大些。④应收账款质量不高，存在长期挂账且难以收回的账款，或因客户发生财务困难，暂时难以偿还所欠货款。

（2）分析会计政策变更和会计估计变更的影响。会计政策变更是指企业对相同的交易或事项由原来采用的会计政策改用另一会计政策的行为。在一般情况下，企业每期应采用相同的会计政策，但在某些制度允许的情况下，也可以变更会计政策。如果涉及应收账款方面的会计政策变更，应收账款就会发生变化。例如，在应收账款入账金额的确认上由总价法改为净值法，应收账款余额就会低于按总价法计算的金额，但这不是由应收账款本身减少形成的。又如，在坏账损失的核算上，由直接转销法改为备抵法，应收账款余额就可能因此而降低。此外，由于企业经营活动中内在不确定因素的影响，某些会计报表项目不能精确地计量，而只能加以估计。会计估计变更是因为：①赖以进行估计的基础发生变化，或者由于取得新的信息、积累更多的经验以及后来的发展变化，可能需要对会计估计进行修订。②会计的随意性。企业管理人员为达到特定的目的，如追求高盈利，用带有倾向性的假设对当前业务的未来结果做出预测。如果会计估计变更是因为①发生的，这种变更会增加财务报表资料的真实性；但如果是因为②发生的，财务报表资料就可能会掩盖某些事实，造成财务信息人为失真。无论哪种情况发生，对应收账款的会计估计变更，最终都会使应收账款数额发生变动。

（3）分析企业是否利用应收账款进行利润调节。企业利用应收账款进行利润调节的案例已屡见不鲜，因此，分析时要特别关注：①不正常的应收账款增长，特别是在会计期末突发性产生的与营业收入相对应的应收账款。如果一个企业平时的营业收入和应收账款都很均衡，而唯独第四季度特别是 12 月营业收入猛增，并且与此相联系的应收账款也直线上升，就有理由怀疑企业可能通过虚增营业收入或提前确认收入进行利润操纵。②应收账款中对关联方应收账款的金额与其所占的比例。利用关联方交易进行盈余管理，是一些企业常用的手法。如果一个企业应收账款中关联方应收账款的金额增长异常或所占比例过大，它就应视为企业利用关联交易进行利润调节的信号。

（4）要特别关注企业是否有应收账款的巨额冲销行为。一个企业巨额冲销应收账款，特别是巨额冲销其中的关联方应收账款，通常是不正常的，或者是在还历史旧账，或者是为今后进行盈余管理扫清障碍。

根据 ABC 股份公司提供的会计报表及会计报表附注可知，该公司 2×16 年应收账款余额为

307 897 万元，2×15 年应收账款余额为 188 655 万元，2×16 年应收账款较 2×15 年增加了 119 242 万元，增长率为 63.21%。另根据该公司会计报表附注提供的应收账款账龄表得知，虽然该公司不同期限的应收账款的余额有所增长，但不同期限应收账款的比重基本未变，主要是账龄为一年以内的应收账款，其比重为 86%（266 449 万元÷311 572 万元），这说明公司的信用政策和收账政策比较稳定，对应收账款的变动几乎没有影响。从 2×16 年营业收入增长 31.33% 来看，应收账款的增长幅度高于营业收入的增长，应在利润表分析时继续予以关注。

2. 其他应收款分析

其他应收款的发生通常是由企业间或企业内部的往来事项引起的。实务中，一些上市公司为了某种目的，常常把其他应收款作为企业调整成本费用和利润的手段，分析时对其他应收款项目应予以充分关注。其他应收款分析应关注以下几方面。

（1）其他应收款的规模及其变动情况。分析时应注意观察其他应收款的增减变动趋势，如果其他应收款规模过大，或有异常增长现象，如其他应收款余额远远超过应收账款余额，其他应收款增长率大大超过应收账款增长率，就应注意分析企业是否有利用其他应收款进行利润操纵的行为。

（2）其他应收款包括的内容。一些企业常常把其他应收款项目当成蓄水池，任意调整成本费用，进而达到调节利润的目的。分析时要注意两点：一是是否将应计入当期成本费用的支出计入其他应收款；二是是否将本应计入其他项目的内容计入其他应收款。

（3）关联方其他应收款的余额及账龄。近年来，大股东占用巨额上市公司资金的事例频繁曝光，已严重威胁到上市公司的正常经营。分析时应结合会计报表附注，观察是否存在大股东或关联方长期、大量占用上市公司资金，造成其他应收款余额长期居高不下的现象。

（4）是否存在违规拆借资金。上市公司以委托理财等名义违规拆借资金往往借助其他应收款来实现。

（5）分析会计政策变更对其他应收款的影响。根据 ABC 股份公司提供的会计报表及附注可知，该公司 2×16 年其他应收款余额为 3 481 532 万元，占总资产的比重为 7.27%，2×15 年其他应收款余额为 2 005 792 万元，占总资产的比重为 5.30%，2×16 年较 2×15 年的其他应收款增加了 1 475 740 万元，增长率为 73.57%。从其他应收款的增长幅度和所占比重来看并不高，其中前五名欠款合计 756 893 万元，占其他应收款的 21.74%，说明债务人比较分散。

此外，其他应收款在一定程度上可以反映母公司对子公司的投资规模，子公司可能存在以其他应收款的方式占用母公司资金的情况，通过分析 ABC 股份公司的合并财务报表和母公司财务报表，笔者发现，其他应收款在 2×16 年的合并数额 3 481 532 万元小于母公司数额 13 014 507 万元，表明企业的资金流向了控股子公司。并且差额为 9 532 975 万元，比 2×15 年的差额 6 904 321 万元有所增加，说明了母公司在 2×16 年加大了对子公司的资金注入。

3. 坏账准备分析

坏账准备作为应收款项的备抵科目，也被经常用来进行费用调整，从而对资产负债表和利润表产生影响。对坏账准备的分析应注意以下几个方面。

（1）分析坏账准备的提取方法、提取比例的合理性。按会计制度规定，企业可以自行确定计提坏账准备的方法和计提的比例。这可能导致一些企业出于某种动机，利用会计估计的随意性选择提取比例，随意选择计提方法，人为地调节应收款项净额和当期利润。

（2）比较企业前后会计期间对坏账准备的提取方法、提取比例是否改变。一般来说，企业坏账准备的提取方法和提取比例一经确定就不能随意变更。企业随意变更坏账准备的提取方法和提取比例往往隐藏着一些不可告人的目的。分析时应首先查明当企业坏账准备的提取方法和提取比例变更时，企业是否按照信息披露制度的规定，并对其变更原因予以说明。然后，分析企业这种变更的理由是否充分合理，判断是正常的会计估计变更还是为了调节利润。

（3）区别坏账准备提取数变动的原因。坏账准备提取数发生变动，既可能是由应收款项变动引起的，也可能是由会计政策或会计估计变更引起的，分析时应加以区别。

根据 ABC 股份公司的资产负债表和会计报表附注，对该公司坏账准备变动情况作如下分析：公司 2016 年度坏账损失采取备抵法核算，坏账准备按决算日应收账款余额进行分类计提，其中单项金额较大的应收账款占应收账款总额的比重为 42%，计提比率为 0.83%，其他单项金额不大的应收账款计提比率为 1.43%。2×16 年计提坏账准备 3 675 万元，比 2×15 年增加 799 万元（3 675 万元-2 876 万元）。单项金额较大的其他应收款与占其他应收款总额的比重为 88.63%，计提比例为 0.12%，本期其他应收款坏账准备计提金额为 36 605 万元，比上期增加 5 553 万元（36 605 万元-3 1052 万元）。由于该公司 2×16 年未发生会计政策和会计估计变更事项，因此，坏账准备的增加是因为应收账款和其他应收款余额增加所致的，会计政策及会计估计对本项目未产生影响。

（三）存货分析

存货是企业最重要的流动资产之一，通常占流动资产的一半以上。存货核算的准确性对资产负债表和利润表有较大的影响，因此，应特别重视对存货的分析。存货分析主要包括存货构成分析和存货计价分析。

1. 存货构成

企业存货资产遍布于企业生产经营的全过程，种类繁多，按其性质可分为材料存货、在产品存货和产成品存货。存货构成分析既包括对各类存货的规模与其变动情况分析，也包括对各类存货的结构与其变动情况分析。

（1）存货的规模与变动情况分析。存货的规模与其变动情况分析，主要是观察各类存货的变动情况与变动趋势，分析各类存货增减变动的原因。

根据 ABC 股份公司财务报表附注提供的资料，编制该公司存货变动情况分析表，如表 6-11 所示。

表 6-11　　　　　　　　　　　存货变动情况分析表　　　　　　　　　　　　单位：万元

项目	2×16 年	2×15 年	变动情况	
			变动额	变动率（%）
已完工开发产品	1 771 731	1 600 124	171 607	10.72
在建开发产品	18 868 167	16 221 879	2 646 288	16.31
拟开发产品	12 437 453	7 673 383	4 764 070	62.09
其他	35 970	21 767	14 203	65.25
存货总值	33 113 321	25 517 153	7 596 168	29.77
存货跌价准备	0	741	-741	-100.00
存货净值	33 113 321	25 516 412	7 596 909	29.77

根据表 6-11 可知，如果按存货资产总值计算，2×16 年度存货资产增加了 7 596 168 万元，增长率为 29.77%，这表明存货资产实物量的绝对增加。如果按其净值计算，则增加了 7 596 909 万元，其增长率为 29.77%。尽管存货跌价准备发生变动可能会导致存货净值变动额和变动率不等于存货总值变动额和变动率，但这种变动对生产经营活动本身不会产生实质影响。分析时，还是应依据存货资产总值变动分析评价其对生产经营活动的影响。

（2）存货的结构与变动情况分析。存货的资产结构是指各类存货资产在存货总额中的比重。各种存货资产在企业再生产过程中的作用是不同的，其中库存商品和发出商品存货是存在于流通领域的存货，不是保证企业再生产过程不间断进行的必要条件，必须压缩到最低限度。材料类存货是维护再生产活动的必要物质基础，然而它只是生产的潜在因素，所以应把它限制在能够保证再生产正常进行的最低水平上。在产品存货是保证生产过程连续性的存货，企业的生产规模和生产周期决定了在产品存货的存量，在企业正常经营条件下，在产品存货应保持一个稳定的比例。

企业生产经营的特点决定了企业存货资产的结构，在正常情况下，存货资产结构应保持相对的稳定性。分析时，应特别注意对变动较大的项目进行重点分析。任何一种存货资产比重的剧烈变动，都表明企业生产经营过程中有异常情况发生，因此应深入分析其原因，以便采取有针对性的措施对异常情况进行处理。

根据 ABC 股份公司财务报表附注提供的资料，编制存货资产结构分析表，如表 6-12 所示。

表 6-12　　　　　　　　　　　　　　　存货资产结构分析表

项目	金额（万元）		结构（%）		
	2×16 年	2×15 年	2×16 年	2×15 年	差异
已完工开发产品	1 771 731	1 600 124	5.35	6.27	-0.92
在建开发产品	18 868 167	16 221 879	56.98	63.57	-6.59
拟开发产品	12 437 453	7 673 383	37.56	30.07	7.49
其他	35 970	21 767	0.11	0.09	0.02
存货总值	33 113 321	25 517 153	100.00	100	0
存货跌价准备	0	741	—	—	—
存货净值	33 113 321	25 516 412	—	—	—

从表 6-12 可以看出，该公司存货中所占比重较大的是在建开发产品和拟开发产品，在 2×16 年两者合计的比重比上年上升 0.90%。已完工开发产品占存货比重较上年下降 0.92%，2×16 年未计提存货跌价准备，存货净值等于存货原值，可见 ABC 股份公司存货质量较高，或者说从一定程度上反映了市场对公司产品的认可。

为了分析 ABC 股份公司 2×12—2×16 年五年间存货各项目所占比重的变化趋势，根据报表相关项目编制了 ABC 股份公司近 5 年的存货结构分析表，如表 6-13 所示。

表 6-13　　　　　　ABC 股份公司 2×12—2×16 年存货结构分析表（%）

项目	2×12 年	2×13 年	2×14 年	2×15 年	2×16 年
已完工产品	5.86	3.97	3.48	6.27	5.35
在建开发产品	45.98	58.98	66.24	63.57	56.98
拟开发产品	48.09	36.98	30.23	30.07	37.56
其他	0.07	0.07	0.05	0.09	0.11
合计	100	100	100	100	100

从表 6-13 可以看出，存货各项目所占的比重在 2×12—2×16 年这 5 年期间的变化状况，已完工产品 2×12—2×14 年连续降低，直到 2×15 年和 2×16 年才实现反弹，相反，在建开发产品 2×12—2×14 年持续增加，2×15 年和 2×16 年才有所降低。出现这种现象的主要原因是项目建设期所导致的在建开发产品与已完工产品之间的时间差。从拟开发产品可以看出公司对房地产未来前景的预测，拟开发产品于 2×12—2×15 年持续下降，2×16 年较 2×15 年有所回升，这也表明 2×16 年公司对未来房地产行业态度比较乐观，拟开发更多的产品。其他存货项目所占比例很低，变化趋势不明显。存货各项目比重的变动原因主要包括宏观经济以及房地产市场可能发生的变化或单个项目销售出现变化；新的法规对项目审批要求提出进一步要求，使开发项目的证照办理速度滞后而影响开发节奏；涉及拆迁的项目拆迁进度可能对开发计划产生影响；重大天气变化可能对项目的工期产生影响而影响竣工；其他不可预测的重大事项对项目工期产生的影响。

2. 存货计价

存货资产是企业流动资产中最重要的组成部分，是企业生产经营活动重要的物质基础。存货资产的变动，不仅对流动资产的资金占用有极大的影响，而且对生产经营活动也会产生重大影响。存货变动主要受企业生产经营方面的影响，如生产经营规模的扩张和收缩、资产利用效率的高低、资产周转速度的快慢、存货管理水平的高低等。但对存货的计价方法、存货的盘存制度和跌价准备的计提等因素的影响也不容忽视。

（1）分析企业对存货计价方法的选择与变更是否合理。可供企业选择的存货计价方法有先进先出法、个别计价法和加权平均法（包括月末一次加权平均法和移动加权平均法）。因为价格的变动，采用不同的存货计价方法会对报表列报导致不同的结果。在通货膨胀条件下，存货的不同计价方法对资产负债表和利润表的影响，如表 6-14 所示。

表 6-14　　　　　　　　　存货的不同计价方法对资产负债表和利润表的影响

计价方法	对资产负债表的影响	对利润表的影响
先进先出法	基本反映存货当前价值	利润被高估
个别计价法	基本反映存货真实价值	基本反映真实利润水平
加权平均法	介于两者之间	介于两者之间

对存货计价方法的不同选择会产生重大的差异，一些企业在实务中往往将对存货计价方法的选择作为操纵利润的手段。分析时应结合企业的具体情况、所属行业特征和价格变动情况，评价其存货计价方法选择的合理性，同时结合财务报表附注对存货会计政策变更的说明，判断其变更的合理性。

（2）分析存货的盘存制度对确认存货数量和价值的影响。存货数量变动是影响资产负债表存货项目的基本因素，企业对存货数量的确定主要有两种方法：定期盘存法和永续盘存法。当企业采用定期盘存法进行存货数量核算时，资产负债表上存货项目反映的就是存货的实有数量。如果采用永续盘存法，除非在编制资产负债表时对存货进行盘存，否则，资产负债表上存货项目所反映的只是存货的账面数量。两种不同的存货数量确认方法会造成资产负债表上存货项目的差异，这种差异不是由存货数量本身的变动引起的，而是由存货数量的会计确认方法不同造成的。

（3）分析期末存货价值的计价原则对存货项目的影响。期末存货价值的确定通常采用历史成本法，但会计制度也允许企业采用"成本与可变现净值孰低法"来确定。当按历史成本法确定的存货低于可变现净值时，按两种方法确定的期末存货价值是一致的。当存货的可变现净值下跌至成本以下时，按"成本与可变现净值孰低法"确定的存货期末金额就会低于按历史成本法确定的存货期末金额。因此，企业改变存货价值的计价原则，就会引起资产负债表上存货项目的变动，但这种变动只是一种价值变动，存货实际数量并不因为计价方法的变更而改变。对报表使用者来说，按"成本与可变现净值孰低法"对期末存货计价，其资产价值更真实可信。如果说把历史成本法改为"成本与可变现净值孰低法"是一种会计政策选择或会计政策变更的话，对可变现净值的确定就是一种会计估计，同样会影响资产负债表中存货的价值。

根据 ABC 股份公司的财务报表附注可知，该公司 2×16 年和 2×15 年对存货数量的确定方法是永续盘存制，计价原则是于资产负债表日按"成本与可变现净值孰低法"确定期末存货价值，对存货提取存货跌价准备。该公司 2×16 年未发生存货会计政策和会计估计变更事项。根据表 6-12 可知，在 2×16 年，公司未对存货提取跌价准备，说明 2×16 年存货并未发生跌价。存货跌价准备一定程度上反映了企业存货的质量，如果存货跌价准备占存货的比例过高，可以判定企业存货质量过低。本例中存货跌价准备为 0，也就是说存货基本可以实现账面余额的价值，说明该公司存货的质量还是非常高的。

二、主要非流动资产项目质量分析

在非流动资产中，一般企业通常以长期股权投资、固定资产和无形资产为主要项目。结合本教材案例对象的特点，做如下分析。

（一）长期股权投资分析

长期股权投资是指企业持有的不准备随时变现、持有期超过 1 年、因对外出让资产而形成的股权。该项目通常核算四种权益性投资业务：企业持有的对其子公司的投资（控制投资），对合营企业的投资（共同控制投资），对联营企业的投资（重大影响投资），以及企业持有的对被投资单位不具有控制、共同控制或重大影响且在活跃市场中没有报价、公允价值不能可靠计量的权益性投资。

1. 长期股权投资规模与变动情况分析

截至 2×16 年年末，ABC 股份公司拥有子公司 703 家，其中房地产公司 564 家、物业管理公司 35 家，其他业务公司（投资、咨询、装饰装修设计、以持股为目的无主营业务境外公司等）104 家。ABC 股份公司长期股权投资的被投资单位以合营企业和联营企业为主，其中合营企业 62 家，联营企业 38 家。

根据 ABC 股份公司财务报表附注提供的资料编制该公司长期股权投资规模变动分析表，如表 6-15 所示。

表 6-15　　　　　　　　　　　　　　长期股权投资规模变动分析表　　　　　　　　　　单位：万元

项目	2×16 年	2×15 年	变动情况	
			变动额	变动率（%）
对合营企业的投资	689 797	404 325	285 472	70.60
对联营企业的投资	363 346	291 584	71 762	24.61
其他长期股权投资	10 606	8 121	2 485	30.58
小计	1 063 749	704 030	359 719	51.09
减：减值准备	—	—	—	—
合计	1 063 749	704 030	359 719	51.09

由表 6-15 可知，公司长期股权投资 2×16 年比 2×15 年增加 359 719 万元，增长幅度达 51.09%。该项目增加主要是对合营企业投资和对联营企业投资的变动共同作用的结果。联营企业是指投资者对其有重大影响，但不是投资者的子公司或合营企业的企业。合营企业则是按合同约定对某项经济活动所共有的控制，是指由两个或多个企业或个人共同投资建立的企业。公司 2×16 年对合营企业投资较上年增加 285 472 万元，增长幅度为 70.60%，该项目成为长期股权投资增长的主要原因。2×16 年对联营企业的投资较上年增加 71 762 万元，增长幅度达 24.61%，公司长期股权投资并未发生减值，该备抵科目与上年相比并无变化。

2×16 年，ABC 股份公司新增投资额 124.01 亿元，其中设立子公司 120 家，实际投资额 62.9 亿元；收购子公司 28 家，实际投资额 26.73 亿元；对已有 17 家子公司的增资 34.38 亿元。ABC 股份公司以设立、取得子公司的方式为主，说明 ABC 股份公司并不是通过收购一个成熟的公司去获得其市场份额或者资产，而是通过在全国各地设立新的子公司用于开发新的房地产项目，这种方式扩大了 ABC 股份公司的市场，使 ABC 股份公司的项目覆盖到全国各地另外，ABC 股份公司的子公司以房地产公司为主，与集团属于同一行业，这种专注于房地产业务的投资模式，进一步巩固了 ABC 股份公司的核心竞争力，使 ABC 股份公司的规模化产业化战略得以更好实现，进而在房价地价飞涨的这些年，得以成为房地产行业的龙头老大。

2. 长期股权投资结构与变动情况分析

根据 ABC 股份公司财务报表附注提供的资料编制该公司长期股权投资结构变动分析表，如表 6-16 所示。

表 6-16　　　　　　　　　　　　　　长期股权投资结构变动分析表

项目	金额（万元）		结构（%）		
	2×16 年	2×15 年	2×16 年	2×15 年	差异
对合营企业的投资	689 797	404 325	64.85	57.43	7.42
对联营企业的投资	363 346	291 584	34.16	41.42	−7.26
其他长期股权投资	10 606	8 121	1.00	1.15	−0.16
小计	1 063 749	704 030	100.00	100.00	0.00
减：减值准备					
合计	1 063 749	704 030			

由表 6-16 可知，ABC 股份公司对合营企业的投资和对联营企业的投资构成了其长期股权投资的绝大部分，不同年份间，二者比重略有变化。2×16 年对合营企业的投资占长期股权投资的比重为 64.85%；较上年上升 7.42%，相反，2×16 年对联营企业的投资占长期股权投资的比重较上年有所下降，由 41.42% 下降到 34.16%，降幅达 7.26%。可见，2×16 年 ABC 股份公司的长期股权投资由对联营企业的投资向对合营企业的投资倾斜，该变动可能和企业的投资策略变化有关。

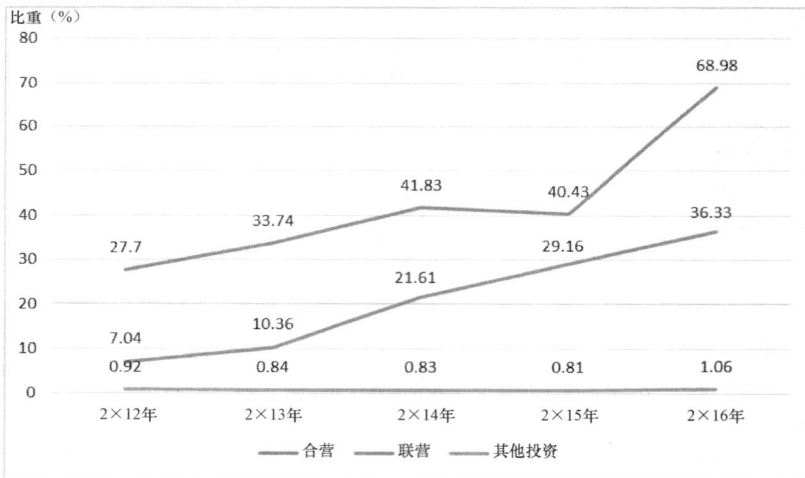

图 6-5　ABC 股份公司 2×12—2×16 年长期股权投资趋势变化图

ABC 股份公司长期股权投资 2×12—2×16 年趋势变化图，如图 6-5 所示。从 2×12 年到 2×16 年这五年来，ABC 股份公司的长期股权投资规模不断扩大，从 2×12 年的不到 40 亿元，增加到 2×16 年的 106.37 亿元，并且合营和联营企业投资的占比也进一步扩大。这种变动是 ABC 股份公司"小股操盘[①]"的轻资产模式的体现。

3. 长期股权投资减值准备分析

长期股权投资减值准备是长期股权投资项目的备抵科目，企业根据对该项资产变现能力的估计，决定是否计提减值准备。减值准备计提的越高，表明长期股权投资变现能力越差，相应地其资产质

---

① 万科总裁郁亮解释，过去是"大股操盘"，万科与人合作项目，占一半以上股份，所费的资金较多。转型后，万科只占小股份，通过输出管理和品牌，这种轻资产模式有利于提升万科的净资产收益率，也意味着在同等的资产规模下可以支持更大的经营规模，获得更大的市场份额，进而可以摆脱增长对股权融资的依赖，提高为股东创造回报的能力。

量也不高。由表 6-18 和表 6-19 可知，ABC 股份公司长期股权投资并未发生减值，可见该项资产质量较高。

【案例6-2】与ABC股份公司的规模化及产业化的战略不同，上海某医药公司FX医药则采取多元化的公司资产结构调整战略，两家公司长期股权投资规模具体如表6-17、表6-18所示。

表 6-17　　　　　　　　　　　ABC 股份公司长期股权投资规模　　　　　　　　　　单位：万元

	2×12 年	2×13 年	2×14 年	2×15 年	2×16 年
合并数	356 538	449 375	642 649	704 031	1 063 749
母公司	943 302	1 284 670	1 364 934	1 482 837	1 706 611

表 6-18　　　　　　　　　　　　　FX 医药长期股权投资规模　　　　　　　　　　　单位：万元

	2×12 年	2×13 年	2×14 年	2×15 年	2×16 年
合并数	612 712	680 441	812 491	859 317	993 210
母公司	316 028	413 615	421 700	417 376	538 085

从表6-17可看出，2×12—2×16年，ABC股份公司的长期股权投资的母公司数大于其合并数，说明ABC股份公司的长期股权投资大部分是对子公司的投资。相反，表6-18显示，FX医药的长期股权投资的合并数大于其母公司数，说明公司的长期股权投资大部分是对外投资。通过比较两家公司长期股权投资的合并数额与母公司数额，可以从宏观上把握两家公司截然不同的投资及扩张策略。

为进一步深化对长期股权投资的理解，笔者将FX医药的长期股权投资结构与ABC股份公司的长期股权投资结构进行对比，FX医药的长期股权投资结构如表6-19所示。

表 6-19　　　　　　　　　　　　FX 医药长期股权投资结构分析表

项目	金额（万元）		结构（%）		
	2×16 年	2×15 年	2×16 年	2×15 年	差异
权益法：					
合营企业	118 176 911	17 280 887	1.18	0.2	0.98
联营企业	8 856 897 209	7 185 946 109	88.76	83.62	5.14
成本法	1 003 355 471	1 390 276 831	10.06	16.18	-6.12
小计	9 978 429 591	8 593 503 827	100	100	
减：减值准备	46 334 383	334 153	—	—	—
合计	9 932 095 208	8 593 169 674	100	100	100

由表 6-19 可知，与 ABC 股份公司的长期股权投资结构不同，FX 医药对联营企业和合营企业的投资采用权益法核算。其中对联营企业的投资占了绝大比重，2×16 年达到 88.76%；对合营企业的投资所占比重非常低，2×16 年仅为 1.18%。两者合计占企业长期股权投资总和的比重为 89.94%。而按成本法（持股比例低于 20%）核算的长期股权投资的比重由 2×15 年的 16.18%降为 2×16 年的10.06%，降幅达 6.12%。在参考 FX 医药的报表附注后，笔者发现 FX 医药的业务涉及多个领域。

（二）固定资产分析

固定资产是企业最重要的劳动手段，对企业的盈利能力有重大影响。固定资产分析主要从固定资产规模与变动情况分析、固定资产结构与变动情况分析、固定资产折旧分析和固定资产减值准备分析四方面展开。

投资性房地产分析

1. 固定资产规模与变动情况分析

固定资产规模与变动情况分析主要从固定资产原值变动情况分析和固定资产净值变动情况分析两个方面来进行。

固定资产原值变动情况分析。固定资产原值是反映固定资产占用量的指标，如果剔除物价变动的影响，也可以说固定资产原值是以价值形式表示固定资产实物量的指标。固定资产原值反映了企业固定资产规模，其增减变动受当期固定资产增加和当期固定资产减少的影响。固定资产净值变动情况分析。固定资产净值的变动取决于两个方面：一是固定资产原值的变动，二是折旧的变动，而折旧的变动完全取决于折旧政策的选择。固定资产净值变动情况分析就是分析固定资产原值变动和固定资产折旧变动对固定资产净值的影响。

下面以 ABC 股份公司为例对其固定资产规模与变动情况进行分析。

首先，分析固定资产原值变动情况。根据 ABC 股份公司财务报表附注提供的资料编制该公司固定资产规模变动分析表，如表 6-20 所示。

表 6-20   固定资产规模变动分析表   单位：万元

项目	酒店房屋及建筑物	电子设备	机器设备	运输工具	其他设备	总计
期初原值	171 732	20 987	5 569	12 932	5 336	216 556
本期增加	101 389	4 124	670	3 114	2 122	111 419
本期减少	48 123	660	192	1 660	240	50 875
期末原值	224 998	24 451	6 047	14 386	7 218	277 100
增减额	53 266	3 464	479	1 454	1 882	60 544
增减（%）	31.02	16.51	8.60	11.24	35.27	27.96

从表 6-20 可以看出，该公司本期固定资产原值增加 60 544 万元，增长率为 27.96%，可见其固定资产原值的规模有了一定程度的增加。结合该公司财务报表附注的相关资料，对 ABC 股份公司固定资产净值变动情况分析如下：该公司本期固定资产净值增加了 51 751 万元，这是固定资产原值增加和固定资产累计折旧增加共同作用的结果，即固定资产原值增加 60 544 万元使固定资产净值增加 60 544 万元，固定资产累计折旧增加 8 793 万元使固定资产净值减少 8 793 万元，两者作用相抵后使固定资产净值增加 51 751 万元。本期未提取固定资产减值准备，因而其对固定资产净值变动无影响。

2. 固定资产结构与变动情况分析

固定资产按使用情况和经济用途可以分为：生产用固定资产、非生产用固定资产、租出固定资产、未使用和不需用固定资产、融资租入固定资产和接受捐赠固定资产等。固定资产结构反映固定资产的配置情况，合理配置固定资产，既可以在不增加固定资金占用量的同时提高企业生产能力，又可以使固定资产得到充分利用。在各类固定资产中，生产用固定资产，特别是其中的机器设备，与企业生产经营直接相关，在固定资产中占较大比重。非生产用固定资产主要是指职工宿舍、食堂、俱乐部等非生产单位使用的房屋和设备。企业应在发展生产的基础上，根据实际需要适当增加这方面的固定资产，但增加速度一般应低于生产用固定资产的增加速度，其比重的降低应属正常现象。未使用和不需用固定资产对固定资金的有效使用是不利的，应该查明原因，采取措施，积极处理，将其压缩到最低限度。如因购入未来得以安装，或正在进行检修，虽属正常现象，也应加强管理，以尽可能缩短安装和检修时间，使固定资产尽早投入生产运营中去。

根据现行会计制度，企业无需对外披露固定资产的使用情况。因此，企业外部分析人员通常无法获得这方面的相关信息；但是企业内部分析人员仍有必要分析固定资产的结构与变动趋势，考察固定资产分布和利用的合理性，为企业合理配置固定资产、挖掘固定资产利用潜力提供依据。固定资产结构分析应特别注意从以下三个方面进行：一是特别注意分析生产用固定资产与非生产用固定资产之间的比例变化情况；二是特别注意考察未使用和不需用固定资产比率的变化情况，查明企业在处置闲置固定资产方面的工作是否得力；三是考察生产用固定资产内部结构是否合理。

3. 固定资产折旧分析

会计准则和制度允许企业使用的折旧方法有平均年限法（直线法）、工作量法、双倍余额递减法、年限总和法，后两种方法属于加速折旧法。不同的折旧方法由于各期所提折旧不同，会引起固定资产价值发生不同的变化。固定资产折旧方法的选择对固定资产的影响还隐含着会计估计对固定资产的影响，如对折旧年限的估计、对固定资产残值的估计等。

固定资产折旧分析应注重以下几个方面。

（1）分析固定资产折旧方法的合理性。企业应根据科技发展、环境及其他因素，合理选择固定资产折旧方法，对于利用固定资产折旧方法的选择及折旧方法的变更，以达到调整固定资产净值和利润的目的的做法，要通过分析比较揭示出来。

（2）分析企业固定资产折旧政策的连续性。固定资产折旧方法一经确定，一般不得随意变更。因此，应分析其变更理由是否充分，同时确定折旧政策变更对企业产生的影响。

（3）分析固定资产预计使用年限和预计净残值确定的合理性。分析时，应注意固定资产使用年限和固定资产预计净残值的估计是否符合国家有关规定，是否符合企业实际情况。实务中，一些企业在固定资产没有减少的情况下，往往通过延长固定资产使用年限，使折旧费用大幅减少，达到扭亏增盈的目的。对于这种会计信息失真现象，分析人员应予以揭示，并加以修正。

ABC 股份公司提供的财务报表信息表明，该公司采取直线法按固定资产类别计提折旧，预计净残值、折旧年限都符合会计制度规定。对照 2×15 年的财务报表附注，可以发现 2×16 年公司的固定资产折旧方法、预计净残值、折旧年限均未发生变化，由此可以判断该公司资产负债表所列示的固定资产折旧比较可靠。

4. 固定资产减值准备分析

固定资产减值准备分析主要从以下几方面进行。

（1）固定资产减值准备变动对固定资产的影响。

（2）固定资产可回收金额的确定。这是确定固定资产减值准备提取数的关键。

（3）固定资产发生减值对生产经营的影响。固定资产发生减值使固定资产价值发生变化，既不同于折旧引起的固定资产价值变化，也不同于其他资产因减值而发生的价值变化。固定资产减值是由有形损耗或无形损耗造成的，如因技术进步已不可使用或已遭毁损不再具有使用价值和转让价值等，虽然固定资产的实物数量并没有减少，但其价值量和企业的实际生产能力都会相应变动。如果固定资产实际上已发生了减值，企业不提或少提固定资产减值准备，不仅虚增了固定资产价值，同时也虚夸了企业的生产能力。

【随堂小测验 6-2】

1.【单选】下列各项中，属于存货发生减值原因的是（   ）。

    A．采用先进先出法   B．采用加权平均法

    C．可变现净值低于账面成本   D．可变现净值高于账面成本

2.【多选】下列各项中，属于流动资产项目质量分析的主要内容的有（   ）。

    A．货币资金   B．应收债权   C．存货   D．其他应收款

    E．以公允价值计量且其变动计入当期损益的金融资产

3.【多选】下列各项中，属于货币资金存量变动原因的有（   ）。

    A．资金调度   B．信用政策变动   C．销售规模变动

    D．为大笔现金支出做准备   E．投资支出

4.【判断】资产负债表中某项目的变动幅度越大，对资产或权益的影响就越大。   （   ）

第三节 | 财务风险分析

　　财务风险指的是企业因无法按期支付负债融资所应负的利息或本金而有倒闭的可能性，因此又称违约风险。财务风险分析包括主要债务项目风险分析和债务结构风险分析两大方面。

一、主要债务项目风险分析

（一）短期借款分析

　　短期借款数额的多少，往往取决于企业生产经营和业务活动对流动资金的需要量、现有流动资产的沉淀和短缺情况等。企业应结合短期借款的使用情况和使用效果分析该项目。为了满足流动资产的资金需求，一定数额的短期借款是必需的，但如果数额过大，超过企业的实际需要，不仅会影响资金利用效果，还会因超出企业的偿债能力而给企业的持续发展带来不利影响。判断短期借款适度与否，可以根据流动负债的总量、当前的现金流量状况和对未来会计期间现金流量的预期来确定。

　　短期借款发生变化，其原因不外乎两大方面：生产经营需要；企业负债筹资政策变化。其具体变动的原因可归纳为：

　　（1）流动资产资金需要，特别是临时性占用流动资产需要发生变化。当季节性或临时性需要产生时，企业就可能通过举借短期借款来满足其资金需要，当这种季节性或临时性需要消除时，企业就会偿还这部分短期借款，从而造成短期借款的变化。

　　（2）节约利息支出。一般来说，短期借款的利率低于长期借款和长期债券的利率，举借短期借款相对于长期借款来说，可以减少利息支出。

　　（3）调整负债结构和财务风险。企业增加短期借款，就可以相对减少对长期负债的需求，使企业负债结构发生变化。相对于长期负债而言，短期借款具有风险大、利率低的特点，负债结构变化将会引起负债成本和财务风险发生相应的变化。

　　（4）增加企业资金弹性。短期借款可以随借随还，有利于企业对资金存量进行调整。

（二）应付款项

　　应付款项包括应付账款、预收账款、应付职工薪酬、应交税费、应付股利和其他应付款等。结合本教材案例对象的特点，作如下分析。

1. 应付账款及应付票据分析

　　应付账款及应付票据因商品交易而产生，其变动原因有以下几个方面：

　　（1）企业销售规模的变动。当企业销售规模扩大时，会增加存货需求，使应付账款及应付票据等债务规模扩大；反之，会使其降低。

　　（2）为充分利用无成本资金。应付账款及应付票据是因商业信用而产生的一种无资金成本或资金成本极低的资金来源，企业在遵守财务制度、维护企业信誉的条件下对其充分加以利用，可以减少其他筹资方式的筹资数额，节约利息支出。

　　（3）提供商业信用企业的信用政策发生变化。如果其他企业放宽信用政策和收账政策，企业应付账款和应付票据的规模就会大些；反之，就会小些。

　　（4）企业资金的充裕程度。若企业资金相对充裕，应付账款和应付票据规模就小些，当企业资金比较紧张时，就会影响到对应付账款和应付票据的清偿。

　　在市场经济条件下，企业之间相互提供商业信用是很正常的。利用应付票据和应付账款进行资金融通，基本上可以说是无代价的融资方式，但企业应注意合理使用，以避免造成企业信誉损失。表 6-4 显示，ABC 股份公司 2×16 年应付票据增加了 980 677 万元，增长率高达 197.04%，应付账款增加了 1 909 746 万元，增长率为 42.57%，无论是从增长金额，还是从增长率看，两者的变动都是非常大的，这表明企业占用了供应商更多的资金。究其原因，一是企业销售规模的变动。企业销售规模扩大时，会增加存货需求，使其应付票据和应付账款等债务规模扩大。ABC 股份公司在 2×16 年的每个月汇总的销售金额在不断增加，同时每个月也在相应的增加新项目。2×16 年营业收入达 13 541 879 万元，相比 2×15 年增加了 31.33%。二是优化支付方式。房地产行业因大量采购材料物资或接受劳务而产生较多的应付账款和应付票据，相对于直接支付等方式，应付账款和应付票据能够占用关联企业资金，合理调节本企业的资金安排，优化企业的资金运用情况。三是为充分利用无成本资金。房地产行业本身是一个高风险、高负债、波动性大的行业。企业的负债资金来源主要是银行信用和商业信用，银行信用有一定的利息支付率，而且风险也随着利息支付率的提高而增加；而采用应付账款和应付票据的无成本模式却能够降低企业负债的融资成本，同时也能降低企业的风险。

但是，公司应特别注意其偿付时间，以便做好资金方面的准备，避免出现因到期支付能力不足而影响公司信誉的情况发生。

2. 其他应付款分析

对其他应付款分析的重点是：其一，其他应付款规模与变动是否正常；其二，是否存在企业长期占用关联方企业资金的现象。分析时应结合财务报表附注提供的资料进行。本例中，该公司 2×15 年其他应付款余额高达 5 470 429 万元，较上年增加了 1 865 897 万元，增长率为 51.77%，应对其合理性作进一步分析。ABC 股份公司 2×16 年其他应付款项目水平分析如表 6-21 所示。

表 6-21　　　　　　　ABC 股份公司 2×16 年其他应付款项目水平分析表　　　　　　单位：万元

项目	2×16 年	2×15 年	变动额	变动率（%）
应付合营、联营企业款	1 286 550	282 756	1 003 794	355.00
应付股权款与合作公司往来及其他	3 416 384	2 626 868	789 516	30.06
土地增值税清算准备金	428 074	443 490	-15 416	-3.48
押金及保证金	109 278	91 221	18 057	19.79
代收款	195 564	96 580	98 984	102.49
购房意向金	34 579	63 617	-29 038	-45.65
合计	5 470 429	3 604 532	1 865 897	51.77

从表 6-21 可以看出，ABC 股份公司 2×16 年相比于 2×15 年的其他应付款的变动是由应付合营、联营企业款及应付股权款与合作公司往来及其他这两项的大规模增加所导致的。这说明该公司在 2×16 年大规模占用了合营、联营及合作公司的款项，公司的资金占用能力显著提高。

（三）长期借款分析

影响长期借款变动的原因有：（1）银行信贷政策及资金市场的资金供求状况；（2）为了满足企业对资金的长期需要；（3）保持企业权益结构的稳定性；（4）调整企业负债结构和财务风险。

根据表 6-4 提供的资料，ABC 股份公司 2×16 年长期借款增加 64 705 万元，增加比率为 1.80%。结合公司流动负债增长率大于非流动负债增长率、短期借款减少额多于长期借款增加额的情况来综合判断，可以得出公司的负债筹资政策正在发生变动的结论。

此外，笔者进一步分析了该公司不同期限的长期借款结构，如表 6-22 所示。

表 6-22 ABC 股份公司长期借款到期日分析表

借款期限	金额（万元）		结构（%）		
	2×16 年	2×15 年	2×16 年	2×15 年	变动
一年至二年	1 720 787	2 728 699	46.91	75.72	-28.81
二年至三年	1 480 369	749 908	40.36	20.81	19.55
三年以上	467 156	125 000	12.73	3.47	9.26
小计	3 668 312	3 603 607	100	100	—

在分析长期借款的借款期限后发现，公司长期借款的内部结构已经发生了改变。在 2×16 年含有的一年至二年的长期借款金额较 2×15 年有了很大幅度的降低，其在 2×16 年占长期借款总额的比重仅为 46.91%，降低幅度达 28.81%。相反，二年至三年及三年以上的长期借款相比于 2×15 年都有较大幅度的增长，尤其是二年至三年的长期借款的比重较 2×15 年上升 19.55%。这说明企业更关注重更长期的借款，大幅降低一年至二年的借款。结合表 6-5 中的长期借款的比重来分析，说明 ABC 股份公司的长期借款的总金额虽然增加，但其占负债和所有者权益总额的比重却在降低，下降幅度达 1.86%，即便如此，长期借款在非流动负债中仍然占绝大比重。

二、债务结构风险分析

1. 负债结构分析应考虑的因素

负债是指企业过去的交易或事项形成的现时义务，履行该义务预期会导致经济利益流出企业。根据债务偿还期限，负债可以分为流动负债和非流动负债，需要在一年（含一年）或超过一年的一个营业周期内内偿还的债务称为流动负债（也称短期负债），其余则为非流动负债。

负债结构是因为企业采用不同负债筹资方式所形成的，是负债筹资的结果，因此，负债结构分析必须结合其他相关因素进行。

（1）负债结构与负债规模。负债结构反映的是各种负债在全部负债中的构成情况，虽然与负债规模相关，却不能说明负债规模的大小。负债结构变化既可能是由负债规模变化引起的，也可能是由负债各项目变化引起的。换言之，负债规模不变，不等于说负债结构不变；而负债结构不变，不等于说负债规模不变。分析负债结构时，只有联系负债规模，才能真正揭示出负债结构变动的原因和趋势。

（2）负债结构与负债成本。企业举债，不仅要按期归还本金，还要支付利息，这是企业使用他人资金必须付出的代价，通常将其称为资金成本。企业在筹集资金时，总是希望付出最低的代价，对资金成本的权衡，会影响到企业筹资方式的选择，进而对负债结构产生影响。反过来，负债结构的变化也会对负债成本产生影响。这是因为，不同的负债筹资方式所取得的资金，其资金成本是不一样的。任何一个企业都很难只用一种负债筹资方式来获取资金，当企业用多种负债筹资方式筹资时，其负债成本的高低除了与各种负债筹资方式的资金成本相关外，还取决于企业的负债结构。

（3）负债结构与债务偿还期限。这是负债结构分析要考虑的一个极其重要的因素。负债是必须要偿付的，而且要按期偿付。企业在举债时，就应当根据债务的偿还期限来安排负债结构。企业负债结构合理的一个重要标志就是使债务的偿还期与企业现金流入的时间相吻合，债务的偿还金额与现金流入量相适应。如果企业能够根据其现金流入的时间和流入量妥善安排举债的时间、偿债的时间和债务金额，使各种长、短期债务相配合，各种长、短期债务的偿还时间分布合理，企业就能及时偿付各种到期债务，维护企业信誉。否则，如果债务结构不合理，各种债务偿还期相对集中，就可能产生偿付困难，造成现金周转紧张的局面，影响到企业的形象，还会增加企业今后进行负债筹资的难度。

（4）负债结构与财务风险。企业的财务风险源于企业采用的负债经营方式。不同类型的负债，其风险是不同的，在安排企业负债结构时，必须考虑到这种风险。任何企业，只要采取负债经营方式，就不可能完全回避风险，但通过合理安排负债结构降低风险是完全可以做到的。一般来说，短期负债的风险要高于长期负债风险，这是因为：①企业使用长期负债筹资，在既定的负债期内，因利率不会发生变动，其利息费用是固定的。如果在相同期限内使用短期负债来衔接，一方面会产生难以保证及时取得资金的风险；另一方面可能因利率调整而使利息费用发生变动，尤其是在通货膨胀条件下，可能因当前的短期借款利率超过以往的长期借款利率而使企业利息费用增加。②长期负债的偿还期较长，使企业有充裕的时间为偿还债务积累资金，虽有风险，但相对较小。如果企业以多期的短期负债相衔接来满足长期资金的需要，可能因频繁的债务周转而发生一时无法偿还的情况，从而陷入财务困境，甚至导致企业破产。

（5）负债结构与经济环境。企业生产经营所处的经济环境也是影响企业负债结构的因素之一，其中，资本市场的资金供求情况尤为重要。当国家紧缩银根时，企业取得短期借款就可能比较困难，其长期债务的比重就会高些；反之，企业较容易取得贷款时，其流动负债的比重就会大些。在这种情况下，经济环境对企业负债结构的影响是主要方面，当然企业自身的努力也会发挥相当的作用。

（6）负债结构与筹资政策。企业负债结构的安排和变动受到许多主、客观因素的影响和制约，可以说企业筹资政策完全是一个纯粹的主观因素。企业根据自身的经营实际和资产配置情况所制定的筹资政策，直接决定企业的负债结构。从这个意义上说，负债结构分析也是筹资政策分析。

2. 典型负债结构分析评价

负债的不同分类方式，可以形成不同的负债结构，因此，对负债结构的分析，可以从以下几个方面来进行。

（1）负债期限结构分析评价。负债按偿还期限长短可分为流动负债和长期负债，负债的期限结构可以用流动负债比率和长期负债比率来表示。根据表 6-4，整理编制负债期限结构分析表，如表 6-23 所示。

表 6-23　　　　　　　　　　　　　　　　　负债期限结构分析表

项目	金额（万元）		结构（%）		
	2×16 年	2×15 年	2×16 年	2×15 年	差异
流动负债	32 892 183	25 983 358	88.00	87.59	0.41
长期负债	4 484 407	3 682 985	12.00	12.41	-0.41
负债合计	37 376 590	29 666 343	100	100	0

负债期限结构更能说明企业的负债筹资政策。从表 6-23 可以看出，ABC 股份公司 2×16 年流动负债所占负债总额的比重高达 88%，比上年提高了 0.41%，表明该公司在使用负债资金时，以短期资金为主，在这两年之间变动不大。由于流动负债对企业资产流动性要求较高，因此，该公司所奉行的负债筹资政策虽然会增加公司的偿债压力，承担较大的财务风险，但同时也会降低公司的负债成本。

（2）负债方式结构分析评价。负债按其取得方式的不同可以分为银行信用、商业信用、应交款项、内部结算款项、外部结算款项、债券、应付股利和其他负债等。根据表 6-4，将负债按取得来源和方式汇总整理后，编制负债方式结构分析表，如表 6-24 所示。

表 6-24　　　　　　　　　　　　　　　　　负债方式结构分析表

项目	金额（万元）		结构（%）		
	2×16 年	2×15 年	2×16 年	2×15 年	差异
银行信用	6 959 866	7 224 312	18.62	24.35	-5.73
应付债券	739 839	0	1.98	0	1.98
商业信用	7 874 236	4 983 813	21.07	16.8	4.27
应交款项	525 093	524 940	1.40	1.77	-0.36
内部结算款项	245 167	217 775	0.66	0.73	-0.08
外部结算款项	15 551 807	13 102 398	41.61	44.17	-2.56
其他负债	5 480 582	3 613 105	14.66	12.18	2.48
负债合计	37 376 590	29 666 343	100	100	0

表 6-24 说明，银行信用、外部结算款项和商业信用成为 ABC 股份公司最主要的负债渠道。其中，银行借款包括短期借款和长期借款，2×16 年这部分借款占负债总额的比重有所减少。公司的外部结算款项体现为对客户的预收账款，这部分金额占负债总额的比重较上年虽有所下降，但比重仍然很大，高达 41.61%。这与公司所处行业有关，能采用期房的方式获得客户的预先付款。另外，2×16 年的商业信用较上年也有所增加，也就是应付票据和应付账款占负债总额的比重上升，可见公司对供应商的资金占用能力有所增强。考虑到银行借款需要按期支付利息，而对客户的预收账款则毫无成本，所以负债方式结构的这种变化还将对该公司的负债成本产生有利影响。

【随堂小测验 6-3】

1. 【单选】下列各项中，不属于短期借款具体变动原因的有（　　　）。
   - A．流动资产资金需要
   - B．节约利息支出
   - C．调整企业负债结构和财务风险
   - D．增加企业资金弹性
2. 【多选】下列各项中，属于影响负债结构分析因素的有（　　）。
   - A．债务偿还期限　　B．财务风险　　　C．债务成本
   - D．负债规模　　　E．企业流动资产与非流动资产的比例
3. 【判断】风险结构的主要标志是流动资产的资金需要全部由短期资金来满足。（　　）
4. 【判断】负债结构变动一定会引起负债规模发生变动。（　　）

第四节　特殊项目分析

按目前会计准则规定，资产负债表仅反映了企业按历史成本原则核算的现实资产和负债，一个企业所承担的或有负债并不反映在资产负债表上，而这种可能成为企业现实负债的事项及对企业财务状况可能产生的影响，也是分析评价时要特别关注的。因此，应该注意分析评价表外业务的影响。结合本教材案例对象 ABC 股份公司的特点，做如下分析。

一、品牌

1．物业

2×16 年 ABC 股份公司 30% 的老项目业主按根据市场情况调整过的服务费价格成功续聘合同，ABC 股份公司的物业服务水平继续领跑同行业。2×16 年 6 月，ABC 股份公司旗下的××物业荣获由中国指数研究院和中国房地产 TOP10 研究组主办的"2×16 中国物业服务百强企业"评比第一名，这是××物业连续第七年获得该项荣誉。2×16 年 9 月，××物业荣获由中国物业管理协会主办的"中国物业管理综合实力百强企业"评比第一名，此乃连续第四届蝉联桂冠。

2．人力

根据全球著名人力资源管理咨询公司怡安翰威特发布的 2×16 年最佳雇主研究结果，ABC 股份公司获得 2×16 年最佳雇主，在雇主品牌、人才选拔、人才培养上的努力再次获得社会认可。

3．公司治理

ABC 股份公司在公司治理上的努力也获得社会认可。在 2×16 CCTV 中国上市公司峰会上，ABC 股份公司荣获"央视财经 50 指数·十佳治理公司"称号，并入选"2×16 年度央视财经 50 治理领先指数样本公司"。ABC 股份公司还入选《财富》（中文版）2×16 年"最受赞赏的中国公司全明星榜"，并在行业明星榜"房地产开发"类中位列第一位。此外，公司还入选"福布斯 2×16 亚太地区最佳上市公司"。

4. 投资者关系

2×16 年 ABC 股份公司获得福布斯杂志评出的"2×16 亚太地区最佳上市公司 50 强",中国上市公司市值管理研究中心发布的 2×16 年资本品牌价值百强,公司董秘获得《新财富》杂志评选的第九届金牌董秘,《中国证券报》评选的金牛最佳董秘,《董事会》评出的第九届"金圆桌奖"奖——最具创新能力董秘,《理财周报》评选的 2×16 中国上市公司最佳董事会秘书。

二、人力资源

房地产行业内人才竞争日益激烈,尽管 ABC 股份公司具有丰富的人才储备,但能否持续吸纳和保有更多的优秀人才,仍然是决定公司未来是否能保持竞争优势的关键因素。为此,ABC 股份公司制定和实施了有利于企业可持续发展的人力资源政策,建立轮岗、交流机制,培养专业人员全面的知识和技能,将职业道德和专业能力作为选拔和聘用员工的重要标准,切实加强员工培训和继续教育,不断提升员工素质。同时,为了配合对商业、海外等新业务探索的需要,公司还将大力引入相关业务端口的专业人才,为新业务的发展提供人员支持。

截至 2×16 年 12 月 31 日,ABC 股份公司共有在册员工 35 330 人,较上年增长 13.9%,平均年龄为 31.3 岁。其中房地产开发系统共有员工 6 959 人,较上年增长 14.5%,平均年龄 31.9 岁,平均司龄 3.6 年。ABC 股份公司房地产开发系统员工专业构成和学历构成情况,如表 6-25 和图 6-6 所示。

表 6-25　　　　　　　　　ABC 股份有限公司房地产开发系统员工专业构成表

员工专业构成	人数（人）	占的比重（%）	较上年增长（%）
市场营销和销售人员	982	14.1	-2.7
专业技术人员	4 151	59.3	17.0
其中：工程人员	2 441	35.0	
设计人员	836	12.0	
成本管理人员	356	5.1	
项目发展人员	518	7.4	
管理类员工	1 826	26.1	19.8

注：管理类员工包括财务、审计、IT、法律、人力资源、客户关系、信息分析等员工及公司高级管理人员。

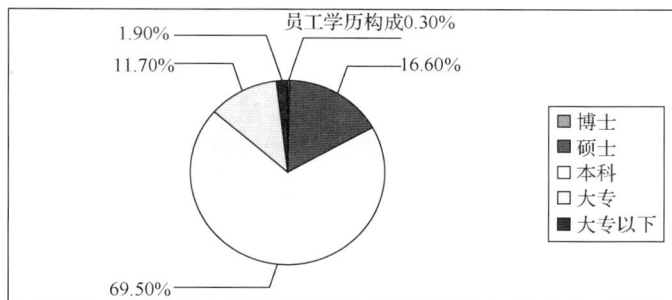

图 6-6　ABC 股份公司房地产开发系统员工学历构成图

三、或有事项

1. 未决诉讼仲裁形成的或有负债及其财务影响

截至 2×16 年 12 月 31 日,ABC 股份公司是某些法律诉讼中的被告,也是在日常业务中出现的其他诉讼中的原告。尽管现时无法确定这些或有事项、法律诉讼或其他诉讼的结果,但集团管理层相信任何因此引致的负债不会对本集团的财务状况或经营业绩造成重大的负面影响。

2. 为其他单位提供债务担保形成的或有负债及其财务影响

（1）财务承诺

ABC 股份公司的地产子公司按房地产经营惯例为商品房承购人提供抵押贷款担保。担保类型分为阶段性担保和全程担保。阶段性担保的担保期限自保证合同生效之日起，至商品房承购人所购住房的《房地产证》办出及抵押登记手续办妥后并交银行执管之日止；全程担保的担保期限从担保书生效之日起至借款合同届满之日后两年止。截至 2×16 年年末，ABC 股份公司承担阶段性担保额及全程担保额分别为人民币 408.6 亿元及人民币 0.89 亿元。ABC 股份公司各年的债务担保情况，如表 6-26 所示。

表 6-26　　　　　　　　　　ABC 股份公司各年债务担保发生情况表　　　　　　　　　　单位：亿元

项目	2×16 年	2×15 年	2×14 年	2×13 年	2×12 年
阶段性担保	408.6	292.69	254.09	201.84	212.72
全程担保	0.89	0.91	1.45	1.15	8.11
担保总额	409.49	293.6	255.54	202.99	220.83

此外，2×16 年报告期内，公司及公司控股子公司新增担保（含反担保）人民币 131.88 亿元，解除担保人民币 100.02 亿元。截至 2×16 年报告期末，公司担保余额人民币 143.20 亿元，占 2×16 年公司归属上市公司股东权益的比重为 18.62%。公司及控股子公司为其他控股子公司提供担保余额人民币 141.74 亿元，公司及控股子公司对联营公司及合营公司提供担保余额为人民币 1.46 亿元。

（2）约定资本支出

ABC 股份公司在 2×16 年较 2×15 年已签订的正在履行或准备履行的建安合同金额显著增加，相反，已签订的正在履行或准备履行的土地合同金额却显著减少，这说明企业在 2×16 年及以后年度倾向于建安业务。在 2×16 年 12 月 31 日，ABC 股份有限公司的资本承担，如表 6-27 所示。

表 6-27　　　　　　　　　　ABC 股份有限公司资本承担表　　　　　　　　　　单位：亿元

	2×16 年	2×15 年
已签订的正在或准备履行的建安合同	765.75	457.34
已签订的正在或准备履行的土地合同	104.41	209.92
合计	870.16	667.26

截至 2×16 年 12 月 31 日，ABC 股份公司的约定资本支出必须在合同他方履行合同规定的责任与义务同时，在若干年内支付。

（3）租赁承诺

根据不可撤销的有关固定资产的经营租赁协议，ABC 股份公司最低租赁付款额在 2×16 年达到 23 844 万元，较 2×15 年有较大增长，究其原因，主要是资产负债表日后 1、2、3 年的最低租赁付款额显著增加，而以后年度的最低租赁付款额却显著降低。ABC 股份公司在 2×16 年 12 月 31 日以后应支付的最低租赁付款额如表 6-28 所示。

表 6-28　　　　　　　　　　最低租赁付款额表　　　　　　　　　　单位：万元

项目	2×16 年 12 月 31 日	2×15 年 12 月 31 日
不可撤销经营租赁的最低租赁付款额		
资产负债表日后第 1 年	6 215	4 584
资产负债表日后第 2 年	8 514	3 949
资产负债表日后第 3 年	6 375	3 324
以后年度	2 740	4 109
合计	23 844	15 966

经营租赁租入资产的租金费用在租赁期内按直线法确认为相关资产成本或费用。

此外，虽然 ABC 股份公司承认使用衍生金融工具，但是在 2×16 年，在 ABC 股份公司披露的年报中并没有衍生金融资产的相关数据。

【随堂小测验 6-4】

1. 【单选】下列各项中，不属于企业为其他单位提供债务担保而形成或有负债的是（　　　）。

    A．财务承诺　　　　　B．其他应收款　　　　C．约定资本支出　　D．租赁承诺

2. 【多选】下列各项中，属于特殊项目分析内容的有（　　　）。

    A．商誉　　　　　　　B．品牌　　　　　　　C．人力资源

    D．或有事项　　　　　E．其他债权

3. 【判断】资产负债表分析只需要对报表本身所反映的业务进行分析。　　　　　　　　（　　　）

拓展阅读

基于风险视角的企业资产负债表分析研究

思考与练习

1. 简述资产负债表分析的目的。

2. 如何对资产负债表的变动情况进行分析？

3. 如何进行资产负债表结构分析？

4. 应收款项质量分析应从哪些方面进行？

5. 存货质量分析应从哪些方面进行？

6. 固定资产质量分析应侧重哪几个方面？

7. 企业的负债结构分析应该考虑哪些因素？

8. 资产负债表特殊项目分析主要体现在哪些方面？

9. 财务风险分析应关注的重点是什么？

10. 货币资金质量分析应从哪些方面进行？

案例分析

电科院的潘多拉魔盒 虚增固定资产业绩大幅下降

电科院（300215.SZ）是一家第三方综合电器检测机构，主要从事输配电电器、核电电器等各

类高低压电器的技术检测服务。2014年，电科院实现营业收入4.22亿元，其中高压电器检测业务、低压电器检测业务收入分别为2.51亿元、1.31亿元，占比分别为59.48%、31.04%。电科院属于重资产行业，资产负债表中固定资产和在建工程占比最大。对此，有业内人士向《证券市场周刊》记者爆料称，电科院一些设备原值明显高于市场价，存在虚增固定资产之嫌。而且，电科院上市之后资产规模大幅膨胀，但业绩却并未延续上市前夕的高增长神话，相反近年来连续大幅下降。此外，公司在建工程涉嫌延迟转固，存在少计提折旧虚增利润的嫌疑。

（一）固定资产之谜

电科院资产科目体现为重资产特点。招股说明书显示，公司2010年末固定资产、在建工程、工程物资账面价值分别为2.9亿元、3.28亿元、1.35亿元，合计7.53亿元，占总资产的比例高达87.86%。电科院招股说明书第214页披露了"主要固定资产取得方式、原值及净值"，据统计，公司通过自建取得的机器设备原值合计1.49亿元，占固定资产原值的比例高达51.38%。值得注意的是，电科院通过自建取得上述机器设备的时间点几乎全部发生于2010年2月、2010年10月，而在此之前，公司均是通过外购方式取得机器设备。

电科院2011年4月正式登陆创业板，为何公司在上市前夕取得机器设备的方式，全部由过去的外购改为自建呢？背后究竟有什么样的原因呢？"电科院是不具备自制设备能力的。"有不愿透露姓名的业内人士向《证券市场周刊》记者透露。"通过自建方式增加机器设备，不排除有虚增固定资产原值的可能。"上述业内人士分析称，例如机器设备市场价格为500万元，但通过外购加自建的模式可以变为1 000万元，而电科院本身是不具备自制设备能力的。

依据招股说明书，电科院当时所有的机器设备中，有1个断路器、2个SF6断路器，账面原值分别为607.57万元、110.26万元。招股书声称，这两个机器设备均是通过自建取得。上述业内人士称，一般断路器的价格也就是几十万元，SF6断路器的市场价格在20万元左右，不清楚电科院的采购价为何会比市场价高出来这么多。《证券市场周刊》记者致电电科院证券部，希望其能够做出解释，不过截至发稿仍未收到公司方面的回复。

电科院2011年上市之后，固定资产继续大幅膨胀。截至2015年9月30日，公司的固定资产、在建工程、工程物资账面价值分别为14.91亿元、10.8亿元、2.76亿元，合计高达28.47亿元，相比上市前夕的2010年大幅增加278.09%，占总资产的比例高达80.7%。

（二）IPO前夕业绩暴涨

电科院固定资产迷雾背后，《证券市场周刊》记者注意到，公司业绩在2011年4月上市前夕出现了爆发式增长。依据招股说明书，电科院2010年收入1.78亿元，同比增长73.37%；净利润6097.15万元，同比增长70%。而公司2009年的收入、净利润分别同比仅增长11.78%、22.82%。对于2010年业绩大幅增长，电科院解释称，主要是因为2010年高压电器检测业务出现爆发式增长，随着2010年35kV高压检测试验系统及220kV高压试验系统陆续投入运营，发行人具备了从事220kV及以下等级高压电器主要检测项目的能力，高压检测收入金额及占公司检测收入比例迅速提高。

招股说明书显示，2008—2010年，高压电器检测业务收入分别为148.17万元、444.63万元、6 712.78万元，占营业收入的比例分别为1.61%、4.32%、37.62%。电科院35kV高压检测试验系统及220kV高压试验系统，均于2010年投入运营。依据招股说明书第214页披露的"主要固定资产取得方式、原值及净值"，电科院2010年新增固定资产原值1.6亿元，其中2010年2月、2010年10—12月新增的固定资产原值分别为4 164.81万元、11 847.35万元。

这也就意味着，电科院为上述高压实验项目所投入的设备大部分是于2010年10月之后才达到预定使用状态的。上述业内人士分析称，如果电科院高压检测业务中的大部分收入发生在10月之后，那么高达6 712.78万元的收入对应的试验时间是不够的，3个月无法完成检测；如果上述收入发生在10月之前，那么电科院就存在未及时将在建工程转入固定资产，有少计提折旧虚增利润的嫌疑。

电科院招股说明书还披露，公司当时固定资产中仅有1个仪器仪表（三相谐波与闪烁测试仪）。上述业内人士对此质疑称，电科院仅有1个仪器仪表，能满足高达2亿元的检测需求吗？此外，值得注意的是，电科院原授权资质仅限于中低压检测，那么其又是何时取得高压授权资质的呢？对于这一关键性信息，电科院招股说明书没有做任何的披露。《证券市场周刊》记者注意到，电科院2011年4月IPO之后，并未延续上市前夕的高增长神话，相反业绩增速大幅放缓。财报显示，电科院2010年扣非净利润同比增速高达89.14%，而2011年大幅放缓至41.61%。

如前所述，电科院上市之后固定资产和在建工程大幅膨胀。但蹊跷的是，公司业绩却从2014年开始出现大幅下滑。依据财报，公司2014年、2015年前三个季度的净利润分别同比下降54.64%、88.60%。对此，电科院在2015年半年报中解释称，受到复杂国际国内经济环境、行业内竞争逐步加剧等因素的影响，公司市场拓展的力度不够，在国内外复杂的经济形势下及市场化的竞争中尚不能满足公司规模的扩大以及能力的提高，且前期市场拓展的成效也尚未集中显现。

（三）在建工程为何迟迟不转固

电科院所处检测行业属性要求企业先期建设大量的实验室，项目竣工后将有大量固定资产转固，折旧费用往往是经营中最大的一笔成本。财报显示，2011—2014年，电科院折旧费用由2 932.90万元激升至1.06亿元，2015年上半年折旧费用达6 026.15万元，较2014年同期进一步增长21.56%，增加金额为1 068.71万元。电科院2015年半年报中披露的"重要在建工程变动情况"显示，公司"新厂房基建工程二期"项目期末账面余额为1.78亿元，工程累计投入占预算比例、工程进度均分别为104.31%。

2015年半年报在介绍"非募集资金重大项目情况"时，电科院也表示该项目的工程进度已经达到100%。从上述公开权威资料可以看出，电科院的"新厂房基建工程二期"项目已经完工。电科院会计政策规定，在建工程在达到预定可使用状态时，按实际发生的全部支出转入固定资产核算。既然该项目已经完工，为何上市公司仍将其挂在"在建工程"科目下，而不转入固定资产呢？截至发稿，《证券市场周刊》记者仍未收到公司方面的回复。

众所周知，在建工程延迟转固可以减少折旧成本，同时利息继续资本化可以减少财务费用，从而达到虚增利润的目的。财报显示，截至2015年上半年，上述项目利息资本化的累计金额为4 103.01万元，当期利息资本化金额414.51万元。按照10年折旧年限计算，电科院上述项目每推迟1个月转固，就少计提折旧148.33万元；每推迟1年，则少计提折旧1 780万元。值得注意的是，电科院2015年前三个季度净利润仅有683.33万元。因此，电科院是否及时计提，对公司净利润的影响是非常大的。而在此背景下，《证券市场周刊》记者注意到，电科院在2015年7月27日晚间发布增发预案，拟非公开发行不超过1亿股，募集资金不超过7.5亿元，其中3.8亿元用于直流试验系统技术改造项目，3.7亿元用于偿还银行借款。为了寻找新的利润增长点，电科院2013年相继完成了对苏州国环环境检测有限公司（以下简称"苏国环检测公司"）、成都三方电气有限公司（以下简称"三方公司"）及华信技术检验有限公司（以下简称"华信公司"）的股权收购。不过，这三家公司的经营数据并不乐观。财报显示，2015年上半年苏国环检测公司、三方公司分别实现净利润79.79万元、141.05万元，而华信公司则亏损37.31万元。电科院在2015年半年报中也坦承，公司已充分意识到潜在的商誉减值风险，从收购源头开始控制风险，最大限度地降低可能的商誉减值风险。

财报显示，截至2015年9月30日，电科院账面商誉有3 274.48万元。

结合以上内容，请思考：上市公司是怎样利用固定资产以及在建工程之间的关系进行财务造假的？为了应对上市公司的这种财务造假行为，报表使用者可以使用哪些财务报表分析工具及方法进行分析和防范？如何对固定资产的具体项目进行分析？如何进行财务报表的资产质量分析？报表使用者应当如何结合表外因素以及财务报表信息，对企业的财务状况进行分析？

第七章 利润表分析

【学习目标】
- 熟悉利润表分析的目的
- 掌握利润表水平分析、垂直分析方法、思路并进行分析
- 掌握企业收入确认与计量分析、收入构成分析以及收入质量分析内容
- 掌握成本费用分析内容
- 熟悉资产减值损失分析、投资收益分析以及分部报告分析
- 掌握企业盈利的成长性、波动性以及持续性分析
- 熟悉利润表特殊项目分析内容

【关键词】 利润额增减变动分析 营业利润 利润总额 净利润 利润构成变动分析 利润质量分析 收入构成分析 分部报告分析 销售费用分析 资产减值损失分析 投资收益分析 营业外收支分析

【引导案例】

万福生科财务造假案例

万福生科，全称是万福生科股份有限公司，公司在2009年10月7日正式成立，注册资本5 000万元。2011年9月27日，万福生科正式在创业板上市，发行地点是深圳证券交易所，股票代码为"300268"。万福生科在国内稻米精深加工行业也属于尖端企业，也是南方最大型的稻米精深加工循环型企业。万福生科有着一套良好的产品研发、生产和销售体系。公司的生产模式是采用循环经济生产模式，这种模式具有非常高的效率并且可以综合循环利用生产原料。生产原料是以稻谷和碎米为主，经过多重技术的处理和深加工，最终得到产成品。这些产品以大米淀粉糖和蛋白为核心，在诸多领域中都有应用，拥有者良好的市场前景。万福生科2008—2012年资产负债表中的重要事项如表7-1所示。

表7-1　　　　　　　2008—2012年万福生科资产负债表重要事项节选　　　　　　　单位：万元

报告日期	2008-12-31	2009-12-31	2010-12-31	2011-06-30	2011-12-31	2012-06-30
预付款项	3 182	1 564	2 173	2 845	11 938	14 570
其他应收款	37	54	58	216	346	1 287
在建工程	1 716	148	4 743	8 080	8 675	17 998
应付账款	148	218	477	901	384	763
预收账款	1 196	354	136	1 097	867	2 286
应交税费	584	309	165	466	-20	532

数据来源：万福生科招股说明书以及2011年到2012年年报。

先来看看预付款项的变动，从2008年到2011年，同期相比，数额变化不大。在上市之后，预付款项激增，从2 845万元增加到11 938万元。与2011年12月31日相比，到2012年6月30日，预付款项增加了2 632万元，其他应收款从346增加到1 287万元，增加了941万元，在建工程由8 675万元增加到17 998万元，增加了一倍有余，为9 323万元，应付账款增加了379万元，预收账款增加了1 419万元，而应交税费直接由负转正，从-20万元增加到532万元。

表7-2 　　　　　　　　　　　2008—2012 年利润表重要事项节选 　　　　　　　单位：万元

报告日期	2008-12-31	2009-12-31	2010-12-31	2011-06-30	2011-12-31	2012-06-30
营业总收入	22 824	32 765	43 359	23 221	55 324	26 991
营业总成本	19 559	28 565	37 946	20 110	49 319	24 434
营业利润	3 265	4 200	5 343	3 018	5 911	2 555
利润总额	3 320	4 400	6 118	3 421	6 676	2 874
净利润	2 566	3 956	5 555	3 118	6 027	2 655

数据来源：万福生科招股说明书及 2011—2012 年度报告。

如表 7-2 所示，万福生科 2012 年 6 月 30 日营业总收入与 2011 年 6 月 30 日同期相比，由 23 221 万元增长为 26 991 万元，营业总成本上升了 4 324 万元。营业利润下降了 463 万元，利润总额与净利润也分别降低了 547 万元与 463 万元。

2011 年 9 月 27 日，万福生科在深圳证券交易所上市，并且募集了近 3.95 亿元资金。在 2012 年 8 月 23 日，万福生科公布了 2012 年半年度报告。恰恰就是这 2012 年的半年度报告揭开了万福生科财务造假案件序幕。

证监局首次发现万福生科财务造假就是在这份半年报中。在证监局对万福生科公司进行常规检查时候，预付账款过高引起了他们的怀疑，对比 2012 年年初时，预付账款又增加了 2 633 万元，增至 14 570 万元。相反，在建工程增加了 932 万元，但是在现金流量表中，公司所支付出的有关无形资产、固定资产等现金流出仅仅为 5 883 万元，3 440 万元的差额本应使预付账款减少。经过调查，证监局在公司发现了 9 套账目，2012 年 9 月 14 日，证监局下发了《立案稽查通知》，消息一经传出，引起了投资者极大恐慌。

在受到深交所公开谴责之后，于 2013 年 3 月 2 日万福生科发布《关于重大事项披露及股票复牌的公告》。承认了公司在上市前 3 年的年报中都存在财务造假的事实，在三年的时间里，公司累计虚增收入 7.4 亿元，虚增营业利润 1.8 亿元，虚增净利润 1.6 亿元。万福生科 2012 年中报财务数据虚增情况如表 7-3 所示。

表7-3 　　　　　　　万福生科 2012 年中报财务数据虚增情况 　　　　　　　　单位：万元

项目	调整前金额	调整金额	调整后金额
收入	26 976.02	18 759.08	8 216.94
营业利润	2 554.86	3 991.39	-1 436.53
净利润	2 655.32	4 023.16	-1 367.84

数据来源：万福生科 2012 年半年报。据万福生科招股说明书及 2012 年年报显示，2008 年度公司净利润是 2 566 万元，2009 年度为 3 956 万元，2010 年为 5 555 万元，2011 年为 6 027 万元。4 年间，总共虚构了 1.6 亿元的利润，实际净利润仅为 2 000 余万元。

通过以上内容，可以发现：企业提供的利润表有时候并不能真实反映企业的经营成果。那么，应当如何对企业利润表中的收入、成本、营业利润、利润总额、净利润等项目进行系统分析？如何从企业提供的利润表中发现问题和异常，从而判断企业的盈利质量？企业的对外投资会对利润产生怎样的影响？利润表分析通常使用哪些方法？通过对本章的学习，相信这些问题都会有答案。

第一节　利润表一般分析

一、利润表分析的目的

利润，通常是指企业在一定会计期间收入减去费用后的净额以及直接计入当期损益的利得和损失等，也称财务成果或经营成果。在商品经济条件下，企业追求的根本目标是企业价值最大化或股东权益最大化。然而，无论是企业价值最大化，还是股东权益最大化，其实现基础都是企业利润，利润已成为现代企业经营与发展的直接目标。企业的各项工作，归根结底最终都与利润相关。

研究利润表分析的意义或作用，首先要搞清利润本身的意义与作用。利润的意义与作用主要表现在以下几个方面。

第一，利润是企业和社会积累与扩大再生产的重要源泉。企业实现的利润，从分配渠道看，一是分给企业所有者；二是留在企业内部。然而，无论利润分配到何处，其用途主要有两个，即积累和消费。从根本上说，没有积累，就没有扩大再生产，或者说没有利润就没有扩大再生产。用企业的留存收益直接进行扩大再生产是如此，采用筹资方式扩大再生产也是如此，因为企业对筹资的本金或利息及股息的偿还和支付也离不开利润。

第二，利润是反映企业经营业绩的最重要指标，也是反映企业经营成果的最综合的指标。它受企业生产经营各环节、各因素的影响。供、产、销各环节，人、财、物各因素等的变动无不影响着利润的增减变动。企业各环节和各因素的状况好，利润就高，反之，某一环节或因素出现问题，就会影响利润的增长。因此，利润对于评价企业经营者的经营业绩是至关重要的。

第三，利润是企业投资与经营决策的重要依据。在现代企业制度下，政企职责分开，所有权与经营权分离，企业的经营自主权扩大。决策问题是企业经营管理中的核心问题，也是企业外部各投资者、债权人尤为关心的问题。然而，无论何种经济决策，都离不开利润这一重要的依据或标准。不考虑其他因素，凡有利于利润增长的方案，或只有使利润增长的方案才是经济上可行的方案。

明确利润本身的作用，为研究利润表分析或利润分析的作用奠定了基础。进行利润分析正是使利润发挥上述作用的手段或途径。利润分析的作用主要表现在以下3个方面。

第一，利润分析可正确评价企业各方面的经营业绩。由于利润受各环节和各方面因素的影响，因此，通过对不同环节的利润分析，可准确揭示各环节的业绩。例如，报表分析者通过对产品销售利润分析，不仅可说明产品销售利润受哪些因素影响以及影响程度，而且还可以进一步明确这些因素是主观影响还是客观影响，是有利影响还是不利影响等，这对于准确评价各部门和各环节的经营业绩是十分必要的。

第二，利润分析可及时、准确地发现企业经营管理中存在的问题。进行分析不仅能通过相关数字或指标看到已取得的成绩，而且还能发现存在的问题，因此，通过对利润的分析，可以发现企业在各环节存在的问题或不足，为进一步改进企业经营管理工作指明方向。这有利于促进企业全面改善经营管理，使利润不断增长。

第三，利润分析可为投资者、债权者的投资与信贷决策提供正确信息，这是财务报表分析十分重要的作用。前面谈到，由于企业产权关系及管理体制的变动，越来越多的人开始关心企业，尤其在经济利益上关心企业的利润。企业经营者是这样，投资者、债权者也是如此，他们通过对企业利润的分析，揭示出企业的经营潜力及发展前景，从而做出正确的投资与信贷决策。另外，利润分析对于国家宏观管理者研究企业对国家的贡献也有重要意义。

二、利润表水平分析

利润表水平分析，主要是指对利润表主表中各项利润额的增减变动情况进行分析。利润额增减变动分析采用水平分析法，编制利润水平分析表，用增减变动额和增减变动百分比两种方式表示，主要的分析目的在于认清净利润增减变动的原因。根据表4-2的资料编制ABC股份公司2×16年度利润水平分析表，如表7-4所示。

表 7-4　　　　　　　　　　ABC 股份公司 2×16 年度利润水平分析表　　　　　　　　单位：万元

项目	2×16 年	2×15 年	变动额	变动率（%）
一、营业收入	13 541 879	10 311 625	3 230 254	31.33
二、营业总成本	11 216 207	8 302 317	2 913 890	35.10
其中：营业成本	9 279 765	6 542 160	2 737 605	41.85
税金及附加	1 154 500	1 091 630	62 870	5.76
销售费用	386 471	305 638	80 833	26.45
管理费用	300 284	278 031	22 253	8.00
财务费用	89 172	76 476	12 696	16.60
资产减值损失	6 015	8 382	-2 367	-28.24
加：公允价值变动收益（损失以"-"填列）	-57	-872	815	93.46
投资收益（损失以"-"填列）	100 519	92 868	7 651	8.24
其中：对联营企业和合营企业的投资收益	99 940	88 979	10 961	12.32
三、营业利润	2 426 134	2 101 304	324 830	15.46
加：营业外收入	11 897	14 465	-2 568	-17.75
减：营业外支出	8 930	8 750	180	2.06
其中：非流动资产处置损失	682	607	75	12.36
四、利润总额	2 429 101	2 107 019	322 082	15.29
减：所得税费用	599 346	540 760	58 586	10.83
五、净利润	1 829 755	1 566 259	263 496	16.82
归属于母公司所有者的净利润	1 511 855	1 255 118	256 737	20.46
少数股东损益	317 900	311 141	6 759	2.17
六、每股收益（元／股）				
（一）基本每股收益	1.37	1.14	0.23	20.18
（二）稀释每股收益	1.37	1.14	0.23	20.18
七、其他综合收益	4 859	-13 216	18 075	136.77
八、综合收益总额	1 834 614	1 553 043	281 571	18.13
归属于母公司所有者的综合收益总额	1 516 714	1 241 902	274 812	22.13
归属于少数股东的综合收益总额	317 900	311 141	6 759	2.17

　　企业的利润取决于收入和费用、直接计入当期利润的利得和损失金额的计量。从总体看，ABC 股份公司 2×16 年利润比上年有较大增长，营业利润、利润总额和净利润都有较大幅度的增加。利润额增减变动分析应抓住以下几个关键利润指标，分析其变动原因。

　　（1）净利润或税后利润分析。净利润是指企业所有者最终取得的财务成果，或可供企业所有者分配或使用的财务成果。本例中 ABC 股份公司 2×16 年实现净利润 1 829 755 万元 比 2×15 年增加 263 496 万元，增长率为 16.82%，与 2×15 年的增长率 35.03% 相比有所下降。其中，归属于母公司股东的净利润比 2×15 年增加 256 737 万元，增长率为 20.46%；少数股东损益比 2×15 年增加 6 759 万元，增长率为 2.17%。从水平分析表看，公司 2×16 年净利润增长的主要原因是利润总额比 2×15 年增加 322 082 万元，而 2×16 年所得税费用比 2×15 年增加 58 586 万元，是利润增长的不利因素，二者相抵，导致净利润的增长率下降。

（2）利润总额分析。利润总额是反映企业全部财务成果的指标，它不仅反映企业的营业利润变化，而且反映企业的营业外收支情况。本例中，公司 2×16 年利润总额增加 322 082 万元，主要原因是营业利润比 2×15 年增长了 324 830 万元，增长率为 15.46%。然而，营业外收入的减少导致利润总额减少 2 568 万元；同时，公司营业外支出的增加使利润总额减少 180 万元，营业外收入的减少额和营业外支出的增加额，两者最终都对利润总额增长产生了不利影响。可见，在利润总额分析阶段，营业利润是影响利润总额的关键因素。

（3）营业利润分析。营业利润是企业计算利润的第一步，通常也是一定时期内企业盈利最主要、最稳定的关键来源，是指企业营业收入与营业成本、税金及附加、期间费用、资产减值损失、公允价值变动收益（损失）之间的差额。它既包括企业在销售商品、提供劳务等日常活动中所产生的营业毛利，又包括企业公允价值变动净收益和对外投资的净收益，它反映了企业自身生产经营业务的财务成果。本例中，ABC 股份公司 2×16 年实现营业利润 2 426 134 万元，比 2×15 年增长了 324 830 万元，增长率为 15.46%，增长幅度较大。营业利润增加主要是营业收入和投资收益增加所致。2×16 年公司营业收入达 13 541 879 万元，比 2×15 年增加 3 230 254 万元，增长率为 31.33%。根据该公司的年报，报告期内，公司坚持主流市场定位，积极促进销售，推盘节奏契合市场景气变化，取得良好的销售业绩。投资收益增加，导致营业利润增加 7 651 万元；资产减值损失的减少，是导致营业利润增加的有利因素，2×16 年公司资产减值损失减少 2 367 万元，下降了 28.24%；同时，公允价值变动损益的增加导致营业利润增加 815 万元。但由于营业成本增加，减利 2 737 605 万元；所得税费用增加，减利 58 586 万元；税金及附加比 2×15 年增加 62 870 万元，销售费用比 2×15 年增加 30 833 万元，管理费用比 2×15 年增加 22 253 万元，财务费用比 2×15 年增加 12 696 万元，都是导致营业利润下降的不利因素，增减因素相抵，最终导致营业利润增加了 324 830 万元，增长 15.46%。因此，应根据利润表附注提供的资料进一步对影响利润的各项因素进行具体分析。

除上述利润表三个关键指标以外，ABC 股份公司在 2×16 年的基本每股收益和稀释每股收益相比 2×15 年也有较大幅度增长，基本每股收益和稀释每股收益均比 2×15 年增加了 0.23 元，增长率均为 20.18%。企业净利润加上其他综合收益等于综合收益总额，"其他综合收益"项目，反映根据企业会计准则规定未在损益中确认的各项利得和损失扣除所得税影响后的净额。ABC 股份公司 2×16 年不仅净利润有较好表现，其他综合收益也比 2×15 年增加了 18 075 万元，增长率为 136.77%。两者共同作用导致综合收益总额比 2×15 年增加了 281 571 万元，增长率为 18.13%，其中归属于母公司所有者的综合收益比 2×15 年增加了 274 812 万元，增长率为 22.13%；归属于少数股东的综合收益比 2×15 年增加了 6 759 万元，增长率为 2.17%。

三、利润表垂直分析

利润垂直分析主要是对利润结构进行分析，可编制利润垂直分析表或者利润垂直对比分析表，即根据利润表中的资料，通过计算各因素或各种经营成果在营业收入中所占的比重，分析说明经营成果的结构及其增减变动的合理程度。根据表 4-2 的利润表资料，可编制 ABC 股份公司利润垂直分析表以及与 XYZ 地产公司 2×16 年经营成果对比分析表，如表 7-5 所示。

表 7-5　　　　　　　　ABC 股份公司利润垂直对比分析表（%）

项目	2×15 年	2×16 年	2×16 年 XYZ 地产公司
一、营业收入	100	100	100
二、营业总成本	80.51	82.83	83.36
其中：营业成本	63.44	68.53	67.84

项目	2×15 年	2×16 年	2×16 年 XYZ 地产公司
税金及附加	10.59	8.53	10.31
销售费用	2.96	2.85	2.37
管理费用	2.70	2.22	1.71
财务费用	0.74	0.66	1.07
资产减值损失	0.08	0.04	0.06
加：公允价值变动收益（损失以"-"号填列）	0.01	—	—
投资收益	0.90	0.75	0.69
其中：对联营企业和合营企业的投资收益	0.86	0.75	0.68
三、营业利润	20.38	17.92	17.33
加：营业外收入	0.14	0.09	0.20
减：营业外支出	0.08	0.07	0.09
其中：非流动资产处置损失	0.01	0.01	0.000 2
四、利润总额	20.44	17.94	17.44
减：所得税费用	5.23	4.43	4.59
五、净利润	15.19	13.51	12.85

从表 7-5 可以看出 ABC 股份公司 2×16 年度各项经营成果的构成情况。其中，营业利润占营业收入的比重为 17.92%，比 2×15 年度的 20.38% 下降了 2.46%；2×16 年度利润总额的构成为 17.94%，比 2×15 年度的 20.44% 下降了 2.50%；2×16 年度净利润的构成为 13.51%，比 2×15 年的 15.19% 下降了 1.68%。可见，从利润的构成情况上看，ABC 股份公司盈利能力比 2×15 年度略有下降。ABC 股份公司各项经营成果结构变化的原因，从营业利润结构看，主要是营业成本上升，说明营业成本上升是营业利润降低的主要原因，营业利润降低的原因还包括公允价值变动损益和投资收益的减少。营业外收入的减少加重了利润总额构成比例的降低。另外，虽然税金及附加、销售费用、管理费用、财务费用和资产减值损失的下降，对营业利润、利润总额和净利润结构都带来一定的有利影响，但是这些影响的总和也没有营业成本增加带来的不利影响大。

对利润结构变动分析，还可以针对综合收益总额进行垂直分析，分别考察净利润、其他综合收益构成的比重及变动情况，归属于母公司所有者的综合收益以及归属于少数股东的综合收益构成的比重及变动情况，进一步分析综合收益总额的构成及变动情况。

在 2×16 年度利润表垂直对比分析中，与 ABC 股份公司相比，XYZ 地产公司无论是营业利润、利润总额还是净利润所占的比重都略低一些，这主要是 XYZ 地产公司营业总成本略高、所得税费用略高所致。其中，XYZ 地产公司税金及附加比重为 10.31%，比 ABC 股份公司高出 1.78%，财务费用和资产减值损失也均比 ABC 股份公司略微高一些，其他营业总成本中的项目与 ABC 股份公司相比稍显优势，XYZ 地产公司投资收益项目占营业收入的比重比 ABC 股份公司投资收益项目占营业收入的比重高出 0.06%。在营业外收入和营业外支出方面，XYZ 地产公司营业外收入和营业外支出所占比重均高于 ABC 股份公司相应项目所占的比重。这些因素综合作用使 XYZ 地产公司利润总额占营业收入之比低于 ABC 股份公司 0.5%。XYZ 地产公司的所得税费用占营业收入的比重为 4.59%，比 ABC 股份公司所得税费用所占的比重高 0.16%，这更拉大了两个公司净利润的差距。最终 ABC 股份公司净利润占营业收入比重为 13.51%，而 XYZ 地产公司净利润占营业收入比重则为 12.85%。

【随堂小测验 7-1】

1．【单选】下列各项中，属于现代企业经营与发展直接目标的是（　　）。

　　A．收入　　　　　　B．利润　　　　　　C．股东权益　　　　　D．资产总额

2．【多选】下列各项中，属于影响企业利润的有（　　）。

　　A．收入　　　　　　B．费用　　　　　　C．直接计入当期利润的利得

　　D．直接计入当期利润的损失　　　　　E．其他综合收益

3．【多选】下列各项中，属于利润分析作用的有（　　）。

　　A．正确评价企业各方面的经营业绩

　　B．企业投资与经营决策的重要依据

　　C．及时、准确地发现企业经营管理中存在的问题

　　D．为投资者、债权者的投资与信贷决策提供正确信息

　　E．辅助企业为下一会计期间的经营制定预算

4．【判断】利润额增减变动分析应抓住净利润、利润总额以及营业利润这些关键利润指标，分析其变动原因。（　　）

第二节　利润质量分析

利润质量是指企业利润的形成过程以及利润结果的合规性、真实性、效益性及公允性。高质量的企业利润，应当表现为资产运转状况良好，企业所开展的业务具有较好的市场发展前景，企业有良好的购买能力、偿债能力、交纳税金和支付股利的能力以及较强的获取现金的能力。高质量的企业利润能够为企业未来的发展奠定良好的资产基础。反之，低质量的企业利润，则表现为资产运转不畅，企业支付能力、偿债能力减弱，甚至影响企业的生存能力。利润表质量分析主要是根据利润表附注所提供的详细信息，进一步分析说明企业利润表中重要项目的增减变动或结构变动情况，深入揭示利润形成的主观原因与客观原因，具体包括企业收入分析、成本费用分析、资产减值损失分析、投资收益分析、营业外收支分析、分部报告分析等。

一、企业收入分析

（一）企业收入确认与计量分析

1. 企业收入确认分析

我国《企业会计准则——基本准则》对收入的定义是：收入是指企业在日常活动中形成的、会导致所有者权益增加的、与所有者投入资本无关的经济利益的总流入。其中"日常活动"是指企业为完成其经营目标所从事的经常性活动以及与之相关的活动。收入具体包括销售商品收入、提供劳务收入和让渡资产使用权收入。比如，工业企业制造并销售产品、商品流通企业销售商品、保险公司签发保单、咨询公司提供咨询服务、软件企业为客户开发软件、安装公司提供安装服务、商业银行对外贷款、租赁公司出租资产等，均属于企业为完成其经营目标所从事的经常性活动，由此产生的经济利益的总流入构成收入。工业企业转让无形资产使用权、出售不需用原材料等，属于与经常性活动相关的活动，由此产生的经济利益的总流入也构成收入。企业代第三方收取的款项，应当作为负债处理，不应当确认为收入。

企业收入的确认在明确收入内涵的基础上，应着重进行以下几方面分析：

（1）收入确认时间合法性分析，即分析本期收入与前期收入或后期收入之间的界限是否清晰。

（2）在特殊情况下，企业收入确认的分析，如商品需要安装或检验时收入的确认、买主有退货权时的收入的确认、建造合同收入的确认等，其收入的确认与一般性收入确认不同。

（3）收入确认方法合理性的分析，如对采用完工百分比法的条件与估计方法是否合理等的分析。

2．企业收入确认原则

（1）销售商品。当商品所有权上的主要风险和报酬转移给购货方，且企业不再对该商品实施或保留继续管理权和实际有效控制权，相关的收入已经收到或取得了收款凭证，并且与销售该商品相关的已发生或将发生的成本能够可靠地计量时，确认销售收入的实现。

（2）提供劳务。企业在资产负债表日提供劳务交易的结果能够可靠估计时，应按完工百分比法确认劳务收入的实现；当交易的结果不能可靠估计时，应正确预计已经发生的劳务成本能否得到补偿，预计能够得到补偿的，应按预计能够收回的金额确认劳务收入，并将已经发生的成本计入当期损益。预计已经发生的劳务成本全部不能得到补偿的，应将已发生的劳务成本计入当期损益，不确认劳务收入。

（3）让渡资产使用权。企业因让渡资产使用权而发生的利息收入、使用费收入、对外出租资产收取的租金、进行债权投资收取的利息和进行股权投资取得的现金股利收入按有关合同或协议规定的收费时间和方法确认，并须同时满足相关的经济利益很可能流入企业及收入的金额能够可靠计量这两个条件时才予以确认收入。

3．企业收入计量分析

企业收入计量分析主要是指营业收入计量分析。此处企业的营业收入是指全部营业收入减去销售退回、折扣与折让后的余额。因此，营业收入计量分析，关键在于确认销售退回、折扣与折让的计量是否准确。根据会计准则规定，销售退回与折让的计量比较简单，而销售折扣问题相对较复杂，应作为分析重点。分析时应根据商业折扣与现金折扣的特点，分别分析折扣的合理性与准确性以及对企业收入的影响。

无论是收入确认分析，还是收入计量分析，关键在于明确分析的目的是确认收入的正确性，而其正确与否的关键在于分析时选择的会计政策、会计方法的准确性与合理性。

（二）企业收入构成分析

企业收入分析不仅要研究其总量，而且应分析其结构及其变动情况，以了解企业的经营方向和会计政策选择。收入构成分析可主要从主营业务收入与其他业务收入、现销收入与赊销收入的结构进行。

1．主营业务收入与其他业务收入分析

企业收入包括主营业务收入和其他业务收入。通过对主营业务收入与其他业务收入的构成情况分析，可以了解与判断企业的经营方针、方向及营业收入的主要来源，进而可分析预测企业的持续发展能力。如果一个企业的主营业务收入结构较低或不断下降，其发展潜力和前景显然是值得怀疑的。ABC 股份公司 2×15 年、2×16 年年度收入构成分析如表 7-6 所示。

表 7-6　　　　　　　ABC 股份公司 2×15 年、2×16 年年度收入构成分析表　　　　　　单位：万元

项目	2×16 年		2×15 年	
	金额	比重（%）	金额	比重（%）
主营业务收入	13 425 889.45	99.14	10 243 903.98	99.34
其他业务收入	115 989.66	0.86	67 720.53	0.66
营业收入	13 541 879.11	100	10 311 624.51	100

由表7-6可知，ABC股份公司营业收入总额2×16年较2×15年有所增加，主要原因在于主营业务收入增加。在这两年公司营业收入中，超过99%的部分均来自主营业务收入，只有不到1%的部分来源于其他业务收入，说明ABC股份公司主业突出，收入来源稳定，主营业务收入和营业收入均处于增长态势，经营战略和经营方式没有较大改变，企业营业收入具有一定的发展潜力。

2．现销收入与赊销收入分析

企业收入中的现销收入与赊销收入的构成受企业的产品适销程度、企业竞争战略、会计政策选择等多个因素影响。通过对二者结构及其变动情况分析，可了解与掌握企业产品销售情况及其战略选择，分析判断其合理性。当然，在市场经济条件下，赊销作为商业秘密并不要求企业披露其赊销收入情况，所以，这种分析方法更适用于企业内部分析。

（三）营业收入质量分析

1．上市公司操纵收入确认的手法

稳定增长的营业收入是上市公司经营良好的象征，也是股价攀升的有力依托，许多上市公司在粉饰财务报表时，几乎都进行收入操纵，以此获得投资者的青睐。常见的收入操纵手段主要包括以下几个方面。

（1）寅吃卯粮，透支未来收入。提前确认收入是把本应该属于以后年度确认的收入通过各种手段提前予以确认。它操纵的只是收入确认的时间，而没有改变收入总量。这一收入操纵手法固然可以在短期内使销售收入大幅提升，但其实质是透支未来会计期间的收入，很容易产生两个负效应：以牺牲销售毛利为代价，不顾上市公司的持续发展。

【案例7-1】

迪马股份提前确认收入被查

2015年7月30日，迪马股份（600565，SH）自曝公司2014年因相关收入提前确认而被中国证监会重庆证监局查实。据了解，在重庆证监局抽查迪马股份2014年销售合同、入伙通知书寄送情况、业主接房情况等资料过程中，发现其2014年度存在因未按合同约定寄送入伙通知、未完全转移与房屋相关的后续处置权、未完成审批流程等原因提前确认收入的问题，相关房屋共计74套，对应金额约1.68亿元。

此外，重庆证监局还查实了迪马股份对关联方及关联交易披露不完整的问题，主要是重庆河东控股集团（以下简称河东控股）、成都潮丰联钢铁贸易有限公司（以下简称"潮丰联钢贸"）之前曾是迪马股份的历史关联方。

由于相关事件的披露，迪马股份调减2014年营收1.68亿元，变为当期新增的预收账款；调减营业成本7 332万元，变为当期的新增存货；调减净利润及归属母公司净利润约5 419万元，基本每股收益减少0.03元。

（2）以丰补歉，储备当期收入。这一操纵手法与寅吃卯粮的手法完全相反。这种手法往往以稳健主义为幌子，通过递延收入或指使被收购企业在收购日之前推迟确认收入等手法，将本应在当期确认的收入推迟至以后期间确认，并将当期储备的收入在经营陷入困境的年份予以释放，以达到以丰补歉，平滑收入和利润的目的。

【案例7-2】

微软公司——利用递延收入平滑收益的高手

软件巨头微软公司是美国家喻户晓的绩优股，2005年年末，其股票市值高达2 363亿美元，仅次于埃克森美孚公司和通用电气公司，连续多年在股票市值排行榜上位居第二或第三。证券市场之所以对微软公司厚爱有加，除了因为其软件以质量和品牌享誉于世外，还因为其对外报告的销售收入稳步增长，几乎不受宏观经济周期波动的影响，例如，在1999—2003会计年度（7月1日至次年的6月30日），微软公司的销售收入分别是197亿美元、230亿美元、253亿美元、284亿美元和322亿美元。美国的信息技术行业从1999年底开始步入漫漫的衰退期，对软件的需求日益萎缩。面对如此险恶的经营环境，微软公司为何能够逆市而上呢？

根据微软公司1995—2003年度财务报告（www.microsoft.com）显示，在1999会计年度之前，递延收入和经济活动现金净流量的增长幅度普遍明显高于销售收入的增长幅度，但这一趋势在2000会计年度发生扭转，表明微软公司从2000年度开始将以前年度计提的递延收入释放出来，转作当期的销售收入。可见，微软公司之所以在1999年下半年信息技术陷入萧条时销售收入依然保持稳定增长，在一定程度上得益于该公司在1999年度之前计提的递延收入。不仅如此，为了应对行业不景气的影响，加之SOP97-2开始生效（1997年10月，美国会计师协会（AICPA）就颁布了SOP97-2"软件收入确认"），微软公司在1999年末改变了递延收入的确认政策，将Windows桌面操纵系统的递延收入比例由20%～35%降至15%～25%，将桌面应用软件的递延收入比例从20%降至10%～20%，以达到加速收入确认，维持持续增长趋势的目的。

（3）鱼目混珠，伪装收入性质。投资收益、补贴收入和营业外收入等收益项目虽然也与主营业务收入一样能够增加上市公司的利润，但由于这些项目属于非经营性收益，且难以预测。在评价上市公司的经营业绩时，一般将它们剔除。尽管这种收入操纵手法并不会改变收入与利润总额，但它却歪曲了收入与利润结构，夸大了企业创造经营收入和经营性现金流量的能力，特别容易误导投资者对上市公司盈利质量和现金流量的判断。

【案例7-3】

上市公司成理财市场超级买家　投资收益直逼净利润

2016年，越来越多上市公司通过购买银行对公理财产品实现套期保值或降低贷款利差，以应对未来不时之需。上市公司成为理财市场上名副其实的"超级买家"。

据统计（以实际购买日期为准，剔除现金处置进展公告等往期交易），从2016年9月1日至10月19日，沪深两市共有167家上市公司斥资400.05亿元人民币购买了344项各类信托及理财产品。其中，单笔金额最高的为中国动力（600482.SH）于9月13日购买的中信理财人民币结构性理财产品，金额达到了50亿元；预期收益最高的是中原内配（002448.SZ）购买的恒天财富投资基金，该信托的预期收益为6.9%。另据统计，从2016年初至10月18日，沪深两市上市公司累计购买理财产品次数2 703次，购买理财产品累计动用资金2 481.35亿元。

对于上市公司使用闲置自有或募集资金购买理财产品，持批判态度者认为，这些企业将原本应该运用于主业或进行产业升级改造的资源投放资本市场，是"不务正业"，也是管理层将价值创造这一任务推诿给银行金融业的"偷懒"表现。支持者则认为，企业将闲置资源利用起来，或提高了资本回报率，或实现了流动资金的保、增值。闲置资金通过理财产品这一渠道进入资金需求方，发挥了市场的调节作用，实现了最优配置。

不论动机如何，这一市场规模的持续扩大是毋庸置疑的事实。通过近年来的现金管理及各项投资，上市公司从资本市场获利颇丰，补足了主营业务增长乏力的短板。同期投资收益甚至直逼扣除非经营性损益后的净利润。以天海投资为例，2015年，该公司理财产品投资收益高达2.32亿元，而同期扣除非经常性损益后的净利润也只有2.48亿元。兖州煤业在2015年创造了8.31亿元的净利润，同时又从投资中获得了6.09亿元的收益。两相对照，可以看出，上市公司很难抑制投身资本市场的冲动。对于上公司购买理财产品而产生大量理财产品投资收益的现象，投资者应当认真分析，上市公司是"不务正业"还是优化配置资源。

（4）张冠李戴，歪曲分部收入。为了降低系统性的经营风险，很多上市公司实施了多元化战略。

为了便于投资者识别风险，同时也为了便于他们进行跨行业的比率分析，许多国家的准则制定机构均要求上市公司在编制合并报表的基础上，以报表附注的形式，提供分部报告。一些上市公司为了掩盖某些经营分部经营收入的下降趋势，不惜诉诸张冠李戴的操纵伎俩，将其他分部的收入挪借给收入不足的经营分部。

（5）瞒天过海，虚构经营收入。虚构收入是指通过虚构交易事实，据以确认收入，这是操纵利润最直接、效果最明显的舞弊行为。这种舞弊手法从虚构原材料购进到产品生产、发货、运输等。企业根据这些虚构的原始凭证和单据，严格按照会计准则制度的要求制作记账凭证，登记账簿，编制会计报表，发布会计信息。有些公司通过与有交易的客户虚构销售业务，使其收入远远大于真实的收入，等到次年再做退货处理或对开增值税专用发票，这样既不增加税负，又提高了收入；有些公司利用关联方交易虚构收入，通过母子公司之间的转移定价操纵收入或互开发票等。

【案例 7-4】

雅百特利润"注水"超七成　虚增营收 5.8 亿元

雅百特（002323）2015年借壳中联电气，实现重组上市，其主营业务之一是金属屋面围护系统，服务对象包括机场、高铁站房、大型会展综合体、大型场馆等。

该公司2015年年报显示，此年度雅百特对第一大客户的销售收入超过2亿元，占年度销售总额的21.8%。然而，经过监管部门的深入调查，这个第一大客户居然是雅百特"制造"出来的。"第一大客户"其实是一个名叫木尔坦的海外项目。该项目是巴基斯坦木尔坦市的城市快速公交专线项目，业主方为木尔坦发展署。但是，巴基斯坦证监会和中铁一局提供给调查人员的资料显示，除中铁一局外，没有其他中国公司参与该工程的建设，雅百特未参与木尔坦项目建设。

调查显示，山东雅百特2015年利用其控制的公司，通过部分销售客户银行账户，构建资金循环，伪造"真实"的资金流，伪造虚假的交易合同、出入库凭证，并支付一定资金通道费，虚构国内建材贸易。2015年，雅百特以这种方式虚增销售收入超过2.6亿元，相应虚增利润6 856万元，占当期利润总额的21.57%。

雅百特还在2015年以虚构建材出口的方式虚增收入近2 000万元。调查人员统计，2015年至2016年9月，雅百特共虚增营业收入超过5.8亿元，虚增利润超过2 56亿元。令人大跌眼镜的是，雅百特2015年虚增收入逾4.8亿元，虚增利润逾2.3亿元，虚增利润居然占当年利润总额的73.08%！该上市公司正是通过虚构交易以及关联方交易等方式，虚增利润，其"注水"利润比例高达七成。

收入操纵的预警信号

2. 营业收入构成分析

一般来说，主营业务收入应是企业最稳定的收入来源，应该在营业收入中所占的比重最大。如果一个企业，其主营业务收入逐年下降，而营业收入在上升，那么，一种分析的结论是该企业可能在经营战略和经营方式上正在进行转型和调整；另一种考虑就是企业可能正处在衰退阶段，同时其营业收入上升的持久性可能不强。

3. 营业收入实现方式分析

营业收入的实现方式分析主要关注以下几个方面。

（1）与关联方交易。此部分应分析与关联方交易实现的收入占营业收入的比例、交易价格、交易实现时间以及交易量等，注意是否有利润修饰现象。

（2）政府对收入实现所起的作用。这主要是指地方政府保护主义对企业业务收入实现的贡献。行政手段对企业收入实现起的作用越大，该企业未来的发展前景就越不确定。

（3）市场化运作对收入实现所起的作用。市场运作越不规范，企业营业收入的发展前景就越不确定。

二、成本费用分析

成本费用是指营业成本、销售费用、管理费用及财务费用的统称。从对各项经营成果的分析可以看出，成本费用对经营成果有着十分重要的影响，降低成本费用是增加经营成果的关键或重要途径。因此，进行经营成果分析，应在揭示经营成果完成情况的基础上，进一步对影响经营成果的基本要素——成本费用进行分析，以找出影响成本费用升降的原因，为降低成本费用、促进经营成果的增长指明方向。

对营业成本的质量分析应主要关注以下几个方面：成本计算是否真实；存货计价方法的选择是否适当、稳健；折旧是否正常计提；营业成本水平的下降是否为暂时性因素所致；关联方交易和地方政府保护主义对企业"低成本"的贡献等。

与经营成果直接相关的期间费用有销售费用、管理费用和财务费用等。

对销售费用和管理费用的质量分析应主要关注以下几个方面：企业销售费用和管理费用的控制是否有短期行为，如一味降低广告费；折旧和其他摊销费用是否做正常处理；研发费用的处理是否符合会计制度，有无利用研发费用的处理进行利润操纵；费用与收入的比例变动关系是否合理等。

对财务费用的质量分析应主要关注以下几个方面：贷款规模，过少的负债可能会限制企业的发展，过多的负债意味着较高的财务风险；负债种类，如企业是否过分依懒自然负债（因商业信用产生的各种应付账款和应交税金等）；利息的处理方式，如有无利用利息资本化的方式进行利润修饰等。另外，还应关注贷款利率，由于市场利率下降而引起的财务费用下降并不能说明企业的管理水平提高。

对各项费用进行分析可采用水平分析法和垂直分析法。运用水平分析法可将各费用项目的实际数与上期数或预算数进行对比，以揭示各项费用的完成情况及产生差异的原因。运用垂直分析法则可揭示各项费用的构成变动，说明费用构成变动的特点。

下面通过对 ABC 股份公司销售费用的分析，说明对企业费用进行分析的方法。根据 ABC 股份公司 2×16 年度和 2×15 年度销售费用资料，运用水平分析法分析销售费用的完成情况，如表 7-7 所示。

表 7-7　　　　　　　　　ABC 股份公司 2×16 年度销售费用完成情况分析表　　　　　　　　单位：万元

项目	2×16 年	2×15 年	增减额	增减率（%）
品牌宣传推广费用	156 148	115 636	40 512	35.04
销售代理费用及佣金	95 990	71 424	24 566	34.39
其他	134 333	118 578	15 755	13.29
合计	386 471	305 638	80 833	26.45

从表 7-7 可以看出，ABC 股份公司销售费用 2×16 年比 2×15 年增加了 80 833 万元，增长率为 26.45%。销售费用变动的主要原因：一是品牌宣传推广费用有较大增长，增加了 40 512 万元，比 2×15 年增长了 35.04%，约占 2×16 年销售费用总增加额的 50%，说明 ABC 股份公司极为重视品牌的建设与维护；二是销售代理费用及佣金，增加了 24 566 万元，比 2×15 年增长了 34.39%；三是其他销售费用增加了 15 755 万元，比 2×15 年增长了 13.29%，这三者的共同作用使销售费用大幅上升。

为了深入了解销售费用变动情况及其合理性，分析者还应进一步从结构方面及百元销售收入销售费用方面进行分析。分析数据和分析方法，如表 7-8 所示。

表7-8　　　　　　　　　　ABC股份公司2×16年度销售费用结构分析表

项目	产品销售费用构成（%）			百元销售收入销售费用（元）		
	2×16年	2×15年	差异	2×16年	2×15年	差异
品牌宣传推广费用	40.40	38.00	2.40	1.15	1.12	0.03
销售代理费用及佣金	24.84	23.00	1.84	0.71	0.69	0.02
其他	34.76	39.00	-4.24	0.99	1.15	-0.16
合计	100.00	100.00	0	2.85	2.96	-0.11

从表7-8可以看出，2×16年ABC股份公司产品销售费用结构中，品牌宣传推广费用的比重最大，超过40%。另外，其他销售费用项目也占较大比重，占34.76%。从动态角度上看，2×16年品牌宣传推广费用比重上升较快，较2×15年增长了2.40%；销售代理费用及佣金比重也增长了1.84%；而其他销售费用则有所下降，下降了4.24%。从百元销售收入的销售费用看，2×16年比2×15年降低了0.11元，各项与去年相比变化不大。降低幅度最大的是其他销售费用，百元销售收入其他降低了0.16元；而百元销售收入的品牌宣传推广费用却有所增加，增加了0.03元；百元销售收入的销售代理费用及佣金基本增加0.02元。至于各项销售费用增减变动的具体原因，应结合实际进一步分析。

对管理费用、财务费用进行分析可采用相同的分析方法。

【案例7-5】

海正药业研发费用资本化激进路径惹争议

财报显示，海正药业2015年实现营业收入87.67亿元，同比下降13.17%，实现净利润1 356.67万元，同比下降95.59%。但该公司2015年年末开发支出账面余额为3.34亿元，较期初大幅增加452%。《中国经营报》记者注意到，海正药业在回复上交所对此的问询时表示，开发阶段的起点为项目可以进入临床试验或者进入申报期（已有国家药品标准的原料药和制剂）。这意味着，该公司的仿制药研发没有拿到临床批件就开始费用资本化了。不过，多家上市药企董秘在接受本报记者采访时都认为，一般情况下仿制药研发费用是拿到临床批件才可以资本化的，在申报期就开始资本化在会计处理上明显是不严谨的。

三、资产减值损失分析

利润表中资产减值损失项目的构成以及其金额增减变动情况，通常在财务报表附注中，以编制资产减值准备明细表的形式加以说明，具体包括坏账准备、存货跌价准备、可供出售金融资产减值准备、持有至到期投资减值准备、长期股权投资减值准备、固定资产减值准备、在建工程减值准备、工程物资减值准备、无形资产减值准备、商誉减值准备等。

根据ABC股份公司会计报表附注中有关资产减值损失的资料，可编制资产减值损失分析表，如表7-9所示。

表7-9　　　　　　　　　　ABC股份公司公司资产减值损失分析表　　　　　　　　　　单位：万元

项目	2×16年	2×15年	增减额
坏账损失	6 720	8 382	-1 662
存货跌价损失/（转回）	-705	0	-705
合计	6 015	8 382	-2 367

从表7-9可以看出，ABC股份公司2×16年度资产减值损失减少，主要是2×16年度公司资产

减值损失各项目都有所减少所致。其中，坏账损失 2×16 年 6 720 万元与 2×15 年 8 382 元相比，减少 1 662 万元；同时，存货跌价损失（转回）较上年减少 705 万元，两者综合作用，导致资产减值损失共减少 2 367 万元。

国际会计准则和我国新会计准则均对资产减值的处理做出了相关规定。无论是资产减值损失的确认还是计量，均依赖于管理当局的估计和判断，因此存在相当大的操纵空间。这使得计提资产减值准备成为某些别有用心者进行"洗大澡"和"储藏甜品罐"的最佳工具。因此，资产减值损失是财务报表分析中的危险"雷区"。

【案例 7-6】

七匹狼大额计提减值准备　净利润下滑

七匹狼（002029）2016 年 10 月 24 日晚间发布关于 2016 年 1—9 月计提资产减值准备的公告。

公告称，根据相关规定的要求，且为了更加真实、准确地反映公司截至 2016 年 9 月 30 日的资产状况和财务状况，公司及下属子公司于 2016 年第三季度末对存货、应收款项、固定资产等资产进行了全面清查。经过公司及下属子公司对 2016 年第三季度末存在可能发生减值迹象的资产（范围包括存货、固定资产及应收款项等）进行全面清查和资产减值测试后，拟计提 2016 年 1—9 月各项资产减值准备 17 201.19 万元。

对于本次计提资产减值准备对公司的影响，公告称，本次计提各项资产减值准备合计 17 201.19 万元，考虑所得税及少数股东损益影响后，该公司将减少 2016 年 1—9 月归属于母公司所有者的净利润 14 754.22 万元，相应减少 2016 年 1—9 月归属于母公司所有者权益 14 754.22 万元。

七匹狼 24 日晚间还发布了 2016 年第三季度报告。根据季报，今年前三季度公司共实现归属于上市公司股东的净利润 1.69 亿元，同比下降 7.16%。减值准备对企业的净利润可能产生较大影响，报表使用者应当对减值准备予以足够的重视，谨防上市公司利用减值准备进行盈余管理或者报表粉饰。

四、投资收益分析

利润表中的投资收益，是指企业在一定的会计期间对外投资所取得的回报。投资收益包括对外投资所分得的股利和收到的债券利息、投资到期收回或到期前转让所得款项高于账面价值的差额，以及按权益法核算的股权投资在被投资单位增加的净资产中所拥有的份额等。投资也可能遭受损失，投资收益减去投资损失则为投资净收益。利润表中反映的就是投资净收益，是企业营业利润的重要组成部分。

根据 ABC 股份公司会计报表附注中有关投资收益的资料，可编制投资净收益分析表，如表 7-10 所示。

表 7-10　　　　　　　　　　　　ABC 股份公司公司投资净收益分析表　　　　　　　　　　　　单位：万元

项目	2×16 年	2×15 年	增减额
成本法核算的长期股权投资收益	141	2 719	-2 578
权益法核算的长期股权投资收益	99 940	88 979	10 961
处置长期股权投资产生的投资收益	464	3 318	-2 854
处置金融资产取得的投资收益	-154	-1 620	1 466
其他	128	-528	656
合计	100 519	92 868	7 651

从表 7-10 可以看出，ABC 股份公司投资净收益 2×16 年比 2×15 年大幅度增加，其主要是由按权益法核算的长期股权投资获得的投资收益大幅增加所引起的。2×16 年按权益法核算的长期股权投资收益 99 940 万元与 2×15 年 88 979 万元相比，增加 10 961 万元；同时，处置金融资产取得的投资收益较 2×15 年增加 1 466 万元；此外，还有其他投资收益增加 656 万元，这三项是导致投资净收益增加的有利因素。相反，ABC 股份公司 2×16 年按成本法核算的长期股权投资收益 141 万元，与 2×15 年的 2 719 万元相比，减少 2 578 万元；同时，处置长期股权投资产生的投资收益也较 2×15 年减少 2 854 万元。各项目综合作用的结果，最终导致 ABC 股份公司 2×16 年投资净收益增加 7 651 万元。

分析投资收益的质量时，应关注投资收益是否有对应的现金流入。按成本法核算的投资收益会形成现金流入或短期债权；按权益法核算的投资收益有部分可能会形成长期股权投资，不能马上变为现金流量，这部分利得仍"存放"在被投资企业中。

三、营业外收支分析

营业外收支是指企业发生的与日常活动无直接关系的各项利得或损失，如处置非流动资产形成的利得或损失、非货币性资产交换形成的利得或损失、债务重组形成的利得或损失、罚没利得或损失、政府补助等。根据 ABC 股份公司的会计附表资料，进一步对营业外收支进行分析。

（一）营业外收入分析

从对利润表主表的分析可以看出，ABC 股份公司 2×16 年营业外收入变动较大，从会计报表附注中可以找到营业外收入变动的相关资料，据此编制营业外收入变动分析表，如表 7-11 所示。

表 7-11　　　　　　　　　ABC 股份公司营业外收入变动分析表　　　　　　　　　单位：万元

项目	2×16 年	2×15 年	增减额
非流动资产处置利得合计	235	140	95
其中：固定资产处置利得	235	140	95
罚款收入	3 614	2 982	632
没收订金及违约金收入	2 456	3 833	−1 377
其他	5 592	7 510	−1 918
合计	11 897	14 465	−2 568

从表 7-11 可以看出，ABC 股份公司 2×16 年营业外收入较 2×15 年减少，主要是由没收订金及违约金收入和其他营业外收入减少所引起的，其中没收订金及违约金收入减少 1 377 万元，其他营业外收入减少 1 918 万元。同时，固定资产处置利得增加 95 万元和罚款收入增加 632 万元是使营业外收入增加的有利因素。各项目的综合作用，最终导致营业外收入共减少 2 568 万元。

（二）营业外支出分析

从对利润表主表的分析可以看出，ABC 股份公司 2×16 年营业外支出变动较小，从会计报表附注中可以找到营业外支出变动的相关资料，据此编制营业外支出变动分析表，如表 7-12 所示。

创业盈利模式分析

表7-12	ABC股份公司营业外支出变动分析表		单位：万元
项目	2×16年	2×15年	增减额
非流动资产处置损失合计	682	607	75
其中：固定资产处置损失	682	607	75
对外捐赠	1 009	4 891	-3 882
其他	7 239	3 252	3 987
合计	8 930	8 750	180

从表7-12可以看出，与2×15年相比，ABC股份公司2×16年度营业外支出的增加，主要是其他营业外支出和固定资产处置损失增加引起的。其中，其他营业外支出增加3 987万元，固定资产处置损失增加75万元。同时，对外捐赠减少3 882万元是营业外支出减少的有利因素。以上因素综合作用，导致营业外支出共增加180万元。

六、分部报告分析

报告分部是指符合经营分部定义，按规定应予披露的经营分部。报告分部的确定应当以经营分部为基础，而经营分部的划分通常是以不同的风险和报酬为基础，而不论其是否重要。存在多种产品经营或者跨多个地区经营的企业可能会拥有大量规模较小、不是很重要的经营分部，而单独披露数量如此之多而规模较小的经营分部信息不仅会给财务报表使用者带来困惑，而且给财务报表编制者也会带来不必要的披露成本。因此，报告分部的确定应当考虑重要性原则。通常情况下，符合重要性标准的经营分部才能确定为报告分部。

根据ABC股份公司2×16年年报，目前，ABC股份公司根据内部组织结构、管理要求及内部报告制度确定了房地产和物业管理两大报告分部。其中，房地产分部又分为北京区域、广深区域、上海区域和中西部区域四个分部。每个报告分部为单独的业务分部，提供不同的产品和劳务，这是由于每个分部需要不同的技术及市场策略而需要进行单独的管理。ABC集团管理层将会定期审阅不同分部的财务信息以决定向其配置的资源和进行业绩评价。

（一）报告分部增减变动分析

报告分部增减变动分析，可运用水平分析法。选取ABC股份公司房地产和物业管理两个报告分部作为分析对象，编制报告分部水平分析表，如表7-13所示。

表7-13		ABC股份公司2×16年度报告分部水平分析表								单位：亿元
业务	房地产				物业管理				2×16年		
	2×16年	2×15年	变动额	变动率（%）	2×16年	2×15年	变动额	变动率（%）	房地产	物业管理	差额
分部收入	1 335.81	1 022.88	312.93	30.59	24.60	17.78	6.82	38.36	1 335.81	24.60	1 311.21
其中：外部销售收入	1 334.52	1 019.01	315.51	30.96	14.97	9.75	5.22	53.54	1 334.52	14.97	1 319.55
分部间销售收入	1.29	3.87	-2.58	-66.67	9.63	8.03	1.60	19.93	1.29	9.63	-8.34
分部费用	1 101.02	809.64	291.38	35.99	21.92	16.27	5.65	34.73	1 101.02	21.92	1 079.09
分部利润	234.79	213.24	21.55	10.11	2.67	1.50	1.17	78	234.79	2.67	232.12
分部资产	5 152.64	4 044.47	1 108.18	27.40	42.29	29.05	13.24	45.58	5 152.64	42.29	5 110.35

根据表7-13进行以下分析评价。

（1）房地产分部2×16年度分部利润为234.79亿元，比2×15年度增加21.55亿元，增长幅度为 10.11%。从水平分析表看，分部利润增长主要是由于分部收入增加所引起的，外部销售收入增加为主要原因。由于房地产分部 2×16 年度分部收入为 1 335.81 亿元，较 2×15 年增加 312.93 亿元，增长幅度为 30.59%；而 2×16 年分部费用的增加是影响分部利润的不利因素，2×16 年房地产分部费用为 1 101.02 亿元，较 2×15 年增加 291.38 亿元，增长幅度为 35.99%，二者相抵，最终使得 2×16 年度分部利润增加了 21.55 亿元。从分部资产规模来看，房地产分部 2×16 年度比 2×15 年度均有所增加，分部资产增加 1 108.18 亿元，增长幅度为 27.40%，经营规模有所扩大。

（2）物业管理分部 2×16 年度分部利润为 2.67 亿元，比 2×15 年度增加 1.17 亿元，增长幅度为 78%。从水平分析表看，分部利润增长的原因主要在于分部收入的增长，同时，分部费用增长是影响分部利润的不利因素。2×16 年度分部费用为 21.92 亿元，比 2×15 年度增加了 5.65 亿元，增长幅度为 34.73%，增长幅度小于分部收入，这是 2×16 年度分部利润增长的主要原因。从分部资产的规模来看，物业管理分部 2×16 年度的分部资产较 2×15 年度增加了 13.24 亿元，2×16 年度此业务规模有所扩大。

（3）ABC 股份公司房地产分部 2×16 年度分部利润为 234.79 亿元，比物业管理分部高出 232.12 亿元，且公司主要分部收入及分部利润均来源于房地产分部。从分部资产来看，ABC 股份公司房地产分部的资产比物业管理分部多出 5 110.35 亿元，可见 ABC 股份公司房地产分部的经营规模较大，其创造收入的能力也较强。但是，房地产分部费用比物业管理分部高 1 079.09 亿元，这是因为房地产分部的资产折旧、摊销、资本性支出等费用随着资产规模的扩大而升高。另外，分部资产规模与分部收入规模相匹配。至于各分部资产的盈利能力和资产的利用效果如何，还有待进一步分析。

（二）报告分部结构变动分析

报告分部结构变动情况，可运用垂直分析法进行分析。

1. 业务分部垂直分析

选取 ABC 股份公司房地产分部和物业管理分部两个报告分部作为分析对象。编制报告分部垂直分析表，如表 7-14 所示。

表 7-14　　　　　　　　　　　ABC 股份公司报告分部垂直分析表（%）

业务	项目	2×16 年	2×15 年
房地产	分部收入	100	100
	其中：外部销售收入	99.90	99.62
	分部间销售收入	0.10	0.38
	分部费用	82.42	79.15
	分部利润	17.58	20.85
	分部资产	100	100
物业管理	分部收入	100	100
	其中：外部销售收入	60.84	54.82
	分部间销售收入	39.16	45.18
	分部费用	89.12	91.51
	分部利润	10.87	8.49
	分部资产	100	100

由表 7-14 可以看出，ABC 股份公司房地产分部 2×16 年的分部利润占分部收入的比重为 17.58%，比 2×15 年的 20.85% 降低了 3.27%；物业管理分部 2×16 年的分部利润占分部收入的比重为 10.87%，比 2×15 年的 8.49% 增长了 2.38%。可见，房地产分部与物业管理分部 2×16 年的盈利能力与 2×15 年相比都有所变化，但是变化的幅度不是特别大，变化的原因各不相同。从分部收入结构来看，房地

产分部的绝大部分收入来源于外部销售收入，内部销售收入所占比重不足 1%；物业管理分部收入的 60%左右来源于外部销售收入，另外近 40%则来源于分部间的销售收入，这也说明了 ABC 股份公司除了为 ABC 集团的地产提供物业管理服务外，对外还单独提供物业管理服务。从分部利润的结构变化来看，2×16 年度房地产分部的分部费用占分部收入的比重为 82.42%，比 2×15 年度的 79.15%上升了 3.27%，导致分部利润的比例降低了将近 3%；而物业管理分部 2×16 年度的分部费用占分部收入的比重为 89.12%，比 2×15 年度的 91.95%下降了 2.83%，导致分部利润的比重有所上升。这说明成本费用变化是导致房地产、物业管理两个报告分部 2×16 年度营业利润变化的主要原因。

从资产负债率来看，房地产分部 2×16 年度的资产负债率为 85.41%，相比于 2×15 年度的 85.80%变动不大，物业管理分部 2×16 年度的资产负债率为 85.93%，相比于 2×15 年度的 85.96%变动不大。尽管两年资产负债率变化不大，但资产负债率较高，企业和其他分析者均应予以高度重视。

房地产分部 2×16 年分部利润比重的下降，主要原因在于 2×16 年分部费用比重的增加，至于分部费用中哪一部分费用的增加对 2×16 年分部利润的下降起了主导作用，还有待进一步分析。另外，无论是 2×16 年还是 2×15 年，房地产分部的分部利润占分部收入的比重都比物业管理分部要高，同房地产分部相比，物业管理分部的分部利润占分部收入的比例大约只有房地产分部的一半，可见房地产分部的盈利能力要强于物业管理分部。

2. 区域分部垂直分析

以 ABC 股份公司房地产分部中的北京区域、广深区域、上海区域和中西部区域四个报告分部作为分析对象，编制报告分部垂直分析表，如表 7-15 所示。

表 7-15   ABC 股份公司房地产分部中四区域报告分部垂直分析表（%）

项目	北京区域	广深区域	上海区域	中西部区域	合计
分部收入	25.57	33.31	21.32	19.80	100
其中：外部销售收入	25.57	33.34	21.31	19.76	100
分部间销售收入	0	5.45	28.5	66.04	100
分部费用	27.14	31.50	22.08	19.28	100
分部利润	18.23	41.80	17.74	22.23	100
分部资产	24.89	29.11	27.88	18.13	100

ABC 股份公司房地产分部中北京区域、广深区域、上海区域和中西部区域四个报告分部具体信息如图 7-1 所示。

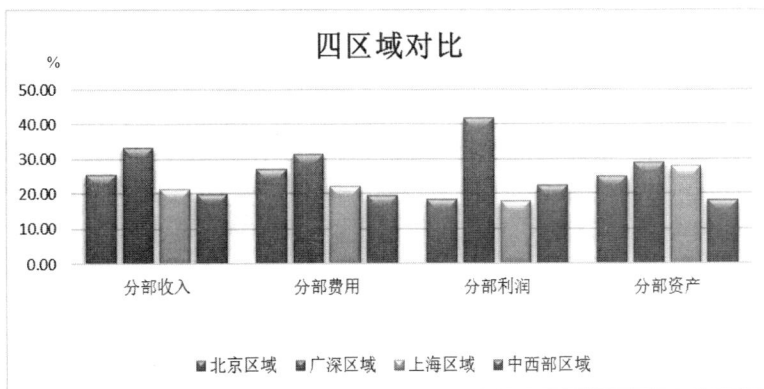

图 7-1   ABC 股份公司房地产分部中四地区报告分部分析图

根据表 7-15 以及图 7-1 比较得出以下分析。

（1）在这四个地区分部中，广深地区各分部各指标均居于最高水平。其中，分部收入最多，占合计收入的 33%，相应的分部费用也最大，占合计费用的 31%，与其占 29.11% 的分部资产规模比例相匹配，分部利润达到了总利润的 41.80%，在四个地区中占比最高，说明广深地区分部市场盈利空间大，有利于长远发展。

（2）北京地区分部收入和分部费用分别达到合计收入和合计费用的 25.57% 和 27.14%，仅次于广深地区，但分部利润占比为 18.83%，排名第三，资产规模为 24.89%，排名第三。由此可见，北京地区报告分部的市场盈利状况相比之下并不是很理想。

（3）上海地区分部收入不高，排名第三，占合计收入的 21.32%，分部资产规模为 27.88%，仅次于广深地区，排名第二，但是分部利润最少，仅占合计利润的 17.74%。可见上海地区报告分部市场利润空间相对较少。

（4）成都地区在四个地区中，分部收入、分部费用占比最少，分别达到合计收入和合计费用的 19.80% 和 19.28%，但是分部利润却高于北京地区和上海地区，仅次于广深，占合计利润的 22.23%。可见，成都地区报告分部的盈利能力较强。

【随堂小测验 7-2】

1.【单选】下列各项中，不属于收入具体内容的是（　　　　）。

    A．销售商品收入　　B．提供劳务收入　　　C．让渡资产使用权收入　　D．转让固定资产收入

2.【多选】下列各项中，属于利润的形成过程以及利润的结果，并可以判断利润质量属性的有（　　　　）。

    A．合规性　　　　　B．长期性　　　　　C．效益性

    D．公允性　　　　　E．真实性

3.【多选】下列各项中，属于成本费用的有（　　　　）。

    A．营业成本　　　　B．销售费用　　　　C．管理费用

    D．财务费用　　　　E．营业外支出

4.【判断】利润的数额大即为利润的质量高。　　　　　　　　　　　　　　　　（　　　）

5.【判断】企业收入计量分析主要是指营业收入计量分析。此处企业的营业收入是指全部营业收入。　　　　　　　　　　　　　　　　　　　　　　　　　　　　　　　　（　　　）

第三节 经营风险分析

经营风险又称营业风险，是指在企业的生产经营过程中，由于受供、产、销等各个环节中不确定性因素的影响所导致企业资金运动的迟滞，造成企业价值的下降。或者说是企业由于战略选择、产品定价、销售手段等经营决策出现失误而引起的未来收益下降的内在风险，特别是指企业利用经营杠杆而导致息税前利润具有不确定性形成的风险。经营风险时刻影响着企业的经营活动和财务活动。企业必须防患于未然，对企业经营风险进行较为准确的计算和衡量。财务报表分析者也应对分析对象的经营风险予以关注。

一、企业盈利的成长性、波动性分析

企业的经营风险可以从对利润指标的趋势分析中看出端倪，无论是营业利润、利润总额、还是净利润，分析其成长性和波动性都是评价其质量和经营风险最有效的方法。

ABC 股份公司从 2×08 年到 2×16 年的营业利润、利润总额和净利润这三项指标基本处于稳步

增长状态，其趋势分析如图 7-2 所示。

由图 7-2 可以看出，ABC 股份公司营业利润的走势与利润总额的变动趋势吻合度较高，这是因为每年的营业外收支占营业收入比重较小，对利润的影响不大，说明 ABC 股份公司的经营成果主要依赖于公司自身的内部因素。各项利润指标成长性高、波动性小，利润质量较好，经营风险较低。

据 ABC 股份公司年报显示，2×16 年全国商品房销售总额为 81 428.3 亿元，而 ABC 股份公司 2×16 年的销售额为 1 709.4 亿元，按此口径计算，2×16 年 ABC 股份公司在全国同类产品市场的市场占有率为 2.09%。ABC 股份公司 2×16 年实现营业收入 1 354.20 亿元，净利润 151.20 亿元，较 2×15 年分别增长 31.30% 和 20.50%。这充分说明 ABC 股份公司营业收入和净利润高速成长、收入质量较高，企业净利润主要来源于营业利润，核心竞争能力强，经营风险较低。

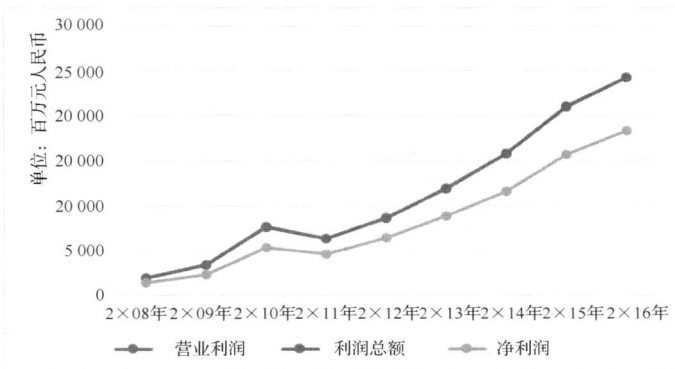

图 7-2   2×08—2×16 年各项利润指标趋势分析图

二、企业盈利的持续性分析

衡量企业的经营风险还可以从其盈利的持续性方面予以关注。如果一个企业盈利不具有持续性，则其目前的盈利，在很大程度上来讲，并不能延续到未来，这说明企业盈利质量方面可能存在一些问题，从长远看存在一定的经营风险。

那么，如何判断企业盈利的持续性呢？可以观察企业的收益结构，表 7-16 列出了六种典型的企业收益结构，从中可以看出，从类型 A 依次到类型 F，企业的盈利持续性在不断提高。

表 7-16   六种典型的企业收益结构表

	A	B	C	D	E	F
毛利润	亏损	亏损	盈利	盈利	盈利	盈利
营业利润	亏损	亏损	亏损	亏损	盈利	盈利
净利润	亏损	盈利	亏损	盈利	亏损	盈利
说明	接近破产状态	如果持续下去将会导致破产		根据亏损情况而定		正常，经营状况较好

根据 ABC 股份公司 2×12—2×16 年的年报数据，编制其收益结构分析表，如表 7-17 所示。

表 7-17   ABC 股份公司收益结构分析表   单位：万元

项目	2×12 年	2×13 年	2×14 年	2×15 年	2×16 年
营业收入	4 888 101.31	5 071 385.14	7 178 274.98	10 311 624.51	13 541 879.11
营业成本	3 451 471.77	3 007 349.52	4 322 816.36	6 542 161.43	9 279 765.08
毛利润	1 436 629.54	2 064 035.62	2 855 458.62	3 769 463.08	4 262 114.03
营业利润	868 508.28	1 189 488.53	1 576 321.67	2 101 304.08	2 426 133.84
净利润	643 000.75	883 961.05	1 159 960.62	1 566 258.84	1 829 754.99

根据表 7-17 可知，ABC 股份公司 2×12—2×16 年的年度毛利润、营业利润及净利润均为正数，公司处于盈利状态，说明 ABC 股份公司营运正常，经营状况较好，经营风险较低。ABC 股份公司 2×12—2×16 年毛利润整体呈上升趋势，这主要是由营业收入逐年增加所引起的，而营业成本的增加是影响毛利润的不利因素，二者相抵，使得毛利润分别增加 627 406.08 万元、791 423 万元、914 004.46 万元和 492 650.95 万元，年增长幅度分别为 43.67%、38.34%、32.01%和 13.07%。由此可见，毛利润在 2×12—2×16 年这 5 年间的整体变动趋势良好，但其年增长率呈下降趋势，所以可以说公司发展稳定但后劲略显不足，应增加对新项目的开发，从而提升企业的盈利能力。

由于 ABC 股份公司 2×12—2×16 年的毛利润整体状况良好，从而间接导致公司 2×12—2×16 年的年度营业利润分别增加 320 980.25 万元、386 833.14 万元、524 982.41 万元、324 829.76 万元，年增长幅度分别为 36.96%、32.52%、33.30%、15.46%。可见，营业利润在 2×12—2×16 年这 5 年间整体呈上升趋势，但其年增长率波动起伏，尤其是 2×16 年度的营业利润增长率较 2×15 年度出现大幅度下降，主要原因是当年的毛利润增长率大幅下降、期间费用等费用增长幅度较大。

ABC 股份公司 2×12—2×16 年的净利润年增长幅度分别为 37.47%、31.22%、35.03%和 16.82%，其增长趋势同营业利润相一致，这表明营业外收支及所得税对净利润的影响较小。

综上所述，ABC 股份公司的经营及盈利能力较好，生产经营活动较稳定，且有稳定的收入来源，毛利润、营业利润及净利润都较为客观，公司发展前景较好，经营风险较低。

【案例 7-7】

宝钢、鞍钢净利润趋势对比分析

2009 年 12 月 3 日国家发展和改革委员会召开抑制行业产能过剩和重复建设发布会，重点介绍钢铁、水泥、平板玻璃行业，抑制这些行业产能过剩和盲目重复建设，引导这些行业健康发展的有关情况。钢铁行业产能过剩已成不争事实，且位列各大行业首位。2012 年 4 月 18 日中国钢铁工业协会副会长兼秘书长张长富在中钢协举行的信息发布会上说："今年一季度，中国钢铁行业实现利润为 -10.34 亿元，由钢铁生产主业亏损变为行业亏损，这也是进入新世纪以来第一次全行业亏损。"中国钢铁行业发展除受全球经济影响外，关键取决于其下游产业链的发展，从目前来看喜忧参半。基于行业特征，本书选取了宝钢和鞍钢作为分析对象，对两家公司从 2007—2013 年的年度净利润的变动趋势进行分析，相关数据和净利润变化趋势分别如表 7-18 和图 7-3 所示。

表 7-18 　　　　　2007—2013 年度宝钢、鞍钢年度净利润对比表　　　　　单位：百万元

项目	2007 年	2008 年	2009 年	2010 年	2011 年	2012 年	2013 年
鞍钢净利润	7 533	2 981	686	1 950	-2 332	-4 252	755
宝钢净利润	13 423	6 991	6 095	13 361	7 736	10 433	6 040

通过表 7-18 和图 7-3 可以看出，受钢铁行业大环境的影响，两家公司从 2007—2011 年的年度净利润的变化趋势基本一致，受 2008 年金融危机的影响，净利润由 2007 年开始持续下降，2009 年降至谷底，2010 年行业情况开始好转，各企业在经历金融危机后，都励精图治、改革创新，努力经营使自己不被淘汰，因此两家公司在 2010 年的净利润都呈上升趋势；2011 年由于原燃料价格不断上涨、钢材价格持续下滑导致净利润下滑，鞍钢甚至连续两年巨额亏损，直到 2013 年才有所好转。

虽然两家公司净利润的变化趋势整体上有相似之处，但作为行业龙头，宝钢的经营业绩明显要优于鞍钢，哪怕是受大环境的冲击，宝钢年净利润都保持在 60 亿元以上，其盈利水平较高。然而，宝钢年净利润的波动性较大，存在一定的经营风险；而鞍钢经营风险则更高。究其原因，宝钢在产品质量保证能力、产品技术含量、成本控制能力等方面明显优于鞍钢，因此在净利润上与鞍钢相比

优势明显。在以上优势中，产品技术含量是关键。因为随着社会经济的不断发展，企业效益的提升已经不能只依赖于产量和质量的提高，而更应取决于企业的创新力，与利润直接挂钩的就是对新产品、新技术的创造力。

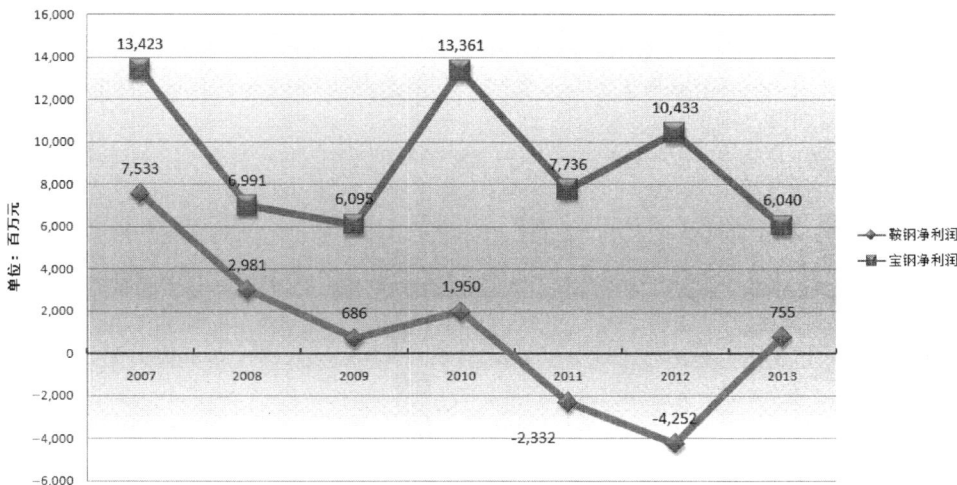

图 7-3　2007—2013 年度宝钢、鞍钢净利润变化趋势图

【随堂小测验 7-3】

1.【单选】在财务报表分析中，报表使用者对企业盈利的下列性质进行分析，不能确认企业经营风险的是（　　）。

A．成长性　　　　　B．波动性　　　　　C．真实性　　　　　D．持续性

2.【多选】下列各项，属于在企业做出决策的过程中，因决策失误而引起经营风险的有（　　）。

A．战略选择　　　B．发行公司债券　　C．产品定价

D．销售手段　　　E．产品生产

3.【判断】经营风险又称营业风险，是指在企业的生产经营过程中，由于受供、产、销等各个环节中不确定性因素的影响所导致企业资金运动的迟滞，造成企业价值的下降。　　　　（　　　）

第四节
特殊项目分析

利润表一直以来都是广大投资者等财务报表分析者十分关注的信息。一个企业的利润实质上不仅由收入和成本费用来决定，而且还由资产和负债期初与期末的变动情况来决定，而且利润中还包含未实现的利得和损失。自新会计准则采用资产负债观后，有些上市公司的利润也呈现越来越波动、越来越虚化的两个主要特点。因此，对利润表分析不能仅局限于利润表本身，还应结合资产负债表和现金流量表，深入分析利润质量。

一、营业收入与应收账款关系分析

应收账款是因企业赊销而引起的债权。在企业赊销政策一定的条件下，应收账款的规模应与企业的营业收入保持一定的对应关系。通常，企业营业收入增加，应收账款也会随着增加，这应属正常现象，但要关注应收账款周转率和货币资金的变化，确认现金流量是否正常；如果营业收入下降，

而应收账款增加，则应属异常现象，说明销售和回款两个方面都可能存在问题。同时，必须注意，企业应收账款规模还与企业在赊销过程中采用的信用政策有关，放宽信用政策，将会刺激销售，增加应收账款的规模。因此，企业应收账款的不正常增加，有可能是企业为了增加其营业收入而放宽信用政策的结果。过宽的信用政策，可以刺激企业营业收入的立即增长。但是，企业也面临着未来发生大量坏账的风险。

根据 ABC 股份公司 2×15 年和 2×16 年的年度利润表和资产负债表信息，分析其应收账款与营业收入之间的关系，如图 7-4 所示。

由图 7-4 可知，ABC 股份公司在 2×15 年和 2×16 年的营业收入远远高于应收账款。这是由于 ABC 股份公司所属行业的特殊性所决定的，房地产行业中，预收账款通常较高，而应收账款较低。2×16 年度 ABC 股份公司的营业收入为 13 541 879 万元，预收账款达到 15 551 807 万元，而应收账款为 307 897 万元，仅占营业收入的 2.27%。因此 ABC 股份公司营业收入质量较高。

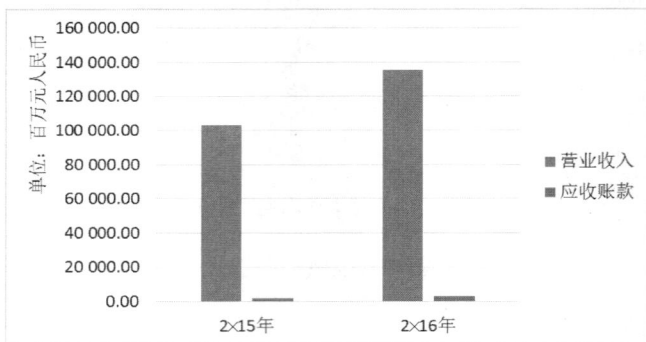

图 7-4　ABC 股份公司应收账款与营业收入对比图

二、会计估计变更对利润的影响分析

企业为了定期、及时地提供有用的会计信息，将企业延续不断地经营活动人为地划分为各个阶段，如年度、季度、月度，并在权责发生制的基础上对企业的财务状况和经营成果进行定期确认和计量。在确认和计量的过程中，当发生的交易或事项涉及的未来事项具有不确定性时，企业必须对其予以估计入账。在会计核算中，企业总是力求保持会计核算的准确性。但是有些交易或事项本身具有不确定性，因而，需要根据经验做出估计；另外，采用权责发生制并秉持稳健的原则对企业财务状况和经营成果进行确认、计量这一事项本身也使得充分估计未来交易或事项的影响十分必要。可以说，在会计核算和信息披露的过程中，会计估计是不可避免的。

【案例 7-8】

基于鞍钢股份 2013 年调整固定资产折旧年限的分析

鞍钢股份在2013年的股东权益变动表中无会计政策变更和前期差错更正，主要调整为2013年度发生的会计估计变更和资产置换导致的对报表的追溯调整。鞍钢股份称，2012年公司对固定资产更新维护方面的支出预计为人民币68.9亿元。公司固定资产购置情况：2007年及以前共计438亿元，2008—2012年约507亿元。固定资产成新率约为56%。公司通过对主体设备生产线进行技术改造，定期对设备进行检修，提高了设备的使用性能，延长了固定资产的使用寿命。调整后，公司的折旧年限符合同行业同类固定资产折旧年限的平均水平。为此，根据公司固定资产的实际情况，鞍钢股份的相关部门对各类固定资产重新核定了其实际使用年限，并决定从2013年1月1日起调整固定资产折旧年限，具体方案如表7-19所示。

表 7-19　　　　　　　　　　　鞍钢股份固定资产折旧年限变更前后对比表

固定资产类别	变更前		变更后	
	预计使用年限（年）	年折旧率（%）	预计使用年限（年）	年折旧率（%）
房屋	30	3.17	40	2.38
建筑物	30	3.17	40	2.38
传导设备	15	6.33	19	5.00
机械设备	15	6.33	19	5.00
动力设备	10	9.50	12	7.92
运输设备	10	9.50	10	9.50
工具及仪器	5	19.00	5	19.00
管理用具	5	19.00	5	19.00

这次会计估计变更对集团的业务范围无影响，但是减少了鞍钢股份2013年度固定资产折旧额12亿元，增加股东权益及净利润9亿元。鞍钢股份通过2013年延长固定资产折旧年限，对固定资产累计折旧额的影响，如表7-20所示。

表 7-20　　　　　　　　　　鞍钢股份 2007—2013 年固定资产累计折旧额　　　　　　　　　　单位：亿元

年份	2007 年	2008 年	2009 年	2010 年	2011 年	2012 年	2013 年
累计折旧额	41.3	47.7	62.6	70.1	68.9	54.5	38.1

2012 年年底，鞍钢股份出于经营上的考虑，决定从 2013 年 1 月 1 日起延长固定资产折旧年限。由表 7-20 可以看出，经过此次调整，2013 年固定资产累计折旧额降为 38.1 亿元，较 2012 年减少 30.09%，达到 2007—2013 年这七年来的最低水平。另外，此次调整还使 2013 年的净利润增加了 9 亿元，而鞍钢股份 2013 年年报显示净利润仅有 7.55 亿元，这也就意味着，若鞍钢股份不采取此次调整，2013 年企业经营状况将为亏损。所以鞍钢股份就是用延长固定资产折旧年限的方法摘掉了 *ST 的帽子，否则若 2013 年继续报亏，企业将有退市风险。

从手段上来看，鞍钢股份并非第一次用延长固定资产折旧年限的手段来增加利润，在整个钢铁行业，此手法也成为增加企业利润的利器。鞍钢股份如此频繁地调整固定资产折旧年限是否有操纵利润的嫌疑呢？我国会计准则规定：固定资产的使用寿命和预计净残值一经确定，不得随意变更，但是按照《企业会计准则第 4 号——固定资产》第四章第十五条"企业应当根据固定资产的性质和使用情况，合理确定固定资产的使用寿命和预计净残值"的规定，及第十九条"企业至少应当于每年年度终了，对固定资产的使用寿命、预计净残值和折旧方法进行复核"的规定，公司应根据固定资产的性质和使用情况对各类固定资产的预计使用年限进行重新确定。所以鞍钢股份在理论上遵守了会计准则的相关要求，鞍钢股份合理的运用会计准则调整某些因素来适应企业发展的需要，并不属于有违背会计准则之嫌的会计操纵行为。可是从企业发展角度来讲，这样的调整并不有利于其长远发展，鞍钢股份和其他钢铁企业都应致力于加强企业管理、提高生产效率、改造工艺流程、拓宽销售渠道等方面，实现企业的可持续发展。

三、非经常性损益对净利润的影响分析

非经常性损益，是指与企业主营业务不直接相关，偶然发生的一次性收益。该项目往往被上市公司作为救命的稻草。一旦发现经营状况不佳，上市公司就会变卖股权、出售资产、寻求政府补贴与税收返还等，以营造一个看上去漂亮，实际上却是泡沫般的利润表。

从对 ABC 股份公司利润表的垂直分析可以知道，公司在 2×15 年和 2×16 年的营业外收入占营业收入的比重变化不是很大，比重分别为 0.10% 和 0.09%，同行业的 XYZ 地产公司相应项目的比重

为 0.2%。通过对这些数据对比分析可知，ABC 股份公司营业外收入所占营业收入的比重并不大，比较合理。营业外支出在 2×15 年和 2×16 年占营业收入的比重分别为 0.08%和 0.07%，同行业的 XYZ 地产公司 2×16 年相应项目的比重为 0.09%。这说明 ABC 股份公司营业外支出的总额保持合理，并且变动不大，保持稳定。ABC 股份公司营业外收支水平分析如表 7-21 所示。

表 7-21　　　　　　　　　　　ABC 股份公司营业外收支水平分析表　　　　　　　　　　　单位：万元

项目	2×16 年	2×15 年	增减额	增减率（%）
营业外收入	11 897	14 465	-2 568	-17.75
减：营业外支出	8 930	8 750	180	2.06
其中：非流动资产处置净损失	682	607	75	12.36

ABC 股份公司 2×16 年的营业外收入约为 1.19 亿元，营业外支出约为 0.89 亿元，与约 242.91 亿元的利润总额相比，二者所产生的影响很小。营业外收支净额只占营业收入的 0.02%，对净利润几乎没有影响。综上所述，ABC 股份公司立足于主业，其业绩并没有过度依赖非营业项目。

【案例 7-9】

企业的业绩过度依赖非营业项目

2012 年对中兴通讯来讲，承受了较大的变化和来自各方的压力。全年中兴通讯实现营业收入 841.19 亿元，营业利润为-50.02 亿元，亏损 26.05 亿元。这是中兴通讯自 1997 年和 2004 年分别从深圳、香港两地上市以来首次出现年度亏损。但在 2013 年，中兴通讯净利润达 14.34 亿元，增长率为 155.04%；而营业利润为-14.93 亿元。中兴通讯 2012 年度及 2013 年度均出现了营业亏损，然而 2013 年扭亏为盈，净利润为正的原因是什么呢？为此，下面具体分析中兴通讯的营业外收支状况。中兴通讯 2009—2013 年营业外收入及支出变动趋势如表 7-22 及图 7-5 所示。

表 7-22　　　　　　　　　　2009—2013 年中兴通讯营业外收入及支出趋势表　　　　　　　　　　单位：千元

项目	2009 年	2010 年	2011 年	2012 年	2013 年
营业外收入	1 391 420	2 002 149	2 368 710	3 081 253	3 465 428
营业外支出	130 841	231 506	163 084	62 291	144 491

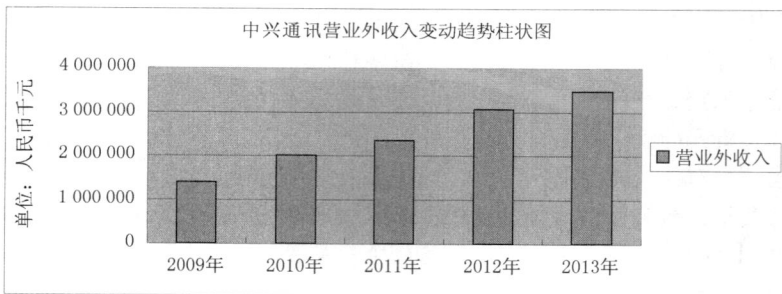

图 7-5　中兴通讯 2009—2013 年营业外收入变动趋势图

从表 7-22 及图 7-5 可以看出，中兴通讯的营业外收入呈逐年稳定增长的趋势。2013 年中兴通讯营业外收入增加了 38 418 万元人民币，该增加额的 50%以上是由于集团软件产品增值税退税额增加的，即 19 758 万元。通过对 2009—2013 年这 5 年的营业外收入进行水平分析后，发现 2010 年和 2012 年的营业外收入年增长率分别为 43.89%和 30.08%，增长幅度较为明显；而 2011 年和 2013 年的营业外收入年增长率分别为 18.31%和 12.47%，增长幅度略微小一些，但这两年营业外收入增加的金额分别达到 3.67 亿元和 3.84 亿元，绝对量的变动较为明显。无论如何，营业外收入的逐年递增始终应该得到中兴通讯管理当局的重视，因为如果任其持续增长而使利润总额有一个较为好看的表现，最终会影响盈利质量。

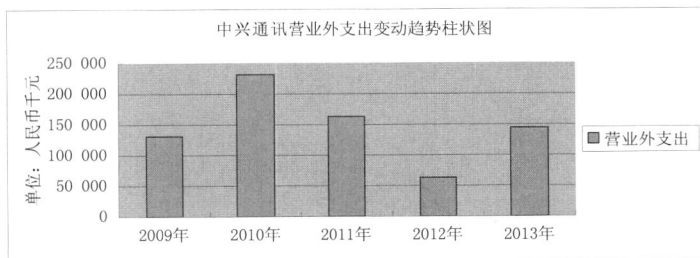

图 7-6　中兴通讯 2009—2013 年营业外支出变动趋势图

从表 7-22 及图 7-6 还可以看出，2009 年至 2013 年中兴通讯的营业外支出变动幅度较大：2010 年达到这五年来的最高水平，为 23 151 万元，而 2012 年为五年中的最低水平，为 6 229 万元。

中兴通讯 2013 年营业收入较 2012 年减少了 88.85 亿元，下降幅度为 10.56%；营业利润亏损了 14.93 亿元。虽然营业利润的亏损额较 2012 年有较明显也减少，但是这仍旧表明公司的生产经营状况并没有得到根本的改善。然而，2013 年中兴通讯的利润总额和净利润均为正，归属于母公司的净利润达到 13.58 亿元。中兴通讯营业外收支净额为 33.21 亿元，弥补了营业亏损，并实现了 14.34 亿元的净利润。这表明中兴通讯实现扭亏为盈的重要项目就是营业外收支。中兴通讯 2009—2013 年营业外收支净额及净利润的变动趋势，如图 7-7 所示。

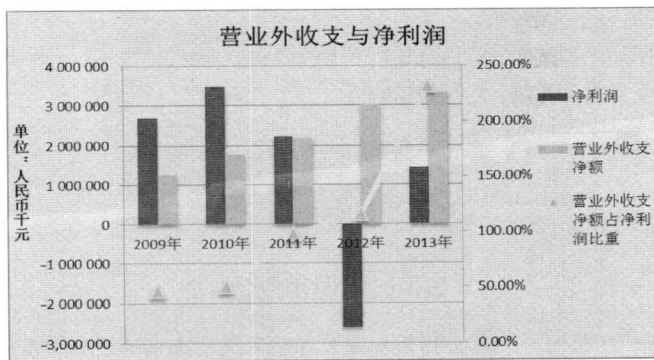

图 7-7　中兴通讯 2009—2013 年营业外收支净额及净利润的变动趋势图

由图 7-7 可以看出，在近两年内，中兴通讯的经营状况大幅下降，需要靠非营业项目来扭转其常规经营的亏损或者减缓其净利润的下降。

【随堂小测验 7-4】

1.【单选】下列各项中，不属于非经常性损益的是（　　　　）。

　　A．变卖股权　　　　　　　　　　　B．出售资产

　　C．寻求政府补贴　　　　　　　　　D．低价销售库存产品

2.【多选】下列各项中，属于利润表特殊项目分析的有（　　　　）。

　　A．营业收入与应收账款关系分析　　B．净利润的形成过程分析

　　C．会计估计变更对利润的影响分析　D．营业利润的水平分析和垂直分析

　　E．非经常性损益对净利润的影响分析

3.【判断】对利润表分析不能仅局限于利润表本身，还应结合资产负债表和现金流量表，深入分析利润质量。　　　　　　　　　　　　　　　　　　　　　　　　　　　　　（　　　）

4.【判断】一个企业的利润实质上仅由收入和成本费用来决定。　　　　　　　　（　　　）

5.【判断】企业营业收入增加，应收账款也会随着增加，说明企业盈利质量较好。　　（　　　）

拓展阅读

企业盈利模式分析

思考与练习

1. 如何编制利润结构分析表？如何对利润结构分析表进行分析和评价？
2. 对利润水平分析表应如何进行分析评价？
3. 报告分部水平分析的基本思路是什么？
4. 如何分析非经常性损益与利润表之间的关系？
5. 简述经营风险分析的主要内容。
6. 如何进行营业利润增减变动水平的分析评价？
7. 还有哪些特殊项目会对利润表产生影响？

案例分析

*ST 长油退市原因

首家央企退市股——*ST长油（公司全称为中国长江航运集团南京油运股份有限公司）近日成为资本市场的热点，一方面是由于这是自*ST联谊于2007年12月退市之后的首家退市公司；另一方面*ST长油虽头顶央企光环却未等来政府救济。更令市场侧目的是，*ST长油在连续发布退市警示公告后仍有大量股民坚定持有该公司的股票。但毋庸置疑的是，*ST长油成为央企第一退市股已成为必然。另外，*ST长油的退市也正好给一直豪赌A股"不死鸟"的投资者们鸣笛，同时也给濒临退市的其他*ST股敲响了警钟。

下面来具体分析*ST长油退市的主要原因。

1. 连续四年亏损是其退市的直接原因

*ST长油连续四个会计年度（2010—2013年）的亏损是造成公司退市的直接原因。*ST长油自2013年5月14日起暂停上市。在2014年3月22日披露的公司2013年年度报告显示，2013年度归属于上市公司股东的净利润为-59.22亿元，2013年年末归属于上市公司股东的净资产为-20.97亿元。信永中和会计师事务所更是对该公司2013年度财务报表出具了无法表示意见的审计报告。该公司2010—2013年四年的净利润如表7-23所示。

表7-23   *ST 长油 2010—2013 年净利润表   单位：亿元

项目	2010 年	2011 年	2012 年	2013 年
净利润	-0.24	-7.49	-12.38	-59.19

从表7-23可以看出，*ST长油在2010—2013年连续亏损，且亏损的数额越来越大，2010年亏损0.24亿元，2013年亏损额达到59.19亿元，亏损数额巨大。究其原因，主要是管理层的决策失误，运力盲

目扩张，负债造船，使银行借贷过巨，负债率过高。具体有以下原因。

（1）*ST长油所在的行业是油轮运输行业。从整个行业环境角度来说，自2008年国际金融危机以来，油轮运输市场持续低迷，在后金融危机时期全球原油需求增幅减缓，同时油轮净运力增加，市场供需处于严重失衡状态。

（2）公司在2008年前期进行大规模扩张，但是2008年之后航运市场景气度直转急下，公司负债压力极大。在2010年、2011年和2012年连续三年亏损的情况下，长油的油轮运力规模却成倍增长，比2008年初登资本市场时的运力增长了四倍。公司管理层一边喊着市场低迷亏钱，一边却又贷款增加运力。这样的决策更是加剧了*ST长油的亏损步伐。

此外，在其自身无力扭转局势的情况下，其母公司板块割据严重，没能为*ST长油提供有力支撑。

2. 会计的追溯调整处理扩大了公司2010年的亏损程度

*ST长油2011年3月发布的2010年年报显示，2010年，"面对经营、管理、发展的重重压力"，*ST长油"认真分析形势、积极采取对策"，实现净利润883万元。然而，2012年4月，长航油运发布了《前期会计差错更正公告》。长航油运称，对2010年年报中的与两艘油轮相关的账务处理进行了调整，同时对出现差错的"燃料成本和跨期收入"也进行了追溯调整。经过上述追溯调整，长航油运2010年的业绩由原来的盈利883万元变为亏损1859万元。此次调整是直接导致*ST长油退市的源头。如果没有这次的会计追溯调整，*ST长油现在充其量就是暂停上市。*ST长油前期差错更正前后各项指标对比如表7-24所示。

表7-24　　　　　　　　　　　*ST 长油前期差错更正前后各项指标对比表　　　　　　　　　　　单位：万元

项目	调整后	调整前
营业收入	428 369	429 328
营业利润	-937	2 709
利润总额	744	4 390
归属于上市公司股东的净利润	-1 859	883

3. 2011年和2012年的亏损原因是巨大的营业成本和财务费用

营业成本的增加是报告期内船舶增加、折旧等刚性成本增加以及燃料费用上涨和开展燃油贸易成本增加所致。财务费用的增长是因为贷款增加，以及在建船舶转成固定资产后借款利息费用化。

4. 2013年大规模计提资产减值和预计负债是导致公司巨亏的直接原因

2013年，*ST长油对部分船舶计提资产减值准备，对长期期租VLCC计提预计负债。新加坡子公司对长期期租合同确认了21亿元的预计损失，对VLCC船舶资产计提减值准备22.8亿元。

公司2013年年报对计提预计负债披露的理由是：由于公司及新加坡子公司连续亏损，部分财务指标进一步恶化，公司2013年年报公告后，公司股票将从上海证券交易所退市，境外船东公司要求提前终止期租协议的可能性增大，如提前终止协议将导致公司产生较大损失。依照目前情况判断，发生该损失具有很大可能性。因此出于谨慎性原则，公司决定在2013年年底根据很可能产生损失的最佳估计数确认预计负债。*ST长油2013年各项资产减值准备如表7-25所示。

表7-25　　　　　　　　　　　*ST 长油 2013 年各项资产减值准备表　　　　　　　　　　　单位：万元

项目	年初金额	本年增加	本年减少		年末金额
			转回	其他转出	
坏账准备	95	210 706	0	0	210 801
固定资产减值准备	0	228 318	0	0	228 318
在建工程减值准备	0	22 492	0	0	22 492
合计	95	461 516	0	0	461 611

根据案例资料请思考，有哪些原因导致了*ST 长油四年间净利润亏损额逐年加大？公司运用了哪些手段来调节净利润，这些手段是通过哪些项目直接或间接地影响企业的净利润？企业投资者在分析上市公司利润表时应重点关注哪些项目？投资者应如何识别上市公司的利润操纵嫌疑？

第八章 现金流量表分析

【学习目标】

- 熟悉现金流量表分析的目的
- 掌握现金流量表水平分析、结构分析的内容和方法并能够进行分析
- 掌握经营现金流入量分析以及经营现金流出量分析
- 掌握经营活动现金流量净额与净利润关系分析
- 掌握现金流量表附表主要项目分析内容及其应用

【关键词】 现金流量表一般分析 现金流量表水平分析 现金流入结构分析 现金流出结构分析 经营活动 经营现金流量分析 资产减值准备项目分析 存货项目分析 经营性应收项目分析 经营性应付项目分析

【引导案例】

纸面富贵的大唐电信

大唐电信是我国为数不多的拥有自主知识产权的高科技上市公司之一，它曾经是证券市场上被投资者推崇的绩优股。然而，自从我国要求上市公司自1998年编制现金流量表以来，大唐电信不断陷入尴尬境地。因为在1998—2002年期间，大唐电信尽管每年都对外报告可观的净利润，但其经营活动产生的现金流量却连续五年入不敷出，如表8-1和图8-1所示。

净利润与经营活动产生的现金流量连续五年出现巨大反差，让投资者们纷纷对大唐电信的盈利质量提出质疑。2001年，审计署在对有资格执行上市公司财务审计的会计师事务所的审计质量进行抽查时，通过延伸审计，发现大唐电信在收入确认和费用认定方面存在重大问题。其中，大唐电信2000年对外报告的17 844万元的净利润中，虚假利润高达10 849万元，占当年对外报告净利润的61%，它主要是将本应作为期间费用的研究开发费用资本化为在建工程或计入长期待摊费用。在对相关项目依法依规进行调整后，大唐电信的净利润由17 844万元降至6 995万元，就是说，真实的利润只占对外报数的39%。

表8-1　　　　　　　　　　大唐电信净利润与经营性现金流量对比表　　　　　　　　　　单位：万元

会计期间	净利润	经营活动产生的现金流量净额
1998 年	10 987.17	-13 458.12
1999 年	12 630.85	-21 247.64
2000 年	17 843.98	-31 143.16
2001 年	3 610.01	-2 593.58
2002 年	2 280.69	-84 807.74
2003 年	-18 683.00	-15 544.00
2004 年	1 982.36	45 315.56
2005 年	-69 612.02	21 697.84
2006 年	-73 178.83	16 143.49
2007 年	3 158.46	16 394.05
2008 年	4 564.64	26 781.88

会计期间	净利润	经营活动产生的现金流量净额
2009 年	5 747.40	26 677.09
2010 年	26 545.69	-1 699.30
2011 年	17 847.30	-37 491.50
2012 年	16 889.66	-11 652.26
2013 年	19 971.71	-15 205.38
2014 年	24 767.53	-58 705.05
2015 年	4 497.87	90.356.96
2016 年	-180 755.92	73 860.07

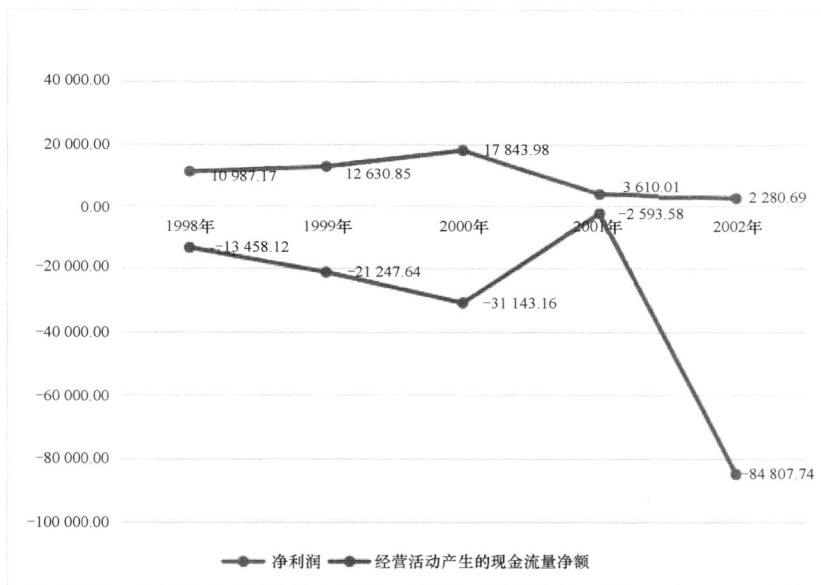

图 8-1   1998—2002 年大唐电信净利润与经营性现金流量变化趋势图

净利润持续高于经营性现金流量净额属于典型的"纸面富贵",但是这种"富贵"难以为继,公司缺少经营性净现金流量时,只能通过筹资来获得公司经营的"血液"。2003 年,大唐电信首次对外报告了 18 683 万元的亏损,经营活动产生的现金流量净额为-15 544 万元。2004 年,大唐电信扭亏为盈,对外报告了 1 982 万元的净利润,但剔除非经营性损益项目后,实则亏损 641 万元。2005 年,大唐电信再次对外报告了 6.96 亿元的巨额亏损。但令人欣慰的是,大唐电信经营活动产生的现金流量长期入不敷出的局面在 2004 年和 2005 年得到了扭转,经营活动产生的现金流量净额分别高达 4.53 亿元和 2.17 亿元。2008 年和 2009 年,大唐电信净利润和经营现金流量净额均为正数,且经营现金流量净额高于净利润,这说明企业利润质量较好。但是在 2010—2014 年,大唐电信又出现了"纸面富贵"的情况,"纸面富贵"现象的反复出现,使我们更加关注企业净利润与经营活动现金流量净额之间的关系。

那么,除此之外现金流量表分析还应关注哪些方面?如何将利润表分析与现金流量表分析紧密相结合,进而分析企业的盈利质量?现金流量表不容易造假吗?现金流量表分析与其他会计报表分析有何异同?这些内容需要我们不断学习与探讨。

第一节 | 现金流量表一般分析

一、现金流量表的分析目的

现金流量表反映了企业在一定时期内创造的现金数额，揭示了在一定时期内现金流动的状况。通过对现金流量表进行分析，可以达到以下目的。

（一）从动态上了解企业现金变动情况和变动原因

一个正常经营的企业，在获取利润的同时还应获取现金收益。资产负债表中货币资金项目反映了企业某一时点现金变动的结果，是静态上的现金存量；现金流量表中的"现金及现金等价物净增加额"是由经营活动、投资活动和筹资活动这三类活动产生的现金流量净额所组成的，因此，必须进一步分析现金流量净额是由哪一类活动产生的，各类活动产生的现金流量净额是多少。即企业从哪里取得现金，又将现金用于哪些方面，只有通过现金流量表的分析，才能从动态上说明现金的变动情况，并揭示现金变动的原因。

（二）对企业偿债能力、支付能力做出评价

现金流量信息可以从现金角度对企业偿还短期债务的能力做出更全面的评价。一个企业获取了较多的利润，同时又产生了较多的现金流量净额，就具有了较强的偿债与支付能力。如果这个企业在获取了较多利润的同时，大量进行对内对外投资，同样会出现现金短缺，降低偿债能力和支付能力。相反，如果获取利润不多，但由于处置和变卖固定资产或增加了直接融资等，增加了现金流量净额，也可以保持较强的偿债能力和支付能力。因此，对现金流量表三类活动所产生的现金流入、流出信息的分析，可以对企业的偿债能力和支付能力做出更准确和更可靠的评价。

（三）对企业的盈利质量做出评价

利润是以权责发生制为基础计算的，而现金流量是以收付实现制为基础计算的。利润反映企业当期的财务成果，但并不代表企业实际收到多少现金。在某些情况下，例如，虽然大量销售商品、提供劳务，但货款和劳务流入款项没有按时收回，会计收益最终是否转化为企业的现金收益，还取决于应收账款能否及时足额地收回等其他因素。因此，盈利企业仍然有可能发生财务危机。高质量盈利必须有相应的现金流入做保证，这也是为什么人们更重视现金流量的原因之一。

（四）对企业投资活动和筹资活动做出评价

企业的投资、筹资和经营活动都以增加企业价值和股东财富为目标，相互之间密切联系，又相互矛盾。经营活动以投资为前提，而为了投资和经营必须筹资。搞好经营活动，不仅可以为投资提供现金来源，也使得从外部筹资变得更加容易。但是，从现金的分配来看，三类活动又相互矛盾，过度投资会使企业日常营运的资金不足而失去盈利机会，过度筹资会提高资金成本并加重经营活动的负担。因此，企业必须统筹兼顾，使三项决策相互协调。现金流量表中关于经营活动、投资活动和筹资活动现金流量的信息，可以评价三类活动的协调性，为企业投资决策和筹资决策提供依据。

二、现金流量表水平分析

进行现金流量表的一般分析，就是要根据现金流量表的数据，对企业现金流量情况进行分析与

评价，包括现金流量表水平分析和现金流量表结构分析。

现金流量表中的数据只能揭示企业当期现金流量产生的原因，没能揭示企业本期现金流量与前期或预计现金流量的差异。为了解决这个问题，分析人员可采用水平分析法对现金流量表进行分析。仍以 ABC 股份公司资料为例，编制现金流量水平分析表，如表 8-2 所示。

表 8-2　　　　　　　　　　　ABC 股份公司现金流量水平分析表　　　　　　　　　单位：万元

项目	2×16 年	2×15 年	增减额	增减率（%）
一、经营活动产生的现金流量				
销售商品、提供劳务收到的现金	15 343 707	11 610 884	3 732 823	32.15
收到其他与经营活动有关的现金	2 223 968	548 059	1 675 909	305.79
经营活动现金流入小计	17 567 675	12 158 943	5 408 732	44.48
购买商品、接受劳务支付的现金	12 865 694	8 732 365	4 133 329	47.33
支付给职工以及为职工支付的现金	347 270	290 888	56 382	19.38
支付的各项税费	2 121 392	1 808 157	313 235	17.32
支付其他与经营活动有关的现金	2 040 932	954 937	1 085 995	113.72
经营活动现金流出小计	17 375 288	11 786 347	5 588 941	47.42
经营活动产生的现金流量净额	192 387	372 596	-180 209	-48.37
二、投资活动产生的现金流量				
收回投资收到的现金	74 644	1 200	73 444	6 120.33
取得投资收益收到的现金	73 452	16 718	56 734	339.36
处置固定资产、无形资产和其他长期资产收回的现金净额	180	153	27	17.65
收到其他与投资活动有关的现金	60 493	99 880	-39 387	-39.43
投资活动现金流入小计	227 779	117 951	109 828	93.11
购建固定资产、无形资产和其他长期资产所支付的现金	243 939	15 067	228 872	1 519.03
投资支付的现金	655 420	50 045	605 375	1 209.66
取得子公司及其他营业单位支付的现金净额	123 862	286 084	-162 222	-56.70
支付的其他与投资活动有关的现金		12 100	-12 100	-100.00
投资活动现金流出小计	1 023 221	363 296	659 925	181.65
投资活动产生的现金流量净额	-795 442	-245 345	-550 097	-224.21
三、筹资活动产生的现金流量				
吸收投资收到的现金	318 354	299 112	19 242	6.43
其中：子公司吸收少数股东投资收到的现金	318 354	299 112	19 242	6.43
取得借款收到的现金	4 446 777	4 747 734	-300 957	-6.34
发行债券所收到的现金	747 679	—	747 679	100
筹资活动现金流入小计	5 512 810	5 046 846	465 964	9.23
偿还债务支付的现金	4 843 026	2 686 442	2 156 584	80.28
分配股利、利润或偿付利息支付的现金	875 549	731 853	143 696	19.63
其中：子公司支付给少数股东的股利、利润	65 534	156 892	-91 358	-58.23
筹资活动现金流出小计	5 718 575	3 418 295	2 300 280	67.29
筹资活动产生的现金流量净额	-205 765	1 628 551	-1 834 316	-112.63
四、汇率变动对现金及现金等价物的影响	-2 787	-5 191	2 404	-46.31
五、现金及现金等价物净增加/（减少）额	-811 607	1 750 611	-2 562 218	-146.36
加：年初现金及现金等价物余额	5 112 022	3 361 411	1 750 611	52.08
六、年末现金及现金等价物余额	4 300 415	5 112 022	-811 607	-15.88

从表 8-2 可以看出，ABC 股份公司 2×16 年的现金流量净额比 2×15 年减少了约 256.22 亿元。经营活动、投资活动和筹资活动产生的现金流量净额较 2×15 年的变动额分别约为-18.02 亿元、-55.01 亿元和-183.43 亿元。

经营活动现金流量净额比 2×15 年减少了约 18.02 亿元，降低率为 48.37%。经营活动现金流入量与流出量分别比 2×15 年增长 44.48% 和 47.42%，增长额分别约为 540.87 亿元和 558.90 亿元。经营活动现金流入量的增加额略小于经营活动现金流出量的增加额，致使经营活动现金流量净额减少。经营活动现金流入量的增加主要因为"销售商品、提供劳务收到的现金"增加了约 373.28 亿元，增长率为 32.15%。而公司"收到其他与经营活动有关的现金"增加了约 167.59 亿元，增长率为 305.79%。经营活动现金流出量的增加主要原因是购买商品、接受劳务支付的现金增加约 413.33 亿元，增长率为 47.33%；支付给职工以及为职工支付的现金增加了约 5.64 亿元，增长率为 19.38%；支付的各项税费增加了约 31.32 亿元，增长率为 17.32%；支付其他与经营活动有关的现金增加了约 108.60 亿元，增长率为 113.72%。通过报表附注信息可知，支付其他与经营活动有关的现金大幅增加主要是支付的各种保证金、押金、支付代垫费用、支付联合营公司及集团外部和单位往来款项等增加所致。

投资活动现金流量净额比 2×15 年减少了 55.01 亿元，下降率为 224.21%。其中，公司购建固定资产、无形资产和其他长期资产支付的现金增加了约 22.89 亿元，增长率为 1 519.03%；投资所支付的现金增加了约 60.54 亿元，增长率为 1 209.66%；取得子公司及其他营业单位支付的现金净额减少了约 16.22 亿元，增长率为-56.70%。总体而言，ABC 股份公司 2×16 年增加了对外投资规模。投资活动现金流入量的增加主要来自两个方面：取得投资收益收到的现金增加了约 5.67 亿元，增长率为 339.36%；收回投资收到的现金增加了约 7.34 亿元，增长率为 6 120.33%。

筹资活动现金流量净额 2×16 年比 2×15 年减少了约 183.43 亿元，下降率为 112.63%，这主要是因为筹资活动现金流出量的增加额远大于筹资活动现金流入量的增加额。筹资活动现金流入增加主要是由于发行债券收到的现金增加了约 74.77 亿元，筹资活动现金流出的增加主要来自偿还债务支付的现金增加约 215.66 亿元，增长率为 80.28%。此外，分配股利、利润或偿还利息支付的现金相比基期也有所增加，从而造成筹资活动产生的现金流量净额大幅减少。

三、现金流量表结构分析

现金流量表结构分析，即现金流量表的结构百分比分析，它可以反映企业现金流入、流出的渠道及各项目分别占总量的比重等，其目的就在于通过揭示现金流入量和现金流出量的结构情况，了解企业财务状况的形成、变动过程及其变动原因，从而抓住企业现金流量管理的重点。现金流量结构分析的资料通常是使用直接法编制的现金流量表，分析方法为垂直分析法。以 ABC 股份公司 2×16 年度的现金流量表的相关资料为基础，经过处理可得出现金流量结构分析表，如表 8-3 所示。

表 8-3　　　　　　　　　　　　ABC 股份公司现金流量结构分析表　　　　　　　　　　　单位：万元

项目	2×16 年	流入结构（%）	流出结构（%）	内部结构（%）
一、经营活动产生的现金流量			—	
销售商品、提供劳务收到的现金	15 343 707	65.83	—	87.34
收到其他与经营活动有关的现金	2 223 968	9.54	—	12.66
经营活动现金流入小计	17 567 675	75.37	—	100
购买商品、接受劳务支付的现金	12 865 694	—	53.35	74.05
支付给职工以及为职工支付的现金	347 270		1.44	2.00
支付的各项税费	2 121 392		8.80	12.21

项目	2×16年	流入结构（%）	流出结构（%）	内部结构（%）
支付其他与经营活动有关的现金	2 040 932	—	8.46	11.75
经营活动现金流出小计	17 375 288	—	72.05	100%
经营活动产生的现金流量净额	192 387			
二、投资活动产生的现金流量				
收回投资收到的现金	74 644	0.32	—	32.77
取得投资收益收到的现金	73 452	0.32	—	32.25
处置固定资产、无形资产和其他长期资产收回的现金净额	180	0.00	—	0.08
收到其他与投资活动有关的现金	60 493	0.26	—	26.56
投资活动现金流入小计	227 779	0.98	—	100
购建固定资产、无形资产和其他长期资产所支付的现金	243 939	—	1.01	23.84
投资支付的现金	655 420	—	2.72	64.05
取得子公司及其他营业单位支付的现金净额	123 862	—	0.51	12.11
支付的其他与投资活动有关的现金		—	0	0
投资活动现金流出小计	1 023 221	—	4.24	100
投资活动产生的现金流量净额	−795 442	—	—	—
三、筹资活动产生的现金流量				
吸收投资收到的现金	318 354	1.37	—	5.77
其中：子公司吸收少数股东投资收到的现金	318 354	1.37	—	5.77
取得借款收到的现金	4 446 777	19.08	—	80.66
筹资活动现金流入小计	5 512 810	23.65	—	100
偿还债务支付的现金	4 843 026	—	20.08	84.69
分配股利、利润或偿付利息支付的现金	875 549	—	3.63	15.31
其中：子公司支付给少数股东的股利、利润	65 534	—	0.27	1.15
筹资活动现金流出小计	5 718 575	—	23.71	100
筹资活动产生的现金流量净额	−205 765	—	—	—
现金流入总额	23 308 264			
现金流出总额	24 117 084			
四、汇率变动对现金及现金等价物的影响	−2 787			
五、现金及现金等价物净增加/（减少）额	−811 607	—	—	—
加：年初现金及现金等价物余额	5 112 022			
六、年末现金及现金等价物余额	4 300 415	—	—	—

（一）现金流入结构分析

现金流入结构分为总流入结构和内部流入结构。总流入结构是反映企业经营活动的现金流入量、投资活动的现金流入量和筹资活动的现金流入量分别占现金总流入量的比重。内部流入结构反映的是分别在经营活动、投资活动和筹资活动等各项业务活动的现金流入中各自所包含的具体项目构成情况。现金流入结构分析可以明确企业的现金究竟来自何方及增加现金流入应在哪些方面采取措施等。

ABC 股份公司 2×16 年现金流入总量约为 2 330.83 亿元，其中经营活动现金流入量、投资活动现金流入量和筹资活动现金流入量所占比重分别为75.37%、0.98%和23.65%。可见，公司的现金流入量主要是由经营活动产生的。经营活动的现金流入量中"销售商品、提供劳务收到的现金"，投资活动的现金流入量中"收到其他与投资活动有关的现金"，筹资活动的现金流入量中"取得借款收到的现金"分别占其现金流入量的绝大部分比重。

一般来说，企业的现金流入量中，经营活动的现金流入量应当占大部分的比例，特别是其销售商品、提供劳务收到的现金所占比重应明显高于其他的业务活动流入的现金所占的比重。

（二）现金流出结构分析

现金流出结构分为总流出结构和内部流出结构。现金总流出结构是反映企业经营活动的现金流出量、投资活动的现金流出量和筹资活动的现金流出量分别在现金总流出量中所占的比重。内部现金流出结构反映的是分别在经营活动、投资活动和筹资活动等各项业务活动的现金流出中各自所包含的具体项目的构成情况。现金流出结构可以表明企业的现金究竟流向何方及要节约开支应从哪些方面入手等。

ABC股份公司2×16年现金流出总额约为2 411.71亿元，其中经营活动现金流出、投资活动现金流出和筹资活动现金流出所占比重分别为72.05%、4.24%和23.71%。可见，在现金流出总额中经营活动现金流出所占的比重最大，筹资活动现金流出所占比重次之。在经营活动现金流出当中，购买商品、接受劳务支付的现金占53.35%，比重最大；"支付的各项税费"和"支付的其他与经营活动有关的现金"项目占现金总流出总额的比重分别为8.80%和8.46%，占经营活动现金流出比重分别是12.21%和11.75%。由此可见，上述三个项目是现金流出的主要方面。投资活动的现金流出主要来自投资支付的现金，筹资活动的现金流出主要用于偿还债务。当期偿还债务支付的现金占现金流出总额的比重为20.08%，其占筹资活动现金流出的比重为84.69%。

在一般情况下，"购买商品、接受劳务支付的现金"往往要占较大的比重，投资活动和筹资活动的现金流出所占的比重则因企业的投资政策和筹资政策与企业经营状况不同而存在很大的差异。

为了掌握现金流量结构的变动情况，分析人员可将不同时期的现金流量结构进行对比分析。

【随堂小测验8-1】

1.【单选】下列各项中，属于现金流量表的编制基础是（   ）。

    A．权责发生制度　　B．收付实现制　　　C．水平分析法　　　D．结构分析法

2.【多选】下列各项中，属于现金流量表分析目的的有（   ）。

    A．从动态上了解企业现金变动情况和变动原因

    B．对企业偿债能力、支付能力做出评价

    C．对企业的盈利质量做出评价

    D．对企业投资活动和筹资活动做出评价

    E．从静态上了解企业的财务状况和经营成果

3.【多选】下列各项中，属于现金流入结构的有（   ）。

    A．总流入结构　　　　　　　　　　B．经营活动现金流入结构

    C．筹资活动现金流入结构　　　　　D．内部流入结构

    E．外部流入结构

4.【判断】采用水平分析法对现金流量表进行分析，可以揭示本期现金流量与前期或预计现金流量的差异。（　　）

5.【判断】筹资活动现金流量净额今年比上年减少，是因为今年筹资活动现金流出量大于上年筹资活动现金流出量。（　　）

6.【判断】现金流量结构分析通常是对现金流量表进行结构分析，分析方法为垂直分析法。

（　　　）

第二节

经营现金流量分析

经营活动是指企业除投资活动和筹资活动以外的所有交易和事项，是企业取得净利润的主要来源。经营活动产生的现金流量主要反映企业在销售商品、提供劳务、购买商品、接受劳务、支付税收等活动中产生的现金流量状况，反映了企业自身的造血功能，是所有财务报表中最重要的指标之一。经营现金流量分析包括经营现金流入量分析和经营现金流出量分析两大方面。

一、经营现金流入量分析

（一）销售商品、提供劳务收到的现金

该项目反映企业销售商品、提供劳务实际收到的现金（含销售收入和应向购买者收取的增值税销项税额），具体包括本期销售商品、提供劳务收到的现金，以及前期销售商品、提供劳务而在本期收到的现金和本期预收的款项减去本期销售又在本期退回的商品和前期销售而在本期退回的商品支付的现金的余额。此项目是企业现金流入的主要来源，通常具有数额大、所占比例高的特点，将其与利润表中的营业收入项目相对比，可以判断企业销售收现情况。若两者相差不大，说明企业会计账面上的收入额已经有效、及时地转成了实际现金的流入，对应收账款的管理也比较有效，这样企业未来的经营活动就有保障。由表 8-2 和表 8-3 可知，ABC 股份公司 2×16 年销售商品、提供劳务收到的现金约为 1 534.37 亿元，占现金流入总量的 65.83%，占经营活动产生现金流入量的 87.34%，是企业现金流入的主要来源；2×16 年销售商品、提供劳务收到的现金增加了 373.39 亿元，增长率为 32.15%。根据公司 2×16 年的利润表提供的信息可知，2×16 年 ABC 股份公司营业收入为 1 354.19 亿元，与 2×15 年相比，营业收入增长率为 31.33%，略低于企业销售商品、提供劳务收到的现金的增长率，说明企业销售收现情况良好。可见，ABC 股份公司 2×16 年销售商品、提供劳务收到的现金项目在现金流量表中具有数额大，增长率高，在现金流入总量中所占比重高的特点，说明公司总体收现率较高，产品定位准确，适销对路，已形成卖方市场的良好经营环境。

（二）收到的税费返还

该项目反映企业收到返还的增值税、所得税、消费税、关税和教育费附加等各种税费。此项目通常数额不大，对经营活动现金流入量影响也不大。ABC 股份公司 2×16 年没有涉及收到的税费返还项目。

（三）收到其他与经营活动有关的现金

该项目反映企业除上述各项目外，收到的其他与经营活动有关的现金，如罚款收入、经营租赁固定资产收到的现金、投资性房地产收到的租金收入、流动资产损失中个人赔偿的现金收入、除税费返还外的其他政府补助收入等其他与经营活动有关的现金流入金额，金额较大的应当单独列示。此项目不具有稳定性，数额不应过多。但 ABC 股份公司 2×16 年经营现金流入量中收到的其他与经营活动有关的现金相比 2×15 年有大幅度的增加，其变动状况如表 8-4 所示。

表8-4　　　　　ABC 股份公司 2×16 年收到的其他与经营活动有关的现金水平分析表　　　　单位：万元

项目	2×16 年	2×15 年	增减额	增减率（％）
按政策允许收取的购房诚意金	526 321.56	201 901.77	324 419.79	160.68
收到联合营公司及集团外部单位往来款项	1 697 646.79	346 156.86	1 351 489.93	390.43
合计	2 223 958.35	548 058.63	1 675 899.72	305.79

由表 8-4 可知，ABC 股份公司 2×16 年收到的其他与经营活动有关的现金为 222.40 亿元，占现金流入总量的 9.54%，占经营活动产生现金流入量的 12.66%，比例偏高。其中，按政策允许收取的购房诚意金为 52.63 亿元，比 2×15 年增加了 32.44 亿元，增长率为 160.68%；收到联合经营公司及集团外部单位往来款项为 169.77 亿元，比 2×15 年增加了 135.15 亿元，增长率为 390.43%。可见，收到联合经营公司及集团外部单位往来款项的大幅度增加是 ABC 股份公司 2×16 年收到的其他与经营活动有关的现金比例偏高的主要原因。

二、经营现金流出量分析

（一）购买商品、接受劳务支付的现金

该项目反映企业本期购买材料、商品、接受劳务实际支付的现金（包括增值税进项税额），以及本期支付前期购买商品、接受劳务的未付款项和本期预付款项。本期发生的购货退回收到的现金应从本项目中减去。该项目应是企业现金流出的主要方向，通常具有数额大、所占比重大的特点。将其与利润表的营业成本相比较，可以判断企业购买商品付现率的情况，借此可以了解企业资金的紧张程度或企业的商业信用情况，从而可以更加清楚地认识到企业目前所面临的财务状况如何。

由表 8-2 和表 8-3 可知，ABC 股份公司 2×16 年为购买商品、接受劳务支付的现金为 1 286.57 亿元，占现金流出总量的 53.35%，占经营活动产生现金流出量的 74.05%，是企业现金流出的主要方向；ABC 股份公司 2×16 年购买商品、接受劳务支付的现金较 2×15 年增加 413.33 亿元，增长率为 47.33%。将该项目与 2×16 年利润表中营业成本对比可知，ABC 股份公司 2×16 年营业成本为 927.98 亿元，营业成本增长率为 41.85%，可见 ABC 股份公司 2×16 年购买商品、接受劳务付现情况良好，支付能力较强，具有较好的信用情况和财务状况。

（二）支付给职工以及为职工支付的现金

该项目反映企业实际支付给职工以及为职工支付的现金，包括企业为获得职工提供的服务而在本期实际给予的各种形式的报酬以及其他相关支出，如支付给职工的工资、奖金、各种津贴和补贴等，以及为职工支付的其他费用。该项目是企业现金流出的一个经常性项目，金额通常波动不大。

值得注意的是，该项目不包括支付给在建工程人员的工资。企业支付的在建工程人员的工资，在"购建固定资产、无形资产和其他长期资产所支付的现金"项目中反映。

企业为职工支付的医疗、养老、失业、工伤、生育等社会保险基金、补充养老保险、住房公积金、企业为职工缴纳的商业保险金、因解除与职工劳动关系给予的补偿、现金结算的股份支付，以及企业支付给职工或为职工支付的其他福利费用等，应根据职工的工作性质和服务对象，分别在"购建固定资产、无形资产和其他长期资产所支付的现金"和"支付给职工以及为职工支付的现金"项目中反映。

ABC 股份公司 2×16 年支付给职工以及为职工支付的现金为 34.72 亿元，相比 2×15 年增加了 5.64 亿元，增长率为 19.38%，占现金流出总量的比重为 1.44%，占经营活动产生现金流出量的 2%。

（三）支付的各项税费

该项目反映企业按规定支付的各项税费，包括本期发生并支付的税费，以及本期支付以前各期

发生的税费和预交的税金，如支付的增值税、消费税、所得税、教育费附加、印花税、房产税、土地增值税、车船使用税等。计入固定资产价值、实际支付的耕地占用税，以及本期退回的增值税和所得税除外。

ABC股份公司2×16年支付的各项税费为212.14亿元，相比2×15年增加了31.32亿元，增长率为17.32%，占现金流出总量的比重为8.80%，占经营活动产生现金流出量的12.21%。

（四）支付其他与经营活动有关的现金

该项目反映企业除上述各项目外，支付的其他与经营活动有关的现金，如罚款支出，支付的差旅费、业务招待费、保险费，经营租赁支付的现金等。其他与经营活动有关的现金，如果有金额较大的，应单列项目反映。该项目主要与利润表的销售费用、管理费用以及营业外支出等项目相对应。此项目和收到其他与经营活动有关的现金项目相似，不具有稳定性，数额不应过多。但ABC股份公司2×16年经营现金流出量中支付的其他与经营活动有关的现金相比2×15年有大幅度的增加，其变动状况如表8-5所示。

表8-5　　　　　ABC股份公司2×16年收到的其他与经营活动有关的现金水平分析表　　　　　单位：万元

项目	2×16年	2×15年	增减额	增减率（%）
经营租赁所支付的现金	8 819.97	8 538.45	281.52	3.30
支付的各种保证金、押金	502 467.73	96 114.12	206 353.61	69.69
支付代垫费用	94 793.43	24 006.19	70 787.24	294.87
支付联合营公司及集团外部单位往来款项	1 434 850.58	26 278.28	808 572.30	129.11
合计	2 040 931.70	54 937.04	1 085 994.66	113.72

由表8-5所知，ABC股份公司2×16年支付的其他与经营活动有关的现金为204.09亿元，相比2×15年增加了108.60亿元，增长率为113.72%，占现金流出总量的比重为8.46%，占经营活动产生现金流出量的11.75%。根据2×16年利润表信息，公司当年销售费用、管理费用和营业外支出三个项目的合计金额为69.57亿元，与该项目差异的主要原因是2×16年支付的各种保证金及押金、支付代垫费用和支付联合经营公司及集团外部单位往来款项增加等。

综上所述，ABC股份公司2×16年由于经营活动现金的流出量增加额大于流入量的增加额，致使经营活动现金流量有明显减少。2×16年经营活动产生的现金流量净额较2×15年减少了18.02亿元，降低率为48.37%。

【随堂小测验8-2】

1.【单选】下列各项中，不属于经营活动现金流出中支付各项税费的是（　　　）。

　　A．增值税　　　　　　　　　　　　B．消费税

　　C．土地增值税　　　　　　　　　　D．计入固定资产的耕地占用税

2.【单选】下列各项中，不属于支付给职工以及为职工支付的现金的是（　　　）。

　　A．支付在建工程人员的工资　　　　B．奖金

　　C．津贴　　　　　　　　　　　　　D．补贴

3.【多选】下列各项中，属于企业经营现金流出量分析重点的有（　　　）。

　　A．购买商品、接受劳务支付的现金　　B．支付给职工以及为职工支付的现金

　　C．支付的各项税费　　　　　　　　　D．支付其他与经营活动有关的现金

　　E．为购买固定资产支付的资本化利息

4.【多选】下列各项中，属于支付其他与经营活动有关的现金的有（　　　）。

A．罚款支出   B．购买原材料支出

C．业务招待费   D．保险费

E．经营租赁支付的租金

5．【判断】经营活动是指企业从事的与生产销售相关的交易和事项。   （ ）

6．【判断】销售商品、提供劳务收到的现金反映企业销售商品、提供劳务收到的现金，但是不包含销售收入和应向购买者收取的增值税销项税额。   （ ）

第三节 现金流量与利润综合分析

一、经营活动现金流量净额与净利润关系分析

利润表是按照权责发生制编制的，而现金流量表是按照收付实现制来编制的，两者所反映的经济活动相同，但反映的角度不同。与净利润有关的交易或者事项不一定涉及现金，如计提的资产减值准备等；与净利润有关的交易或者事项不一定都与经营活动有关，如财务费用等；有些交易或者事项虽然与净利润没有直接关系，但属于经营活动，如用现金购买原材料。因此，造成企业净利润与经营活动产生的现金流量净额可能在某一期间并不协调一致。但从长期来看，二者反映的累计结果应该趋于一致，即净利润和经营活动产生的现金流量在一段很长时间内的累计结果应该趋于一致。

如果利润表显示企业盈利，而经营活动现金流量项目中现金流入不多，就说明企业的经营收入并未全部变成现金，其资金运转缺乏效率。

会计准则要求企业应当采用间接法在现金流量附注中披露将净利润调节为经营活动现金流量的信息。这种思路是以净利润为出发点，通过对若干项目的调整，最终计算确定经营活动产生的现金流量净额的一种方法。采用间接列报法将净利润调节为经营活动的现金流量净额时，主要需要调整四大类项目：（1）实际没有支付现金的费用；（2）实际没有收到现金的收益；（3）不属于经营活动的损益；（4）经营性应收应付项目的增减变动。

净利润和经营活动产生的现金流量净额之间的关系，可用公式表示，公式如下所示。

经营活动现金流量净额=净利润+实际没有支付现金的费用和损失−实际没有收到现金的收益+不涉及经营活动的费用和损失−不涉及经营活动的收益+非现金流动资产的减少−非现金流动资产的增加+流动负债的增加−流动负债的减少

经营活动现金流量净额和利润关系的分析，可以揭示企业从净利润到经营活动现金流量净额的变化过程。如果要分析企业的财务变动和盈利质量状况，那么对二者进行趋势分析就是十分必要的。ABC 股份公司 2×12—2×16 年净利润与经营活动现金流量净额数据，以及两者在这五年的变动趋势状况，如表 8-6 和图 8-2 所示。

表 8-6   ABC 股份公司 2×12—2×16 年净利润与经营活动现金流量净额数据表   单位：万元

年度	2×12	2×13	2×14	2×15	2×16
净利润	643 000.75	883 961.05	1 159 960.62	1 566 258.84	1 829 754.99
经营活动现金流量净额	925 335.13	223 725.55	338 942.46	372 595.85	192 386.89

从表 8-6 可知，ABC 股份公司 2×12—2×16 年连续五年内的经营活动现金流量净额和净利润均为正值，说明其盈利能力较强并有相应的现金流入。从图 8-2 可以看出，ABC 股份公司经营活动现金流量净额的波动幅度要小于净利润的波动幅度。2×12—2×16 年这五年当中有四年经营活动现金流量净额低于净利润的金额。从数据变化趋势来看，净利润逐年上升，但经营活动现金流量净额却波动起

伏，呈下降的趋势，且经营活动现金流量净额与净利润比值小于 1，说明净利润的"含金量"从 2×12 年开始有较大幅度下降，经营活动造血功能的优势逐渐下降，利润质量不稳定，不利于企业长远发展。

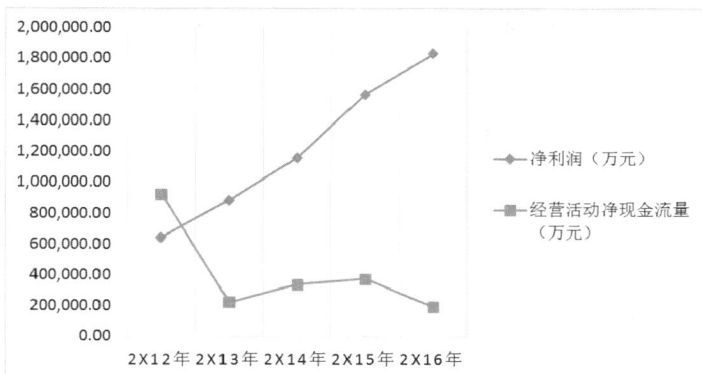

图 8-2   ABC 股份公司 2×12—2×16 年经营活动现金流量净额与净利润趋势分析图

二、现金流量表附表主要项目分析

现金流量表附表是采用间接法报告经营活动产生的现金流量，它是在企业当期净利润的基础上进行某些项目的调整，从而得到经营活动的现金流量净额。ABC 股份公司 2×16 年和 2×15 年将净利润调节为经营活动现金流量净额的资料，如表 8-7 所示。

表 8-7 　　　　　　　　　ABC 股份公司将净利润调节为经营活动的现金流量　　　　　　　　　单位：万元

项目	2×16 年	2×15 年	变动额	变动率（%）
净利润	1 829 754.99	1 566 258.84	263 496.15	16.82
加：资产减值损失	6 015.34	8 381.83	-2 366.49	-28.23
固定资产及投资性房地产的折旧	15 344.43	15 456.51	-112.08	-0.73
无形资产及长期待摊费用摊销	2 579.12	2 805.59	-226.47	-8.07
处置固定资产的净损失（收益）	447.47	467.06	-19.59	-4.19
公允价值变动损失（收益）	57.20	871.92	-814.72	-93.44
财务费用（收益）	89 171.51	76 475.72	12 695.79	16.60
投资损失（收益）	-100 518.78	-92 868.80	-7 649.98	8.24
递延所得税资产减少（增加）	-47 210.21	-71 398.16	24 187.95	33.88
递延所得税负债增加（减少）	-6 080.75	-10 259.97	4 179.22	40.73
存货的减少（增加）	-7 579 827.80	-3 887 039.17	-3 692 788.63	95.00
本年股权激励摊销	3 581.41	8 823.09	-5 241.68	-59.41
经营性应收项目的减少（增加）	-1 445 972.97	-1 480 659.35	34 686.38	2.34
经营性应付项目的增加（减少）	7 425 045.92	4 235 280.72	3 189 765.20	75.31
经营活动产生的现金流量净额	192 386.89	372 595.85	-180 208.96	-48.37

由表 8-7 可知，ABC 股份公司 2×16 年净利润约为 182.98 亿元，而其在这一期间内的经营活动净现金流量约为 19.24 亿元。形成这种差距的主要原因包括：第一，不减少现金的经营性费用包括资产减值损失、固定资产及投资性房地产的折旧、无形资产及长期待摊费用摊销合计 2.39 亿元；第二，非经营性费用包括公允价值变动损失、财务费用和本年股权激励摊销合计 8.09 亿元；第三，非经营性收入包括处置固定资产的净损失和投资收益合计 10.01 亿元；第四，非现金流动资产的增加包括递延所得税资产增加、存货的增加和经营性应收项目的增加合计 907.30 亿元；第五，流动负债的增加包括递延所得税负债增加和经营性应付项目的增加合计 422.50 亿元。

（一）资产减值准备项目分析

资产减值准备项目反映企业当期计提扣除转回的减值准备，包括坏账准备、存货跌价准备、投资性房地产减值准备、长期股权投资减值准备、持有至到期投资减值准备、固定资产减值准备、在建工程减值准备、工程物资减值准备、生物性资产减值准备、无形资产减值准备、商誉减值准备等。企业当期计提和按规定转回的各项资产减值准备，包括在利润表中，属于利润的减除项目，但没有发生现金流出。所以，在将净利润调节为经营活动现金流量时，需要加回。ABC股份公司2×16年资产减值准备为6 015.34万元，比2×15年减少了2 366.49万元，降低率为28.23%，在资产减值准备中主要是坏账损失。2×16年存货跌价损失转回704.80万元，导致营业利润增加，对企业营业利润做出了贡献。

（二）固定资产折旧、油气资产折耗、生产性生物资产折旧项目分析

企业计提的固定资产折旧，有的包括在管理费用中，有的包括在制造费用中。计入管理费用中的部分，作为期间费用在计算净利润时从中扣除，但没有发生现金流出，在将净利润调节为经营活动现金流量时，需要予以加回。计入制造费用中的已经变现的部分，在计算净利润时通过营业成本予以扣除，但没有发生现金流出；计入制造费用中的没有变现的部分，既不涉及现金收支，也不影响企业当期净利润。由于在调节存货时，已经从中扣除，在此处将净利润调节为经营活动现金流量时，需要予以加回。同理，企业计提的油气资产折耗、生产性生物资产折旧，也需要予以加回。ABC股份公司2×16年固定资产及投资性房地产的折旧为15 344.43万元，比2×15年减少了112.08万元，降低率为0.73%，变动幅度不大。

（三）无形资产摊销、长期待摊费用摊销项目分析

企业对使用寿命有限的无形资产计提的摊销计入管理费用或制造费用。长期待摊费的摊销，有的计入管理费用，有的计入销售费用，有的计入制造费用。计入管理费用等期间费用和计入制造费用中的已变现的部分，在计算净利润时已从中扣除，但没有发生现金流出；计入制造费用中的没有变现的部分，在调节存货时已经从中扣除，但不涉及现金收支，所以，在此处将净利润调节为经营活动现金流量时，需要予以加回。ABC股份公司2×16年无形资产及长期待摊费用摊销为2 579.12万元，比2×15年减少了226.47万元，降低率为8.07%。

综上所述，这三个项目均属于实际没有支付现金的费用和损失项目，在计量过程中需要运用的会计职业判断会比较多，会计灵活性也比较大。所以对于金额较大、变化显著的项目应结合财务报表附注中的内容、相关会计政策以及其他主表进行详细分析，以判断是否存在操纵会计利润的行为。

（四）处置固定资产、无形资产和其他长期资产的损益项目分析

企业处置固定资产、无形资产和其他长期资产发生的损益，属于投资活动产生的损益，不属于经营活动产生的损益，所以，在将净利润调节为经营活动现金流量时，需要予以剔除。若为损失，在将净利润调节为经营活动现金流量时，应当加回；若为收益，在将净利润调节为经营活动现金流量时，应当扣除。ABC股份公司在2×16年处置固定资产的净损失为447.47万元，比2×15年减少了19.59万元，降低率为4.19%。

（五）固定资产报废损失项目分析

企业发生的固定资产报废损益，属于投资活动产生的损益，不属于经营活动产生的损益，所以，在将净利润调节为经营活动现金流量时，需要予以剔除。若为净损失，在将净利润调节为经营活动现金流量时，应当加回；若为净收益，在将净利润调节为经营活动现金流量时，应当扣除。ABC股份公司在2×16年没涉及固定资产报废损失项目。

（六）公允价值变动损失

公允价值变动损失反映企业交易性金融资产、投资性房地产等公允价值变动形成的应计入当期

损益的利得或损失。企业发生的公允价值变动损益，通常与企业的投资活动或筹资活动有关，而且并不影响企业当期的现金流量。为此，应当将其从净利润中剔除。本项目可以根据"公允价值变动损益"科目的发生额进行分析填列。若为持有损失，在将净利润调节为经营活动现金流量时，应当加回；若为持有利得，在将净利润调节为经营活动现金流量时，应当扣除。ABC 股份公司 2×16 年公允价值变动损失 57.20 万元，比 2×15 年减少了 814.72 万元，降低率为 93.44%。

（七）财务费用项目分析

企业发生的财务费用中不属于经营活动的部分，应当在将净利润调节为经营活动现金流量时将其加回。属于经营活动产生的财务费用，若既影响净利润又影响经营活动现金流量，如到期支付应付票据的利息，则不需要对其进行调整；属于投资活动和筹资活动产生的财务费用，如长期借款利息，只影响净利润，不影响经营活动现金流量，应在净利润的基础上对其进行调整。ABC 股份公司在 2×16 年财务费用为 89 171.51 万元，比 2×15 年增加了 12 695.79 万元，增长率为 16.60%。

（八）投资损益项目分析

企业发生的投资损益，是由投资活动所引起的，与经营活动无关。所以，在将净利润调节为经营活动现金流量时，需要予以剔除。若为净损失，在将净利润调节为经营活动现金流量时，应当加回；若为净收益，在将净利润调节为经营活动现金流量时，应当扣除。ABC 股份公司 2×16 年投资收益为 1 005 198.78 万元，比 2×15 年减少了 7 649.98 万元，降低率为 8.24%。

（九）递延所得税资产项目分析

递延所得税资产减少使计入所得税费用的金额大于当期应缴纳的所得税金额，其差额没有发生现金流出，但在计算净利润时已经扣除，在将净利润调节为经营活动现金流量时，应当加回。递延所得税资产增加使计入所得税费用的金额小于当期应缴纳的所得税金额，二者之间的差额并没有发生现金流入，但在计算净利润时已经包括在内，在将净利润调节为经营活动现金流量时，应当扣除。ABC 股份公司 2×16 年递延所得税资产增加了 47 210.21 万元，比 2×15 年增加了 24 187.95 万元，增长率为 33.88%。

（十）递延所得税负债项目分析

递延所得税负债增加使计入所得税费用的金额大于当期应缴纳的所得税金额，其差额没有发生现金流出，但在计算净利润时已经扣除，在将净利润调节为经营活动现金流量时，应当加回。如果递延所得税负债减少使计入当期所得税费用的金额小于当期应缴纳的所得税金额，其差额并没有发生现金流入，但在计算净利润时已经包括在内，则在将净利润调节为经营活动现金流量时，应当扣除。ABC 股份公司 2×16 年递延所得税负债减少了 6 080.75 万元，比 2×15 年增加了 4 179.22 万元，增长率为 40.73%。

（十一）存货项目分析

期末存货比期初存货少，说明本期生产经营过程耗用的存货有一部分是期初的存货，耗用这部分存货并没有发生现金流出，但在计算净利润时已经扣除，所以，在将净利润调节为经营活动现金流量时，应当加回。期末存货比期初存货多，说明当期购入的存货除供耗用外，还剩余了一部分，这部分存货也发生了现金流出，但在计算净利润时没有包括在内，所以，在将净利润调节为经营活动现金流量时，需要扣除。ABC 股份公司 2×16 年存货增加了 7 579 827.80 万元，比 2×15 年减少了 3 692 788.63 万元，降低率为 95%。

（十二）股权激励摊销项目分析

企业股权激励的摊销，计入管理费用，在计算净利润时已从中扣除，但没有发生现金流出。所以，在此处将净利润调节为经营活动现金流量时，需要予以加回。ABC 股份公司 2×16 年股权激励摊销为 3 581.41 万元，比 2×15 年减少了 5 241.68 万元，降低率为 59.41%。

（十三）经营性应收项目分析

经营性应收项目包括应收票据、应收账款、预付账款、长期应收款和其他应收款中与经营活动有关的部分，以及应收的增值税销项税额等。经营性应收项目期末余额小于经营性应收项目期初余额，说明本期收回的现金大于利润表中所确认的销售收入，所以，在将净利润调节为经营活动现金流量时，需要加回。经营性应收项目期末余额大于经营性应收项目期初余额，说明本期销售收入中有一部分没有收回现金，但是，在计算净利润时这部分销售收入已包括在内，所以，在将净利润调节为经营活动现金流量时，需要扣除。ABC 股份公司 2×16 年经营性应收项目增加了 1 445 972.97 万元，比 2×15 年增加了 34 686.38 万元，增长率为 2.34%。

（十四）经营性应付项目分析

经营性应付项目包括应付票据、应付账款、预收账款、应付职工薪酬、应交税费、应付利息、长期应付款、其他应付款中与经营活动有关的部分，以及应付的增值税进项税额等。经营性应付项目期末余额大于经营性应付项目期初余额，说明本期购入的存货中有一部分没有支付现金，但是，在计算净利润时却通过销售成本包括在内，在将净利润调节为经营活动现金流量时，需要加回；经营性应付项目期末余额小于经营性应付项目期初余额，说明本期支付的现金大于利润表中所确认的销售成本，在将净利润调节为经营活动产生的现金流量时，需要扣除。ABC 股份公司 2×16 年经营性应付项目增加了 7 425 045.92 万元，比 2×15 年增加了 3 189 765.20 万元，增长率为 75.31%。

【案例 8-1】

泛海建设集团净利润和经营性现金流量的反差

泛海建设集团股份有限公司（股票代码为"000046"）成立于1989年，公司为房地产综合开发企业，经营范围为：承办国内外投资开发项目，经营房地产业务及物业管理；投资兴办实业（具体项目另行申报）；资产管理；建筑设备、建筑装饰材料的购销。2013年，公司营业收入达59.4亿元，较2012年增长33.57%，净利润总计11.8亿元，但是经营活动产生的现金流量净额却为-28.3亿元。泛海建设2007—2016年净利润与经营性现金流量对比状况，如表8-8所示。

表 8-8　　　　　泛海建设集团净利润与经营活动产生的现金流量净额对比表　　　　　　单位：万元

会计期间	净利润	经营活动产生的现金流量净额	净利润含金量（%）
2007 年	65 070.94	176 183.44	270.76
2008 年	20 890.23	−25 405.60	−121.61
2009 年	39 040.19	−153 562.20	−393.34
2010 年	11 948.73	−242 610.61	−2 030.43
2011 年	24 547.46	−134 110.15	−546.33
2012 年	77 804.82	−170 608.38	−219.28
2013 年	117 903.31	−282 590.03	−239.68
2014 年	166 426.89	72 778.37	43.72
2015 年	236 645.59	−17 863.43	−7.55
2016 年	305 696.87	−1 522 914.06	−4.98
合计	1 065 975.03	−2 300 702.65	−215.83

净利润持续同经营性现金流量出现巨大反差属于典型的"纸面富贵"，但是这种"富贵"难以为继。由表 8-8 可知，2007 年泛海建设集团报告了 65 070.94 万元的净利润，同时其经营活动产生的现金流量净额为 176 183.44 万元，据此可以看出在 2007 年泛海建设的净利润含金量是比较高的。然而，

从 2008 年开始，泛海建设集团的净利润和经营性现金流量出现了持续性的反差。从 2008 年到 2010 年，泛海建设集团的净利润一直处于较低水平，且它的经营性现金流量净额一直都在大幅度减少。特别是 2010 年，在公司取得 11 948.73 万元净利润的同时，经营性现金流量居然产生了-242 610.61 万元。之后，从 2010 年至 2016 年，泛海建设集团的净利润出现了持续上升的局面，净利润的持续上升看似代表着公司的盈利能力在不断上升，但是反观经营性现金流量，我们可以看到，除了 2014 年经营活动产生的现金流量净额为正以外，其他年份均为负值，且基本呈持续下降的趋势。因此，虽然公司从净利润的角度看取得了一定的业绩，但它的净利润含金量一直处于较低的状态，公司的盈利质量堪忧。

三、经营活动现金流量净额阶段性分析

如同自然人一样，一个行业、一个企业和一种产品都要经历 "萌芽—成长—成熟—衰退" 的生命周期。生命周期理论是分析现金流量的重要工具。在不同的生命周期阶段，经营活动产生的现金流量净额的表现各不相同。

经营活动净流量阶段性分析及其评价结果，如表 8-9 所示。

表 8-9　　　　　　　　　　　经营活动净流量阶段性分析评价表

经营活动现金流量净额	萌芽期	成长期	成熟期	衰退期
经营活动现金流量净额小于零	正常	长期持续该状态说明回笼现金的能力很差		很差
经营活动现金流量净额等于零	中等	长期持续该状态说明回笼现金的能力很差		一般
经营活动现金流量净额大于零但不足以补偿当期的非现金消耗性成本	较好	长期持续该状态仍然不能给予较高评价		较好
经营活动现金流量净额大于零并恰能补偿当期的非现金消耗性成本	好	较好	好	好
经营活动现金流量净额大于零并在补偿当期的非现金消耗性成本后仍有剩余	很好	很好	很好	很好

【随堂小测验 8-3】

1．【单选】企业采用间接法是以（　　　　）为出发点，通过对若干项目的调整，最终计算确定经营活动产生的现金流量净额的一种方法。

A．净利润　　　　　B．利润总额　　　　　C．营业利润　　　　　D．现金流量净量净额

2．【多选】采用间接列报法将净利润调节为经营活动的现金流量净额时，主要需要调整（　　　　）。

A．支付现金的费用　　　　　　　　B．实际没有收到现金的收益

C．不属于经营活动的损益　　　　　D．经营性应收应付项目的增减变动

E．不影响经营活动现金流量净额的其他变动

3．【判断】与净利润有关的交易或者事项不一定涉及现金。　　　　　　　　　　　（　　　）

4．【判断】与净利润有关的交易或者事项不一定都与经营活动有关，如财务费用等。　　（　　　）

第四节 现金流量的项目质量分析

通常情况下，财务报表使用者可能会认为，与利润表相比现金流量表与资产负债表在现金与现金等价物上具有严密的钩稽关系，具有可验证性。此外，现金流量表能够全面地反映企业产生现金

流量的能力并揭示现金流量所描述的本质，因此该表反映的内容比较客观。但实践证明，与利润表一样，现金流量表也可以被操纵，甚至出现造假。

一、调整经营活动现金流量结构、方向和规模

（一）夸大经营活动现金流入量而减少现金流出量

为了使经营活动的现金流量净额大于零，上市公司往往采用夸大经营活动现金流入量中的"销售商品、提供劳务收到的现金"项目的金额，同时减少经营活动现金流出量中的"购买商品、接受劳务支付的现金"项目金额的做法，从而为获得表现为正值的经营活动现金净流量奠定基础。因此，企业可能有意地压缩期末库存，推迟购货，以减少现金流出量；提前收回期末尚未到期的应收账款；推迟支付期末到期的应付账款等。

（二）将本属于非正常的资金流出归入"购买商品、接受劳务支付的现金"

在企业经营活动现金流出结构不够合理、如实披露会有"不务正业"之嫌的情况下，若因各种原因导致"其他与经营活动有关的现金流出"规模较大时，上市公司往往选择将本应属于"其他与经营活动有关的现金流出"的现金流出量，直接划归到"购买商品、接受劳务支付的现金"之列，从而使得企业现金流出量表现得更"务正业"，支出得更合情理。虽然这样不会影响经营活动现金流量总额，但现金流量的结构会变得更加好看。

二、混淆现金流量的分类

（一）将本属于"经营活动支付的现金"项目归于"投资支付的现金"项目

在企业经营活动现金流出结构不合理、现金流入规模较低，如实披露会出现"入不敷出"的状况下，上市公司往往选择将本应属于经营活动的现金流出，归入"投资活动的现金流出"之列，从而使得企业经营活动现金流量净额大于零。

（二）混淆经营活动和筹资活动产生的现金流量

企业将应收票据向银行贴现所得到的现金流量，是划分为经营活动的现金流量，还是划分为筹资活动产生的现金流量？企业往往运用这种方法实现对经营性现金流量的操纵。企业为了掩饰筹资行为的实质，往往用有追索权的应收票据向银行贴现。这种行为从表面看是票据贴现，列入经营活动现金流入；实质上它是一种短期的抵押贷款，应列入筹资活动现金流入。为此，财政部财会〔2004〕3 号文件规定，对于附有追索权的应收票据贴现，由原来的作为或有负债予以披露改作视为以应收票据取得质押借款，按收到的款项确认银行借款。其相应地所产生的现金流，不再列入经营活动产生的现金流量，而列入筹资活动收到的现金。在此之前，大部分企业将应收票据贴现获得的现金流量划分到经营活动产生的现金流量。

三、结合其他报表项目共同操纵

（一）虚构交易，同时增加经营活动的现金流入和投资活动的现金流出

某些企业为了操纵经营活动的现金流量，不惜导演一场虚构收入的同时又制造虚假投资的游戏。它一方面通过虚构营业收入，粉饰利润表，从而增加经营活动的现金流入；另一方面又通过虚假投资，将虚增的现金消化掉，使得企业不需要付出任何代价就同时增加了经营活动的现金流入和投资活动的现金流出。这样不仅造成了企业经营活动具有很强的创造现金的能力、投资活动积极、企业

致力于发展和扩张的假象，而且还会让信息使用者误以为企业的投资都是依靠自我发展积累形成的。如果不深入分析相关交易的合理性和具体的账务处理，以及各财务报表主表之间的关系，只看现金流量表，对于这种具有很大隐蔽性和欺骗性的操纵手段，很难发现。

（二）调整应付账款的支付期限

通过调整财务政策可以操纵现金流量，比较常见的方式就是延长向供货商支付货款的期限，从而减少会计期间内的经营性现金支付，进而改善经营活动产生的现金净流量。从某种意义来说，这不失为一种良好的经营管理手段。但是这种利用延长支付期限来改善现金流的方法，一般只能奏效一次。之后，公司只有通过不断提高营业能力来获得持续增长的现金流。

【随堂小测验8-4】

1.【单选】附有追索权的应收票据贴现产生的现金流量，应当列报于现金流量表的（　　）项目。

    A．经营活动现金流入   B．投资活动现金流入

    C．筹资活动现金流入   D．投资活动现金流出

2.【多选】下列各项中，属于现金流量操纵的有（　　）。

    A．将本属于非正常的资金流出归入"其他与经营活动有关的现金流出"

    B．混淆经营活动和筹资活动产生的现金流量

    C．夸大经营活动现金流入量而减少现金流出量

    D．虚构交易，同时增加经营活动的现金流入和投资活动的现金流出

    E．冲回线路成本，夸大资本支出

3.【判断】现金流量表能够全面地反映企业产生现金流量的能力并揭示现金流量所描述的本质，因此该表反映的内容比较客观。   （　　）

拓展阅读

现金流量数据的
优缺点探析

思考与练习

1．现金流量表分析的目的是什么？

2．如何进行现金流量表结构分析？

3．经营活动现金流量与净利润之间存在什么样的关系？

4．如何评价经营活动净现金流量的变化？

5．现金流量表附表分析主要从哪些项目入手？

案例分析

成城集团股份退市案例分析

2017年3月13日，中国证监会对吉林成城集团股份有限公司前董事长成清波、徐才江下达了市场禁入决定书。这也许是成城集团在中国证券市场投资者面前的最后一次亮相，因为2011年至2013年，成城股份一共存在7起重大诉讼、仲裁事项，未及时披露，也未在相应定期报告中予以披露，如今已面临退市风险。管理层财务舞弊产生虚假信息导致广大投资者遭受损失的悲剧再次惨痛上演。

经查实，2012年成城股份通过伪造虚假的银行扣税凭证，设计与深圳中技、深圳市龙源聚科技有限公司（以下简称深圳龙源聚）、深圳市卓展电子技术开发有限公司（工商登记资料显示，2012年11月13日，其法定代表人变更为徐才江，以下简称深圳卓展电子）等多家公司之间资金的闭合循环，完成此次虚假交易的资金流转，意图做实交易事项，虚增2012年度"其他业务收入"18 444万元，占当年营业收入3.53亿元的52.25%；虚增2012年度"其他业务利润"5 264.6万元，占当年利润总额3 528万元的149.22%；虚增2012年度净利润3 948.45万元（成城股份当年所得税税率为25%，除去所得税影响金额），占当年净利润2 259.4万元的174.76%，追溯调整后2012年度成城股份由盈利2 259.4万元转为亏损1 689.05万元。

其实成城股份盈利质量的恶化讯号早已在报表中出现。根据成城股份的财务报表，2012年，成城股份实现净利润22 773 453.56元，但是本年获得经营活动经营净现金流量为-113 375 938元，明显均表现为"纸面富贵"。而在2012年之后，企业的业绩大幅下降，净利润连续两年为负，并且亏损额较大，而在之后的2015年，虽然企业的净利润与经营活动产生的现金流量净额均为正值，但是2015年经营活动产生的现金流量净额不到400万元，相对于公司的规模而言，公司的"造血"功能明显不足。成城股份净利润与经营活动产生的现金流量净额的对比如表8-10所示。

表8-10　　　　　　　2012—2015年成城股份净利润与经营活动现金流量对比表　　　　　　　单位：元

会计期间	净利润	经营活动产生的现金流量净额	净利润含金量（%）
2015年	28 846 798.03	3 897 822.53	13.51
2014年	-347 633 820.9	2 233 948.61	-0.64
2013年	-136 768 013.1	79 038 943.35	-57.79
2012年	22 773 453.56	-113 375 938	-497.84
合计	-432 781 582.5	-28 205 223.51	6.52

以收付实现制为基础编制的现金流量表，被人们比作"利润的测谎仪"。因为净利润持续高于经营活动产生的现金流量净额很可能得出两种结果：其一，销售是真实的，但没有收回现金，存在现金回收风险；其二，销售是虚构的，所以何来现金？成城股份则属于第二种情况。现金被喻为企业的血液。只有现金循环周转顺畅，企业才能焕发勃勃生机。经营活动产生现金流量的能力是企业自身的造血功能，如果企业无法持续产生充足的经营现金流量，需要不断地筹资来填补资金缺口，必然会遭遇资金链断裂的厄运。成城股份退市的事件很直观地向我们展示了这个道理。

根据案例资料请思考以下问题。成城股份的净利润与现金流量对比能够说明什么问题？如何通过现金流量检验净利润的质量？成城股份实施的财务造假在现金流量表上有何体现？净利润与经营活动现金流量净额之间存在怎样的关系？如果净利润与经营活动现金流量净额之间产生巨大反差，可能是什么原因？

第三篇

效率分析篇

第九章 财务效率综合分析体系

【学习目标】
- 熟悉财务效率综合分析的内涵和作用
- 掌握财务效率综合分析指标体系的构建思路
- 掌握杜邦财务比率分析体系的内涵及应用
- 熟悉杜邦财务比率分析体系的优势及不足
- 掌握帕利普财务比率分析体系的内涵及应用
- 熟悉现行财务综合分析指标体系的不足
- 掌握财务综合分析指标体系的应用

【关键词】 效率　财务效率　技术效率　经济效率　杜邦财务分析体系　帕利普财务分析体系　资本增值　资本经营贡献率

【引导案例】

哈药集团2011—2015年财务状况分析

哈药集团有限公司（以下简称哈药集团）是国有控股的中外合资企业，于1989年5月15日成立，拥有两家在上海证券交易所上市的公众公司（哈药集团股份有限公司和哈药集团三精制药股份有限公司）和27家全资、控股及参股公司。哈药集团属于医药行业，集医药制造、贸易、科研于一体，主营业务涉及化学药品、中药、生物制药、滋补保健食品、非处方药品、医药流通等产业领域。公司一直不断地完善自主研发体系和壮大科研队伍，具有雄厚的科研实力，拥有国家级的药物研究院。上市二十多年来，哈药集团稳健经营，业绩优良，市场份额不断扩大，成为在中国医药行业处于领先地位的上市公司。那么，哈药集团的财务状况究竟如何？我们可以利用杜邦分析体系，通过几项主要财务指标来分析。哈药集团2011—2015年五年间净资产收益率、销售净利率、总资产周转率和权益乘数四个指标的变动情况如表9-1所示。

表9-1　　　　　　　　　　哈药集团2011—2015年各项财务指标

会计年度	净资产收益率（%）	销售净利率（%）	总资产周转率（次）	权益乘数
2011	0.09	6.94	1.15	1.82
2012	0.06	5.10	1.14	1.81
2013	0.02	2.20	1.13	1.88
2014	0.03	2.90	1.01	1.85
2015	0.08	5.75	1.06	1.84

净资产收益率是综合性最强的财务指标，反映投资者投入资本获利能力的高低，能体现出企业的经营目标。依据杜邦财务比率分析体系，可以将其分解为销售净利率、总资产周转率、权益乘数三者的乘积。销售净利率、总资产周转率、权益乘数分别是反映企业盈利能力、营运能力和资本结构的指标。由表9-1可知，哈药集团2011年至2015年五年间，权益乘数、总资产周转率变化并不大，销售净利率波动较大，所以哈药集团近几年净资产收益率变化主要是受销售净利率的影响，即是由企业商品经营盈利能力的变化引起的。

杜邦财务比率分析体系可以将哈药集团财务目标与经营活动有机地结合起来，但同时也具有一定的局限性，例如并不能将企业目标与财务管理目标紧密衔接，不能全面体现企业的经营理念，甚至不能完整反映企业信息、不能直观反映企业经营风险、财务风险等。那么，除了杜邦财务比率分析体系还有其他财务效率综合分析体系吗？如果有其基本思路是什么？有什么优势？如何通过综合分析指标体系确定企业目标？如何通过综合分析指标体系明确企业财务目标与经营活动之间的相互关系，进而找到制约企业发展的"瓶颈"？通过本章的学习，相信你会有所收获。

第一节　财务效率综合分析的内涵与作用

一、财务效率的内涵

效率是指产出与投入之间的比率。效率通常可分为技术效率与经济效率。技术效率是指用实物量表示的产出与投入的比率，如劳动生产率等指标反映的就是技术效率。经济效率反映了在社会经济生活中投入或所费的经济资源与产出或所得的经济成果之间的关系，或者说是用货币价值所反映的产出与投入的比率关系。根据效率的含义，效率将用比率指标的形式来反映，经济效率的计算公式可表示为：

$$经济效率 = \frac{\sum(产出量 \times 产出价格)}{\sum(投入量 \times 投入价格)} = \sum 技术效率 \times 产出与投入价比$$

经济效率的含义

所谓财务效率，其本质上是一种经济效率，是指企业在财务活动中的产出与投入之间的比率。由于财务活动及其成果本身就是价值活动和价值成果，因此财务效率必然反映以价值为核心的产出与投入的关系，即一种经济效率。

二、财务效率综合分析的内涵

反映财务效率的指标有许多，根据财务效率的内涵及不同分类角度，财务效率可表现各种不同的分类效率。如从企业财务活动角度来划分财务效率，可表现为投资活动效率、筹资活动效率、经营活动效率和分配活动效率；从企业盈利与风险角度来划分财务效率，可分为反映盈利能力的效率、反映营运能力的效率和反映偿债能力的效率等。在第二章财务分析方法中，对比率分析法中的各种比率分类，都从一定程度上反映了财务效率的分类。

财务效率分析就是通过对财务效率指标的计算、解析及评价，揭示某项财务活动及其效果的情况。由于财务效率指标的种类繁多、内涵丰富、相互关联，单一效率指标分析虽然有其独特的作用，但往往无法反映企业的整体财务状况及效果。因此，进行财务效率综合分析，就是要将各类财务效率指标在企业统一、综合的战略目标统驭下，进行系统、全面的分析，为企业经营管理、决策与控制找准方向，奠定基础。

三、财务效率综合分析的作用

财务效率综合分析是从盈利能力、营运能力、偿债能力、增长能力等角度对公司的筹资活动、投资活动和经营活动状况进行深入、细致的分析，可以判明分析公司的财务状况和经营业绩，这对于公司投资者、债权人、经营者、政府及其他的公司利益相关者了解公司的财务状况和经营成效是十分有益的。但是从某一特定角度来看，就公司某一方面的经营活动做分析，这种分析不足以全面评价公司的总体财务状况和财务成效，很难对公司总体财务状况和经营业绩的关联性得出综合结论。财务效率综合分析就是要在财务效率单项分析的基础上，将有关指标按其内在联系结合起来进行综合分析。

财务效率综合分析的目的与作用在于：

（1）明确公司财务活动与经营活动的相互关系，找出制约公司发展的"瓶颈"；

（2）明确公司的经营水平、位置及发展方向；

（3）为公司利益相关者进行投资决策提供参考；

（4）为完善公司财务管理和经营管理提供依据。

四、财务效率综合分析指标体系的构建思路

根据财务效率综合分析的内涵与目的，进行综合分析首先要建立综合分析指标体系，而这个体系建立的基础是明确财务效率分析与理财目标、财务活动和会计报告的关系。图 9-1 揭示了财务效率在企业中的地位。

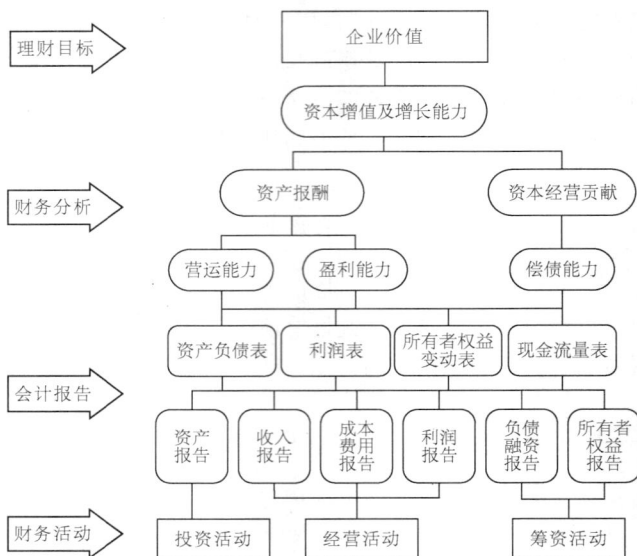

图 9-1　财务活动、会计报告、财务分析与理财目标的关系图

目前财务效率综合分析的指标体系有许多，但无论何种指标体系都离不开图 9-1 所揭示的综合分析的本质，即通过财务比率综合分析，为企业经营管理决策与控制提供依据，以实现企业资本增值的目标。

几种有代表性的财务综合效率分析指标体系包括杜邦财务比率分析指标体系，帕利普财务比率分析体系，以及我国目前使用的企业绩效评价指标体系等。本书也根据财务分析理论的发展与现实需求，建立了一套财务综合分析指标体系。

【随堂小测验 9-1】

1.【单选】下列各项中，属于从企业财务活动角度划分的财务效率的是（　　　）。

　　A．投资活动效率　　B．筹资活动效率　　　C．经营活动效率　　D．偿债活动效率

2.【多选】下列各项中，属于综合分析评价目的的有（　　　）。

　　A．明确企业财务活动与经营活动的相互关系

　　B．评价企业财务状况及经营业绩

　　C．为投资决策提供参考

　　D．为完善企业管理提供依据

　　E．为进行职工奖励打基础

3.【判断】单一的效率指标也可以反映企业的整体财务状况。　　　　　　　　　　（　　　）

第二节 | 杜邦财务比率分析指标体系

一、杜邦财务比率分析体指标系的内涵

杜邦财务比率分析指标体系，也称杜邦财务比率分析法，是指根据各主要财务比率指标之间的内在联系，建立财务比率分析指标体系，综合分析企业财务状况的方法。由于该指标体系是由美国杜邦公司最先采用的，故称为杜邦财务比率分析指标体系。杜邦财务比率分析指标体系的特点，是将若干反映企业盈利状况、财务状况和营运状况的比率按其内在联系有机地结合起来，形成一个完整的指标体系，并最终通过净资产收益率（或资本收益率）这一核心指标来综合反映。

杜邦财务比率分析体系，包含了几种主要的指标关系，可以分为两大层次。

第一层次包括：

（1）净资产收益率＝总资产净利率×业主权益乘数

即：$净资产收益率 = \dfrac{净利润}{净资产} \times 100\% = \left(\dfrac{净利润}{总资产} \times 100\% \right) \times \dfrac{总资产}{净资产}$

（2）总资产净利率＝销售净利率×总资产周转率

即：$净资产收益率 = \dfrac{净利润}{总资产} \times 100\% = \left(\dfrac{净利润}{营业收入} \times 100\% \right) \times \dfrac{营业收入}{总资产}$

以上关系表明，影响净资产收益率最重要的因素有 3 个（销售净利率、总资产周转率、业主权益乘数）。

即：净资产收益率＝销售净利率×总资产周转率×业主权益乘数

第二层次包括：

（1）销售净利率的分解：

$$销售净利率 = \dfrac{净利润}{营业收入} \times 100\% = \dfrac{总收入 - 总成本费用}{营业收入} \times 100\%$$

（2）总资产周转率的分解：

$$总资产周转率 = \dfrac{营业收入}{总资产} = \dfrac{营业收入}{流动资产 + 非流动资产}$$

以上关系可以用图 9-2 更清楚地反映出来。

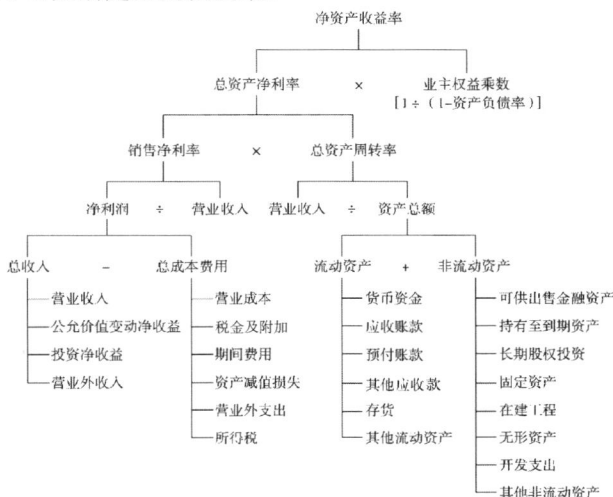

图 9-2 杜邦财务比率分析体系分解图

二、杜邦财务分析体系在公司"利润最大、风险最小"的经营战略中的应用

著名的美国杜邦化学公司创建于 1802 年，距今已有 200 多年的历史。它的创始人爱里迪尔·依涅·杜邦 1802 年创建了第一个制造火药的工厂，杜邦公司以此为起点，成为目前世界上最大的化工跨国公司。据 1984 年的统计，杜邦公司当年营业利润为 359.15 亿美元，居世界化工工业企业的第一位。杜邦公司之所以取得成功，重要原因之一就是他们始终坚持"利润最大、风险最小"的经营决策，始终谨慎而坚定地保证预定的净资产收益率。杜邦公司对投资收益率的考核采取的是一套综合标准，而并非只对企业的经营效果进行评价。其具体做法是首先从整个公司的综合经济效率出发，再加上对各个部门的评价，包括对新开发项目的特别评价。一个企业如果不能达到 10% 的净资产收益率，那么不论其他方面有多大的优势，也必须关闭，无一例外。

杜邦公司的另一个经营策略是"风险最小"，这主要体现在财务管理上。杜邦公司决定在任何情况下都绝对禁止举债。到 1966 年，杜邦公司先后在世界 21 个国家成立了 61 个分厂，31 个分公司，都是公司自投资金。1966 年杜邦公司在美国以外的营业额为 5.97 亿美元，1970 年增至 10 亿美元。杜邦公司的巨大成功与其"利润最大、风险最小"的经营策略是分不开的。

杜邦财务比率分析体系为企业进行综合分析提供了极具价值的财务信息。

（1）净资产收益率是综合性最强的财务指标，是企业综合财务比率分析的核心。这一指标反映了投资者的投入资本获利能力的高低，能体现出企业经营的目标。从企业财务活动和经营活动的相互关系上来看，净资产收益率的变动取决于企业资本经营、资产经营和商品经营。所以净资产收益率是企业财务活动效率和经营活动效率的综合体现。

（2）总资产周转率是反映企业营运能力最重要的指标，是企业资产经营的结果，是实现净资产收益率最大化的基础。企业总资产由流动资产和非流动资产组成，流动资产体现企业的偿债能力和变现能力，非流动资产则体现企业的经营规模、发展潜力和盈利能力。各类资产的收益性又有较大区别，如现金、应收账款几乎没有收益。所以，资产结构配置合理、资产营运效率高是企业资产经营的核心，并最终影响到企业的经营业绩。

（3）销售净利率是反映企业商品经营盈利能力最重要的指标，是企业商品经营的结果，是实现净资产收益率最大化的保证。企业从事商品经营，目的在于获利，其途径只有两条：一是扩大营业收入；二是降低成本费用。

（4）业主权益乘数既是反映企业资本结构的指标，也是反映企业偿债能力的指标，是企业资本经营即筹资活动的结果，它对提高净资产收益率起到杠杆的作用。适度开展负债经营，合理安排企业的资本结构，可以提高净资产收益率。

三、杜邦财务比率分析体系在ABC股份公司中的应用

根据 ABC 股份公司的年报资料，本书加工整理了该公司 2×15 年和 2×16 年杜邦分析体系中所需要的所有数据资料，如表 9-2 所示。

表 9-2　　　　　　　ABC 股份公司 2×15 年、2×16 年杜邦财务分析体系数据表　　　　　　单位：万元

项目	2×15 年	2×16 年
营业收入	10 311 625	13 541 879
净利润	1 566 259	1 829 755
平均净资产	7 498 536.5	9 378 880.5
平均总资产	33 750 503	42 900 347

续表

项目	2×15年	2×16年
净资产收益率	20.89%	19.51%
总资产净利率	4.64%	4.27%
业主权益乘数	4.50	4.57
销售净利率	15.19%	13.51%
总资产周转率（次）	0.31	0.32

根据 ABC 股份公司的有关资料，绘制杜邦财务分析图，如图 9-3 所示。

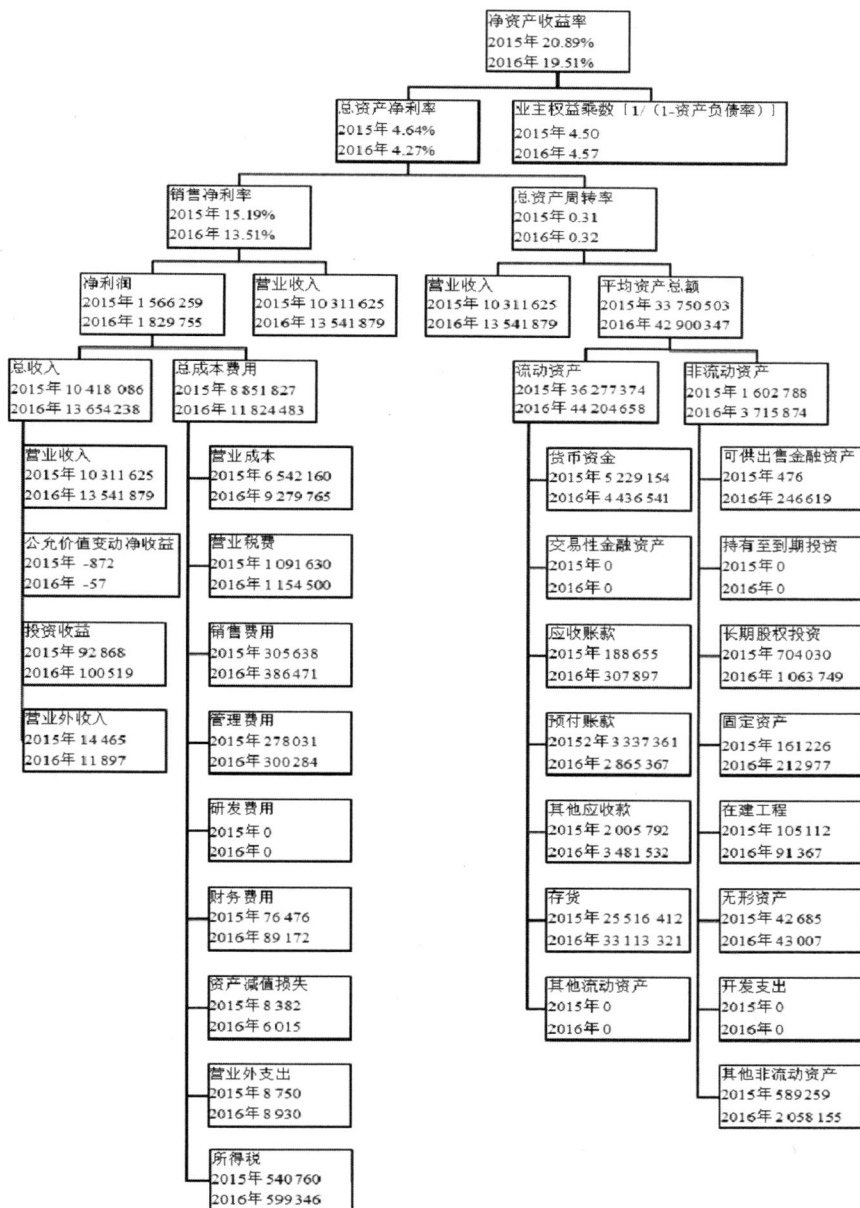

图 9-3　ABC 股份公司 2×15 年和 2×16 年杜邦财务分析对比图

从图 9-3 可以看出，2×15 年 ABC 股份公司净资产收益率为 20.89%，2×16 年下降至 19.51%，下降幅度不大。观察总资产净利率和业主权益乘数可以发现，两者均有相应的增减变化，因此可知净资产收益率的变化是由总资产净利率和业主权益乘数两个方面共同影响的结果。其中，总资产净利率由 4.64% 下降到 4.27%，业主权益乘数由 4.50 上升到 4.57，总资产净利率下降导致净资产收益率下降的作用效果超过了业主权益乘数上升导致净资产收益率上升的作用效果。

业主权益乘数上升，说明公司的资本结构有所变化，从前文对 ABC 股份公司的偿债能力分析可以看出，公司 2×16 年偿债能力良好，资本结构的适当调整未给企业带来不可承受的风险。

总资产净利率下降的主要原因在于 2×16 年的销售净利率较 2×15 年有所下降，从销售净利率的计算过程中可以看出，2×16 年公司扩大销售规模，营业收入大幅增长，也带来了净利润的增长。但是，由于总成本费用同时也出现较大程度的增长，最终使得净利润的增长幅度大大低于营业收入的增长幅度，销售净利率下降，这说明公司在成本控制方面还需要多加注意。

总的来说，ABC 股份公司财务状况正常，表现出较稳定的良性发展态势。2×16 年净资产收益率有小幅下降，且主要是由总资产净利率的变动带来的，公司需要强化成本控制能力。

本书又结合 XYZ 地产公司的年报数据，将 ABC 股份公司和 XYZ 地产公司 2×16 年的净资产收益率进行比较，对 ABC 股份公司与 XYZ 地产公司 2×16 年的净资产收益率进行对比分析，如表 9-3 所示。

表 9-3　　　　ABC 股份公司与 XYZ 地产公司 2×16 年净资产收益率对比分析表

项目	净资产收益率	总资产净利率	业主权益乘数	销售净利率	总资产周转率
ABC 股份公司	19.51%	4.27%	4.57	13.51%	0.32
XYZ 地产公司	19.15%	4.20%	4.56	12.85%	0.33

ABC 股份公司与 XYZ 地产公司都是所属行业的佼佼者，同为大规模企业，单纯从净资产收益率指标上看，两家公司相差不大。从表 9-3 中可以看出，2×16 年 XYZ 地产公司的净资产收益率略低于 ABC 股份公司。从对净资产收益率的分解来看，二者的业主权益乘数基本一致，但 XYZ 地产公司的总资产净利率略微低于 ABC 股份公司，说明 ABC 股份公司在资产经营方面略显优势。通过进一步分解总资产净利率指标可以看出，虽然 XYZ 地产公司相对于 ABC 股份公司在总资产周转率上具有一定优势，但仅仅是略胜一筹，而且 XYZ 地产公司的销售净利率低于 ABC 股份公司，这也是导致 XYZ 地产公司的净资产收益率低于 ABC 股份公司的直接原因。从报表数据中可以看出 XYZ 地产公司的营业收入和净利润都低于 ABC 股份公司，销售净利率与 ABC 股份公司相差 0.66%，说明 ABC 股份公司在商品经营环节棋高一着。总体而言，ABC 股份公司的盈利能力在同行业中具有一定的优势。

【随堂小测验 9-2】

1.【单选】下列各项中，最能体现企业经营目标的财务指标是（　　　）。

    A．总资产周转率 　　　　　　　　B．净资产收益率

    C．销售利润率 　　　　　　　　　D．成本利润率

2.【多选】下列各项中，根据杜邦财务分析体系，属于影响净资产收益率的因素有（　　　）。

    A．权益乘数 　　　　　　　　　　B．速动比率

    C．销售（营业）利润率 　　　　　D．成本利润率

    E．总资产周转率

3.【判断】杜邦财务分析体系的核心指标是净资产收益率。 （　　　）

第三节　帕利普财务比率分析体系

一、杜邦财务比率分析指标体系的不足

杜邦财务比率分析体系自产生以来在实践中得到了广泛的应用与好评。但随着经济与环境的发展、变化和人们对企业目标认识的进一步升华，杜邦财务比率分析体系在应用过程中也逐渐暴露出一些不足，主要表现在以下几个方面。

1. 涵盖信息不够全面

杜邦分析法主要利用的是企业资产负债表和利润表的项目数据，而不涉及现金流量表，这样做容易让报表使用者只关注账面利润而忽视了更能反映企业生命力的现金流量信息。

2. 分析内容不够完善

杜邦分析法主要从企业盈利能力、营运能力、偿债能力的角度对企业展开财务比率分析，而忽略了对企业发展能力的分析。同时，由于杜邦分析法通常针对的是短期财务结果，这也容易诱导管理者的短期行为，而忽视了对企业长期价值的创造。

3. 对企业风险分析不足

企业风险是财务报表使用者非常关心的问题，而杜邦分析法无法较直观地体现企业的经营风险或财务风险。

二、帕利普财务比率分析体系的内涵

许多人对杜邦财务比率分析体系进行了变形、补充，使其不断完善与发展。美国哈佛大学教授帕利普等在其所著的《企业分析评价》一书中，将财务比率分析体系（本书将其称为帕利普财务比率分析体系）界定为以下几种关系式：

（1）可持续增长比率 $= \dfrac{净资产}{收益率} \times \left(1 - \dfrac{支付现金股利}{净利润}\right)$

（2）净资产收益率 $= \dfrac{净利润}{净资产} = \dfrac{净利润}{营业收入} \times \dfrac{营业收入}{总资产} \times \dfrac{总资产}{净资产}$

$\qquad\qquad\quad =$ 销售净利率 $\times$ 总资产周转率 $\times$ 财务杠杆作用

（3）与销售净利率相关的指标有销售收入成本率、销售毛利率、销售收入期间费用率、销售收入研究开发费用率、销售净利率、销售收入非营业损失率、销售息税前利润率和销售税费率。

（4）与总资产周转率相关的指标有流动资产周转率、营运资金周转率、固定资产周转率、应收账款周转率、应付账款周转率和存货周转率等。

（5）与财务杠杆作用相关的指标有流动比率、速动比率、现金比率、负债对权益比率、负债与资本比率、负债与资产比率、以收入为基础的利息保障倍数和以现金流量为基础的利息保障倍数等。

帕利普财务比率分析体系也可用图9-4表示。

在不改变资本结构的条件下，负债随股东权益同比例增长，两者共同决定了资产所能扩展的速度。由于不发行新股，股东权益的增长取决于留存收益率及利用该权益取得的报酬率。因此，可持续增长率计算公式如下：

可持续增长率=净资产收益率×（1-股利支付率）

=销售净利率×总资产周转率×财务杠杆作用×（1-股利支付率）

由上述计算公式可以看出，可持续增长率的大小取决于销售净利率、总资产周转率、财务杠杆作用以及股利支付率四个财务比率的大小。可持续增长率致力于从长远角度来看企业的价值增长状况，这一比率使企业盈利能力、营运能力、偿债能力和企业发展能力彼此之间建立起联系，并借此统一各财务指标来建立起分析框架图，还同时消除了同行业不同规模企业之间的比较障碍。这一比率层层分解后可用于评价企业在经营管理、投资管理、融资战略和股利政策四个领域的管理效果。可持续增长比率是企业在保持经营效率和财务政策不变的情况下能够达到的增长比率，它取决于净资产收益率和股利政策。因此，可持续增长率将企业的各种财务比率统一起来，以评估企业的增长战略是否可持续。

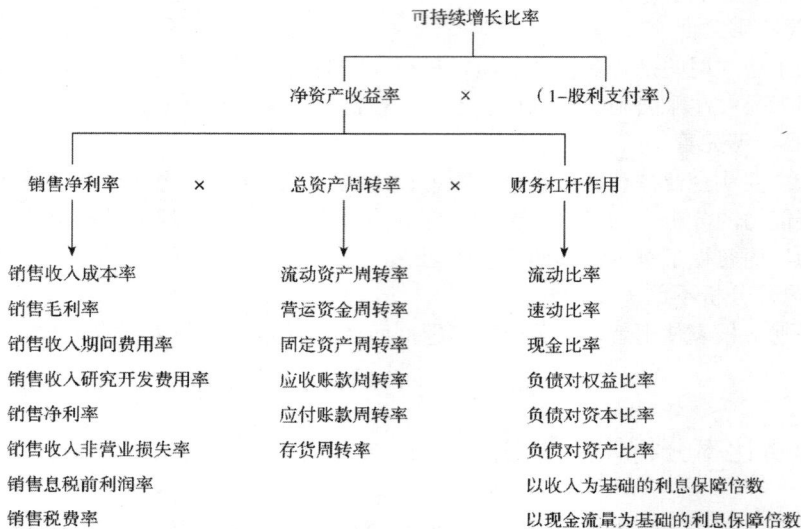

图9-4 帕利普财务比率分析体系图

三、帕利普财务比率分析体系的应用

万科企业股份有限公司（以下简称万科企业）是中国房地产行业的龙头企业，其业务有房地产开发和物业。目前，万科企业仍以房地产开发作为公司的主要业务。在国内房地产市场面临去杠杆、去库存等宏观政策的调整及行业整合不断加快的严峻形势下，在国家对部分热点城市出台针对性的调控政策的背景下，面对日益激烈的市场竞争环境，以及万科股权之争为企业的声誉带来的不利影响，为持续、平稳地推进公司的经营发展，万科企业秉持"为普通人盖好房子，盖有人用的房子"的理念，利用城镇化等机会，为新市民提供优质的住房和配套服务，从而走在市场和消费者前面，为打造养老、物流、教育、度假、创业等新兴不动产及服务与传统房地产相结合的新房地产行业做准备。

根据万科企业2015年年报数据计算出的2016年企业可持续增长率为11.43%，如表9-4所示。如果企业保持2015年既定的财务政策和经营政策不变，则其2016年的营业收入实际增长率应该等于可持续增长率11.43%，然而企业2016年的实际增长率为22.98%，是可持续增长率的2倍，考虑到市场环境的恶化，万科企业是如何实现如此高速的增长呢？

表 9-4　　　　万科企业（000002）2014—2016 年可持续增长率

	总资产周转率（次）	销售净利率（%）	权益乘数	留存收益比率（%）	可持续增长率（%）
2014 年	0.29	13.18	4.39	64.91	12.11
2015 年	0.32	13.27	4.48	56.13	11.96
2016 年	0.29	11.79	5.14	58.52	11.43

由表 9-4 可以看出，与 2015 年相比，万科企业 2016 年的销售净利率有一定幅度的下降，总资产周转速度最近三年比较稳定，2016 年较 2015 年仅有小幅度下降，其他两项项指标在 2016 年明显提高。可见，万科企业通过提高权益乘数和增加留存收益比率这两个途径来支持营业收入高速的增长。进一步分析企业的资产负债结构可以发现，万科通过长期借款以及应付账款的增加提高了企业的负债程度。

为了支持营业收入高速的增长，万科企业同时采取了稳定资产周转、增加长期借款以及提高留存收益比率三种方式。这些方式能否维持支持企业持续的高速增长呢？万科企业资产周转率可以长期保持稳定，企业的长期借款需要归还，但是随着企业的发展，当企业需要资金的时候，凭借较好的经营及资信状况，仍然可以从银行贷款。此外，留存收益比率小幅度提高也不是不可能实现的。可见，万科企业在通过多种方式的联合作用来实现营业收入高速发展的做法有一定的可行性，而且随着企业管理水平的逐步提升，企业还可以采取更多方式结合可持续增长率来安排收入的增长。

【随堂小测验 9-3】

1．【单选】下列各项中，与销售净利率相关的指标是（　　　　）。
　　A．销售收入成本率　　　　　　　　B．流动比率
　　C．速动比率　　　　　　　　　　　D．现金比率
2．【多选】下列各项中，属于杜邦分析体系局限性的有（　　　　）。
　　A．涵盖信息不够全面
　　B．分析内容不够完善
　　C．将反映企业盈利状况、财务状况和营运状况的比率按其内在联系有机地结合起来
　　D．对企业风险分析不足
　　E．未包含偿债能力分析
3．【判断】可持续增长率的大小取决于销售收入成本率、总资产周转率、财务杠杆作用以及股利支付率四个财务比率的大小。　　　　　　　　　　　　　　　　　　（　　　　）

第四节　财务综合分析指标体系

一、现行财务综合分析指标体系的不足

前面介绍了财务综合指标体系的分类以及具有代表性的杜邦财务综合分析指标体系和帕利普财力综合分析指标体系。这些指标体系有其优点，也各自在当时的环境条件下发挥了非常重要的作用。但从我国企业财务综合分析实践看，在以下几个方面还存在问题。

第一，现行财务综合分析指标体系并没有与企业目标和财务管理目标紧密衔接，无论是净资产收益率，还是可持续发展比率，都不是企业的最终目标所在。

第二，借鉴国外的财务综合分析指标体系有其科学性，但许多指标的计算与表述与我国现实财

务指标的名称及计算存在差异，容易引起误解。

第三，现行财务综合分析指标体系对财务指标的经济实质及与经营状况的联系解释说明不够，在思路上没有体现企业的经营理念。例如，没有体现企业财务指标反映的资本经营、资产经营的本质与效率。

二、本书财务综合分析指标体系的内涵与关系式

本书的财务综合分析指标体系体现了以企业资本增值为根本目标，以提高净资产收益率为核心目标，以分析评价资本经营、资产经营和商品经营各环节的盈利能力、营运能力和偿债能力为基本思路，以会计报表各要素为分析基础的特点。各种关系式如下所示。

（1）资本增值=净资产×（净资产收益率-资本成本率）

（2）净资产收益率=$[总资产报酬率+（总资产报酬率-负债利息率）×\dfrac{负债}{净资产}]×（1-所得税税率）$

$\qquad\qquad\quad$=总资产报酬率+资本经营贡献率

（3）总资产报酬率=总资产周转率×营业收入利润率

（4）总资产周转率=流动资产周转率×流动资产占总资产的比重

（5）资本经营贡献率=（总资产报酬率-负债利息率）×$\dfrac{负债}{净资产}$

图9-5可反映财务综合分析指标体系及上述各种关系。

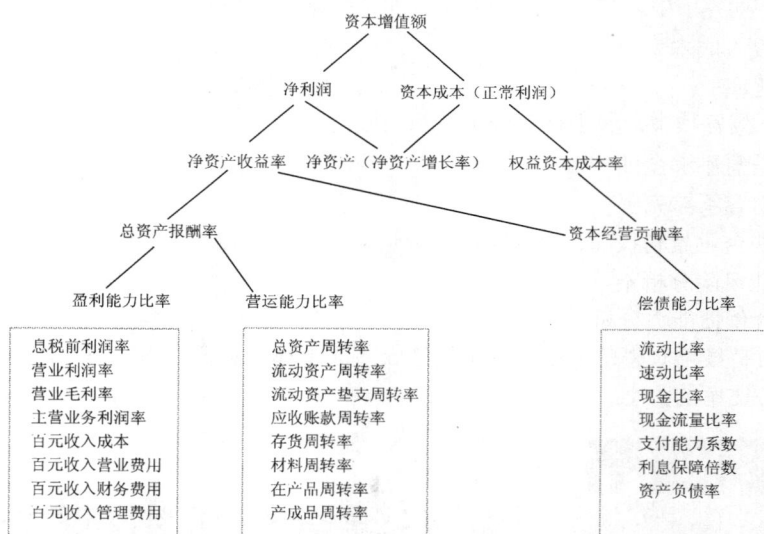

图9-5　财务综合分析指标体系图

三、本书财务综合分析指标体系在ABC公司中的应用

根据ABC股份公司的有关资料，绘制财务综合比率分析表，如表9-5所示。

表9-5　　　　　　　　　　ABC股份公司2×15—2×16年财务综合分析体系　　　　　　　　单位：万元

项目	2×15年	2×16年
资本增值（万元）	863 082	950 081
净资产（万元）	7 498 537	9 378 881
净资产收益率（%）	20.89	19.51

项目	2×15 年	2×16 年
资本成本率（%）	9.38	9.38
总资产报酬率（%）	6.47	5.87
资本经营贡献率（%）	21.63	20.03
营业利润率（%）	21.18	18.60
营业毛利率	36.56	31.47
百元收入成本	48.31	68.53
百元销售费用	2.26	2.85
百元管理费用	2.05	2.22
百元财务费用	0.56	0.66
总资产周转率（次）	0.305 5	0.315 7
流动资产周转率（次）	0.319 5	0.336 5
流动资产垫支周转率（次）	0.202 7	0.230 6
应收账款周转率（次）	60.632 3	54.543 7
存货周转率（次）	0.282 3	0.316 6
流动比率	1.396 2	1.343 9
速动比率	0.414 1	0.337 2
现金比率	0.201 3	0.134 9
资产负债率（%）	78.32	78.00
利息保障倍数	28.55	28.24

根据表 9-5 相关数据及 ABC 股份公司的相关资料，编制 ABC 股份公司财务综合效率分析图，如图 9-6 所示（单位：万元）。

由图 9-6 和表 9-5 可看出，2×16 年 ABC 股份公司净资产收益率为 19.51%，较 2×15 年有所下降，但下降幅度不大。究其下降原因可以发现，ABC 股份公司 2×16 年净利润 1 829 755 万元，而 2×15 年净利润为 1 566 259 万元，增幅达 16.82%，而净资产由 2×15 年的 7 498 537 万元上升到 2×16 年的 9 378 881 万元，增幅高达 25.08%，可见 ABC 股份公司 2×16 年净资产收益率的下降是由总资产的增长速度超过净资产增长速度造成的。换个角度来讲，2×16 年表征资产经营盈利能力的总资产报酬率由 2×15 年的 6.47% 下降到 5.87%，资产经营的盈利能力相对下降。另外，资本经营贡献率也由 2×15 年的 21.63% 下降到 2×16 年的 20.03%，可见 ABC 股份公司 2×16 年的资本运营盈利能力也有所下降。

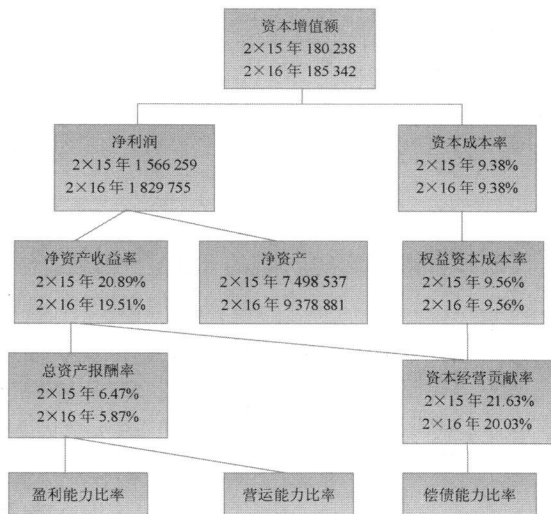

图 9-6　ABC 股份公司 2×15—2×16 年财务综合效率分析图

具体来说，2×16 年 ABC 股份公司营业利润率、营业毛利率等指标都较 2×15 年有所下降，可见其商品经营盈利能力的下降是导致净资产收益率下降的重要原因。笔者查看 ABC 股份公司百元收入成本指标发现，该公司获得百元收入所耗费的成本大幅度提升，由 2×15 年的 48.31 元上涨到 2×16 年的 68.53 元，涨幅高达 48.45%，因此可以推测成本上升是 ABC 股份公司 2×16 年盈利能力下降的主要原因。考察百元收入期间费用指标，可以发现 ABC 股份公司在 2×16 年的管理费用、销售费用、财务费用都有所上涨，但考虑到这些指标占营业收入的比重较小，因而其对净资产收益率的影响微乎其微。通过考察营运能力指标，笔者发现除应收账款周转速度较 2×15 年有所下降之外，存货、流动资产、总资产的周转速度都较 2×15 年有微弱的上升；但是即便如此，笔者发现 ABC 股份公司的资产周转速度还是普遍较慢，这和其所处行业不无关系。

从偿债能力指标来看，ABC股份公司短期偿债能力有所下降，资产负债率保持基本稳定的水平，对于其具体偿债能力如何以及是否面临财务危机等问题，这仍应结合行业具体状况和该公司的真实支付能力来得出进一步的结论。

【随堂小测验9-4】

1．【单选】下列各项中，属于盈利能力比率的是（　　　　）。

    A．营业利润率　　　　B．总资产周转率　　　　C．现金流量比率　　　　D．支付能力系数

2．【多选】下列各项中，属于营运能力比率的有（　　　　）。

    A．总资产周转率　　　　　　　　　　B．流动资产周转率

    C．流动资产垫支周转率　　　　　　　D．应收账款周转率

    E．主营业务利润率

3．【判断】财务综合分析指标体系应该与企业目标和财务管理目标紧密衔接。　　　　（　　　）

拓展阅读

运用沃尔评分法进行企业财务状况综合分析评价

思考与练习

1．财务效率综合分析的含义是什么？

2．什么是财务效率？什么是经济效率、什么是技术效率？三者关系如何？

3．财务效率综合分析的目的与作用是什么？

4．杜邦财务综合分析的优点与缺点有哪些？

5．帕利普财务综合分析的特点是什么？

6．如何理解本教材综合分析的特点？

案例分析

基于杜邦分析的YC房地产公司经营业绩分析

    YC房地产公司注册资本为人民币171 165 513元，主要经营范围是房地产开发与经营。1996年10月28日，经中国证监会批准，公司股票在上海证券交易所挂牌交易。不尽如人意的是，2008年度YC房地产公司净利润为-105 626 976.65元，自此以后，2009年、2010年及2011年其净利润均为负值。2010年该公司所有者权益首次出现负值，所有者权益合计为-33 353 624.12元。其筹资活动产生的现金流量，自2010年起至今一直为负值。2011年该公司5月2日晚间公告称，因2010年股东权益为负值，公司股票自5月4日起实施特别处理（ST）。公司股票于5月3日停牌一天。YC房地产公司的财务状况已经陷入了危机局面。

2011年，YC房地产公司全年实现营业收入5 380万元，比去年同期减少35.86%。报告期内，由于公司与建行烟台分行发生借款纠纷，建行烟台分行已向山东省高院申请拍卖查封该公司财产，拍卖事项完成后，公司将丧失大部分经营性资产。2011年11月10日，YC房地产公司股票跌停。据Wind数据显示，公司早已资不抵债，负债率高达109.95%。本文通过对YC房地产公司2007年至2011年连续5年间的经营业绩采用杜邦分析法进行比较和趋势分析，得出企业动态营运状况的发展轨迹，杜邦财务分析因素分解具体指标如表9-6所示。

表9-6　　　　　　　　　　　　YC房地产公司杜邦分析因素分解

杜邦分析	2007年	2008年	2009年	2010年	2011年
权益净利率（ROE）	6.79%	-131.88%	-13.91%	291.88%	15.03%
因素分解：					
总资产净利率	1.96%	-18.60%	-1.50%	-21.97%	-1.16%
销售净利率	63.75%	-774.48%	-17.12%	-116.05%	-10.96%
总资产周转率	0.03	0.02	0.09	0.19	0.11
权益乘数	3.46	7.09	9.26	-13.28	-12.98

首先，权益净利率分析。

YC房地产公司的权益净利率在2007—2011年间出现了大幅波动，先从2007年的6.79%降至2008年的-131.88%，又从2009年的-13.91%跳跃至2010年的291.88%。权益净利率的波动趋势如图9-7所示。

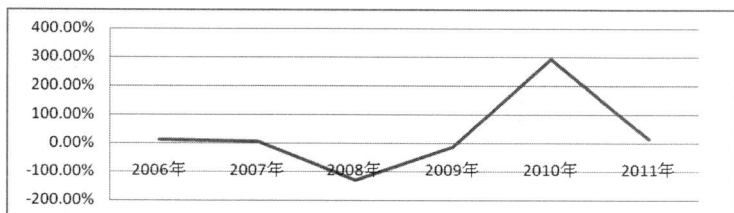

图9-7　YC房地产公司权益净利率趋势分析图

由YC房地产公司财务数据（见表9-7）可知，该公司自2008—2011年间净利润均为负值，所有者权益自2010年也开始转为负值。因此，即使在2010年及2011年该公司的权益净利率为正值，但已经没有实际参考意义。

表9-7　　　　　　　　　　　　YC房地产公司主要财务数据列示　　　　　　　　　　　　单位：元

	2008年	2009年	2010年	2011年
净利润	-105 626 976.65	-9 778 080.39	-97 351 372.24	-5 897 924.65
营业收入	13 638 376.26	57 118 700.98	83 885 336.69	53 799 900.46
资产总计	568 036 056.29	651 225 217.55	443 013 179.82	509 395 150.19
所有者权益	80 092 211.66	70 314 131.27	-33 353 642.12	-39 251 566.77

由YC房地产公司财务数据柱状图（见图9-8）可以反映出，该公司的经营业绩欠佳。其营业收入与总资产不成比例，且该公司所有者权益的持续下跌导致2010年及2011年的资产负债率大于100%，已经到了资不抵债的地步。可见，该公司急需调整资本结构，提高创造价值的能力，改善经营现状。

其次，权益净利率内部因素分析。

（1）权益乘数分析。杜邦财务分析法可以将权益净利率分解为权益乘数和资产净利率，下面对权益净利率进行分解，以找到权益乘数的变化趋势，具体如图9-9所示。

权益净利率=资产净利率×权益乘数

2007年6.79%=1.96%×3.46

2008年-131.88% =-18.6%×7.09

2009年-13.91%= -1.5%×9.26

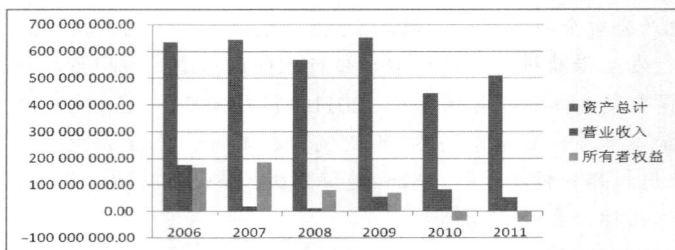

图 9-8　YC 房地产公司财务数据柱状图

2010年291.88%=-21.97%×（-13.28）

2011年15.03%=-1.16%×（-12.98）

经过分解表明，权益净利率的改变是由于权益乘数波动和资产净利率变化的共同作用。

权益乘数较大，表明企业负债较多，一般会导致企业财务杠杆率较高，财务风险较大。YC房地产公司自2006—2009年，权益乘数呈现的是上升的趋势，由3.8上升为9.26。随后由于所有者权益为负，权益乘数也随之变为负值。权益乘数的显著变化应该引起该公司管理者的关注，及时采取有效措施加以控制。

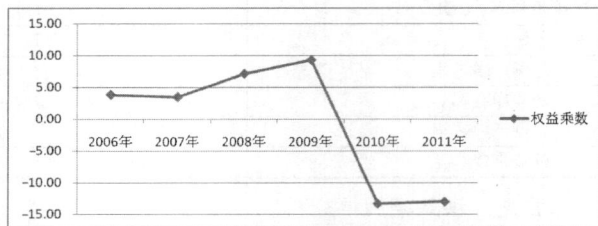

图 9-9　YC 房地产公司权益乘数趋势分析图

（2）资产净利率分析。YC房地产公司的资产净利率处于持续下跌的状态，下面对资产净利率进行分解，以找到导致资产净利率下跌的原因：

资产净利率=销售净利率×总资产周转率

2007年1.96%=63.75%×0.03

2008年-18.6%=-774.48%×0.02

2009年-1.5%=-17.12%×0.09

2010年-21.97%=-116.05%×0.19

2011年-1.16%=-10.96%×0.11

由于2008—2011年，YC房地产公司的净利润一直为负值，所以销售净利率一直为负值，从而导致资产净利率从2007年以后持续为负。

由图9-10可以看出，YC房地产公司的总资产周转率一直维持在一个较低的水平，连续5年没有超出过0.2，而2011年房地产行业平均总资产周转率为0.28，可见该公司的资产利用效果远低于行业平均值。总资产周转率偏低说明该公司大量资产处于闲置状态，这不仅影响了该公司的现金流流转，还影响了公司利润的创造，YC房地产公司对此应及时做出改善。

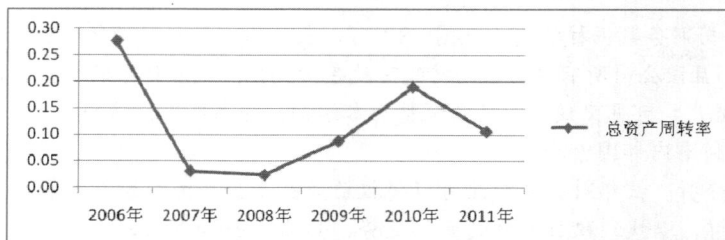

图 9-10　YC 房地产公司总资产周转率趋势分析图

结合以上内容，请基于杜邦分析视角思考YC房地产公司在经营业绩方面存在的哪些问题？如何改进？使用杜邦财务分析体系对企业进行综合业绩评价时应遵循哪些步骤？有没有更好的财务综合分析指标对企业进行评价呢？

企业盈利能力分析 | 第十章

【学习目标】
- 理解盈利能力分析内涵
- 掌握资本经营盈利能力内涵、分析的指标和分析方法
- 掌握资产经营盈利能力内涵、分析的指标和分析方法
- 掌握商品经营盈利能力内涵、分析的指标和分析方法
- 掌握上市公司盈利能力分析的指标和分析方法
- 了解如何通过盈利能力分析发现企业经营管理中存在的问题
- 理解盈利能力分析对财务报表分析的作用

【关键词】 盈利能力 净资产收益率 总资产报酬率 收入利润率 成本费用利润率
每股收益 普通股权益报酬率 价格与收益比率

【引导案例】

中国企业 500 强盈利能力的衡量

2016年7月13日，财富中文网发布了2016年度中国企业500强排行榜单。该排行榜覆盖范围包括在中国境内外上市的所有中国公司。尽管在2015年，因油价暴跌导致营业收入大幅下降，但中国石油化工股份有限公司和中国石油天然气股份有限公司在今年的榜单上仍然稳居前两位，中国建筑和工商银行继续位列第三和第四位。新上榜的公司包括乐视、携程等互联网企业。

2016年，500家上榜企业的总营业收入约为30.77万亿元，较去年增长1.2%；净利润达2.74万亿元，增长约1.5%。中国500强上榜的门槛继续提高到96.08亿元。四大银行依旧是中国500强中最赚钱的公司。按利润统计，中国500强上榜公司中利润最高的前四家公司分别是：中国工商银行（利润2 771.31亿元）、中国建设银行（利润2 281.45亿元）、中国农业银行（利润1 805.82亿元）、中国银行（利润1 708.45亿元）。同时，共有52家公司利润亏损，较2015年的31家上升了约67.7%。其中，京东商城电子商务有限公司亏损最为严重，达93.78亿元；其次是武汉钢铁股份有限公司，亏损75.15亿元。

从利润率来看，阿里巴巴集团控股有限公司利润率最高，达到73.09%，百度和国信证券利润率分别位列第二名和第三名。2016年中国500强利润率最高的公司由阿里巴巴集团控股有限公司夺得，它在2016年的榜上排名第62 位，营业收入为943.84亿元，利润为689.88亿元，利润率高达73.09%。紧随其后的是百度股份有限公司和国信证券股份有限公司，利润率为50.71%和47.87%。

从净资产收益率来看，互联网公司在净资产收益率方面表现抢眼，多数上榜公司为民营企业。唯品会控股有限公司净资产收益率最高，达到44.92%，它在2016年的榜上排名第146位，营业收入402.03亿元，利润15.90亿元。百度股份有限公司和华东医药股份有限公司分别位列第二名和第三名，其净资产收益率分别为41.95%和36.92%。

另外，《财富》杂志FORTUNE世界500强排行榜一直是衡量全球大型公司的最著名、最权威的榜单，被誉为"终极榜单"，由《财富》杂志每年发布一次。根据其2016年榜单（到目前为止，2017年度榜单尚未发布），其中沃尔玛排名第一，国家电网排名第二，中石油排名第三，苹果公司排名第九，其他新上榜或重新上榜的中国公司排名：华为（129名）、联想（202名）、万科（356名）、京东（366名）、大连万达（385名）、美的集团（481名）、恒大集团（496名）。

根据以上信息可以看出，公司的盈利能力是评价企业实力的重要依据。那么，衡量中国500强、世界500强公司盈利能力的标准有哪些？如何对公司的盈利能力进行全面、综合的分析呢？衡量公司

盈利能力的指标有哪些？这些指标各自具有什么特点？衡量上市公司盈利能力的指标有何不同？面对某一具体案例，如何运用资本经营盈利能力、资产经营盈利能力、商品经营盈利能力分析方法分析其盈利能力，并能够做出一定的同行业比较？通过本章学习，相信你会找到答案。

第一节　盈利能力分析的内涵

一、盈利能力分析的目的

盈利能力通常是指企业在一定时期内赚取利润的能力。盈利能力的大小是一个相对的概念，即利润是相对于一定的资源投入、一定的收入而言的。利润率越高，盈利能力越强；利润率越低，盈利能力越差。企业经营业绩的好坏最终可以通过企业的盈利能力来反映。无论是企业的经理人员、债权人还是股东（投资人），都非常关心企业的盈利能力，并重视对利润率及其变动趋势的分析与预测。

从企业的角度来看，企业从事经营活动的直接目的是最大限度地赚取利润并维持企业持续稳定地经营和发展。持续稳定地经营和发展是获取利润的基础；而最大限度地获取利润又是企业持续稳定发展的目标和保证。只有在不断地获取利润的基础上，企业才可能发展；同样，盈利能力较强的企业比盈利能力较弱的企业具有更强的活力和更好的发展前景。因此，盈利能力对企业经理人员来说是最重要的业绩衡量标准和发现问题、改进企业管理的突破口。

对于债权人来讲，利润是企业偿债的重要来源，特别是对长期债务而言。盈利能力的强弱直接影响企业的偿债能力。企业举债时，债权人势必审查企业的偿债能力，而偿债能力的强弱最终取决于企业的盈利能力。因此，对债权人而言，分析企业的盈利能力也是非常重要的。

对于股东（投资人）而言，企业盈利能力的强弱更是至关重要的。在市场经济下，股东往往会认为企业的盈利能力比财务状况、营运能力更重要。股东们的直接目的就是获得更多的利润，因为对于信用相同或相近的几个企业，人们总是倾向于将资金投向盈利能力强的企业。股东们关心企业赚取利润的多少并重视对利润率的分析，是因为他们的股息与企业的盈利能力是紧密相关的；此外，企业盈利能力的增强还可能会使股票价格上升，从而使股东们获得资本收益。

二、盈利能力分析的内容

盈利能力的分析是企业财务分析的重点。进行财务结构分析、偿债能力分析等的根本目的是通过分析及时发现问题，改善企业财务结构，提高企业偿债能力、经营能力，最终提高企业的盈利能力，促进企业持续稳定地发展。对企业盈利能力的分析主要是指对利润率的分析。因为尽管利润额的分析可以说明企业财务成果的增减变动状况及其原因，为改善企业经营管理指明了方向。由于利润额受企业规模或投入总量的影响较大，一方面使不同规模的企业之间不便于对比，另一方面它也不能准确地反映企业的盈利能力。因此，仅进行利润额分析一般不能满足财务报表使用者对财务信息的要求，还必须对利润率进行分析。

利润率指标从不同角度或从不同的分析目的看，可有多种形式。在不同的所有制企业中，反映企业盈利能力的指标形式也不同。在这里，对企业盈利能力的分析将从以下几个方面进行。

（1）资本经营盈利能力分析。资本经营盈利能力分析主要对净资产收益率指标进行分析与评价。

（2）资产经营盈利能力分析。资产经营盈利能力分析主要对全部资产报酬率指标进行分析和评价。

（3）商品经营盈利能力分析。商品经营盈利能力分析即利用利润表资料进行利润率分析，包括收入利润率分析和成本利润率分析两方面内容。为了搞好利润率因素分析，还有必要对销售利润进行因素分析。

（4）上市公司盈利能力分析。上市公司盈利能力分析即对每股收益指标、普通股权益报酬率指标、股利发放率指标以及价格与收益比率指标进行分析。

【随堂小测验 10-1】

1.【单选】盈利能力对（　　　）来说是最重要的业绩衡量标准和发现问题、改进企业管理的突破口。

    A．投资人　　　　　　B．债权人　　　　　　C．企业经理人员　　　　　　D．股东

2.【多选】下列各项中，属于反映企业盈利能力内容的有（　　　）。

    A．产品经营盈利能力分析　　　　　　B．资本经营盈利能力分析

    C．上市公司盈利能力分析　　　　　　D．商品经营盈利能力分析

    E．资产运营能力分析

3.【判断】企业经营业绩的好坏最终可以通过企业的盈利能力来反映。　　　　　　（　　　）

4.【判断】仅进行利润额分析就可以满足财务报表使用者对财务信息的要求。　　　（　　　）

第二节　资本经营盈利能力分析

一、资本经营盈利能力内涵与指标

资本经营盈利能力是指企业的所有者通过投入资本经营所取得的利润的能力。反映资本经营盈利能力的基本指标是净资产收益率，即指企业本期净利润与净资产的比率，其计算公式是：

$$净资产收益率 = \frac{净利润}{平均净资产} \times 100\%$$

上式中，净利润是指企业当期的税后利润；净资产是指企业资产减负债后的余额，包括实收资本、资本公积、盈余公积和未分配利润等，也就是资产负债表中的所有者权益部分。对于平均净资产，一般选取期初与期末的平均值，但是，如果要通过该指标观察分配能力，则取年度末的净资产更为恰当。

净资产收益率是反映盈利能力的核心指标。因为企业的根本目标是所有者权益或股东价值最大化，而净资产收益率既可直接反映资本的增值能力，又影响着企业股东价值的大小。该指标越高，反映盈利能力越好。评价标准通常可用社会平均利润率、行业平均利润率或资本成本率等。

二、资本经营盈利能力因素分析

（一）影响资本经营盈利能力的因素

影响净资产收益率的因素主要有总资产报酬率、负债利息率、净资产负债率和所得税税率等。

（1）总资产报酬率。净资产是企业全部资产来源的一部分，因此，净资产收益率必然受企业总资产报酬率的影响。在负债利息率和资本构成等条件不变的情况下，总资产报酬率越高，净资产收

益率就越高。

（2）负债利息率。负债利息率之所以影响净资产收益率，是因为在资本结构一定情况下，当负债率变动使总资产报酬率高于负债利息率时，将对净资产收益率产生有利影响；反之，在总资产报酬率低于负债利息率时，将对净资产收益率产生不利影响。

（3）净资产负债率。当总资产报酬率高于负债利息率时，会提高净资产负债率，使净资产收益率提高；反之，会降低净资产负债率，使净资产收益率降低。

（4）所得税税率。因为净资产收益率的分子是净利润即税后利润，因此，所得税税率的变动必然引起净资产收益率的变动。通常，所得税税率提高，净资产收益率下降；反之，净资产收益率上升。

下式可反映出净资产收益率与各影响因素之间的关系：

$$净资产收益率=[总资产报酬率+（总资产报酬率-负债利息率）\times\frac{负债}{净资产}]\times（1-所得税税率）$$

（二）资本经营盈利能力因素分析

明确了净资产收益率与其影响因素之间的关系，运用连环替代法或差额计算法，可分析各因素变动对净资产收益率的影响。

下面以表 4-1 和表 4-2 关于 ABC 股份公司的资料及其附表和会计注释资料为基础，进行整理后得出有关分析信息，如表 10-1 所示。

表 10-1　　　　　　　　ABC 股份公司资本经营盈利能力因素分析表　　　　　　　单位：万元

项目	2×16 年	2×15 年	差异
平均总资产①	42 900 347	33 750 503	—
平均净资产②	9 378 881	7 498 537	—
平均负债	33 521 467	26 251 967	—
净资产负债率	3.574	3.50	0.07
利息支出*	89 172	76 476	—
负债利息率*（%）	0.266	0.29	-0.03
利润总额	2 429 101	2 107 019	—
息税前利润	2 518 273	2 183 495	—
净利润	1 829 755	1 566 259	—
所得税税率*（%）	24.67	25.66	-0.99
总资产报酬率（%）	5.87	6.47	-0.60
净资产收益率（%）	19.51	20.89	-1.38

注：（1）利息支出按照财务费用计算。负债利息率按利息支出÷平均负债推算。

（2）所得税税率分别根据 2×15 年和 2×16 年分解后的净资产收益率公式倒推得出。2007 年颁布的《中华人民共和国企业所得税法》规定，企业所得税税率从 2008 年开始从 33%调整为 25%，故所得税税率有所降低，但同时由于其中涉及递延税款等问题，所得税税率不能确保为 33%或 25%。本部分内容以掌握方法为目的，故税率采用倒推数值。

根据表 10-1 的资料对 ABC 股份公司的资本经营盈利能力进行分析如下：

分析对象=19.51%-20.89%=-1.38%

连环替代分析：

---

① 平均总资产为 2015 年年末总资产与 2016 年年末总资产数值的平均数。

② 平均净资产为 2015 年年末净资产与 2016 年年末净资产数值的平均数。

2×15 年：[6.47%+（6.47%-0.29%）×3.50]×（1-25.66%）=20.89%

第一次替代（总资产报酬率）：[5.87%+（5.87%-0.29%）×3.50]×（1-25.66%）=18.88%

第二次替代（负债利息率）：[5.87%+（5.87%-0.266%）×3.50]×（1-25.66%）=19.04%

第三次替代（净资产负债率）：[5.87%+（5.87%-0.266%）×3.574]×（1-25.66%）=19.35%

第四次替代（所得税税率）：[5.87%+（5.87%-0.266%）×3.574]×（1-24.67%）=19.51%

2×16 年：[5.87%+（5.87%-0.266%）×3.574]×（1-24.67%）= 19.51%

总资产报酬率变动的影响为：

18.88%-20.89%=-2.01%

负债利息率变动的影响为：

19.04%-18.88%=+0.16%

净资产负债率的影响为：

19.35%-19.04%=+0.31%

税率变动的影响为：

19.51%-19.35%=+0.16%

可见，ABC 股份公司 2×16 年净资产收益率比 2×15 年净资产收益率下降 1.38%，这主要是由于总资产报酬率降低引起的，总资产报酬率的降低导致净资产收益率下降高达 2.01%；其次，净资产负债率的上升发挥了一定的财务杠杆作用，使净资产收益率上升 0.31%；所得税税率的降低为净资产收益率的上升做出了贡献，使得净资产收益率上升 0.16%；企业负债筹资成本下降对净资产收益率带来正面影响较小，它使得净资产收益率仅仅提高了 0.16%。

【随堂小测验 10-2】

1.【单选】下列各项中，属于反映企业盈利能力核心指标的是（　　）。

　　A．总资产报酬率　　B．股利发放率　　C．总资产周转率　　D．净资产收益率

2.【多选】下列各项中，属于影响净资产收益率的因素主要有（　　）。

　　A．总资产报酬率　　B．负债利息率　　C．企业资本结构

　　D．总资产周转率　　E．所得税税率

3.【判断】资本经营盈利能力分析主要对全部资产报酬率指标进行分析和评价。（　　）

第三节　资产经营盈利能力分析

一、资产经营盈利能力内涵与指标

资产经营盈利能力，是指企业运营资产所产生的利润能力。反映资产经营盈利能力的指标是总资产报酬率，即息税前利润与平均总资产之间的比率。运用资产负债表和利润表的资料，可计算总资产报酬率，计算公式为：

$$总资产报酬率=\frac{利润总额+利息支出}{平均总资产}×100\%$$

$$平均总资产=（期初资产总额+期末资产总额）÷2$$

为什么计算总资产报酬率指标包括利息支出？因为，既然采用全部资产，从利润中没有扣除自己资本的等价报酬——红利，那么，同样也不能扣除借入资本的等价报酬——利息。何况从企业对

社会的贡献来看，利息同利润具有同样的经济意义。总资产报酬率高，说明企业资产的运用效率好，也意味着企业的资产盈利能力强，所以，这个比率越高越好。在评价总资产报酬率时，需要与企业前期的比率、同行业其他企业的这一比率等进行比较，并进一步找出影响该指标的不利因素，以便企业加强经营管理。

二、资产经营盈利能力因素分析

（一）影响资产经营盈利能力的因素

根据总资产报酬率指标的经济内容，可将其做如下分解：

$$总资产报酬率=\frac{营业收入}{平均总资产}\times\frac{利润总额+利息支出}{营业收入}\times100\%$$

$$=总资产周转率\times销售息税前利润率\times100\%$$

可见，影响总资产报酬率的因素有两个：一是总资产的周转率，该指标作为反映企业资本运营能力的指标，可用于说明企业资产的运用效率，是企业资产经营效果的直接体现；二是销售息税前利润率，该指标反映了企业商品生产经营的盈利能力，商品生产经营盈利能力越强，销售利润率越高。可见，资产经营盈利能力受商品经营盈利能力和资产运营效率两方面影响。

（二）资产经营盈利能力因素分析

在上述总资产报酬率因素分解式的基础上，运用连环替代法或差额计算法来分析总资产周转率和销售息税前利润率变动对总资产报酬率的影响。

仍以 ABC 股份公司有关资料为例，计算有关指标如表 10-2 所示。

根据表中的资料，可以分析确定总资产周转率和销售息税前利润率变动对总资产报酬率的影响。

分析对象=5.87%-6.47%=-0.60%

因素分析：

（1）总资产周转率变动的影响=（31.57%-30.55%）×21.18%=0.22%

（2）销售息税前利润率的影响=31.57%×（18.60%-21.18%）=-0.82%

表 10-2　　　　　　　　　　　ABC 股份公司资产经营盈利能力分析表　　　　　　　　　　单位：万元

项目	2×16 年	2×15 年	差异
营业收入	13 541 879	10 311 625	—
利润总额	2 429 101	2 107 019	—
利息支出	89 172	76 476	—
息税前利润	2 518 273	2 183 495	—
平均总资产	42 900 347	33 750 503	—
总资产周转率（次）	0.315 7	0.305 5	0.010 1
销售息税前利润率（%）	18.60	21.18	-2.58
总资产报酬率（%）	5.87	6.47	-0.60

根据表 10-2 分析结果表明，ABC 股份公司 2×16 年总资产报酬率比 2×15 年降低了 0.60%。总资产周转率的提高，使总资产报酬率提高了 0.22%；而销售息税前利润率的降低使总资产报酬率降低了 0.82%。由此可见，要提高企业的总资产报酬率，增强企业的盈利能力，就要从提高企业的总资产周转率和销售息税前利润率两方面努力。

【随堂小测验 10-3】

1.【单选】下列各项中，属于反映资产经营盈利能力指标的是（　　）。

    A．总资产报酬率　　B．固定资产周转率　　C．净资产收益率　　D．普通股权益报酬率

2.【多选】下列各项中，属于影响总资产报酬率的因素有（　　）。

    A．流动资产周转率　　　　　　　　B．总资产周转率

    C．销售息税前利润率　　　　　　　D．应收账款周转率

    E．资本运营效率

3.【判断】总资产报酬率越高，净资产收益率就越高。　　　　　　　　　　　　（　　）

第四节 | 商品经营盈利能力分析

一、商品经营盈利能力内涵与指标

    商品经营是相对资产经营和资本经营而言的。商品经营盈利能力不考虑企业的筹资或投资问题，只研究利润与收入或成本之间的比率关系。因此，反映商品经营盈利能力的指标可分为两类：一类是各种利润额与收入之间的比率，统称收入利润率；另一类是各种利润额与成本之间的比率，统称成本利润率。

二、收入利润率分析

    反映收入利润率的指标主要有营业收入利润率、营业收入毛利率、总收入利润率、营业净利润率、销售息税前利润率等。不同的收入利润率，其内涵不同，揭示的收入与利润关系不同，在分析评价中的作用也不同。

    （1）营业收入利润率，是指营业利润与营业收入之间的比率。

    （2）营业收入毛利率，是指营业收入与营业成本的差额与营业收入之间的比率。

    （3）总收入利润率，是指利润总额与企业总收入之间的比率，企业总收入包括营业收入、投资净收益和营业外收入。

    （4）营业净利润率，是指净利润与营业收入之间的比率。

    （5）销售息税前利润率，是指息税前利润额与企业营业收入之间的比率，息税前利润是指利润总额与利息支出之和。

    收入利润率指标是正指标，指标值越高越好。分析时应根据分析的目的与要求，确定适当的标准值，如可用行业平均值、全国平均值、企业目标值等。

    下面根据表 4-2 的利润表及其附表资料，结合上述收入利润率计算公式，可计算 ABC 股份公司 2×16 年的收入利润率及与 2×15 年对比的变动情况，如表 10-3 所示。

表 10-3　　　　　　　　　　　　ABC 股份公司收入利润率分析表　　　　　　　　　　　　单位：万元

项目	2×16 年	2×15 年	差异
营业收入	13 541 879	10 311 625	—
营业成本	9 279 765	6 542 161	—

项目	2×16 年	2×15 年	差异
营业利润	2 426 134	2 101 304	—
利润总额	2 429 101	2 107 019	—
净利润	1 829 755	1 566 259	—
利息支出	89 172	76 476	—
总收入	13 654 295	10 418 958	—
营业收入利润率（%）	17.92	20.38	-2.46
营业收入毛利率（%）	31.47	36.56	-5.09
总收入利润率（%）	17.79	20.22	-2.43
营业净利润率（%）	13.51	15.19	-1.68
销售息税前利润率（%）	18.60	21.18	-2.58

从表 10-3 可以看出，ABC 股份公司 2×16 年相比 2×15 年的营业净利润率出现小幅下降，下降幅度为 1.68%。总收入利润率、销售息税前利润率也有小幅下降，分别下降了 2.43 个百分点和 2.58 个百分点。此外，营业收入利润率和营业收入毛利率都有所降低，特别是营业收入毛利率，下降幅度高达 5.09 个百分点，这些表明，ABC 股份公司商品经营盈利能力不太稳定，且有下降趋势。

对收入利润率的分析，还可在上述分析的基础上，进一步研究各收入利润率之间的关系，从而找出某种利润率受其他利润率的影响状况。

三、成本利润率分析

反映成本利润率的指标有许多形式，主要有：营业成本利润率、营业费用利润率、全部成本费用利润率等。

（1）营业成本利润率，是指营业利润与营业成本之间的比率。其计算公式是：

$$营业成本利润率 = \frac{营业利润}{营业成本} \times 100\%$$

（2）营业费用利润率，是指营业利润与营业费用总额的比率。营业费用总额包括营业成本、营业税金及附加、期间费用和资产减值损失。期间费用包括销售费用、管理费用、财务费用等。其计算公式是：

$$营业费用利润率 = \frac{营业利润}{营业费用} \times 100\%$$

（3）全部成本费用利润率，该指标可分为全部成本费用总利润率和全部成本费用净利润率两种形式。

① 全部成本费用总利润率的计算公式是：

$$全部成本费用总利润率 = \frac{利润总额}{营业费用 + 营业外支出} \times 100\%$$

② 全部成本费用净利润率的计算公式是：

$$全部成本费用净利润率 = \frac{净利润}{营业费用 + 营业外支出} \times 100\%$$

以上各种利润率指标反映企业投入产出水平，即所得与所费的比率，体现了增加利润是以降低成本及费用为基础的。这些指标的数值越高，表明生产和销售产品的每一元成本及费用取得的利润越多，劳动耗费的效益越高；反之，则说明每耗费一元成本及费用实现的利润越少，劳动耗费的效益越低。所以，成本利润率是综合反映企业成本效益的重要指标。

成本利润率也是正指标，即指标值越高越好。分析评价时，可将各指标实际值与标准值进行对比。标准值可根据分析的目的与管理要求确定。

根据表 4-2 的利润表资料并结合上述企业成本利润率的计算公式，可以计算与分析 ABC 股份公司 2×15 年和 2×16 年的成本利润率，如表 10-4 所示。

表 10-4　　　　　　　　　　　　ABC 股份公司成本利润率分析表

项目	2×16 年	2×15 年	差异
营业成本利润率（%）	26.14	32.12	-5.98
营业费用利润率（%）	21.63	25.31	-3.68
全部成本费用总利润率（%）	21.64	25.35	-3.71
全部成本费用净利润率（%）	16.30	18.85	-2.54

从表 10-4 可以看出，ABC 股份公司 2×16 年与 2×15 年相比，营业费用总利润率和全部成本费用净利润率均有所降低，但降幅较低，分别为 3.68 个百分点和 2.54 个百分点；营业成本利润率和全部成本费用利润率也有所下降，且下降幅度较大，分别为 5.98 个百分点和 3.71 个百分点。这进一步说明了企业盈利能力在稳定发展中略有降低。对成本利润率的进一步分析，也可以从各成本利润率之间的关系角度进行。

四、盈利能力的行业分析

ABC 股份公司属于房地产行业，选择同行业的 XYZ 地产公司作为同行业的可比公司进行行业比较。ABC 股份公司与 XYZ 地产公司盈利能力指标比较分析信息，如表 10-5 所示。

表 10-5　　　　　　　　　与 XYZ 地产公司商品经营盈利能力比较分析表

公司名称	净资产收益率	总资产报酬率	销售（营业）利润率	营业收入毛利率	销售息税前利润率	全部成本费用利润率
ABC 股份公司（%）	19.51	5.87	17.92	31.47	18.60	21.64
XYZ 地产公司（%）	19.15	6.05	17.33	32.16	18.50	20.89

由表 10-5 可以看出，ABC 股份公司的净资产收益率与 XYZ 地产公司相比占据优势地位，其资本经营盈利能力略高于 XYZ 地产公司的盈利水平。

ABC 股份公司的总资产报酬率低于 XYZ 地产公司 0.18 个百分点，这一差距并不明显。从两家公司的总资产报酬率来看，ABC 股份公司资产经营盈利能力略低于 XYZ 地产公司。

ABC 股份公司与 XYZ 地产公司的营业收入利润率、销售息税前利润率及全部成本费用利润率三项指标的数值非常接近，但值得注意的是，ABC 股份公司的营业收入毛利率略低于 XYZ 地产公司，说明 XYZ 地产公司的核心竞争力略高于 ABC 股份公司。但是在扣除期间费用等项目后，ABC 股份公司的销售息税前利润率和全部成本费用利润率略高于 XYZ 地产公司，这说明相对于 XYZ 地产公司而言，ABC 股份公司在后续经营过程中控制了各项费用支出，从而使商品经营盈利能力与 XYZ 地产公司相比具有一定的优势。

【案例 10-1】

中国不同行业盈利能力水平比较

我们在进行行业分析的时候，要注意不同行业的总资产周转率和销售息税前利润率可能存在较大差异，不具有可比性。表10-6列出了中国2006—2015年不同行业的净资产收益率、总资产报酬率、总资产周转率及销售息税前利润率。从表10-6中可以看出，食品制造业尽管销售息税前利润率为6.24%，总资产报酬率为4.68%，商品经营和资产经营盈利能力相比其他行业处于较低水平，但总资产周转率与其他行业相比最高，达到0.75次，导致净资产收益率在各行业中仅次于石油和天然气开采业，处于较高水平，说明资产营运的高效率形成行业较高的资本经营能力；房地产业拥有较高的销售息税前利润率，说明商品经营盈利能力较强，但由于该行业需要投入的资产规模较大，总资产周转率相对较低，导致总资产报酬率和净资产收益率均处于较低的水平；建筑业销售息税前利润率相比其他行业最低，说明商品经营盈利能力较差，总资产周转率处于中等水平，导致较低的总资产报酬率，进而影响到净资产收益率水平；石油和天然气开采业销售息税前利润率为10.58%处于中等水平，但较高的总资产周转率，导致总资产报酬率和净资产收益率均处于较高的水平。整体上看，在总资产周转率和销售息税前利润率共同作用下，行业长期平均总资产报酬率相差并不悬殊，净资产收益率的差距略大一些。

表 10-6　　　中国不同行业平均净资产收益率、总资产周转率和销售息税前利润率（2006—2015）[1]

行业	净资产收益率（%）	总资产报酬率（%）	总资产周转率（次）	销售息税前利润率（%）
食品制造业	7.84	4.68	0.75	6.24
运输设备制造业[2]	3.90	6.52	0.62	14.76
房地产业	6.45	3.79	0.23	16.48
电信业[3]	3.89	6.13	0.39	18.44
建筑业	6.86	3.58	0.62	5.77
石油和天然气开采业	10.17	7.62	0.72	10.58

【随堂小测验 10-4】

1.【单选】商品经营盈利能力分析是单纯利用（　　）资料进行的。

　　A．资产负债表　　　B．现金流量表　　　C．利润表　　　　　D．利润分配表

2.【多选】下列各项中，属于反映收入利润率的指标有（　　）。

　　A．营业收入毛利率　　　　　　　　　B．营业收入利润率

　　C．流动资产周转率　　　　　　　　　D．销售净利润率

　　E．销售息税前利润率

3.【多选】下列各项中，属于成本利润率的指标有（　　）。

　　A．营业费用利润率　　　　　　　　　B．全部成本费用总利润率

　　C．营业成本利润率　　　　　　　　　D．全部成本费用净利润率

　　E．销售息税前利润率

4.【判断】企业可以利用净资产收益率进行商品经营盈利能力分析。　　　　　　　（　　）

---

　　① 案例数据净资产收益率、总资产报酬率和总资产周转率来自国泰安 CSMAR 系列研究数据库，销售息税前利润率是根据总资产报酬率因素分解的关系推导出来的。

　　② 运输设备制造业中的深圳中华自行车（集团）股份有限公司 2013 年总资产报酬率达到 1 002.39%，净资产收益率为−185.05%，该数据无法代表行业平均水平，但是却对行业平均水平造成影响。

　　③ 电信业企业星美联合股份有限公司 2006 年总资产报酬率为−56.37%，净资产周转率为 166.64%；2010 年总资产报酬率为−599.45%，净资产收益率为 23.49%，该数据无法代表行业平均水平，但是却对行业平均水平造成影响。

第五节　上市公司盈利能力分析

随着我国社会主义市场经济体制的建立、完善和发展，我国的企业管理体制正在由传统的管理体制向现代企业制度转变。企业股份制改造是建立现代企业制度的重要形式。随着股份制企业的增多和资本市场的完善，上市公司也越来越多。

由于上市公司的自身特点，其盈利能力除了可以通过一般企业盈利能力的指标进行分析外，还应进行一些特殊指标的分析，特别是一些与企业股票价格或市场价值相关的指标分析。例如，每股收益、普通股权益报酬率、股利发放率、价格与收益比率等指标。

一、每股收益分析

（一）每股收益的内涵与计算

每股收益是指净利润扣除优先股股利后的余额与发行在外的普通股的平均股数之比，它反映了每股发行在外的普通股所能分摊到的净收益额。这一指标对普通股股东的利益关系极大，他们往往根据它来进行投资决策。其计算公式如下：

$$每股收益=\frac{净利润-优先股股利}{发行在外的普通股加权平均数（流通股数）}$$

由于优先股股东对股利的受领权优于普通股股东，因此在计算普通股股东所能享有的收益额时，应将优先股股利扣除。公式中分母采用加权平均数，是因为本期内发行在外的普通股股数只能在股数增加以后的这一段时期内产生权益，减少的普通股股数在减少以前的期间内仍产生收益，所以必须采用加权平均数，以正确反映本期内发行在外的股份数额。例如某企业 2×17 年年初发行在外的普通股份 20 万股，该年 7 月 1 日又增发了 6 万股，并且该年内未发行其他股票，也无退股事项，则该年度普通股流通在外的平均数应为 23 万股[即 20＋（6×6/12）万股]。

显然，每股收益越高，说明企业的盈利能力越强，在判断企业盈利能力强弱时，应进行行业对比或者将同一企业不同时期的每股收益进行比较，才能得出正确的认识。

下面，仍然利用 ABC 股份公司的信息进行每股收益分析。根据 ABC 股份公司的会计报表及附注等资料，可以得到 ABC 股份公司的相关信息，如表 10-7 所示。

表 10-7　　　　　　　　　　ABC 股份公司每股收益分析表

项目	2×16 年	2×15 年	差异（%）
净利润 （万元）	1 511 854.9	1 255 118.2	—
优先股股息（万元）	0	0	—
发行在外的普通股加权平均股数（万股）	1 101 291 570.6	1 099 530.7	—
调整后发行在外普通股的加权平均数	1 335 587	1 373 911	—
基本每股收益（元）	1.37	1.14	20.17
稀释每股收益（元）	1.37	1.14	20.17

由表 10-7 中的信息可知，ABC 股份公司 2×16 年度的基本每股收益为 1.37 元，2×15 年的基本每股收益为 1.14 元，2×16 年比 2×15 年度增长了近 20%，变动幅度较大，表明 2×16 年 ABC 股份公司的盈利能力高于 2×15 年，归其原因，主要是由于净利润的大幅增长。

（二）每股收益因素分析

为了分析企业每股收益变动的原因，应确定每股收益的影响因素，并对各个因素进行分析，测算各个因素的变动对每股收益的影响程度。

依据每股收益的影响因素，对每股收益指标做出如下分解：

$$每股收益 = \frac{净利润-优先股股利}{流通股股数}$$

$$= \frac{普通股权益平均额}{流通股股数} \times \frac{净利润-优先股股利}{普通股权益平均额}$$

$$= 每股账面价值 \times 普通股权益报酬率$$

从上面的公式中可知，每股收益主要取决于每股账面价值和普通股权益报酬率两个因素。每股账面价值，也称每股净资产，是指股东权益总额减去优先股权益后的余额与发行在外的普通股平均股数的比值。该指标可帮助投资者了解每股的权益，并有助于潜在的投资者进行投资分析。从每股账面价值与每股收益的关系看，每股账面价值越高，每股收益越高，反之亦然。普通股权益报酬率是影响每股权益的另一个重要因素，它的变动会使每股收益发生相同方向的变化，对它的分析将在下一问题中讲述。

下面举例说明基本每股收益的因素分析方法。ABC 股份公司 2×15 年度和 2×16 年度有关资料如表 10-8 所示。

表 10-8 ABC 股份公司每股收益因素分析

项目	2×16 年	2×15 年	差异
净利润（万元）	1 511 854.9	1 255 118.2	—
优先股股息	0	0	—
普通股权益平均额[①]（万元）	7 036 076.9	5 839 667.4	—
普通股权益报酬率（%）	21.487	21.493	-0.006
发行在外的普通股平均数（万股）	1 101 291.6	1 099 530.7	—
每股账面价值（元）	6.39	5.31	1.08

可见，2×16 年的每股收益比 2×15 年增加了 0.23 元，对增加的原因运用差额分析法分析如下。

（1）每股账面价值变动对每股收益的影响：

（6.39-5.31）×21.493%=0.23（元）

（2）普通股权益报酬率变动对每股收益的影响：

6.39×（21.487%-21.493%）=-0.000 4（元）

计算结果表明，每股账面价值的变动使得每股收益增加了 0.23 元，普通股权益报酬率的变动作用微弱。可见，企业经济实力比 2×15 年有提高，盈利能力基本不变。

二、普通股权益报酬率分析

普通股权益报酬率是指净利润扣除应发放的优先股股利后的余额与普通股权益之比。其计算公

---

① 归属于母公司股东权益的年末数额 2×16 年：7 689 598.30 万元；2×15 年：6 382 555.40 万元；2×14 年：5 296 779.50 万元。

式如下：

$$普通股权益报酬率=\frac{净利润-优先股股利}{普通股权益平均额}\times100\%$$

该指标从普通股股东的角度反映企业的盈利能力，指标值越高，说明企业的盈利能力越强，普通股股东可获得的收益也越多。普通股权益报酬率应作为独立指标对企业盈利能力、投资收益水平进行分析。

从计算公式可知，普通股权益报酬率的变化受净利润、优先股股利和普通股权益平均额三个因素影响。一般情况，优先股股利比较固定，因此应着重分析其他两个因素，现在仍然根据上节的资料进行分析。

根据所给资料，ABC 股份公司 2×15 年度的普通股权益报酬率为：

$$\frac{1\,255\,118.20-0}{5\,839\,667.40}\times100\%=21.493\%$$

2×16 年度的普通股权益报酬率为：

$$\frac{1\,511\,854.90-0}{7\,036\,076.90}\times100\%=21.487\%$$

可见，2×16 年度普通股权益报酬率比 2×15 年度减少了 0.006 个百分点，对于其变动原因，用差额分析法分析如下。

（1）净利润变动对普通股权益报酬率的影响：

$$\frac{1\,511\,854.90-1\,255\,118.20}{5\,839\,667.40}\times100\%=4.396\%$$

（2）普通股权益平均额变动对普通股权益报酬率的影响：

$$\left(\frac{1\,511\,854.9}{7\,036\,076.9}-\frac{1\,511\,854.9}{5\,839\,667.4}\right)\times100\%=-4.402\%$$

两个因素共同作用的结果使普通股权益报酬率减少了 0.006%。

三、股利发放率分析

股利发放率是普通股股利与每股收益的比值，反映普通股股东从每股的全部获利中分到多少获利。其计算公式如下：

$$股利发放率=\frac{每股股利}{每股收益}\times100\%$$

公式中每股股利是指实际发放给普通股股东的股利总额与流通股数的比值。股利发放率反映了企业的股利政策，其高低要根据企业对资金需要量的具体情况而定，没有一个固定的衡量标准。

为了进一步分析股利发放率变动的原因，股利发放率可按下式进行分解：

$$\begin{aligned}股利发放率&=\frac{每股股利}{每股收益}\times100\%\\&=\frac{每股市价}{每股收益}\times\frac{每股股利}{每股市价}\times100\%\\&=价格与收益比率\times股利报偿率\end{aligned}$$

从公式中可以看出，股利发放率主要取决于价格与收益比率和股利报偿率。一般来说，长期投资者比较注重价格与收益比率，而短期投资者则比较注重股利报偿率。

股利报偿率，也称股利与市价比率，是企业发放每股股利与股票市场价格之比。在价格与收益比率一定的情况下，股利报偿率越高，则股利发放率也越高，反之亦然。价格与收益比率将在下一部分中进行分析。

ABC 股份公司 2×15 年度和 2×16 年度有关资料如表 10-9 所示。

表 10-9　　　　　　　　　ABC 股份公司股利发放率因素分析

项目	2×16 年	2×15 年
（1）属于普通股的净利润（万元）	1 511 854.9	1 255 118.2
（2）普通股股利实发数（万元）	198 140	142 938
（3）普通股平均数（万股）	1 101 291.6	1 099 530.7
（4）每股收益（1）÷（3）	1.37	1.14
（5）每股股利（2）÷（3）	0.18	0.13
（6）每股市价	8.03	10.12
（7）价格与收益比率（6）÷（4）	5.86	8.88
（8）股利报偿率　（5）÷（6）	2.24%	1.28%

运用因素分析法分析如下。

根据上述资料确定报告期和基期指标体系：

2×15 年度股利发放率为：0.13÷1.14×100%=11.40%

2×16 年度股利发放率为：0.18÷1.37×100%=13.14%

分析对象：13.14%-11.40%=1.74%

可见，2×16 年度股利发放率比 2×15 年度高 1.74 个百分点，变动原因用差额分析法分析如下。

（1）价格与收益比率变动对股利发放率的影响：

（5.86-8.88）×1.28%=-3.90%

（2）股利报偿率变动对股利发放率的影响：

（2.24%-1.28%）×5.86=+5.56%

两个因素对股利发放率的综合影响使股利发放率增加了 1.66%[①]。

四、价格与收益比率分析

价格与收益比率，也称市盈率，是反映普通股的市场价格与当期每股收益之间的关系，可用来判断本企业股票与其他企业股票相比较存在的潜在的价值。其计算公式如下：

$$价格与收益比率 = \frac{每股市价}{每股收益}$$

该指标在一个企业内连续几年的数值能够表明企业盈利能力的稳定性如何，可在一定程度上反映企业管理部门的经营能力和企业盈利能力及潜在的成长能力。

一般情况下，发展前景较好的企业通常都有较高的价格与收益比率，发展前景不佳的企业，这个比率较低。但是必须注意，当全部资产利润率很低或发生亏损时，每股收益可能为零或负数，因此价格与收益比率很高。在这一特殊情况下，分析者仅仅利用这一指标来分析企业的盈利能力，常常会错误地估计企业的发展前景，所以还必须结合其他指标，予以综合考虑。

下面仍以表 10-9 的资料为基础进行分析。

2×16 年度价格与收益比率为：8.03÷1.37=5.86

2×15 年度价格与收益比率为：10.12÷1.14=8.88

① 股利发放率因素分析的影响结果为 1.66%与分析对象差额 1.74%不同，是因为各项指标在计算过程中均采用四舍五入导致的。

由此可见，2×16 年度价格与收益比率比 2×15 年度降低了 3.02 个百分点，降低的原因用差额分析法分析如下。

（1）由于每股市价的变动对价格与收益比率的影响：

（8.03-10.12)÷1.14=-1.833 3

（2）由于每股收益的变动对价格与收益比率的影响：

8.03÷1.37-8.03÷1.14=-1.182 5

两个因素共同作用的结果使价格与收益比率减少了 3.02 个百分点。

五、行业对比分析

仍采用前述同行业公司选取办法，将 ABC 股份公司与 XYZ 地产公司进行上市公司盈利能力的比较分析，分析结果如表 10-10 所示。

表 10-10　　　　　　　　　　上市公司盈利能力比较分析

公司名称	基本每股收益（元）	普通股权益报酬率（%）	股利发放率（%）	价格与收益比率
ABC 股份公司	1.37	21.487	13.14	5.86
XYZ 地产公司	1.51	22.806	15.41	5.48

从表 10-10 的分析中可以看到，ABC 股份公司每股收益数额要低于 XYZ 地产公司，普通股权益报酬率也低于 XYZ 地产公司，说明在与 XYZ 地产公司比较中，其盈利能力并未占有领先地位。ABC 股份公司的股利发放率为 13.14%，低于 XYZ 地产公司的 15.41%；而价格与收益比率 ABC 股份公司高于 XYZ 地产公司，说明 ABC 股份公司股利报偿率低于 XYZ 地产公司。相对而言，XYZ 地产公司更倾向于发放较多的股利给公司股东。但是，ABC 股份公司的市盈率却高于 XYZ 地产公司，投资者通常利用该比例值估量某股票的投资价值，或者用该指标在不同公司的股票之间进行比较，单从这一指标来看，ABC 股份公司比 XYZ 地产公司更具有投资价值。

【随堂小测验 10-5】

1.【单选】每股收益主要取决于每股账面价值和（　　　）两个因素。

  A．净利润　　　　　　　　　　　　B．普通股权益报酬率

  C．优先股股息　　　　　　　　　　D．普通股股数

2.【单选】甲公司 20×6 年 1 月 1 日发行在外的普通股为 27 000 万股，20×6 年度实现归属于普通股股东的净利润为 18 000 万元，普通股平均市价为每股 10 元。20×6 年度，甲公司发生的与其权益性工具相关的交易或事项如下。

（1）4 月 20 日，宣告发放股票股利，以年初发行在外普通股股数为基数每 10 股送 1 股，除权日为 5 月 1 日。

（2）7 月 1 日，根据经批准的股权激励计划，授予高管人员 6 000 万份股票期权。每份期权行权时可按 4 元的价格购买甲公司 1 股普通股，行权日为 20×7 年 8 月 1 日。

（3）12 月 1 日，甲公司按市价回购普通股 6 000 万股，以备实施股权激励计划之用。

要求：根据上述资料，在不考虑其他因素的情况下，回答下列第（1）小题和第（2）小题。

（1）甲公司 20×6 年度的基本每股收益是（　　　）。

  A．0.62 元　　　　B．0.64 元　　　　C．0.67 元　　　　D．0.76 元

（2）甲公司 20×6 年度的稀释每股收益是（　　　）元/股。

  A．0.55　　　　　B．0.56　　　　　C．0.58　　　　　D．0.62

3.【多选】普通股权益报酬率的变化受（　　　　）因素的影响。

    A.　普通股股息　　　　　　　　　B.　净利润

    C.　优先股股息　　　　　　　　　D.　普通股权益平均额

    E.　普通股股数

4.【判断】股票价格的变动对每股收益不产生影响。　　　　　　　　　　　　（　　　）

5.【判断】普通股权益报酬率与净资产收益率是相同的。　　　　　　　　　　（　　　）

拓展阅读

核心利润率

思考与练习

1. 为什么净资产收益率是反映盈利能力最重要的指标？

2. 为什么总资产报酬率的分子为息税前利润？是否可用其他指标做分子？

3. 计算商品经营盈利能力指标时应注意哪些问题？

4. 上市公司盈利能力指标与一般企业的盈利能力指标的关系是什么？

5. 反映商品经营盈利能力的指标有哪些？

6. 资产经营盈利能力与资本经营盈利能力的关系是什么？

案例分析

营收提升盈利能力下降——海马汽车困局待破

    日前，海马汽车集团股份有限公司（以下简称"海马汽车"）发布了2016年年报。年报显示，海马汽车2016年实现营业收入138.90亿元，同比增长17.05%，归属于上市公司股东的净利润2.30亿元，同比增长41.71%。虽然在营业收入上进步不小，但根据以净资产收益率为核心的杜邦分析显示，海马汽车的净利率为0.09%远低于业内平均值9.35%，扣除营业外收入后的营业利润亏损为3 045万元。

    1.　收入、成本齐涨

    海马汽车在2016年的营业收入同比2015年增长20亿元。与此同时，海马汽车的营业成本也提高了17亿元，达到120亿元，扣除销售、管理、财务等费用后，营业利润亏损3 045万元。在综合6 213万元的营业外利润之后，海马汽车在2016年的净利润仅为1 297万元，占据139亿元营业收入的0.09%。

    就营业收入而言，海马汽车在2016年取得的138.9亿元营业收入与业内158亿元的平均水平相差不大。但在净利润层面，海马汽车取得的1 297万元净利润却与10.3亿元的行业平均值相距甚远。综合海马汽车在2016年的季度财务数据看，海马汽车的净利润下降在第三、第四季度较为明显，分别为0.15%和0.04%，与其在2016年后期的销售战略导致的成本提升关系较为紧密。

从产品层面来看，在基本型乘用车、MPV、SUV三大细分市场中，海马汽车的MPV增长最为明显，同比增长3 581.60%。综合其1.24万辆的销售数字来看，高增长主要是基于基数小，真正带动海马汽车销量增长的仍是SUV车型。对此，海马汽车也在公告中表示："聚焦S5，聚焦核心市场，通过持续开展营销'三大工程'、服务创新活动、系列终端体验活动、电商引流及精准营销等行之有效措施，提高了终端营销能力，大幅提升了产品销量。"

从税金及附加的增长来看，海马汽车在2016年的税金及附加金额为6.17亿元，与2015年的5.32亿元相比，同比增长15.98%。从其细分种类来看，海马汽车的营业税从2015年的1 426万下降至685万元，下降尤为明显，但其土地使用税和房产税，分别为1 009万和703万元。对此，有业内人士分析认为，以上两项费用的增长或与海马汽车在2016年年中下发的将15万辆汽车技术改造项目实施主体由海马商务汽车变更为海马汽车有限公司这一决定有关。值得注意的是，在营业外收入一项中，海马汽车获得的政府补助约为8 263万元，倘若没有此项费用，海马汽车的营业利润和净利润将均为负值。

2. 其他费用提升

在本次公告中，海马汽车指出："2016年，在愈加复杂多变的国际环境以及'新常态'的国民经济形势下，自主品牌乘用车扳回了部分市场份额。但在竞争激烈的市场环境下，自主品牌车企前行之路依然艰难。"为了应对激烈的市场竞争，海马汽车在营销创新、核心竞争力建设、品质管理、机制改革等多方面做出了努力。为此，海马汽车的销售费用和管理费用均较2015年有所增加。

在销售费用方面，海马汽车在差旅费、办公费、服务活动费、培训费等其他费用上削减较大，共花费4 962万元，与2015年的7 160万元相比，下降较为明显。然而，由于营销策略等一系列的改变，海马汽车的广告和推销费用出现了较为明显的增长。2016年，海马汽车的广告及推广费为2.06亿元，与2015年花费的1.67亿元相比上涨23.35%。除此之外，在职工薪酬、仓储运杂费以及管理费等方面，海马汽车的花费也均有明显上涨。

当然，在增长的期间费用下，海马汽车也取得了相应的成绩。营销创新层面，海马汽车通过持续开展营销"三大工程"、服务创新活动、系列终端体验活动、电商引流及精准营销等行之有效的措施，提高了终端营销能力，大幅提升了产品销量，S5全年销量突破10万辆；科技创新方面，福美来七座版按计划投放市场；S5小改、二代S5、S5/P2、S5young及1.2TGDI系列发动机项目、7DCT等项目按计划顺利推进；核心竞争力建设方面，整车试验中心、DCT试验中心工程进展顺利，部分重要试验手段相继到位。

根据以上案例请思考：如何看待海马集团营业收入的提升与盈利能力下降这一现象？海马集团盈利能力下降的原因是什么？为应对激烈的市场竞争，海马集团应如何提升盈利能力？在细分市场中，海马集团应如何进行车型生产的战略部署？

第十一章 | 企业营运能力分析

【学习目标】
- 掌握营运能力的内涵
- 熟悉企业营运能力分析的目的与内容
- 掌握总资产营运能力分析的主要指标及其应用
- 掌握流动资产营运能力分析的主要指标及其应用
- 掌握固定资产营运能力分析的主要指标及其应用

【关键词】 营运能力 流动资产周转率 流动资产垫支周转率 存货周转率 流动资产节约额 流动资产绝对节约 流动资产相对节约 应收账款周转率 总资产周转率 全部资产产值率 固定资产产值率 固定资产收入率

【引导案例】

长虹电子集团有限公司营运能力分析

长虹电子集团有限公司创始于1958年，公司前身国营长虹机器厂是我国"一五"期间的156项重点工程之一，是当时国内唯一的机载火控雷达生产基地。从军工立业、彩电兴业，到电子信息的多元拓展，产业拓展至黑电、白电、IT、通信、服务、零部件、军工等多种门类，已成为集军工、消费电子、核心器件研发与制造为一体的综合型跨国企业集团，并正向具有全球竞争力的信息家电内容与服务提供商挺进。2016年长虹品牌价值达1 208.96亿元人民币，继续稳居中国电子百强品牌第5位，中国企业500强第152位，中国制造业500强第64位。多年来，长虹坚持以用户为中心、以市场为导向，强化技术创新，夯实内部管理，积极培育集成电路设计、软件设计、工业设计、工程技术、变频技术和可靠性技术等核心技术能力，构建消费类电子技术创新平台，立足互联网面向物联网，大力实施智能化战略，不断提升企业的综合竞争能力，逐步将长虹建设成为全球值得尊重的企业。长虹公司2012—2016年营运能力指标变化趋势，如表11-1和图11-1所示。

表 11-1　　　　　　　　　长虹公司营运能力指标趋势变化

项目	2012 年	2013 年	2014 年	2015 年	2016 年
应收账款周转率/次	8.567	9.282 1	8.129 5	8.597 2	8.978 5
存货周转率/次	4.789 7	3.704 6	4.650 4	4.285 8	5.57

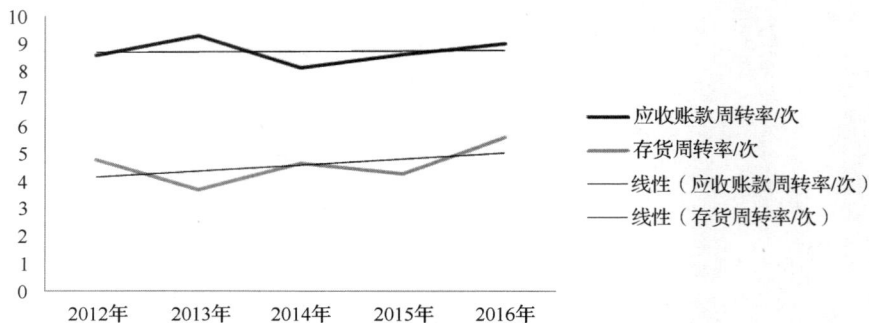

图 11-1　长虹公司营运能力指标趋势变化

应收账款周转率是考核应收账款周转变现能力的重要财务指标。从图 11-1 可以看出，长虹公司应收账款周转率在 2012 年至 2016 年间稳中有升，表明企业应收账款管理效率逐渐提高，变现能力渐渐加强，企业收账速度慢慢变快。存货周转率是指企业在一定时期内的存货占用资金的可周转次数。较高的存货周次数说明企业的经营比较好，存货周转速度越快，存货占用水平越低，流动性越强，存货转换为现金或应收账款的速度就越快。长虹公司存货周转率在 2012—2016 年五年间处于波动式上升趋势，但是波动的幅度较小，说明公司的经营状况在稳定中略有提升。

那么，除了应收账款周转率、存货周转率还有哪些指标可以分析企业的营运能力？除了对长虹公司的营运能力进行趋势分析以外，还有哪些分析评价的方法和标准？各个营运能力指标在不同行业所体现的重要性是否相同？为什么？通过学习本章内容相信你会有不同的收获。

第一节　营运能力分析的内涵

一、营运能力分析的目的

营运能力主要是指企业资产营运的效率与效益。企业资产营运的效率主要是指资产的周转率或周转速度。企业资产营运的效益通常是指企业的产出额与资产占用额之间的比率。企业营运能力的分析就是要通过对反映企业资产营运效率与效益的指标进行计算与分析，评价企业的营运能力，为企业提高经济效益指明方向。营运能力分析的作用主要体现在以下几个方面。

第一，营运能力分析可评价企业资产营运的效率。

第二，营运能力分析可发现企业在资产营运中存在的问题。

第三，营运能力分析是进行盈利能力分析和偿债能力分析的基础与补充。

反映企业资产营运能力的指标有许多，要正确分析评价企业资产营运能力，首先必须正确设计选择评价资产营运能力的指标体系。设计选择评价资产营运能力的指标，必须遵循以下原则。

（1）资产营运能力指标应体现提高资产营运能力的实质要求。企业资产营运能力的实质，就是要以尽可能少的资产占用，以尽可能短的时间周转，生产尽可能多的产品，实现尽可能多的销售收入，创造尽可能多的纯收入。

（2）资产营运能力指标应体现多种资产的特点。企业的资产包括固定资产和流动资产，它们各有其特点。对于固定资产，应考虑它的使用价值与价值相脱离的特点，在指标计算上，应从这两方面加以考虑；对于流动资产，主要应体现其流动性的特点。

（3）资产营运能力指标应有利于考核分析。指标的选择应尽量采用现行制度规定的考核指标，或根据现有核算资料可以计算并便于分析的指标，否则，指标再好也没有实际意义。

二、营运能力分析的内容

根据营运能力分析的含义与目的，企业营运能力分析的内容主要包括以下几个方面。

（一）全部资产营运能力分析

全部资产营运能力分析的内容包括全部资产产值率分析；全部资产收入率分析；总资产周转率分析。

（二）流动资产营运能力分析

流动资产营运能力分析的内容包括全部流动资产周转率分析；全部流动资产垫支周转率分析；

流动资产周转加快效果分析；存货周转率分析；应收账款周转率分析。

（三）固定资产营运能力分析

固定资产营运能力分析的内容包括固定资产产值率分析和固定资产收入率分析。

【随堂小测验 11-1】

1. 【单选】企业营运能力主要指企业营运资产的（　　　）。
　　A．结构与分布　　B．效率与效益　　C．产出与耗费　　D．积累与分配
2. 【多选】下列各项中，属于反映企业营运能力的指标有（　　　）。
　　A．总资产收入率　　B．固定资产收入率　　C．流动资产周转率
　　D．存货周转率　　　E．应收账款周转率
3. 【判断】企业要想提高资产的营运能力，只需要改进生产工艺，提升产值率。　　（　　　）

第二节　全部资产营运能力分析

全部资产营运能力分析就是要对企业全部资产的营运效率进行综合分析。全部资产营运能力分析包括对反映全部资产营运能力的指标进行计算与分析；对反映资产营运能力的各项指标进行综合对比分析。

一、反映全部资产营运能力的指标的计算与分析

企业全部资产营运能力，主要是指投入或使用全部资产所取得的产出的能力。企业的总产出，从生产能力角度考虑，可用总产值表示，从满足社会需要角度考虑，可用总收入表示，因此，反映全部资产营运能力的指标主要是指全部资产收入率和总资产周转率。

（一）全部资产收入率的计算与分析

全部资产收入率是指占用每百元资产所取得的收入额，其计算公式是：

$$全部资产收入率 = \frac{总收入}{平均总资产} \times 100\%$$

该指标反映了企业收入与资产占用之间的关系。通常，全部资产收入率越高，反映企业全部资产营运能力越强，营运效率越高。该指标比全部资产产值率更能准确地反映企业全部资产的营运能力。在市场经济条件下，企业产品只有销售出去，实现收入才是真正意义的产出。应当指出，企业总收入从理论上说是指企业全部资产运营所带来的得到社会承认的产出价值，包括自营资产带来的营业收入、对外投资带来的收入（投资收益）以及其他收入（营业外收入）。但是，目前由于财务会计报表的局限性和财务指标、统计指标口径等原因，企业通常无法准确提供总收入指标，因此，计算该指标时，往往用营业收入代替总收入。如果企业总资产全部为自营资产，没有对外投资的资产，用营业收入代替总收入是可行的，否则，在分析时一定要注意由于企业资产结构不同对总收入带来的影响。

对全部资产收入率的分析，要考虑收入与产值的关系。其因素分解式是：

$$全部资产收入率 = \frac{总收入}{平均总资产} \times 100\% = \frac{总产值}{平均总资产} \times \frac{总收入}{总产值} \times 100\%$$
$$= 全部资产产值率 \times 产品销售率$$

从上述分解式可以看出，企业要取得较高的资产收入率，一方面要提高全部资产产值率，这是提高企业资产营运能力的基础，没有产品就谈不上销售，更谈不上效益；另一方面要提高产品销售率，把生产出来的产品尽快、尽可能多地销售出去。

（二）总资产周转率分析

总资产收入率从周转速度角度看，也称总资产周转率（次数），其计算方法虽与总资产收入率相同，但总资产周转率却是从资产流动性方面反映总资产的利用效率。其公式是：

$$总资产周转率（次数）=\frac{总资产的周转额（总收入）}{平均总资产}$$

上式中总资产的周转额同样应该是总收入，但由于上述关于总收入指标计算困难的原因，通常在计算分析时仍采用营业收入。

在总资产中，周转速度最快的应属流动资产，因此，总资产周转速度受流动资产周转速度的影响较大。从总资产周转速度与流动资产周转速度的关系，可确定影响总资产周转率的因素如下：

$$总资产周转率（次数）=\frac{总收入}{平均流动资产}×\frac{平均流动资产}{平均总资产}$$
$$=流动资产周转次数×流动资产占总资产的比重$$

可见，总资产周转速度的快慢取决于两大因素：一是流动资产周转率，因为流动资产的周转速度往往高于其他类资产的周转速度，加速流动资产周转，这就会使总资产周转速度加快，反之则会使总资产周转速度减慢；二是流动资产占总资产的比重，因为流动资产周转速度快于其他类资产周转速度，所以，企业流动资产所占比例越大，总资产周转速度越快，反之则越慢。

总资产的周转速度也可以用周转期（周转天数）来表示。其计算公式是：

$$总资产周转天数=计算期天数÷（总周转额÷平均总资产）$$

总资产周转次数，表明一定时期内总资产周转的次数，或者说明每一元总资产支持的营业收入。总资产周转天数，表明总资产周转一次所需要的时间，也就是总资产转换成收入平均需要的时间。

根据 ABC 股份公司公司财务报表的有关资料，计算该公司总资产周转率有关指标，如表 11-2 所示。

表 11-2　　　　　　　　　　　　总资产周转率分析资料

项目	2×16 年	2×15 年	差异
营业收入（万元）	13 541 879	10 311 625	—
总资产平均余额（万元）	42 900 347	33 750 503	—
流动资产平均余额（万元）	40 241 016	32 271 020	—
总资产周转率（次）	0.32	0.31	0.01
流动资产周转率（次）	0.34	0.32	0.02
流动资产占总资产比率（%）	93.80	95.62	-1.82

根据表 11-2 可知，ABC 股份公司 2×16 年总资产周转率比 2×15 年快了 0.01 次，其原因是：

流动资产周转率提高，使总资产周转率提高：

（0.34-0.32）×95.62%=0.02（次）

流动资产占总资产比率下降，使总资产周转减速：

0.34×（93.80%-95.62%）=-0.01（次）

　　计算结果表明，ABC 股份公司 2×16 年总资产周转率有所提高是流动资产周转率与流动资产占总资产中的比重二者共同作用的结果。流动资产周转率有所提高，使总资产周转率提高，至于流动资产周转率提高的原因将在本章后续内容予以分析说明；流动资产在总资产中的比率下降，使资产流动性降低了，从而又使总资产周转速度有所下降。

二、全部资产营运能力综合对比分析

　　全部资产营运能力综合对比分析，就是要将反映全部资产营运能力的指标与反映企业流动资产和固定资产营运能力的指标结合起来进行分析。综合对比分析依据各类指标之间的相互关系进行分析，主要包括以下几方面的内容。

　　（一）综合对比分析反映资产占用与总产值之间的关系

　　反映二者之间关系的有三个指标，即固定资产产值率、流动资产产值率、全部资产产值率，它们可说明各类资产在生产过程中的利用效果。从静态上对比分析这三个指标，可分别反映固定资产、流动资产及全部资产的利用效果；从动态上对比分析这三个指标，可反映总产值增长与固定资产增长、流动资产增长、全部资产增长的关系，以及资产结合的变化情况。

　　（二）综合对比分析反映资产占用与收入之间的关系

　　反映二者之间关系的有三个指标，即固定资产收入率、流动资产周转率和全部资产收入率或周转率，它们可正确评价各类资产营运效益的高低和资产周转速度的快慢。它们从静态上对比分析，可反映各类资产收入率的水平及其差距；从动态上对比分析，可分别反映固定资产、流动资产及全部资产与销售收入增长的关系。

　　（三）将全部资产营运能力与全部资产盈利能力结合起来分析

　　对总资产营运能力与盈利能力之间的关系进行综合对比分析，可说明企业总资产经营盈利能力的高低，而总资产经营盈利能力的高低取决于企业的产品经营盈利能力和资产营运能力。它们之间的关系可用如下一般关系式表示：

$$总资产经营盈利能力=资产营运能力×产品经营盈利能力$$

　　其具体计算公式为：

$$总资产报酬率（资产息税前利润率）=\frac{营业收入}{平均总资产}×\frac{息税前利润}{营业收入}×100\%$$

$$=总资产周转率×息税前利润率$$

　　运用上式可全面分析企业资产的营运情况及效果。

【随堂小测验 11-2】

1.【单选】下列各项中，属于影响总资产周转速度的关键因素是（　　　）。

　　A. 固定资产周转速度　　　　　　　　B. 企业的盈利能力

　　C. 流动资产周转速度　　　　　　　　D. 企业的融资方式

2.【多选】下列各项中，属于影响总资产收入率的因素有（　　　）。

　　A. 总资产报酬率　　B. 总资产周转率　　C. 固定资产产值率

　　D. 产品销售率　　　E. 总资产产值率

3.【判断】总资产收入率与总资产周转率的经济实质是一样的。　　　　　　　（　　　）

第三节 流动资产营运能力分析

一、流动资产周转率的计算与分析

流动资产周转率，既是反映流动资产周转速度的指标，也是综合反映流动资产利用效果的基本指标，它是一定时期内流动资产平均占用额和流动资产周转额的比率，是用流动资产的占用量和其所完成的工作量的关系来表明利用流动资产产生的经济效益。

（一）流动资产周转率计算

流动资产周转率的计算，一般可以采取以下两种计算方式：

$$流动资产周转次数（次/一定时期）=\frac{流动资产周转额}{流动资产平均余额}$$

$$流动资产周转天数或周转期（天/次）=\frac{计算期天数}{流动资产周转次数}$$

$$=\frac{流动资产平均余额\times计算期天数}{流动资产周转额}$$

流动资产的周转次数或天数，均表示流动资产的周转速度。流动资产周转次数，表明一定时期内流动资产周转的次数，或者说明每 1 元流动资产支持的主营业务收入；流动资产周转天数，表明流动资产周转一次所需要的时间，也就是流动资产转换成现金平均需要的时间。流动资产在一定时期的周转次数越多，即每周转一次所需要的天数越少，周转速度就越快，利用流动资产产生的经济效益就越好，就会相对节约流动资产，等于相对扩大资产投入，增强企业盈利能力；反之，周转速度越慢，流动资产营运能力就越差，需要补充流动资产参加周转，形成资金浪费，降低企业盈利能力。

从上述公式可知，对流动资产周转期的计算，必须利用"计算期天数""流动资产平均余额"和"流动资产周转额"三个数据。对于计算期天数，为了计算方便，全年通常按 360 天计算，全季按 90 天计算，全月按 30 天计算。

对于流动资产平均余额的确定，应注意两个问题。一要注意范围，不同的周转率，流动资产的范围就不同：求某月份的周转率，要用流动资产在当月月初余额与月末余额的平均余额；求某季度的周转率，要用该季度三个月份中每月流动资产的平均余额之和的平均值；求某年的周转率，要用流动资产在该年年初余额与年末余额的平均余额或流动资产在第一季度到第四季度各季度平均余额之和的平均余额等。二要注意用平均占用额而不能用期末或期初占用额。

周转额一般是指企业在报告期中有多少流动资产完成了，即完成了由货币到商品，再到货币这一循环过程的流动资产数额。它应用营业额来表示，既可用营业收入，也可用营业成本表示。因此，企业流动资产周转率的计算公式为：

$$流动资产周转次数=\frac{营业收入}{流动资产平均余额}$$

$$流动资产周转天数=\frac{流动资产平均余额\times计算期天数}{营业收入}$$

$$流动资产垫支周转次数=\frac{营业成本}{流动资产平均余额}$$

$$流动资产垫支周转天数=\frac{流动资产平均余额\times计算期天数}{营业成本}$$

（二）流动资产周转率分析

进行流动资产周转率因素分析，首先应找出影响流动资产周转率的因素。根据流动资产周转率的计算公式，可分解出影响流动资产周转率的因素，分解公式如下：

$$流动资产周转率（次数）=\frac{营业收入}{流动资产平均余额}$$

$$=\frac{营业成本}{流动资产平均余额}\times\frac{营业收入}{营业成本}$$

$$=流动资产垫支周转率（次数）\times成本收入率$$

可见，影响流动资产周转次数的因素，一是流动资产垫支周转率（次数）；二是成本收入率。流动资产垫支周转率（次数）准确地反映了流动资产在一定时期内真正可周转的次数；成本收入率说明了企业的所费与所得之间的关系，反映出利用流动资产的效益。当成本收入率大于 1 时，说明企业有经济效益，此时流动资产垫支周转次数越快，流动资产营运能力越强；反之，如果成本收入率小于 1，说明企业所得弥补不了所费，这时流动资产垫支次数快，不利于企业经济效益的提高，反而会使企业亏损的越多。确定这两个因素变动对流动资产周转率（次数）的影响，可用连环替代法或差额计算法，公式如下：

$$流动资产垫支周转率（次数）的影响=[报告期流动资产垫支周转率（次数）-基期流动资产垫支周转率（次数）]\times基期成本收入率$$

$$成本收入率变动的影响=报告期流动资产垫支周转率（次数）\times（报告期成本收入率-基期成本收入率）$$

在对流动资产周转率（次数）分析的基础上，进一步对流动资产垫支周转率（次数）进行分析。影响流动资产垫支周转率（次数）的因素可从以下分解式中得出：

$$流动资产垫支周转率（次数）=\frac{营业成本}{流动资产平均余额}$$

$$=\frac{营业成本}{平均存货余额}\times\frac{平均存货余额}{流动资产平均余额}$$

$$=存货周转率（次数）\times存货构成率$$

运用差额计算法可确定存货周转率（次数）和存货构成率变动对流动资产垫支周转率（次数）的影响程度。

根据表 4-1、表 4-2 及相关资料，计算 ABC 股份公司流动资产周转率，如表 11-3 所示。

表 11-3　　　　　　　　　　　　　流动资产周转率分析资料表

项目	2×16 年	2×15 年
营业收入（万元）	13 541 879	10 311 625
流动资产平均余额（万元）	40 241 016	32 271 020
其中：平均存货（万元）	29 314 867	23 174 980
营业成本（万元）	9 279 765	6 542 161
流动资产周转率（次）	0.34	0.32
流动资产垫支周转率（次）	0.23	0.20
成本收入率（%）	145.93	157.62
存货构成率（%）	72.85	71.81
存货周转率（次）	0.32	0.28

根据表 11-3，对流动资产周转率做如下分析。

1. 流动资产周转次数分析

分析对象=0.34-0.32=0.02（次）

因素分析：

流动资产垫支周转率的影响=（0.23-0.20）×157.62%=0.047（次）

成本收入率的影响=0.23×（145.93%-157.62%）=-0.027（次）

计算结果表明，2×16 年流动资产周转率提高是流动资产垫支周转率提高的结果，而成本收入率的下降给流动资产周转速度带来不利的影响。

根据表 11-3，对流动资产垫支周转率做如下分析。

2. 流动资产垫支周转次数分析

分析对象：0.23-0.20=0.03（次）

因素分析：

存货周转次数影响=（0.32-0.28）×71.81%=0.029（次）

存货构成率影响=0.32×（72.85%-71.81%）=0.003（次）

可见，流动资产垫支周转次数的增加是由存货周转次数加快和存货构成率上升两个因素共同引起的。存货周转次数加快是主要原因，使垫支周转次数加快 0.029 次；存货构成率提高使垫支周转次数加快 0.003 次。

二、各项流动资产周转情况分析

（一）存货周转情况分析

存货周转率是指企业在一定时期内的存货占用资金可周转的次数，或存货每周转一次所需要的天数。因此，存货周转率指标有存货周转率（次数）和存货周转期（天数）两种形式：

$$存货周转率（次数）=\frac{营业成本}{平均存货余额}$$

其中：

$$平均存货余额=\frac{期初存货余额+期末存货余额}{2}$$

$$存货周转期（天数）=\frac{计算期天数}{存货周转率（次数）}=\frac{计算期天数×平均存货余额}{营业成本}$$

应当注意，存货周转次数和周转天数的实质是相同的。但是其评价标准却不同，存货周转次数是正指标，在一般情况下，较高的存货周转次数（或较少的存货周转天数）说明企业的经营比较好，存货周转速度越快，存货占用水平越低，流动性越强，存货转换为现金或应收账款的速度就越快。提高存货周转率可以提高企业的变现能力，而存货周转速度越慢，则变现能力越差。但在某些情况下，存货周转天数并不是越少越好。诚然，存货过多会浪费资金，但存货过少可能不能满足流转需要。实际上，在特定的生产经营条件下存在一个最佳的存货水平。另外，分析存货周转率时，应注意应付账款、存货和应收账款（或销售收入）之间的关系。一般来说，销售增加会拉动应收账款、存货和应付账款的增加，不会引起周转率的明显变化。但是，当企业接受一个大订单时，通常要先增加存货，然后推动应付账款增加，最后才引起应收账款（销售收入）增加。因此，在该订单没有实现销售以前，先表现为存货周天数增加，而这种周转天数的增加没有什么不好。与此相反，当企业预见到销售会萎缩时，通常会减少存货，进而引起存货周转天数等下降。但这种周转天数下降不是什么好事，它并非意味着资产管理得以改善。

此外，在计算存货周转率时应注意以下几个问题。第一，存货计价方法对存货周转率具有较大的影响，因此，在分析企业不同时期或不同企业存货周转率时，应注意存货计价方法的口径是否一致。第二，分子与分母的数据在时间上的对应性。

综上所述，任何财务分析都要以认识经营活动的本质为目的，切不可只根据数据高低草率得出结论。

影响存货周转率的因素很多，但它主要还受材料周转率、在产品周转率和产成品周转率的影响。这三个周转率的计算公式为：

（1）
$$材料周转率（次数）=\frac{当期材料费用}{平均库存材料占用额}$$

（2）
$$在产品周转率（次数）=\frac{当期生产成本}{平均在产品占用额}$$

（3）
$$产成品周转率（次数）=\frac{营业成本}{平均产成品占用额}$$

这三个周转率的评价标准与存货的评价标准相同，都是周转次数越多越好，周转天数越少越好。此外，评价存货周转率还应关注构成存货的原材料、在产品、半成品、产成品和低值易耗品之间的比例关系。正常情况下，它们之间存在某种比例关系，如果产成品大量增加，其他存货项目减少，则很可能是销售不畅，放慢了生产节奏。然而，此时总的存货金额可能并没有显著变动，甚至尚未引起存货周转率的显著变化。因此，在财务分析时既要重点关注变化大的项目，也不能完全忽视变化不大的项目，因为其内部可能隐藏着重大问题。通过对不同时期存货周转率的比较，可以评价存货管理水平，查找出影响存货利用效果变动的原因，不断提高存货管理水平。

在企业生产均衡和产销平衡的情况下，存货周转率与三个阶段周转率之间的关系可用下式表示：

$$存货周转天数=材料周转天数\times\frac{当期材料费用}{当期生产成本}+在产品周转天数+产成品周转天数$$

运用因素分析法可以确定出各因素变动对存货周转率的影响。

（二）应收账款周转情况分析

因素分析法应用举例

应收账款周转情况分析，主要应通过对应收款周转率的计算与分析进行说明。应收款周转率的计算公式为：

$$应收账款周转率=\frac{赊销收入净额}{平均应收账款余额}$$

其中：　　赊销收入净额[①]=销售收入-现销收入-销售退回、折让、折扣

$$平均应收账款余额=\frac{期初应收账款+期末应收账款}{2}$$

$$应收账款余额=应收账款净额+应收账款坏账准备$$

应收账款周转率可以用来估计应收账款变现的速度和管理的效率。回收迅速既可以节约资金，也说明企业信用状况好，不易发生坏账损失。一般认为周转率越高越好。

反映应收账款周转速度的另一个指标是应收账款周转天数，或也称应收账款账龄或应收账款平均收账期。其计算公式为：

$$应收账款周转天数=\frac{计算期天数}{应收账款周转率}$$

$$或　　　　=\frac{平均应收账款余额}{赊销收入净额}\times计算期天数$$

一般来说，应收账款周转率越高，平均收账期越短，说明应收账款的收回越快。否则，企业的

---

① 在市场经济条件下，由于赊销活动属于商业秘密，不要求披露赊销额，因此可用销售收入净额代替赊销收入净额。实际上相当于假设现销是现收时间等于零的应收账款。只要现销与赊销的比例保持稳定，不妨碍与上期数据的可比性，只是一贯高估了周转次数而已。

营运资金会过多地呆滞在应收账款上，影响正常的资金周转。使用应收账款周转率指标分析应收账款运转效率时，应剔除影响企业应收账款异常波动的因素，如季节性营销、年末销售大幅度提高或大幅度下降等，以保证应收账款周转率指标的可比性。值得注意的是，应收账款是由赊销引起的，如果赊销有可能比现销更有利，周转天数就不是越少越好。收现时间的长短与企业的信用政策有关。例如，甲企业的应收账款周转天数是 18 天，信用期是 20 天；乙企业的应收账款周转天数是 15 天，信用期是 10 天。那么甲企业的收款业绩优于后者，尽管其周转天数较多。改变信用政策通常会引起企业应收账款周转天数的变化。

另外，对应收账款分析还应与销售额分析、现金分析相联系。应收账款的起点是销售，重点是现金。正常情况是销售增加引起应收账款增加，现金存量和经营活动现金流量也会随之增加。但若一个企业应收账款日益增加，而销售和现金日益减少，则很可能是销售出了较严重的问题，以致放宽信用政策，发货后，现金却收不回来。

因此，要想正确评价应收账款周转率，应当深入应收账款内部进行分析，并且要注意应收账款与其他问题的联系。

将 ABC 股份公司在 2×16 年的应收账款周转率与同行业的 XYZ 地产公司同年的应收账款周转率进行比较，相关指标如表 11-4 所示。

表 11-4　　　　　　　　　　同行业公司应收账款周转率比较分析　　　　　　　　　　单位：万元

项目	ABC 股份公司	XYZ 地产公司
平均应收账款净额	248 276	210 605
平均坏账准备	3 275	11 084
平均应收账款余额	251 551	221 689
销售收入	13 541 879	9 235 552
应收账款周转率（次）	53.83	41.66

由表 11-4 可知，ABC 股份公司的应收账款周转率在与 XYZ 地产公司的对比中处于优势水平。

三、流动资产周转加速效果分析

流动资产周转加速，一方面可使一定的产出所需的流动资产减少；另一方面可使一定的资产所取得的收入增加。

（一）加速流动资产周转所节约的资金

加速资产周转所节约的资金就是指企业在营业收入一定的情况下，由于加速流动资产周转所节约的资金。其计算公式为：

$$流动资产总节约额 = 报告期营业收入 \times \left(\frac{1}{报告期流动资产周转次数} - \frac{1}{基期流动资产周转次数} \right)$$

上式计算结果为负数时，即报告期流动资产周转次数大于基期流动资产周转次数时，说明流动资产周转速度加快，表示流动资产因周转加速而节约的流动资产数；当其计算结果为正数时，即报告期流动资产周转次数小于基期流动资产周转次数时，说明流动资产周转速度放缓，表示企业流动资产因周转速度减缓而浪费的流动资产数。

流动资产由于加速周转而形成的节约额，可以区分为绝对节约额和相对节约额两种形式。流动资产绝对节约额，是指企业由于加速流动资产周转，因而可以从流动资产周转中拿出一部分资金支付给企业所有者或还给债权人。流动资产相对节约额是指企业由于加速流动资产周转，可以在不增资或少增资的条件下扩大本企业的生产规模，因而有可能不需要或减少由债权人或所有者对企业的新投资。可见，流动资产绝对节约额和相对节约额的区别只在于资产运用的情况不同，后者是以节约的资金提供本企业扩大再生产之用，而前者则是以所节约的资金退出企业经营。区别与计算流动资产绝对节约额和相对节约额可分以下三种情况进行。

（1）全部节约额都是绝对节约。如果企业流动资产周转加速，而销售收入不变，这时所形成的节约额就是绝对节约额。

（2）全部节约额都是相对节约。如果企业流动资产周转加速，而实际占用流动资产大于或等于基期占用流动资产，这时所形成的流动资产节约额就是相对节约额。

（3）同时具有绝对节约额和相对节约额。如果企业流动资产周转加速，同时销售收入增加，流动资产占用量减少。这种情况下形成的流动资产节约额就同时具有绝对节约额和相对节约额。它们的计算公式分别是：

$$绝对节约额=报告期流动资产占用额-基期流动资产占用额$$

$$相对节约额=流动资产总节约额-绝对节约额$$

当然，把流动资产节约分析中的各种条件反过来，得到的就是流动资产的浪费额，它同样存在绝对浪费额和相对浪费额。

（二）加速流动资产周转所增加的收入

加速资产周转所增加的收入是指在企业流动资产占用额一定的情况下，由于加速流动资产周转所增加的营业收入。其计算公式是：

$$\frac{营业收入}{增加额}=\frac{基期流动资产}{平均余额}\times\left(\frac{报告期流动资产}{周转次数}-\frac{基期流动资产}{周转次数}\right)$$

上式计算结果为正数时，即报告期流动资产周转次数大于基期流动资产周转次数时，说明流动资产周转速度加快，表示因加速流动资产周转而增加的营业收入；计算结果为负数时，即报告期流动资产周转次数小于基期流动资产周转次数时，说明流动资产周转速度减缓，表示因流动资产周转速度减缓所减少的营业收入。

根据表 11-2 可以计算分析 ABC 股份公司在 2×16 年流动资产周转加速的效果，具体计算分析如下。

（1）流动资产周转加速所节约的流动资产：

流动资产总节约额=13 541 879×（1/0.34-1/0.32）= -2 489 316（万元）

计算结果表明，ABC 股份公司 2×16 年流动资产周转率提高，形成流动资产节约额为 2 491 706 万元。

（2）流动资产周转加速所增加的营业收入：

营业收入增加额=32 271 020×（0.34-0.32）= 645 420.4（万元）

说明 ABC 股份公司在 2×16 年由于流动资产周转加快，而使营业收入增加了 645 420.4 万元。

四、流动资产周转速度的行业分析

将 2×16 年 ABC 股份公司的营运能力指标与同行业的 XYZ 地产公司的相关指标进行比较，相关指标如表 11-5 所示。

表 11-5　　　　　　　　　　　同行业公司营运能力指标比较分析

公司名称	总资产周转率	流动资产周转率	存货周转率
ABC 股份公司	0.32	0.34	0.32
XYZ 地产公司	0.33	0.34	0.29

由表 11-5 可知，ABC 股份公司的总资产周转率略低于 XYZ 地产公司，流动资产周转率与 XYZ 地产公司持平，存货周转率在与 XYZ 公司的对比中处于优势水平。

【随堂小测验 11-3】

1．【单选】下列各项中，属于影响流动资产周转率的因素是（　　　）。

　　A．产出率　　　　　B．销售率　　　　　C．成本收入率　　　D．收入成本率

2．【单选】当流动资产占用量不变时，流动资产周转加快会形成流动资金的（　　　）。

　　A．绝对浪费额　　　B．相对浪费额　　　C．绝对节约额　　　D．相对节约额

3．【多选】下列各项中，属于影响存货周转率的因素有（　　　）。

　　A．材料周转率　　　B．在产品周转率　　C．总产值生产费

　　D．产品生产成本　　E．产成品周转率

4．【多选】企业上年的存货周转率为 5 次，本年变为 7 次，说明企业可能（　　　）。

　　A．产品适销对路，销售规模扩大，减少了库存积压

　　B．产品发生滞销，确认的销售收入和结转成本均下降，平均存货增加

　　C．加快了材料周转率，提高了生产效率，同时减少了在产品周转天数

　　D．处于高速发展期，收入逐年增加，但存货增长率低于成本增长率

　　E．处于成熟期，收入缓慢增加，存货增长率高于成本增长率

5．【判断】一般来说，销售增加会引起存货周转率的明显变化。　　　　　　　　　（　　　）

第四节 固定资产营运能力分析

一、固定资产产值率分析

固定资产产值率，是指一定时期内按不变价格计算的总产值与固定资产平均总值之间的比率，或每百元固定资产提供的总产值。其计算公式是：

$$固定资产产值率 = \frac{总产值}{固定资产平均总值} \times 100\%$$

分析固定资产产值率，首先应找出影响它的因素。根据固定资产产值率的计算公式，可分解出影响固定资产产值率的因素。其计算公式为：

$$固定资产产值率 = \frac{工业总产值}{全部固定资产平均总值} \times 100\%$$

$$= \frac{工业总产值}{生产设备平均总值} \times \frac{生产设备平均总值}{生产用固定资产平均总值} \times \frac{生产用固定资产平均总值}{全部固定资产平均总值} \times 100\%$$

$$= 生产设备资金产值率 \times 生产设备构成率 \times 生产用固定资产构成率$$

上式中，生产设备的资金产值率是反映生产设备能力和时间的利用效果，它的数值大小直接影响着工业生产用固定资产的利用效果，进而影响企业全部固定资产的资产产值率；生产设备占生产用固定资产的比重和工业生产用固定资产占全部固定资产的比重，标志着固定资产的结构状况和配置的合理程度，其比重越大，则全部固定资产产值率也就越高。所以，对企业固定资产产值率的分析，应从固定资产的配置和使用两方面进行，在合理配置固定资产的同时，只有大力从时间上改善固定资产特别是其中生产设备的利用情况，不断提高其单位时间的产量，才能提高固定资产产值率。

固定资产产值率的分析是将实际数与计划数、上期实际数或历史最好水平进行比较，从中找出影响该指标的不利因素，由此对企业固定资产利用效果做出评价。

假定某公司有关资料如表 11-6 所示。

表 11-6 　　　　　　　　　　　　固定资产产值率分析资料表　　　　　　　　　　　　单位：元

项目	基期	报告期	差异
总产值	14 536 253	14 751 595	
全部固定资产平均总值	4 236 700	4 842 650	
生产用固定资产平均总值	3 287 679	3 845 047	
生产设备平均总值	2 118 350	2 566 600	
全部固定资产产值率（%）	343.10	304.80	-38.30
生产用固定资产产值率（%）	442.14	383.91	-58.23
生产设备产值率（%）	686.20	575.14	111.06
生产设备占生产用固定资产比重（%）	64.43	66.75	2.32
生产用固定资产占全部固定资产比重（%）	77.60	79.40	1.80

根据表 11-6 资料可进行固定资产产值率分析，具体分析如下。

1. 分析对象

304.8%-343.1%=-38.3%

2. 因素分析

由于设备利用效率下降，使全部固定资产产值率下降：

（575.14%-686.2%）×64.43%×77.6%=-55.5%

设备比重增加，使全部固定资产产值率上升：

575.14%×（66.75%-64.43%）×77.6%=10.35%

生产用固定资产比重增加，使全部固定资产产值率上升：

575.14%×66.75%×（79.4%-77.6%）=6.91%

可见，固定资产产值率的降低主要是由于生产设备资产产值率下降所造成的。

必须说明的是，固定资产产值率是一个比较综合的指标，容易计算，在考核固定资产利用效果中具有一定的作用。但是，也应该看到这个指标的局限性，由于按工厂法计算的总产值在有些情况下，不能真实地反映企业的生产成果，这也就连锁影响了固定资产产值率指标的正确性。工厂法是以工业企业作为一个整体，按企业工业生产活动的最终成果来计算的，企业内部不允许重复计算，不能把企业内部各个车间生产的成果相加。如棉纺织印染联合厂，既生产棉纱、棉布，又生产印染布，这个厂的总产值只能计算纱的商品量、棉布商品量和印染厂生产量的价值，本厂自用纱和自用布的价值，均不计算工业总产值。

工业总产出（总产值）的计算公式为：

工业总产出=成品价值±半成品、在制品期末期初结存差额+工业性作业价值

二、固定资产收入率的分析

固定资产收入率，也称固定资产周转率或每百元固定资产提供的收入，是一定时期内所实现的收入同固定资产平均占用总值之间的比率，其计算公式如下：

$$固定资产收入率=\frac{营业收入}{固定资产平均占用总值}×100\%$$

固定资产收入率指标的数值越高，就表示一定时期内固定资产提供的收入越多，说明固定资产的利用效果越好。因为收入指标比总产值和销售收入更能准确地反映企业的经济效益，因此固定资产收入率能更好地反映固定资产的利用效果。

对固定资产收入率的分析可根据下列因素分解式进行：

$$固定资产收入率 = \frac{总产值}{固定资产平均占用额} \times \frac{营业收入}{总产值} \times 100\%$$

$$= 固定资产产值率 \times 产品销售率$$

假定上述公司固定资产收入率的相关资料如表 11-7 所示。

表 11-7　　　　　　　　　　固定资产收入率分析资料　　　　　　　　　　单位：元

项目	基期	报告期
营业收入	14 502 140	14 839 860
总产值	14 536 253	14 761 595
固定资产平均余额	4 236 700	4 842 650
固定资产收入率（%）	342.30	306.40
固定资产产值率（%）	343.10	304.80
产品销售率（%）	99.77	100.53

1. 分析对象

306.4%-342.3%=-35.9%

2. 因素分析

固定资产产值率下降使固定资产收入率下降：

（304.8%-343.1%）×99.77%=-38.21%

产品销售率上升使固定资产收入率上升：

304.8%××（100.53%-99.77%）=2.32%

分析表明，在固定资产产值率下降 38.3% 的情况下，固定资产收入率下降 35.9%，这主要是因为产品销售率的提高，说明企业在销售环节取得了一定成绩。

【随堂小测验 11-4】

1. 【单选】下列各项中，属于提高固定资产产值率的关键因素是（　　　）。

    A. 提高销售率　　　　　　　　　　B. 增加生产设备

    C. 增加生产用固定资产　　　　　　D. 提高生产设备产值率

2. 【多选】下列各项中，属于影响固定资产收入率的主要因素有（　　　）。

    A. 固定资产产值率　　　　　　　　B. 产品销售率

    C. 总资产收入率　　　　　　　　　D. 总资产报酬率

    E. 生产设备资金产值率

3. 【多选】下列各项中，属于反映资产占用与总产值之间关系的指标有（　　　）。

    A. 固定资产产值率　B. 固定资产收入率　C. 流动资产产值率

    D. 总资产收入率　　E. 总资产产值率

4. 【判断】影响固定资产产值率的因素主要为生产设备的利用效率和固定资产结构状况。（　　　）

拓展阅读

国外营运资金管理
研究回顾

思考与练习

1．全部资产营运能力与各类资产营运能力的关系如何？
2．流动资产周转次数和流动资产周转天数的关系及优缺点？
3．分别用营业成本和营业收入为流动资产周转额各有何优点与不足？
4．计算流动资产周转率所采用的流动资产平均余额是否应扣除银行存款？
5．存货周转率与各项存货（材料、在产品、产成品）周转率之间的关系如何？

案例分析

江铃汽车营运能力分析

江铃汽车是中国商用车行业的骨干企业和成长最快的制造商之一，近年来，其汽车销量连续多年稳健增长，盈利能力稳步提升。公司构建了遍布全国的强大营销网络，建立了国家级技术中心，被认定为国家高新技术企业；江铃汽车自主品牌产品出口80多个国家，是中国轻型柴油商用车最大的出口商之一，被认定为"国家整车出口基地"。营运能力体现了企业运用资产的能力，资产运用效率高，则企业可以用较少的投入获取较高的收益。本文以存货周转率、应收账款周转率、总资产周转率三个指标来分析江铃汽车的营运能力。

1．存货周转率

存货对企业经营活动变化具有特殊的敏感性，控制失败会导致成本过度，作为江铃汽车的主要资产，企业对存货的管理更是举足轻重。近年来，由于江铃汽车业务规模不断扩大，存货规模增长速度小于其销售增长的速度，因此存货周转率逐年上升。

表 11-8   2010—2012 年存货周转率

项目	2010 年	2011 年	2012 年
江铃汽车（次）	11.23	8.48	13.29
行业（次）	6.80	5.79	5.52

通过表11-8中的指标可以发现，江铃汽车存货周转率除了在2011年有少许的下降之外，基本保持比较稳定的上升趋势。在业务量扩大时，存货量是充足货源的必要保证，且若存货中拟开发产品和已完工产品比重下降，在建开发产品比重大幅上升，存货结构则会更加合理。与行业平均值比较，尽管江铃汽车的存货周转率的波动幅度在正常范围，但仍应提高存货管理水平和资产利用效率，注

重获取优质项目，加快项目的开发速度，提高资金利用效率，充分发挥规模效应，保持适度的增长速度。

2. 应收账款周转率

江铃汽车的应收账款周转率在2010年到2012年稳步上升，2012年出现了稍许下降（见表11-9），通过相关的报表分析可以看出引起指标下降的主要原因是应收账款增加了，平均收账期增强了。应收账款周转率下降表明企业短期偿债能力下降、流动资产的投资收益相对较低。与其他公司相比，虽然公司收账款周转率比较稳定，但江铃汽车在应收账款管理方面还存在一定问题，有待加强。另外，其应收账款周转率低于行业平均值，并且有较大的差距，这可能是由于公司缺乏商业信用意识，或者应收账款的管理责任没有落实。

表 11-9　　　　　　　　　　2010—2012 年应收账款周转率

项目	2010 年	2011 年	2012 年
江铃汽车（次）	12.48	11.49	8.27
行业（次）	26.15	22.35	21.90

3. 总资产周转率

总资产周转率取决于每一项资产周转率的高低，该指标（见表11-10）近年的上升趋势主要是由于存货周转率的提高，并且其应收账款的提高使其上升幅度增大。从表11-10可以看出，公司在2010年比2011年下降了，通过对资产负债表和利润表的进一步分析发现，这是因为2011年的营业收入净额提高，平均资产总额下降。上述分析反映出江铃汽车在近三年的总资产周转速度快，资产管理水平较高，企业运营全部资产的效率较高。江铃汽车应该采取适当的措施提高各项资产的利用效率和效益，对那些确实无法提高的多余、闲置资产及时的进行处理，以提高总资产周转率。

表 11-10　　　　　　　　　　2010—2012 年总资产周转率

项目	2010 年	2011 年	2012 年
江铃汽车（次）	2.19	2.38	1.78
行业（次）	1.05	0.92	0.80

请根据以上案例，回答以下几个问题。

（1）本文的哪些分析结论存在不当之处？结合江铃汽车存货周转率、应收账款周转率及总资产周转率三个指标，分析江铃汽车的总体营运状况如何；

（2）江铃汽车在以后的经营中怎样优化企业资产结构，保证企业的营运能力？

（3）衡量企业营运能力的指标还有哪些？在分析企业营运能力时各项指标应怎样结合使用？

第十二章 企业偿债能力分析

【学习目标】

- 掌握偿债能力分析的目的和内容
- 掌握影响短期偿债能力的因素和各项指标的计算与分析
- 掌握影响长期偿债能力的因素和各项指标的计算与分析
- 通过偿债能力分析，能够判断企业的偿债能力、财务状况、风险程度等

【关键词】 偿债能力 流动比率 营运资金 速运比率 现金比率 已获利息倍数 资产负债率 固定费用保障倍数 长期负债率 净资产负债率 股东权益比率

【引导案例】

*ST重钢宣布重组终止，进入重整程序无悬念

2017年3月31日晚间，重庆钢铁（601005）发布2016年年报，实现营收44.15亿元，同比下降47.13%，归属于上市公司股东的净利润-46.86亿元，与2015年亏损额59.87亿元相比，亏损额减少，每股收益-1.06元。重庆钢铁表示，截至2016年12月31日，公司归属于母公司的所有者权益为-2.00亿元，资产负债率100.29%。因连续两年亏损，重庆钢铁在2017年4月5日被实施退市风险警示"披星戴帽"，成为*ST重钢。通过梳理该上市公司财报（预告）可以发现，近47亿元的净亏额，使得*ST重钢极可能成为2016年上市钢企中的"亏损王"。在2017年5月26日，停牌近一年的*ST重钢宣布重组终止，于当日复牌。市场人士纷纷表示，尽管法院暂未受理，但公司后续进入重整程序几乎无悬念。不过，基于以往大型企业的重整成功案例来看，重整或许将是公司今年摆脱债务困境的重要手段。

近几年，上市公司申请重整案例不断，依靠重整摆脱困境，实现扭亏为盈的上市公司不在少数。例如，市场所熟知的长航凤凰，原本是长江乃至沿海干散货航运的主要企业之一，但公司受全球金融危机、财务费用高昂、航运运价持续低迷等因素影响，生产经营逐步陷入困境，于2013年被湖北省武汉市中级人民法院依法裁定进入重整程序。通过资产公开处置、出资人权益调整及股票公开竞价处置的方式，长航凤凰坚持以市场化方式解决债务危机，公司重整当年成功实现扭亏，股票于2015年恢复上市。据2016年年报数据显示，其净利润为791.63万元，连续三年实现盈利，彻底摆脱了经营及债务困境。地处我国核工业基地的中核钛白，2008年度和2009年度连续巨额亏损，自身在当时已经不具备持续经营能力，面临退市甚至破产清算的风险，引起社会的广泛关注。在这种背景下，公司大股东中国信达和中国核工业集团有限公司，以及当地政府均对此给予高度重视，通过对其托管经营、破产重整和并购重组，使其摆脱了清算退市的厄运，实现了国企转型，重新焕发出生机和活力。根据公司披露的2016年年报，该公司年度净利润为高达8 409.07万元；2017年第一季度的净利润更达到1亿元。

债务困境可以说是很多上市公司进行重整的直接原因，债务管理工作不到位，可能会导致企业出现负债规模过大、债务到期时间集中等问题，进而影响企业的偿债能力，甚至发生债务困境。通过以上案例可知，偿债能力对于企业来说十分重要。那么，偿债能力包括哪些内容？哪些因素会影响到企业的偿债能力？如何分析企业的短期偿债能力？如何分析企业的长期偿债能力？这些都是本章要介绍的重点内容。

第一节 | 偿债能力分析的内涵

一、偿债能力分析的目的

偿债能力是指企业偿还本身所欠债务的能力。企业债务或负债，是指企业所承担的能以货币计量，将以资产或劳务偿付的经济资源或未来的经济利益。负债是企业资金来源的重要组成部分。负债的基本特点是：第一，它将在未来时期付出企业的经济资源或未来的经济利益；第二，它必须是过去的交易和事项所发生的，其债务责任能够以货币准确地计量或者合理地估计。企业的负债按负债项目到期日的远近可分为流动负债和长期负债两部分。

（1）流动负债。流动负债是指企业可以在一年内或者超过一年的一个营业周期内偿还的债务，包括短期借款、应付票据、应付账款、预收账款、应付职工薪酬等项目。流动负债的基本特点是金额相对较小，偿还期限较短，要求企业应有与之适应的变现能力强的资产作为保证。

（2）长期负债。长期负债是指偿还期限在一年或者超过一年的一个营业周期以上的债务，包括长期借款、应付债券、长期应付款和其他长期负债等项目。它是企业向债权人筹集的可供长期使用的资金来源。长期负债的特点是，一般金额较大，偿还期限较长，企业的非流动资产也可作为长期负债的偿还保证。

企业的偿债能力是反映企业财务状况的重要内容，是财务分析的重要组成部分。偿债能力是企业投资者、经营者和债权人都很关心的问题。对企业的偿债能力进行分析，对于企业投资者、经营者和债权人都有着十分重要的意义与作用。

第一，企业偿债能力分析有利于投资者进行正确的投资决策。一个投资者在决定是否向某企业投资时，他不仅仅考虑企业的盈利能力，而且还要考虑企业的偿债能力。因为投资者的投资目的在于资本的保值和增值，即安全收回投资并获取收益或分得红利。如果一个企业短期偿债能力较差，即使投资者可得股息率较高，但由于企业支付能力不强或资产的流动性较差，企业投资者实际上无法得到应得的股利；如果企业长期偿债能力差，则投资者的资本也可能会收不回来。因此，作为一个投资者，他对企业的偿债能力是十分关心的，进行偿债能力分析对保证其资本保值增值有重要意义。

第二，企业偿债能力分析有利于企业经营者进行正确的经营决策。企业经营者要保证企业经营目标的实现，必须保证企业生产经营各环节的畅通运行，而企业各环节畅通的关键在于企业的资金循环与周转速度。企业偿债能力的好坏既能对企业资金循环状况作出直接的反映，又能对企业生产经营各环节的资金循环和周转发挥重要的影响。因此，企业偿债能力的分析，对于企业经营者及时发现企业在经营过程中存在的问题，并采取相应措施加以解决，保证企业生产经营顺利进行有着十分重要的作用。

第三，企业偿债能力分析有利于债权人进行正确的借贷决策。前面谈到，所谓偿债能力，是指企业偿还所欠债权人债务的能力。因此，企业偿债能力状况如何，对债权人有着至关重要的影响。因为，企业偿债能力的强弱直接决定着债权人信贷资金及其利息是否能收回。及时收回本金并取得较高利息是债权人借贷要考虑的最基本的因素。任何一个债权人都不愿意将资金借给一个偿债能力很差的企业，债权人在进行借贷决策时，首先必须对借款企业的财务状况，特别是偿债能力状况进行深入细致的分析，否则将可能会做出错误的决策，不仅收不到借贷利息，而且使本金都无法收回。所以说企业偿债能力分析对债权人有着重要的意义。

第四，企业偿债能力分析有利于正确评价企业的财务状况。企业偿债能力状况是对企业经营状况和财务状况的综合反映，通过对企业偿债能力的分析，可以说明企业的财务状况及其变动情况。这对于正确评价企业偿债能力，说明企业财务状况变动的原因，找出企业经营中取得的成绩和存在的问题，并对存在的问题提出正确的解决措施，都是十分有益的。

二、偿债能力分析的内容

企业偿债能力分析的内容受企业负债的内容和偿债所需资产内容的制约。不同的负债其偿还所需要的资产不同，或者说不同的资产可用于偿还的债务也有所区别。一般地说，由于负债可分为流动负债和长期负债，资产可分为流动资产和非流动资产，因此，偿债能力分析通常被分为短期偿债能力分析和长期偿债能力分析。

（一）短期偿债能力分析

短期偿债能力是指企业偿还流动负债的能力，或者说是指企业在短期债务到期时资产可以变现用于偿还流动负债的能力。进行短期偿债能力分析，首先要明确影响企业短期偿债能力的因素，在此基础上，通过对一系列反映短期偿债能力的指标进行计算与分析，并以此来说明企业短期偿债能力状况及其原因。

（二）长期偿债能力分析

长期偿债能力是指企业偿还本身所欠长期负债的能力，或者说是在企业长期债务到期时，企业盈利或资产可用于偿还长期负债的能力。对企业长期偿债能力进行分析，要结合长期负债的特点，在明确影响长期偿债能力因素的基础上，从企业盈利能力和资产规模两方面对企业偿还长期负债的能力进行分析和评价。长期偿债能力分析可通过对反映企业长期偿债能力指标进行计算与分析，以此来说明企业长期偿债能力的基本状况及其变动原因，为企业进行正确的负债经营指明方向。

【随堂小测验 12-1】

1.【单选】下列各项中，属于企业长期负债的项目是（　　　）。
  A．应付债券　　　　B．预收账款　　　　C．应交税费　　　　D．应付票据
2.【多选】下列各项中，属于企业流动负债的项目有（　　　）。
  A．短期借款　　　　B．应付账款　　　　C．预收账款
  D．应付职工薪酬　　E．预计负债
3.【判断】对债权人而言，企业的资产负债率越高越好。　　　　　　　　　　　（　　　）
4.【判断】企业偿债能力状况是对企业经营状况和财务状况的综合反映。　　　（　　　）
5.【判断】一个投资者决定是否向某企业投资时，仅仅考虑企业的盈利能力就足够了。（　　　）

第二节 | 短期偿债能力分析

一、影响短期偿债能力的因素

进行企业短期偿债能力分析，首先必须明确影响企业短期偿债能力的因素，这是进行企业偿债能力分析的基础。影响企业短期偿债能力的因素，应从短期负债的规模和构成项目，可用于归还短期负债的流动资产规模和构成项目，短期负债规模与流动资产规模的适应情况等方面入手进行分析。

（一）流动负债规模与结构

流动负债，也称短期负债，是指企业可以在一年内或者超过一年的一个营业周期内偿还的债务。短期负债规模是影响企业短期偿债能力的重要因素。因为短期负债规模越大，短期内企业需要偿还

的债务负担就越重。企业的短期负债包括短期借款、应付票据、应付账款、预收账款、应付工职工薪酬等项目。这些负债项目具体可分为从企业外部借入资金，如短期借款等；企业在货款结算中占用的他人资金，如应付票据、应付账款、预收账款等；企业由于财政政策、会计制度等原因而占用的他人资金，如应付职工薪酬、应付利润、应交税金、预提费用等。其中，从外部借入的资金，不仅要偿还本金，而且要支付利息；而后两种短期负债，在规定期限内通常不计利息，超过规定的期限，有些短期负债要交纳滞纳金，如应付票据、应交税金、应付利润等项目。从短期负债的构成或分类可看出，企业的一些短期负债项目是不可避免的，如由于财政政策及会计制度等原因形成的负债；一些短期负债项目是企业经营结算中所需要的，如结算中占用的他人资金；还有一些是由于企业短期经营资金不足而借入的。因此，一般地说，短期负债是所有企业经营过程中都要发生的一种债务。从这一角度看，对企业短期偿债能力进行分析是所有企业都必然涉及的内容。

（二）流动资产规模与结构

流动资产是指可以在一年内或者超过一年的一个营业周期内变现或者耗用的资产。企业短期负债往往需要用在一年内可变现的资产偿还，因此，也可以说，流动资产是偿还流动负债的物质保证，一般地说，流动资产越多，企业短期偿债能力越强。研究流动资产规模与构成，对分析企业的短期偿债能力是十分必要的。企业流动资产包括现金及各种存款、短期投资、应收及预付款、存货等。流动资产从变现能力角度看，通常可分为速动资产和存货资产两部分，速动资产包括现金及各种存款、短期投资、应收及预付款等，它们的特点是变现能力强，如现金和各种存款可直接用于支付；短期投资可以立刻在证券市场出售，转化为现金；应收票据和应收账款通常也能在短期内变为现金。存货相对于流动资产而言流动性较差，变现时间较长，而且有些存货由于品种、质量等原因变现能力可能很差，甚至无法变现。因此，在进行企业短期偿债能力分析时，考虑流动资产的规模和构成是非常必要的。

（三）企业经营现金流量

企业的负债偿还方式可以分为两种，一种是以企业本身所拥有的资产去偿还，另一种是以新的收益或负债去偿还，但最终都还是要以企业的资产去偿还。所以，无论如何现金流量都是决定企业偿债能力的重要因素。企业现金流量状况受经营状况和融资能力两方面影响，其中，企业的经营状况是主要影响因素。因此，企业经营业绩的状况也影响着企业的短期偿债能力。企业当经营业绩好时，就会有持续和稳定的现金收入，这从根本上保障了债权人的权益。企业当经营业绩差时，其现金的流入，不足以抵补现金的流出，会造成营运资本缺乏，现金短缺，偿债能力也必然下降。

另外，企业的财务管理水平，母公司与子公司之间的资金调拨等也会影响偿债能力。同时，企业外部因素也影响企业的短期偿债能力，如宏观经济形势、证券市场的发育与完善程度、银行的信贷政策等。

二、短期偿债能力指标的计算与分析

分析企业短期偿债能力，通常可运用一系列反映短期偿债能力的指标来进行。从企业短期偿债能力的含义及影响因素可知，短期偿债能力主要可通过企业流动资产与流动负债的对比得出。因此，对企业短期偿债能力的指标分析，主要包括营运资金、流动比率、速动比率、现金比率、现金流动负债比率、企业支付能力系数等。

（一）营运资金的计算与分析

营运资金是指企业流动资产减去流动负债后的差额，用公式表示如下：

$$营运资金=流动资产-流动负债$$

从上式可以看出，营运资金实际上反映的是流动资产可用于归还和抵补流动负债后的余额，营运资金越多，说明企业可用于偿还流动负债的资金越充足，企业的短期偿债能力越强，债权人收回债权的安全性越高。因此，可将营运资金作为衡量企业短期偿债能力的绝对数指标。

对营运资金指标进行分析，可以从静态上评价企业当期的偿债能力状况，也可从动态上评价企业不同时期的偿债能力变动情况。

根据 ABC 股份公司 2×16 年的资产负债表的资料（见表 4-1），运用营运资金指标对公司偿债能力进行分析。从静态分析看，主要计算与分析公司 2×16 年年末的营运资金：

年末营运资金=44 204 658-32 892 183 = 11 312 475（万元）

从 ABC 股份公司 2×16 年年末营运资金看，公司在短期有一定的偿债能力，因为流动资产抵补流动负债后还有一定剩余，即营运资金为 11 312 476 万元。从动态上分析公司的短期偿债能力，就是要将 2×16 年年末或 2014 年年初的营运资金与 2×15 年年末的营运资金进行对比，以反映公司偿债能力的变动情况。2×15 年末营运资金为：

年初营运资金=36 277 374-25 983 358=10 294 016（万元）

显然，2×16 年公司的营运资金状况比 2×15 年要好。将 2×16 年年末营运资金与 2×15 年年末营运资金比较，可得出 2×16 年年末比 2×15 年年末增加了 1 018 458 万元的营运资金。营运资金的增加是当期流动资产增长速度快于流动负债增长速度所致。从营运资金的对比看，ABC 股份公司的短期偿债能力有所上升，可用于日常经营需要的营运资金年末比年初有所上升。应当注意，由于营运资金只反映可用于偿还短期负债剩余资金的绝对量，在公司流动资产和流动负债都发生变化时，运用相对数指标来反映公司的偿债能力是十分必要的。

（二）流动比率的计算与分析

流动比率是指流动资产与流动负债之间的比率，其计算公式为：

$$流动比率=\frac{流动资产}{流动负债}×100\%$$

流动比率是衡量企业短期偿债能力的重要指标，表明企业每 1 元流动负债有多少流动资产作为支付保障，反映了企业流动资产在短期债务到期时可变现用于偿还流动负债的能力。一般地说，从债权人立场上看，流动比率越高越好，因为流动比率越高，债权越有保障，借出的资金越安全。但从经营者和所有者角度看，并不一定要求流动比率越高越好，在偿债能力允许的范围内，根据经营需要，进行负债经营也是现代企业经营的策略之一。因此，从一般经验看，流动比率为 2 时，被认为是比较合适的，此时企业的短期偿债能力较强，对企业的经营也是有利的。

对流动比率的分析，也可从静态和动态两方面进行。从静态上分析，就是计算并分析某一时点的流动比率，同时可将其与同行业的平均流动比率进行比较；从动态上分析，就是将不同时点的流动比率进行对比，研究其变动的特点及合理性。

根据表 4-1 所提供的 ABC 股份公司合并资产负债表资料，可以计算出 ABC 股份公司的流动比率指标如下：

$$2×15 年流动比率=\frac{36\ 277\ 374}{25\ 983\ 358}=1.40$$

$$2×16 年流动比率=\frac{44\ 204\ 658}{32\ 892\ 183}=1.34$$

ABC 股份公司期初流动比率为 1.40，企业短期偿债具有一定的压力，而且这种现象在期末并没有得到缓解，流动比率相比期初反而有所下降。如果按照经验标准来判断，该公司无论是期初，还是期末，流动比率都略低于 2 的水平，表明企业偿债能力稍差。

（三）速动比率的计算与分析

速动比率是指企业的速动资产与流动负债之间的比率，其计算公式为：

$$速动比率=\frac{速动资产}{流动负债}$$

速动比率可用于衡量企业流动资产中可以立即用于偿还流动负债的能力，它是对企业流动比率的重要补充说明。当企业流动资产中的速动资产所占比重较低时，即使流动比率较高，但由于流动资产的流动性较低，偿债能力同样不会高；反之，当流动资产中的速动资产比重较高时，即使流动比率不高，但由于速动资产流动性较强，企业的偿债能力也可能较好。计算速动比率的关键在于计算速动资产。速动资产的计算通常有两种方法：一种方法是将流动资产中扣除存货后的资产统称为速动资产，即：

$$速动资产=流动资产-存货$$

另一种方法是将变现能力较强的货币资金、以公允价值计量且其变动记入当期损益的金融资产、应收账款、应收票据、应收利息、应收股利、其他应收款、一年内到期的非流动资产和其他流动资产等加总称为速动资产，即：

$$速动资产=货币资金+以公允价值计量且其变动记入当期损益的金融资产+应收账款+应收票据+应收利息+应收股利+其他应收款+一年内到期的非流动资产+其他流动资产$$

计算速动资产之所以要排除存货和预付账款等预付费用，是因为存货通常是流动资产中变现速度最慢的资产，而且存货在销售时受到市场价格的影响，使其变现价值带有很大的不确定性，在市场萧条的情况下或产品不对路时，又可能成为滞销货而无法转换为现金。至于预付账款，它本质上是属于预付费用，只能减少企业未来时期的现金支出，其流动性实际是很低的。

用第二种方法计算要比前一种准确，但比前者复杂。由于速动资产的变现能力较强，因此，一般经验认为，速动比率为1就说明企业短期偿债能力强，低于1则说明企业短期偿债能力不强，该指标越低，企业偿债能力越差。

根据表4-1所提供的ABC股份公司合并资产负债表资料，ABC股份公司速动比率计算如下：

$$期初速动比率=\frac{10\,760\,962}{25\,983\,358}=0.41$$

$$期末速动比率=\frac{11\,091\,337}{32\,892\,183}=0.34$$

从计算结果可以看出，ABC股份公司期末短期偿债能力低于期初。如果联系该公司的流动比率加以综合以分析就会更清楚地发现，该公司的偿债能力并不像流动比率指标所表示的那样弱。这是因为在该公司的流动资产中，速动资产占有较大比重，期初的速动资产如果能够及时变现，可以偿还现有流动负债的41.41%，而且在期末，虽然偿还能力略低于期初，但也能偿还流动负债的33.72%。

应当指出，由于速动资产包括货币资金、短期投资、应收票据、应收账款等项目，而应收票据和应收账款并不能保证按期收回，有些应收账款的回收期可能超过一年，甚至几年；应收票据即使可随时贴现，但有些票据当对方到期不承付时，实际上等于增加了负债，因此，将全部应收票据和应收账款都作为速动资产是不合适的。因此，计算与分析现金比率对准确反映企业的偿债能力也是有益的。

（四）现金比率的计算与分析

现金比率是指企业的现金类资产与流动负债之间的比率，通常有两种计算方法。一种是按货币资金与流动负债之比计算的现金比率，也称货币资金率：

$$货币资金率=\frac{货币资金}{流动负债}\times100\%$$

另一种是按现金及现金等价物与流动负债之比计算的现金比率：

$$现金比率=\frac{现金及现金等价物}{流动负债}\times100\%$$

在企业的流动资产或速动资产中，现金及其等价物的流动性最好，可直接用于偿还企业的短期债务。从稳健角度出发，用现金比率衡量企业偿债能力是最为保险的。

根据表 4-1 所提供的 ABC 股份公司合并资产负债表资料，按第一种方法计算 ABC 股份公司的现金比率如下：

$$期初现金比率 = \frac{5\,229\,154}{25\,983\,358} \times 100\% = 20.13\%$$

$$期末现金比率 = \frac{4\,436\,541}{32\,892\,183} \times 100\% = 13.49\%$$

从计算结果可以看出，ABC 股份公司期末现金比率比期初现金比率降低了 6.64%，这种变化表明企业的直接支付能力有很大降低。和经验标准相比，如果按现金比率来评价 ABC 股份公司的短期偿债能力，应该说该公司短期偿债能力不强。结合该公司的期末流动比率和速动比率综合分析可以发现，该公司流动资产结构中，期末速动资产、现金类资产所占比重相对较大。所以，尽管 ABC 股份公司流动比率指标并不理想，相对于各指标的评价标准也还存在一定的差距，但该公司期末的短期偿债能力还是比较安全的。

应当指出，企业偿债能力从本质上讲，是衡量企业能否按期归还到期债务的能力。但在计算短期偿债能力的静态指标中所使用的流动负债，是企业某一时点上的债务，它只表明企业在这一时点上仍然承担的流动负债规模，并不表示这些债务已经到期且需要在这一时点上偿还，这些债务往往要在这一时点之后的未来某一时点偿还。在计算这些指标时所使用的流动资产或速动资产也只是在这一时点上的资产存量，只是为企业现在承担的债务提供了一份资产保证，反映的是用这些资产偿债的可能性，并不表示这些资产马上就可以用于偿还债务，或一定能在现有负债到期时转化成现金来偿还这些债务。因此，流动比率也好，速动比率也好，与其说是反映企业短期偿债能力的指标，倒不如说是反映现存负债的资产保证程度指标。企业偿还其债务是一个动态过程，其偿债能力也应该是在未来某一时点上的能力。当某一具体债务到期时，企业既可以通过现存资产的变现去偿还，也可以用债务到期前所获得的现金去偿还。所以，对企业短期偿债能力的分析还应该从动态方面进行。

从动态方面反映企业短期偿债能力的指标是建立在现金流量表和对经营中现金流量分析的基础之上的，主要有现金流量比率、企业近期支付能力系数等。此外，应收账款周转率、应付账款周转率和存货周转率也是从动态上反映企业短期偿债能力的辅助性指标。

（五）现金流动负债比率的计算与分析

现金流动负债比率是指经营活动现金流量净额与流动负债的比率，用来衡量企业的流动负债用经营活动所产生的现金来支付的程度。其计算公式为：

$$现金流动负债比率 = \frac{经营现金净流量}{流动负债}$$

经营现金净流量的大小反映出企业某一会计期间生产经营活动产生现金的能力，是偿还企业到期债务的基本资金来源。如果指标等于或大于 1，表示企业有足够的能力以生产经营活动产生的现金来偿还其短期债务，如果该指标小于 1，表示企业生产经营活动产生的现金不足以偿还到期债务，必须采取对外筹资或出售资产才能偿还债务。

根据表 4-1 所提供的 ABC 股份公司合并资产负债表资料和表 4-3 所提供的 ABC 股份公司合并现金流量表资料，可以计算出 2×16 年 ABC 股份公司的现金流动负债比率。[①]

$$现金流动负债比率 = \frac{192\,387}{32\,892\,183} \times 100\% = 0.58\%$$

---

① 此处为简化计算，流动负债金额使用的 2×16 年末数。

计算结果表明，ABC 股份公司的 2×16 年现金流动负债比率仅为 0.58%，依靠生产经营活动产生的现金满足不了偿债的需要，公司必须以其他方式取得现金，才能保证债务的及时清偿。

需要说明的是，2×16 年经营现金净流量是当前会计年度的经营结果，而流动负债则是年末需要偿还的债务金额，二者的会计期间不同。因此，现金流动负债比率指标是建立在以上一年的经营活动现金流量来估计下一年经营活动现金流量的假设基础之上的。使用该比率时，需要考虑未来一个会计年度影响经营活动现金流量变动的因素。

（六）企业支付能力系数的计算与分析

企业支付能力系数是反映企业短期偿债能力的重要指标。根据企业支付能力反映的具体时间的差异，支付能力系数可分为期末支付能力系数和近期支付能力系数两种。期末支付能力系数是指期末货币资金金额与急需支付款项之比，其计算公式为：

$$期末支付能力系数=\frac{货币资金}{急需支付款项}$$

其中，急需支付款项包括逾期未缴预算款项、逾期银行借款、逾期应付款项等。该指标大于或等于 1，说明企业有支付能力；反之，则说明企业支付能力不好。该指标越低，说明企业支付能力越差。近期支付能力系数是指企业在近期可用于支付的资金与近期需要支付的资金之间的比率，其计算公式为：

$$近期支付能力系数=\frac{近期可用于支付的资金}{近期需要支付的资金}$$

这个指标在计算时必须注意以下四个问题。第一，这里所说的近期，要根据企业的实际支付情况而定，可以是三天、五天，也可以是十天或者半个月，当然也可计算企业当天的支付能力。第二，该指标分子和分母的口径应一致，即分子和分母所说的近期相同，都是三天或都是五天等。第三，近期可用于支付的资金，是指到最后支付时点，企业可用于支付的资金数额，包括现金、银行存款、近期可收回的应收款、近期现销收入、其他可收回的资金等。第四，近期需要支付的资金，是指到最后支付时点，企业需要支付的资金数额，包括已经到期需要归还的各种负债、近期将要到期的负债等。企业近期支付能力系数对于评价企业短期或近期的偿债能力状况或财务状况有着重要的作用。该指标的评价与期末支付能力系数相同，当近期支付能力系数大于或等于 1 时，说明企业近期支付能力较好；反之，则说明企业近期支付能力不好。该指标越低，说明近期支付能力越差。

应当指出，进行企业短期偿债能力分析时，不能孤立地根据某一指标分析就下结论，而应根据分析的目的和要求并结合企业的实际情况，将各项指标结合起来进行综合考虑，这样才有利于得出正确的结论。

三、短期偿债能力的行业对比分析

根据上述对 ABC 股份公司短期偿债能力指标的计算与分析，结合 XYZ 地产公司相关指标的计算与分析，我们可编制 2×16 年年末短期偿债能力行业分析表，如表 12-1 所示。

表 12-1　　　　　　　　　　　　2×16 年同行业短期偿债能力析表

公司名称	流动比率	速动比率	现金比率（%）	现金流动负债比率（%）
ABC 股份公司	1.34	0.34	13.49	0.58
XYZ 地产公司	1.82	0.38	20.26	-5.85

由表 12-1 可以看出，在同行业中，ABC 股份公司的流动比率低于 XYZ 地产公司，说明其短期偿债能力在同行业中有待进一步提高。ABC 股份公司的速动比率低于 XYZ 地产公司 4 个百分点左右，

衰明 ABC 股份公司所持有的流动资产的变现能力也相对较弱。同时，ABC 股份公司的现金比率相比于 XYZ 地产公司就要差很多了，说明 ABC 股份公司相当一部分流动资产被除货币资金以外的其他形式所占用，这会在一定程度上降低 ABC 股份公司的短期偿债能力。在短期偿债能力的安全性上，ABC 股份公司也没有 XYZ 地产公司好，具体还要结合其他形式的流动资产（如应收票据、应收账款等）的质量情况进行分析。再从现金流动负债比率来看，ABC 股份公司虽然相比于经验值来说表现不是很好，但是和 XYZ 地产公司的负值相比，ABC 股份公司的优势是很明显的。虽然 ABC 股份公司经营活动所产生的现金流量净额不足以偿还短期债务，但是与 XYZ 地产公司比较来看，还是很乐观的。

【随堂小测验 12-2】

1.【单选】如果流动比率大于 1，则下列结论成立的是（　　）。
　　A. 速动比率大于 1　　　　　　　　B. 现金比率大于 1
　　C. 营运资本大于 0　　　　　　　　D. 短期偿债能力绝对有保障
2.【单选】在企业速动比率是 0.8 的情况下，会引起该比率提高的经济业务是（　　）。
　　A. 从银行提取现金　　B. 赊购商品　　　C. 收回应收账款　　　D. 开出短期票据借款
3.【单选】下列各项中，属于影响企业短期偿债能力最根本的原因是（　　）。
　　A. 企业的经营业绩　　B. 企业的融资能力　　C. 企业的权益结构　　　D. 企业的资产结构
4.【多选】下列各项中，属于反映短期偿债能力的动态指标有（　　）。
　　A. 近期支付能力系数　　　　　　　B. 流动比率　　　　　C. 现金比率
　　D. 期末支付能力系数　　　　　　　E. 现金流量比率
5.【多选】计算速动比率时，扣除存货项目是因为（　　）。
　　A. 存货的数量不易确定　　　　　　B. 存货的变现速度最慢
　　C. 存货受到市场价格的影响大　　　D. 存货的质量难以保证
　　E. 存货的变现价值具有较大的确定性
6.【判断】期末支付能力系数和近期支付能力系数是反映短期偿债能力的指标。　　　　（　　　）

第三节 | 长期偿债能力分析

一、影响长期偿债能力的因素

　　进行企业长期偿债能力分析，首先必须明确长期债务的内涵以及相应的偿还长期债务的资产或资金保证。企业长期偿债能力分析中的债务包括债务本金和债务利息两部分债务。企业债务本金及其利息的偿还与企业的非流动资产及盈利能力紧密相关。因此，搞清长期债务与资产和盈利能力的内涵及它们之间的关系，对进行长期偿债能力分析是十分重要的。

（一）长期负债规模与结构

　　长期负债是指偿还期在一年或超过一年的一个营业周期以上的债务。它是除企业投资者投入企业资本以外，企业向债权人筹集、可供企业长期使用的资金。与流动负债相比，长期负债具有数额较大，偿还期限较长，利息负担较重等特点。企业举借长期负债的目的主要有两点：一是扩大企业生产经营规模，如购置或建造机器设备、厂房等固定资产；二是运用财务杠杆为企业所有者带来利益，因为在企业投资报酬率高于长期负债利息率时，借入资金越多，企业所有者获利越大。

　　企业的长期负债一般可分为长期借款、应付债券和长期应付款三大类。长期借款是指企业向银行及非银行金融机构或部门借入的款项。企业长期借款必须符合金融部门申请借款的条件和履行必要的手续。贷款到期，企业应按照借款合同规定按期偿清贷款本息或续签合同。否则，经办金融部门可按照合同规定，从借款企业的存款账户中扣还贷款本息及罚息。债券是指债券发行单位为筹集资金而对外发行的一种长期借款性质的书面凭证。应付债券是企业采用发行债券方式向债权人筹集的，并可供债务人长期使用的资金。它具有使用期限较长，到期无条件归还本息等特点。债券到期还本付息，与债券发行单位的财务状况和获利状况有很大关系。当财务状况不佳，预计获利能力较差时，债券发行单位往往指定某些资产作为债券的抵押品。长期应付款是指企业除长期借款和应付债券之外的其他各种长期借款，包括采用补偿贸易方式引进国外设备价款、应付融资租入固定资产的租赁费等。采用补偿贸易方式引进设备价款需要用外销产品货款偿还；融资租入固定资产的租赁费包括固定资产买价的分期付款和一定的租息支出。

（二）盈利能力

企业盈利能力或称企业获利能力，是指企业在一定时期内取得利润的能力。企业盈利能力可用绝对值表示，即用利润额的大小反映盈利能力的大小，也可用相对额表示，即用投资报酬率、销售利润率或成本利润率反映企业的获利能力。企业的盈利能力对偿还企业长期债务有着十分重要的影响。因为一个正常经营的企业，长期负债的偿还主要靠企业获得的利润，否则，以资产偿还长期债务势必缩小生产经营规模，违背长期负债的初衷，即扩大生产规模、提高盈利能力。企业在决定采用长期负债筹资方式筹资时，考虑其自身的盈利能力是非常关键的，它对企业投资者、债权人、经营者都有重要意义。对于投资者而言，当企业盈利能力较高，资产报酬率高于长期借款利息率时，负债经营会使投资者获得更多利润；同样，对于债权人而言，较高的盈利能力是保证其债权本金和利息及时、足额收回的关键；既然高的盈利能力能为企业投资者和债权人都带来利益，那么，对于经营者而言，提高盈利能力就显得更加重要，它是企业生产经营顺利进行，提高企业生产性、安全性、成长性、流动性的基础和关键。一般地说，企业盈利能力越高、企业的长期偿债能力就越强。

（三）非流动资产规模与结构

非流动资产是指企业除流动资产之外的所有其他资产，包括固定资产、长期投资、无形资产等。从长期来看，企业的资产是企业负债的偿还保证，尤其是对长期负债而言，非流动资产的规模和结构对企业长期偿债能力有着重要影响。因为大部分长期负债在形成时就用非流动资产做抵押，抵押资产的规模决定着企业偿还长期负债的能力。一般地说，在企业长期负债一定的情况下，企业的资产越多，企业偿还债务的能力就越强，债权人的安全性就越好。

从长期负债、盈利能力和非流动资产的内涵、特点与作用可以看出，进行长期偿债能力分析必须全面综合地考虑这些因素。长期负债水平是研究长期偿债能力的基础，企业长期负债越多，偿债能力就越差。盈利能力是决定企业长期偿债能力状况的关键因素，盈利能力越高，长期偿债能力越强，反之，盈利能力差，则长期偿债能力也就差。但从企业债权人借贷的最终安全性看，或从企业破产清算角度看，企业资产的规模与负债规模的关系是至关重要的，资产规模越大，企业的长期偿债能力就越强。因此，研究企业长期偿债能力可从盈利能力和资产规模与长期偿债能力的关系进行。

二、长期偿债能力指标的计算与分析

（一）盈利能力对长期偿债能力的影响分析

企业盈利状况对企业长期偿债能力的影响，主要体现在企业利润越多，通常情况下企业可用于偿还负债本息的资金就越多。因此，通过对反映企业盈利能力与负债本息之间关系的指标的计算与分析，可以明确说明企业的长期偿债能力状况。其实，一般来说，盈利能力对短期偿债能力和长期偿债能力都有影响，但由于利润是按权责发生制计算的，当期实现利润并不一定当期就取得货币收入，因此，并不能将利润或盈利能力与短期偿债能力画等号。然而，从长期看，如果企业利润与经营现金净流量成正比，则利润越多，企业偿债能力就越强。因此，从盈利能力角度对企业长期偿债能力进行分析评价的指标主要有已获利息倍数、债务本息偿付保障倍数和固定费用补偿倍数等。

1. 已获利息倍数的计算与分析

已获利息倍数，也称利息保障倍数，是指息税前利润与利息支出之比，其计算公式为：

$$已获利息倍数=\frac{利润总额+利息支出}{利息支出总额}$$

已获利息倍数指标反映了企业盈利与利息费用之间的特定关系，一般地说，该指标越高，说明企业的长期偿债能力越强；该指标越低，说明企业偿债能力越差。

运用已获利息倍数分析评价企业长期偿债能力，从静态看，一般认为该指标至少要大于1，否则说明企业偿债能力很差，无力举债经营；从动态看，已获利息倍数提高，说明企业偿债能力增强，否则，说明企业偿债能力下降。

根据表4-2所提供的ABC股份公司合并利润表及财务报表附注有关资料，对ABC股份公司已获利息倍数进行计算分析，如表12-2所示。

表 12-2　　　　　　　　　　ABC 股份公司已获利息倍数计算分析表　　　　　　　　　　单位：万元

项目	2×16 年	2×15 年	差异
利润总额	2 429 101	2 107 019	—
利息支出	89 172	76 476	—
息税前利润	2 518 273	2 183 495	—
已获利息倍数	28.24	28.55	-0.31

注：利息支出按照财务费用计算。

从表 12-2 中可以看出，ABC 股份公司 2×16 年生产经营所得能够满足支付利息的需要，是支付利息的 28.24 倍，虽然相比 2×15 年已获利息倍数（28.55 倍）有一定程度的下降，但从总体看，公司还是有较强的长期偿债能力。2×16 年已获利息倍数下降的主要原因是公司短期借款增加，使公司的负债成本增加，从而导致利息支出的增加；尽管 2×16 年生产经营业绩较好，但由于利息支出金额增加过多，所以导致已获利息倍数下降。

2. 债务本息偿付保障倍数的计算与分析

债务本息偿付保障倍数是在已获利息倍数计算与分析的基础上，进一步考虑债务本金和可用于偿还本金的固定资产折旧而计算的，反映偿债能力的指标。债务本息偿付保障倍数的计算公式为：

$$债务本息偿付保障倍数=\frac{息税前正常营业利润+折旧}{利息额+偿还本金额/(1-所得税税率)}$$

在计算债务本息偿付保障倍数时，我们之所以要考虑折旧和所得税税率，是因为折旧作为当期现金流入量可用于偿还长期负债；偿还本金额按所得税税率进行调整是由于归还长期借款的利润是指企业的税后利润。另外，在计算该指标时，应注意分子和分母的口径相一致，如果计算某一年度的债务本息偿付保障倍数，则各项目都是按年度口径计算，如偿还本金额应是当年到期的长期负债额；如果计算的是一个时期的债务本息偿付保障倍数，则各项目都应是这一时期的数据。在这种情况下，债务本息偿付保障倍数大于 1 就说明企业具有偿债能力，该指标越高，说明企业的偿债能力越强；反之，如果该指标小于 1，则说明企业无力偿还到期债务，指标越低，企业偿债能力越差。

3. 固定费用保障倍数的计算与分析

固定费用保障倍数是在前两个指标计算与分析的基础上，进一步考虑了租赁费用等固定费用支出所形成的反映偿债能力的指标，该指标的计算公式为：

$$固定费用保障倍数=\frac{息税前正常营业利润+折旧+租赁费用}{利息总额+租赁费用+本金额/(1-所得税税率)}$$

运用该指标反映企业的长期偿债能力，其内涵比前两个指标更广泛、更综合，它将所有长期债务都考虑了进去。与前两个指标的评价标准相同，固定费用保障倍数至少要等于 1，否则，说明企业无力偿还企业到期的长期债务。该指标越高，说明企业偿债能力越强。

除了对上述三个从盈利角度反映企业偿债能力指标的分析，我们还可以结合行业特点，依据行业标准进行分析。企业当偿债能力达到行业标准时，说明企业在同行业中处于比较合理的地位。另外，还可对这几个指标进行趋势分析，以反映企业偿债能力的变动情况和规律。

（二）资产规模对长期偿债能力的影响分析

企业资产是企业偿还债务的基本保证，因此，分析研究企业的偿债能力，最终还体现在对资产规模与负债规模的比较上，一般来说，若资产规模大于负债规模，则企业的偿债能力较好，否则，则说明企业的偿债能力存在严重问题。从资产规模与负债关系角度进行企业长期偿债能力分析，主要可通过对资产负债率、净资产负债率、股东权益比率等指标的计算与分析进行说明。

1. 资产负债率的计算与分析

资产负债率是综合反映企业偿债能力，尤其是反映企业长期偿债能力的重要指标。它是指企业的负债总额与资产总额之间的比率，其计算公式为：

$$资产负债率=\frac{负债总额}{资产总额}\times100\%$$

资产负债率指标既可用于衡量企业利用债权人资金进行经营活动的能力，也可反映债权人发放贷款的安全程度。该指标对于债权人来说，越低越好，因为在企业清算时，资产变现所得可能低于其账面价值，而所有者一般只负有限责任，比率过高，债权人可能蒙受损失。但就企业所有者和经营者而言，通常希望该指标高些，这样一方面有利于筹集资金，进而扩大企业规模，另一方面有利于利用财务杠杆增加所有者获利能力。但资产负债率过高，反过来又会影响企业的筹资能力。因此，一般地说，该指标为 50%比较合适，有利于风险与收益的平衡；如果该指标大于 100%，表明企业已资不抵债，被视为达到破产警戒线。

根据表 4-1 所提供的 ABC 股份公司合并资产负债表资料，对 ABC 股份公司的资产负债率计算如下：

$$期初资产负债率=\frac{29\,666\,342}{37\,880\,162}\times100\%=78.32\%$$

$$期末资产负债率=\frac{37\,376\,590}{47\,920\,532}\times100\%=78.00\%$$

通过计算可知，ABC 股份公司期末资产负债率为 78%，这个比率从一般经验标准看，财务风险还是比较高的，这与房地产行业普遍资产负债率较高有关。虽然期末比期初降低了 0.32 个百分点，但并没实质上的改善，长期偿债能力风险仍较大。

从稳健原则出发，特别是考虑到企业在清算时的偿债能力，对该指标计算可以保守些，即从资产中扣除无形资产等，计算有形资产负债率。其计算公式为：

$$有形资产负债率=\frac{负债总额}{总资产-无形资产}\times100\%$$

根据表 4-1 所提供的 ABC 股份公司合并资产负债表资料，对 ABC 股份公司的有形资产负债率计算如下：

$$期初有形资产负债率=\frac{29\,666\,342}{(37\,880\,162-42\,685)}\times100\%=78.40\%$$

$$期末有形资产负债率=\frac{37\,376\,590}{(47\,920\,532-43\,007)}\times100\%=78.07\%$$

通过计算可以看出，该公司期初、期末有形资产负债率与资产负债率相差不大，说明在总资产中未来变现能力较差的无形资产所占比重较小。

【案例 12-1】

亚星化学资产负债率逾 90%　　出售资产 "卖子" 保壳

随着 A 股上市公司 2016 年年度业绩公告的完毕，上市公司年度 "保壳战" 也告一段落，连续亏损两年的亚星化学在这场 "保壳战" 可谓是使出了浑身解数才于 2016 年度终于实现扭亏为盈，成功摘帽。不过，此次亚星化学虽然实现 "摘帽" 保壳，但其已经连续 9 年扣除非经常性损益后的净利润为负值，在扭亏为盈的背后，主要是因为出售部分子公司股权，以及收到 1 亿元的政府补贴和接受了股东 1.35 亿元的现金赠予。

通过整理相关信息可以发现，2014—2016 年，亚星化学扣除非经常性损益的净利润分别为 -1.81 亿元、-3.3 亿元、-1.45 亿元；资产负债率分别为 90.60%、108.09% 和 99.57%。虽然成功 "保壳"，但亚星化学主业仍难以提振，其资产负债率处于较高水平。为了重塑核心竞争力、提高偿债能力及抗风险能力，亚星化学多次制订收购和重组方案，但道路并不顺畅。

经历连续两年亏损后，2016 年是亚星化学 "保壳" 的关键年。2016 年下半年，亚星化学拟将其持有的亚星湖石 75% 的股权出售给东营志远、将赛林贸易 100% 的股权出售给深圳品汇。其中，亚星湖石 75% 的股权交易价格为 1 元，赛林贸易 100% 的股权交易价格为人民币 7 996 万元。本次交易完成后，上市公司将大幅减少亏损并显著提高持续经营能力。通过一系列资产腾挪，2016 年，亚星化学实现净利润 0.27 亿元，同比增长 108.14%，成功扭亏为盈。

通过亚星化学的例子，我们不难看出偿债能力对企业运营的重要性，高额的资产负债率、连续的亏损让亚星化学险些退市。虽然此次亚星化学成功 "摘帽保壳"，但是其扭亏为盈的手段却主要是出售了子公司股权，接受政府补贴和股东赠予等。只有提升核心竞争力、加强债务管理、提高企业偿债能力才是亚星化学实现持续稳定增长的长久之计。

2. 净资产负债率的计算与分析

净资产负债率，也称产权比率是指企业的负债总额与所有者权益总额之间的比率，其计算公式是：

$$净资产负债率 = \frac{负债总额}{所有者权益总额} \times 100\%$$

该指标也是衡量企业长期偿债能力的一个重要指标，它反映了企业清算时，企业所有者权益对债权人利益的保证程度。从偿债能力或债权人的角度看，该指标越低越好，因为净资产负债率越低，所有者权益对负债偿还的保证程度就越大，债权人就越安全。但从企业所有者和经营者角度看，为了扩大生产经营规模和取得财务杠杆利益，适当的负债经营是有益的。一般认为该指标为 100% 比较合适。

根据 ABC 股份公司 2×16 年和 2×15 年资产负债表资料，计算净资产负债率如下：

$$2 \times 16 \text{ 年净资产负债率} = \frac{37\ 376\ 590}{10\ 543\ 942} \times 100\% = 354.48\%$$

$$2 \times 15 \text{ 年净资产负债率} = \frac{29\ 666\ 343}{8\ 213\ 819} \times 100\% = 361.18\%$$

从净资产负债率的计算结果可得出与资产负债率分析相同的结论，即 ABC 股份公司的长期偿债能力很弱，虽然 2×16 年的净资产负债率比 2×15 年有所下降，但是 2×16 年净资产负债率已经高达了 354.48%，显示出 ABC 股份公司可能会面临较大的财务危机。

从安全或稳健角度出发，有时也可将企业的负债总额与有形净资产进行对比，形成有形净资产负债率，其计算公式为：

$$有形净资产负债率 = \frac{负债总额}{所有者权益 - 无形资产} \times 100\%$$

用此指标评价企业的偿债能力，是考虑有些无形资产在企业清算时的价值将受到严重影响，如清算时商誉的价值可能为零。扣除无形资产使偿债能力更"实在"。

3. 股东权益比率的计算与分析

股东权益比率是所有者权益同资产总额的比率，反映企业全部资产中有多少是投资人投资所形成的。其计算公式为：

$$股东权益比率 = \frac{所有者权益总额}{资产总额} \times 100\%$$

$$= 1 - 资产负债率$$

这是表示长期偿债能力保证程度的重要指标，该指标越高，说明企业资产中由投资人投资所形成的资产越多，偿还债务的保证越大。从"股东权益比率=1-资产负债率"来看，该指标越大，资产负债率就越小，债权人对这一比率是非常感兴趣的。当债权人将其资金借给股东权益比率较高的企业时，由于有较多的企业自有资产做偿债保证，债权人全额收回债权就不会有较大的问题，即使企业清算时资产不能按账面价值收回，债权人也不会有太大损失。例如，企业资产的50%来源于所有者投资，50%通过负债取得，那么，即使公司的全部资产按一半的价格转换为现金，依然能付清所有的负债，并且还有剩余。可见，债权人利益受保障的程度是相当高的。又如，企业资产的80%来源于所有者投资，只有20%是通过负债取得的，那么，只要企业资产价值不暴跌到80%以上，即每1元资产只要转换成0.2元以上的现金，债权人就不会受到任何损失。相反，如果企业资产的80%是通过各种负债资金融通的，只要企业资产价值下跌20%以上，债权人就不能全额收回其债权。由此可见，股东权益比率的高低能够明显表达企业对债权人的保护程度。如果企业处于清算状态，该指标对偿债能力的保证程度就显得更重要。

由案例12-1可知，ABC股份公司期末资产负债率为78%，说明公司资产的78%左右是通过各种负债资金融通的，期末股东权益比率为22%。可见，公司对债权人利益的保障程度较低。

在实务中，该指标可以以倒数的形式列示，称为业主权益乘数。其计算公式为：

$$业主权益乘数 = \frac{资产总额}{所有者权益总额} \times 100\%$$

该指标表示企业的股东权益支撑着多大规模的投资，该指标越大，说明企业充分利用负债经营，其财务风险也就越大。

三、长期偿债能力的行业对比分析

根据上述对ABC股份公司长期偿债能力指标的计算与分析，再结合XYZ地产公司相关指标的计算与分析，我们可编制2×16年长期偿债能力与XYZ地产公司对比分析表如表12-3所示。

表12-3 2×16年与XYZ地产公司长期偿债能力对比分析表

公司名称	资产负债率（%）	净资产负债率（%）	已获利息倍数	债务本息保障倍数
ABC股份公司	78.00	354.48	28.24	0.41
XYZ地产公司	77.97	353.98	17.34	0.16

由表12-3可以看出，在同行业中，ABC股份公司资产负债率基本与XYZ地产公司的持平，虽然资产负债率比较高，但是从行业对比来看，属于正常水平。从净资产负债率来看，两家公司的数值都较高，虽然相差不大，但ABC股份公司略高一筹，其负债是所有者权益的3.54倍，资本结构有待完善，财务风险高，企业长期偿债能力略低。此外，ABC股份公司的已获利息倍数和债务本息保障倍数均比XYZ地产公司的高，显示出ABC股份公司的长期偿债能力相对较好。

【随堂小测验 12-3】

1.【单选】下列各项指标中，与资产负债率指标之和等于 1 的指标是（　　）。

    A．业主权益乘数　　B．股东权益比率　　　C．产权比率　　　　　D．资产长期负债率

2.【多选】下列各项指标中，可用于衡量企业长期偿债能力的有（　　）。

    A．已获利息倍数　　B．产权比率　　　　C．应付账款周转率

    D．现金流量比率　　E．到期债务本息偿付比率

3.【多选】下列各项中，属于影响业主权益乘数的因素有（　　）。

    A．资产总额　　　　B．无形资产　　　　　C．待摊费用

    D．股东权益　　　　E．负债总额

4.【判断】已获利息倍数、债务本息保证倍数、固定费用保证倍数越高，则长期偿债能力就越强。　　　　　　　　　　　　　　　　　　　　　　　　　　　　　　　　　　（　　）

拓展阅读

677 家上市公司资产负债率超 60%债务偿还压力可控

思考与练习

1．如何用盈利指标分析长期偿债能力？

2．流动比率与速动比率的优点与不足是什么？

3．如何对资产负债率进行修正与评价？

4．已获利息倍数的深层含义是什么？

5．速动资产是如何界定的？其深层内涵是什么？

案例分析

高负债压顶　标杆房企亦债台高筑

据Wind资讯统计，2016年A股136家上市房企负债合计超过4.92万亿元，同比增加10 139亿元，同比增长幅度达25.93%，平均每家上市房企负债达362亿元。"不惜一切代价高价拿地"的行为，使得房企负债额不断上升，大型房企同样债台高筑。

根据中房智库研究员的统计显示，有24家知名房企2016年资产负债率超过80%，其中负债率最高的是绿地控股，负债率达89.43%，净负债率达290%。而绿地控股在2016年的经营现金流、投资现金流均为负值，仅靠筹资支持现金流。

　　融创中国2016年年末的有息负债达到1 128亿元，同比上涨169.97%，其中，不包括99.57亿元的永续债。标杆房企中的中国恒大，债务压力同样堪忧。2016年中国恒大资产负债率为85.75%，净负债率为175%，其中不包括1 129.44亿元的永续债。有机构统计，若将永续债计入负债，中国恒大的负债率将突破400%。同样，中国恒大2016年的经营现金流、投资现金流也均为负值。"并购王"融创中国董事长孙宏斌对做大规模有着强烈的渴望，但是面对此轮调控，他罕见地表示了悲观，并称"货币政策收紧、利息增加，企业的现金流会很紧张，这个行业风险在放大"。而在万科2016年年报《致股东信》中，"焦虑"一词也格外刺眼。在楼市繁荣即将退潮之际，房企的偿债能力尤其值得警惕。

　　上市房企普遍采用高杠杆、高资金成本驱动的以债养债模式，致使部分房企资产负债率风险攀上新高。据Wind资讯统计，2016年，A股136家上市房企负债合计超过4.92万亿元，同比增长25.93%；总资产总计为6.37万亿元，同比增长幅度达24.76%。这136家上市房企的平均资产负债率为77.26%，去年为76.55%。从数据上看，房企债务规模与销售规模呈现正相关，企业规模越大，其总有息负债也相对越高。2016年总有息负债超千亿的企业有7家，分别是中国恒大（有有息负债5 350.7亿元）、中海地产（1 547亿元）、碧桂园（1 362亿元）、万科地产（1 289亿元）、富力地产（1 209亿元）、融创中国（1 128亿元）、保利地产（1 122亿元）。2016年有息负债增长最快的是融创中国，同比增长了169.97%；其次是融信中国，有息负债394.17亿元，同比增长140.75%；中国恒大、万科地产的同比增幅也较大，分别增长80.22%和62.11%。克而瑞分析师房玲认为，2016年房企总体负债增长，主要源于上半年公司债的大规模发行，虽然自6月下旬开始，证监会也逐步开始收紧公司债监管，但大多数房企已然通过发行公司债募集了充足的资金。而快速发展中的房企，为了进一步推动销售增长，加大投资开发力度，因此需要更多的资金供给，造成融资力度比较大，总有息负债增长也比较显著。

　　从资产负债率上看，24家知名房企的资产负债率均超过80%，净负债率则更高。负债率最高的前十名房企分别是绿地控股、云南城投、嘉凯城、京投发展、融创中国、碧桂园、中国恒大、中房地产、信达地产、泛海控股。万科地产的资产负债率也超过了80%。

　　另外，据中房智库研究员统计，至少有25家标杆房企经营性现金流和投资性现金流为负，完全是靠筹资性现金流支撑。筹资能力最强（筹资现金流最高）的是中国恒大，2016年经营现金流为-586.1亿元，投资现金流为-1 224.26亿元，筹资现金流则为2 844.67亿元，净现金流为1 034.31亿元。筹资能力排在第二的是融信中国，尽管其2016年经营现金流为-171.61亿元，投资现金流为-79.06亿元，但筹资现金流为355.43亿元，使得其净现金流保持在了104.76亿元的水平。此外，泛海控股、泰禾集团、绿地控股、阳光城、首开股份、荣盛发展、世茂房地产、招商局置地、当代置业等知名房企，2016年经营性现金流和投资性现金流均为负值。

　　面对楼市调整的"寒冬"，房企主要靠贷款来应对。不过，这些借来的"粮草"，其实不足以应对房企销售下降带来的困窘。国际评级机构穆迪预测，在政府加强调控抑制房价上涨的情况下，2017年房地产销售增速将会有所放缓。同时，房企融资渠道收紧。去年10月，上交所、深交所先后发文，规范房企发行公司债行为；证监会、银监会多次强调严禁违规资金进入房地产领域。银行业收紧了对房企的贷款。今年4月以来，银监会连发10道"金牌"，银行业全面落实MPA（宏观审慎评估体系）考核，直指同业和理财等非标投融资，并打击借助资管计划、基金子公司等绕开监管为地产项目和融资平台违规输血的行为。深圳市房地产研究中心研究员李宇嘉分析表示，在金融"去杠杆"框架下，分别占房企融资额13%和20%的债券、非标将大幅萎缩，一季度上市房企筹资现金流同比已大幅萎缩90%，考虑到2019年以后高价地和"地王"进入开发上市期，偿债与销售回款下滑形成叠加，一部分房企现金流或面临较大压力。

　　根据上述内容，请思考：为何大部分房地产企业的资产负债率居高不下？高额的资产负债率对于房地产企业的长期偿债能力有何影响？现金流的短缺和偿债能力之间有何关系？如何改善房地产企业的偿债能力？

第十三章 企业增长能力分析

【学习目标】

- 熟悉发展能力的内涵、发展能力分析的目的以及各种增长率指标的内涵
- 掌握各种增长率指标的计算和分析
- 掌握并运用增长率指标分析企业单项发展能力
- 掌握并运用企业整体发展能力分析框架对企业的增长能力做出合理的评价

【关键词】 企业增长能力分析 股东权益增长率 利润增长率 净利润增长率
营业利润增长率 营业收入增长率 资产增长率

【引导案例】

贵州茅台成A股"股王"

2017年开年以来，A股"股王"贵州茅台作为一只标杆股票而受到市场的大力炒作，股价也是"芝麻开花节节高"，不断创出历史新高。截至2017年5月30日，其最新股价达到451.92元，今年的涨幅已经达到35.24%，贵州茅台2013—2017年年末股价及增长幅度如表13-1和图13-1所示。

表 13-1 贵州茅台股价及增长幅度分析 单位：元

	2017-05-30	2016-12-30	2015-12-31	2014-12-31	2013-12-31
股价	451.92	334.15	218.19	189.62	128.38
同比增长幅度（%）	35.24	53.15	15.07	47.70	—

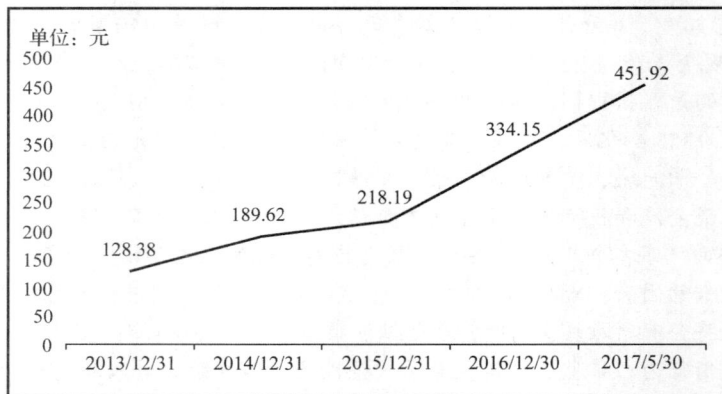

图 13-1 贵州茅台股价走势

贵州茅台是中国白酒中的第一品牌，堪称国酒。而白酒在中国有着数千年的历史，堪称历史悠久源远流长，而且酒文化也是中国文化的一个重要组成部分。在古人留下来的诗歌精品中，不少诗歌都与酒文化有关。所以，贵州茅台作为A股股王有着强烈的"中国特色"，散发着中华民族古文化的芳香，因此，成为A股第一品牌也是当之无愧的。

贵州茅台不仅有中国传统文化作为后盾，其坚持用丰厚的现金分红来回报投资者也是该公司股价不断大涨的一大推动力。贵州茅台虽然有送转股，其送转股比例也非常有限，所以，其股价不会因为除权的原因而被腰斩，这也有利于贵州茅台坐稳A股"股王"的位置。加上贵州茅台业绩优秀，可以对股票价格形成支撑作用，公司近三年（含报告期）的普通股股利分配方案或预案如表13-2所示。

表13-2   贵州茅台近三年普通股股利分配方案   单位：万元

分红年度	每10股送红股数（股）	每10股派息数（元）（含税）	现金分红的数额（含税）	分红年度合并报表中归属于上市公司普通股股东的净利润	占合并报表中归属于上市公司普通股股东的净利润的比率（%）
2016		67.87	852 581.45	1 671 836.27	51.00
2015		61.71	775 199.66	1 550 309.03	50.00
2014	1	43.74	499 509.93	1 534 980.43	32.54

如表13-2所示，贵州茅台近三年现金股利分配比例非常大，在2015年以及2016年，贵州茅台甚至将归属于上市公司普通股股东净利润中的一半进行现金股利分配，如此现金股利政策当然会吸引投资者对其进行投资。同时，贵州茅台的业绩表现也没有令投资者失望，其2012—2016年每股收益如表13-3所示。

表13-3   2012—2016年贵州茅台与五粮液每股收益对比分析   单位：元

	2016年	2015年	2014年	2013年	2012年
贵州茅台	13.31	12.34	13.44	13.25	12.82
五粮液	1.787	1.627	1.537	2.100	2.617

如表13-3所示，自2012年以来，贵州茅台的每股收益最低达到12.34元，相比于同属白酒行业的宜宾五粮液，优势非常明显。贵州茅台正是由于业绩优秀，所以才能对其高价形成支撑。

贵州茅台最近几年呈现爆发式成长，公司市值迅速扩大，吸引了大量投资者对其关注。但是投资者更应当关注企业未来的价值，那么企业未来价值通过哪些指标来体现？通过对本章的学习，相信你会对企业的增长能力分析有系统的把握。

第一节 企业增长能力分析的目的与内容

一、企业增长能力分析的目的

企业增长能力通常是指企业生产经营活动在未来的发展趋势和发展潜能，也可以称为企业的发展能力、企业增长性。从其形成角度来看，企业增长能力主要是通过自身持续的生产经营活动，不断扩大积累而形成的，这一发展过程依托于不断增加的资金投入、不断增长的营业收入和不断创造的利润等。因而一个发展能力强的企业，其结果就表现在资产规模不断增加，股东财富持续增长上。

企业能否持续增长是股东、潜在投资者、经营者及其他相关利益团体密切关注的要点，因此有必要对企业的增长能力进行深入分析，其目的在于：

（1）对于股东而言，可以通过增长能力分析衡量企业未来创造股东价值的能力，从而为采取下一步战略行动提供决策依据；

（2）对于潜在的投资者而言，可以通过增长能力分析评价企业的成长性，从而选择合适的目标企业做出正确的投资决策；

（3）对于经营者而言，可以通过增长能力分析发现影响企业未来发展的关键影响因素，从而及时修正经营策略和财务策略，促进企业可持续增长；

（4）对于债权人而言，可以通过增长能力分析判断企业未来的盈利能力和偿债能力，从而做出正确的信贷决策。

二、企业增长能力分析的内容

企业增长能力分析的内容可以进一步分为以下两部分。

（1）企业单项增长能力分析。企业价值要获得增长，具体反映在股东权益、利润、收入和资产等方面的不断增长。企业单项增长能力分析，就是通过计算和分析股东权益增长率、利润增长率、收入增长率、资产增长率等指标，分别衡量企业在股东权益、利润、收入、资产等方面所具有的增长能力大小，并对其在股东权益、利润、收入、资产等方面未来的发展趋势进行评估。

（2）企业整体增长能力分析。企业要获得可持续增长，就必须在股东权益、利润、收入和资产等各方面谋求协调发展。企业整体增长能力分析就是结合股东权益增长率、利润增长率、收入增长率、资产增长率等指标进行相互比较与全面分析，综合判断企业的整体增长能力。

【随堂小测验 13-1】

1.【单选】下列项目中，不属于企业资产规模增加的原因是（　　）。

　　A．企业对外举债　　B．企业发放股利　　C．企业发行股票　　D．企业实现盈利

2.【单选】如果企业的某一种产品处于成熟期，则其销售增长率的特点是（　　）。

　　A．与上期相比变动非常小，甚至表现为负数

　　B．与上期相比变动不大

　　C．比值较大

　　D．比值较小

3.【多选】企业销售增长时需要补充资金。假设每元销售所需资金不变，以下关于外部融资需求的说法中，正确的有（　　）。

　　A．股利支付率越高，外部融资需求越大

　　B．销售净利率越高，外部融资需求越小

　　C．如果外部融资销售增长比为负数，说明企业有剩余资金，可用于增加股利或短期投资

　　D．当企业的实际增长率高于本年的内含增长率时，企业不需要从外部融资

　　E．当企业的实际增长率高于本年的内含增长率时，企业只需要内部融资即可

4.【判断】企业的增长可以通过绝对的增长额进行全面的反映。（　　）

第二节 | 企业单项增长能力分析

一、股东权益增长率计算与分析

（一）股东权益增长率内涵和计算方法

股东权益的增加反映了股东财富的增加。股东权益的增加就是期初余额到期末余额的变化。在实践中，除了股东权益增长额之外，我们也可以采用股东权益增长率来更为直观地体现股东财富的变化幅度。股东权益增长率是本期股东权益增加额与股东权益期初余额之比，也叫作资本积累率，其计算公式如下：

$$股东权益增长率 = \frac{本期股东权益增加额}{股东权益期初余额} \times 100\%$$

股东权益增长率越高，表明企业本期股东权益增加得越多；反之，股东权益增长率越低或者为负数，则表明企业本年度股东权益增加得少，甚至有损害股东财富的可能出现。

在实际分析中，还运用了三年资本平均增长率这一比率。三年资本平均增长率的计算公式如下：

$$三年资本平均增长率 = \left[\left(\frac{年末所有者权益}{三年前年末所有者权益} \right)^{\frac{1}{3}} - 1 \right] \times 100\%$$

（二）股东权益增长率分析

由于股东权益变动表反映了股东权益在会计期间发生增减变化的原因，因此可以结合股东权益变动表中各年度影响股东权益变动的原因对股东权益增长率进行具体分析。综合而言，股东权益的增加主要来源于以下三个方面：经营活动产生的净利润、融资活动产生的股东净支付以及直接计入股东权益的利得和损失。所谓的股东净支付就是股东对企业当年的新增投资扣除当年发放股利得到的金额。据此股东权益增长率还可以表示为：

$$
\begin{aligned}
股东权益增长率 &= \frac{本期股东权益增加额}{股东权益期初余额} \times 100\% \\
&= \frac{净利润 + （股东新增投资 - 支付股东股利） + 直接计入股东权益的利得和损失}{股东权益期初余额} \times 100\% \\
&= \frac{净利润 + 对股东的净支付 + 直接计入股东权益的净损益}{股东权益期初余额} \times 100\% \\
&= 净资产收益率 + 股东净投资率 + 净损益占股东权益比率
\end{aligned}
$$

从公式中可以看出，股东权益增长率同时受净资产收益率、股东净投资率、净损益占股东权益比率这三个因素驱动。其中，净资产收益率反映了企业运用股东投入资本创造收益的能力，股东净投资率反映了企业利用股东新投资的程度，而净损益占股东权益比率则反映了直接计入股东权益的利得和损失在股东权益中所占的份额。这三个比率的波动最终都反映在股东权益增长率增长的高低上。从根本上看，一个企业的股东权益增长率增长应主要依赖于企业运用股东投入资本所创造的利润，这才是企业发展应当凭借的"造血"功能。具体原因在于以下几个方面。其一，利得和损失通常是由正常经营以外的偶发性因素引起的，一般和企业管理者努力经营无关，不能反映企业真实、长久的盈利能力，因此，在计算净资产收益率时也应该将净利润扣除非经常性损益。其二，尽管一个企业的价值在短期内会随着筹集和投入尽可能多的资本来获得增加，并且这种行为在扩大企业规模的同时也有利于管理者经营，但是这种策略实质上不符合股东的最佳利益，因为它忽视了股东权益资本具有机会成本这一特点，并应获得合理投资报酬的事实。

为正确评价和预测企业股东权益规模的发展趋势和发展水平，应将企业不同时期的股东权益增长率加以比较。因为一个持续增长型企业，其股东权益应该是不断保持增长趋势的。企业的股东权益如果时增时减，则反映出企业发展不稳定的现象，同时也说明企业并不具备良好的发展增长能力。因此仅仅计算和分析某个时期的股东权益增长率是无法全面评价企业增长能力的，我们应当借助趋势分析法将一个企业不同时期的股东权益增长率加以比较进行分析。

下面以表 13-1、表 13-2 资料及 ABC 公司 2×16 年会计报表为基础，分析该公司股东权益增长能力。

利用相关数据先计算该公司 2×16 年的股东权益增长率、净资产收益率和股东净投资率、净损益占股东权益比率等指标。其计算过程如表 13-4 所示。

表 13-4 　　　　　　　　　　ABC 公司股东权益增长率指标计算表　　　　　　　　　　单位：万元

项目	2×15 年	2×16 年
股东权益总额	8 213 819	10 543 942
本年股东权益增加额	—	2 330 123
股东权益增长率（%）	—	28.37
净资产收益率（%）	—	19.51
股东净投资率（%）	—	7.85
净损益占股东权益比率（%）	—	1.01

注：净资产收益率和股东净投资率都是以股东权益期初余额作为分母计算的。

从表 13-4 可以看出，ABC 公司的股东权益总额从 2×15 年的 8 213 819 万元增加到 2×16 年的 10 543 942 万元；这说明了 ABC 公司 2×16 年净资产规模增长，增长幅度较大。

进一步分析 ABC 公司股东权益增长的原因，可以发现，2×16 年的净资产收益率也在增加，且在股东权益增长率中占有较大比重，这说明该公司股东权益的增长主要来自净利润的增加。净资产收益率反映企业运用股东投入资本创造收益的能力，这表明 ABC 公司股东权益的增长主要是依靠企业自身创造收益的能力，而不是依靠股东新投入的资本，也不是依靠利得和损失。

将 2×16 年 ABC 股份公司的股东权益增长率与同行业的 XYZ 地产公司进行比较分析，情况如表 13-5 所示。

表 13-5 　　　　　　　　同行业公司 2×16 年股东权益增长率比较分析　　　　　　　　单位：万元

公司	净资产规模			股东权益增长率（%）	差异（%）
	2×15 年	2×16 年	增长额		
ABC 股份公司	8 213 819.00	10 543 942.00	2 330 123.00	28.37	100
XYZ 地产公司	2 123 156.53	2 256 958.60	133 802.07	6.30	77.79

由表 13-5 可以看出，ABC 公司 2×16 年的股东权益增长率遥遥领先于 XYZ 地产公司，这在差异栏中明显体现出，XYZ 地产公司比 ABC 的增长率低了将近 80%。这显然表明，ABC 在同行业中增长能力相当强，这样的消息不管是对 ABC 的股东、债权人、潜在投资者，还是对于 ABC 的经营者都是至关重要的"好消息"，例如，地产行业的潜在投资者会优先选择 ABC 公司进行投资。

二、利润增长率计算与分析

（一）利润增长率内涵和计算方法

由于衡量利润的指标包括营业利润、利润总额、净利润等，因此相应的利润增长率也具有不同的表现形式。在实践当中，经常使用的是净利润增长率、营业利润增长率这两种比率。

由于净利润是反映企业经营业绩的综合结果，因此净利润的增长是借以评价企业成长性的基本表现。净利润增长率是本期净利润增加额与上期净利润之比，其计算公式如下：

$$净利润增长率 = \frac{本期净利润增加额}{上期净利润} \times 100\%$$

需要说明的是，如果上期净利润为负值，则计算公式的分母应取其绝对值。该公式反映的是企业净利润的增长情况。净利润增长率为正数，则说明企业本期净利润较上期增加，净利润增长率越大，则说明企业本期收益增长得越多；净利润增长率为负数，则说明企业本期净利润较上期减少，收益降低。

如果一个企业营业收入增长，但利润并未增长，那么从长远看，它并没有实现股东权益的增加。同样，一个企业如果净利润增长，但营业收入并未增长，也就是说净利润的增长并不是来源于营业收入，很可能是来自非经常性收益项目，如资产重组收益、债务重组收益、财政补贴等项目，那么这样的增长对于企业而言也是无法持续保持的，因为非经常性损益并不代表企业真实的盈利能力，具有较大的偶然性和意外性。因此，利用营业利润增长率这一比率可以更好地分析企业利润增长的真正因素，评价利润的成长性是否具有持久性。营业利润增长率是本期营业利润增加额与上期营业利润之比，其计算公式如下：

$$营业利润增长率 = \frac{本期营业利润增加额}{上期营业利润} \times 100\%$$

同样，如果上期营业利润为负值，则计算公式的分母也应取其绝对值。该公式反映的是企业营业利润的增长情况。营业利润增长率为正数，则说明企业本期营业利润较上期增加，营业利润增长率越大，则说明企业本期收益增长得越多；营业利润增长率为负数，则说明企业本期营业利润较上期减少，收益降低。

值得注意的是，在实践中，有人提出利用三年利润平均增长率这一指标分析企业利润增长能力。其计算公式如下：

$$三年利润平均增长率 = \left[\left(\frac{年末利润总额}{三年前年末利润总额} \right)^{\frac{1}{3}} - 1 \right] \times 100\%$$

从计算公式可以看出，该指标的设计原理与三年资本平均增长率一致，是为了均衡计算企业的三年平均利润增长水平，从而客观评价企业的收益增长能力状况。但是从该项指标的计算公式来看，也并不能达到这个目的。因为其计算结果的高低同样只与两个因素相关，即本年度年末利润总额和三年前年末利润总额而中间两年的年末实现利润总额的高低则不会对该指标产生影响。这样来看，如果两个企业的本年度年末利润总额和三年前年度年末利润总额相同，就能够得出相同的三年利润平均增长率，但实际上，这两个企业的利润增长趋势可能并不一致。因此，依据三年利润平均增长率来评价企业利润增长能力是存在缺陷的。

（二）利润增长率分析

要全面认识企业净利润的增长能力，还需要结合企业的营业利润增长情况进行综合分析。如果企业净利润的增长主要来源于营业利润，则表明企业产品获利能力较强，具有良好的增长能力；相反，如果企业的净利润不是主要来源于日常经营业务，而是来自营业外收入或者其他项目，则说明企业净利润的持续增长能力并不强。

因而，要分析营业利润增长情况，应结合企业的营业收入增长情况一起分析。如果企业的营业利润增长率高于企业的收入增长率，则说明企业正处于成长期，业务不断拓展，企业的盈利能力不断增强；反之，如果企业的营业利润增长率低于营业收入增长率，则反映企业营业成本、营业税费、期间费用等成本费用项目的增长幅度超过了营业收入的增长幅度，说明企业的商品盈利能力较弱，企业营业利润增长潜力值得怀疑。

为了更准确地反映企业净利润和营业利润的增长趋势，应当选取企业连续多期的净利润增长率和营业利润增长率指标进行对比分析，这样可以排除个别时期偶然性或特殊性因素的影响，从而更加全面、真实地揭示企业净利润和营业利润的增长情况。

下面以 ABC 公司近四年会计报表为基础，分析该公司的利润增长能力。

首先，利用相关数据分别计算该公司 2×14 年、2×15 年和 2×16 年的营业利润增长率和净利润增长率等指标。其计算过程如表 13-6 所示。

表 13-6　　　　　　　　　　　　ABC 公司利润增长率指标计算表　　　　　　　　　　　单位：万元

项目	2×13 年	2×14 年	2×15 年	2×16 年
营业利润	1 189 488.53	1 576 321.67	2 101 304.08	2 426 133.84
本年营业利润增加额	—	386 833.14	524 982.41	324 829.76
营业利润增长率（%）	—	32.52	33.30	15.46
净利润	883 961.05	1 159 960.62	1 566 258.84	1 829 754.99
本年净利润增加额	—	275 999.57	406 298.22	263 496.15
净利润增长率（%）	—	31.22	35.03	16.82

其次，根据表 13-6 分析 ABC 公司的营业利润增长率。由表 13-6 可以看出，该公司 2×13—2×16 年的营业利润增长率分别为 32.52%、33.30% 和 15.46%。其中在 2×16 年该比率相比前两年较低，这是由该年较低的营业利润增加额导致的，主要原因在于该年营业成本、营业费用和管理费用等大幅增加，导致该年度营业利润大幅度下降。2×14 年与 2×15 年两年，企业营业利润增长率都保持在 30% 以上，波动较小，该企业产品表现出较为稳定的营业利润增长趋势。另外，还应该将营业利润增长率同收入增长率相比较分析。利用下面表 13-7 收入增长率的数据，可以观察出，各年的营业利润增长率均低于收入增长率，据此可以反映出该公司营业成本、营业税费、期间费用等成本费用项目上升可能超过了营业收入的增长，这说明公司的营业利润增长存在一定问题。

再者，分析该公司的净利润增长率。对比三年的净利润增长率，也可以发现该公司 2×16 年的净利润增长率较之前两年而言变化较大，从 2×15 年的 35.03% 降低到 2×16 年的 16.82%，与营业利润增长率的变动趋势大致相同，主要原因也同营业利润增长率变化的原因一样。结合公司的营业利润增长率来看，2×16 年无论是营业利润增长率，还是净利润增长率，都有较大的变化，不只是由于营业收入的降低，也同营业成本、期间费用等因素相关；2×14 年和 2×15 年营业利润增长率、净利润增长率虽然都为正值，但 2×16 年净利润的增长幅度高于营业利润的增长幅度，说明该年的净利润高增长并不仅仅来源于营业利润的增长，还受到非经常性损益项目的显著影响。

最后，将 2×16 年 ABC 股份公司的利润增长率与同行业的 XYZ 地产公司进行行业比较分析，其情况如表 13-7 所示。

表 13-7　　　　　　　　　同行业公司 2×16 年利润增长率比较分析　　　　　　　　　单位：万元

公司	营业利润			净利润		
	金额	增长率（%）	差异（%）	金额	增长率（%）	差异（%）
ABC 股份公司	2 426 133.84	15.46	100.00	1 829 754.99	16.82	100.00
XYZ 地产公司	342 592.97	90.49	485.30	289 215.38	57.22	240.21

由表 13-7 可以看出，ABC 公司营业利润增长率和净利润增长率远低于同行业的 XYZ 地产公司，XYZ 地产公司在这一年的增长幅度过大，可能存在偶然性因素的影响，这说明 ABC 处于成熟的发展阶段。ABC 公司的净利润增长率高于营业利润增长率，但高出的并不是特别多，这说明，公司的净利润大部分是由营业收入创造的，反观 XYZ 地产公司，其净利润增长率较营业利润增长率降低了将近 33%，这说明其营业外支出等因素可能起到了较大的不利影响。

综合以上分析，ABC 公司在营业利润和净利润方面的增长能力较稳定合理，但未来是否能够继续保持增长还有待于进一步观察。

三、收入增长率计算与分析

（一）收入增长率内涵和计算方法

收入是利润的源泉，想要全面地对利润增长进行分析还应该结合收入的增长进行分析。企业的销售情况越好，说明其在市场所占份额越多，实现的营业收入也就越多，企业生存和发展的市场空间也就越大，因此可以用收入增长率来反映企业在销售方面的增长能力。收入增长率就是本期营业收入增加额与上期营业收入之比。其计算公式如下：

$$收入增长率=\frac{本期营业收入增加额}{上期营业收入}\times100\%$$

需要说明的是，如果上期营业收入为负值，则计算公式的分母应取其绝对值。该公式反映的是企业某期整体销售增长情况。收入增长率为正数，则说明企业本期销售规模较上期增加，收入增长率越大，则说明企业本期营业收入增长得越快，销售情况越好；收入增长率为负数，则说明企业销售规模较上期减小，销售本期出现负增长，销售情况较差。

（二）收入增长率分析

在利用收入增长率来分析企业在销售方面的增长能力时，应该注意以下几个方面。

（1）比较企业的收入增长率与资产增长率。要判断企业在销售方面是否具有良好的成长性，必须分析销售增长是否具有效益性。如果营业收入的增加主要依赖于资产的相应增加，也就是收入增长率低于资产增长率，说明这种销售增长不具有效益性，同时也反映企业在销售方面可持续增长能力不强。正常的情况下，一个企业只有当收入增长率高于其资产增长率时，才说明企业在销售方面具有良好的成长性。

（2）比较企业不同时期的收入增长率。要全面、正确地分析和评价一个企业营业收入的增长趋势和增长水平，必须通过一个企业不同时期的收入增长率的比较和分析来得出结论。因为，收入增长率仅仅就某个时期的销售情况而言，可能会受到一些偶然的和非正常因素的影响，而无法反映出企业实际的销售增长能力。

产品生命周期的四个阶段

（3）通过收入增长率评价企业成长性。可以利用企业各项产品收入增长率指标，来观察企业产品的结构情况，进而整体分析企业的成长性。其计算公式可这样表示：

$$某种产品收入增长率=\frac{某种产品本期营业收入增加额}{上期营业收入净额}\times100\%$$

下面以 ABC 公司 2×16 年会计报表为基础，分析该公司收入增长能力。

首先，利用相关数据分别计算该公司近几年的收入增长率指标。其计算过程如表 13-8 所示。

表 13-8 　　　　　　　　　　　　ABC 公司收入增长率指标计算表　　　　　　　　　　　　单位：万元

项目	2×13 年	2×14 年	2×15 年	2×16 年
营业收入	5 071 385.14	7 178 274.98	10 311 624.51	13 541 879.11
本年营业收入增加额	—	2 106 889.84	3 133 349.53	3 230 254.60
收入增长率（%）	—	41.54	43.65	31.33

其次，分析 ABC 公司营业收入的增长趋势和增长水平。从表 13-8 可以看出，该公司自 2×13 年以来，其销售规模不断扩大，营业收入从 2×13 年的 5 071 385.14 万元提高到 2×16 年的 13 541 879.11 万元；从增长幅度来看，三年均为正值，说明该公司的销售一直在保持增长趋势，尤其是 2×15 年增长幅度较大，不排除存在一些偶然性或者特殊性的因素。

再者，利用表 13-9 的资产增长率指标，结合表 13-7 分析各年销售增长是否具有效益性。2×14 年、2×15 年和 2×16 年这三年的资产增长率分别为 37.36%、27.88% 和 26.51%。可见该企业这三年的收入增长率都高于当年的资产增长率，这说明 ABC 公司这三年的销售增长并不是主要依靠资产的追加投入取得的。因此，总体来看，该公司的销售增长效益性较好。

最后，还可以进行同行业比较分析，比较结果如表 13-9 所示。

表 13-9   同行业公司 2×16 年收入增长率比较分析   单位：万元

公司	营业收入			收入增长率（%）	差异（%）
	2×15 年	2×16 年	增长额		
ABC 股份公司	10 311 624.51	13 541 879.11	3 230 254.60	31.33	100.00
XYZ 地产公司	236 137.09	915 143.30	679 006.21	287.55	817.80

由表 13-9 可以看出，ABC 的营业收入增长率远低于 XYZ 地产公司，这说明 ABC 的销售规模虽然在增长，但是增长速度大大落后于 XYZ 地产公司，但要针对 XYZ 地产公司在 2×16 年的具体销售状况来分析这一增长趋势是否存在异常。而 ABC 股份公司发展至今应该已到成熟阶段，依然保持了 31.33% 的收入增长率已经是相当高的，这也说明 ABC 的增长能力较为可观。

综合以上分析，可以得出结论，即 ABC 公司销售增长能力良好。

【案例 13-1】

汽车公司与科技公司增长率分析

表 13-10 和表 13-11 分别列示了 2012—2016 年两大汽车公司与两家科技公司的营业收入和收入增长率。

表 13-10   2012—2016 年两大汽车公司与两家科技公司营业收入比较表   单位：亿美元

项目	2012	2013	2014	2015	2016
通用汽车	1 502.95	1 520.92	1 559.29	1 523.56	1 663.80
福特汽车	1 335.59	1 469.17	1 440.77	1 495.58	1 518.00
苹果公司	1 565.08	1 709.10	1 827.95	2 337.15	2 156.39
微软公司	737.23	778.49	868.33	935.80	853.20

资料来源：上述各公司 2012—2016 年度报告。

表 13-11   2013—2016 年两大汽车公司与两家科技公司收入增长率比较表   单位：%

项目	2013	2014	2015	2016
通用汽车	1.20	2.52	-2.29	9.20
福特汽车	10.00	-1.93	3.80	1.50
苹果公司	9.20	11.23	11.90	-7.78
微软公司	5.60	11.54	7.77	-8.83

根据表 13-11，绘制图 13-2，该图更直观地描述了两大汽车公司与两家科技公司 2013—2016 年度收入增长率的变动趋势。

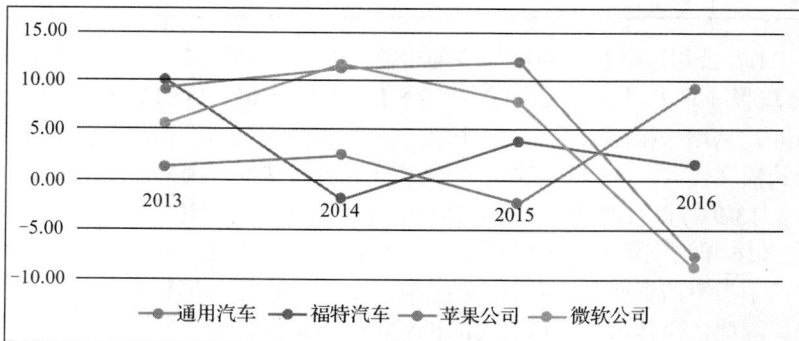

图 13-2 收入增长率变动趋势图

由图 13-2 可以看出，在 2013—2016 年间，微软公司和苹果公司从 2013 年起连续三年保持了较高的营业收入增长速度，其中苹果公司的三年的收入增长率都保持在了 10%左右，这说明两家公司尤其是苹果公司在这三年间保持了较为高速的增长。但是在 2016 年，微软公司和苹果公司的营业收入都出现了较大程度的下降，这说明两家公司在 2016 年的销售情况并不乐观。通用汽车的收入增长率除在 2015 年为负外，其他年份均为正，尤其是在 2016 年出现了较大的增长，说明通用汽车近几年的销售整体趋势上是增长的。福特汽车的营业收入在经过 2013 年的高增长之后，2014 年出现了负增长，但在接下来的两年出现了缓慢的增长，说明其销售的成长性并不稳定。

四、资产增长率计算与分析

（一）资产增长率内涵和计算

企业要增加收入，就需要通过增加资产投入，扩大经营规模来实现收入的增加，可以利用资产增长率指标反映企业在资产投入方面的增长情况。资产增长率就是本期资产增加额与资产期初余额之比，其计算公式如下：

$$资产增长率 = \frac{本期资产增加额}{资产期初余额} \times 100\%$$

资产增长率是用来考核企业资产投入增长幅度的财务指标。资产增长率为正数，则说明企业本期资产规模较上期增加，资产增长率越大，则说明资产规模增加幅度越大；资产增长率为负数，则说明企业本期资产规模较上期缩减，资产出现负增长。

（二）资产增长率分析

在对资产增长率进行具体分析时，应该注意以下几点。

（1）企业资产增长率高并不意味着企业的资产规模增长就一定适当。评价一个企业的资产规模增长是否适当，必须与销售增长、利润增长等情况结合起来分析。只有在一个企业的销售增长、利润增长超过资产规模增长的情况下，这种资产规模增长才属于效益型增长，才是适当的、正常的。

（2）需要正确分析企业资产增长的来源。因为企业的资产来源一般分为来自负债和所有者权益两类，在其他条件不变的情形下，无论是增加负债规模还是增加所有者权益规模，都会提高资产增长率。但是如果一个企业资产的增长完全依赖于负债的增长，而所有者权益项目在年度里没有发生变动或者变动不大，则该企业的发展潜力也是不被看好的。从企业自身的角度来看，企业资产的增加主要取决于企业盈利的增加，这样的企业才可以被称为具有了良好的发展潜力。当然，盈利的增加能带来多大程度的资产增加还要视企业实行的股利政策而定。

（3）为全面认识企业资产规模的增长趋势和增长水平，应将企业不同时期的资产增长率加以比较。因为一个健康的处于成长期的企业，其资产规模应该是不断增长的，如果时增时减，则反映出企业的经营业务并不稳定，同时也说明企业并不具备良好的增长能力。所以只有将一个企业不同时期的资产增长率加以比较，才能准确评价企业资产规模的发展能力。

下面以 ABC 公司 2×16 年会计报表为基础，分析该公司资产增长能力。

利用相关数据先分别计算 2×14 年、2×15 年和 2×16 年的资产增长率、股东权益增加额及其占资产增加额的比重。其计算过程如表 13-12 所示。

表 13-12　　　　　　　　　　　　　ABC 公司资产增长率指标计算表　　　　　　　　　　　单位：万元

项目	2×13 年	2×14 年	2×15 年	2×16 年
资产总额	21 563 755.17	29 620 844.00	37 880 162	47 920 532
本年资产增加额	—	8 057 088.83	8 259 318.00	10 040 370.00

续表

项目	2×13 年	2×14 年	2×15 年	2×16 年
资产增长率（%）	—	37.36	27.88	26.51
股东权益增加额	—	1 324 633.89	1 430 565.15	2 330 123.00
股东权益增加额占资产增加额的比重（%）	—	16.44	17.32	23.21

从表 13-12 可以看出，ABC 公司自 2×13 年以来，其资产规模不断增加，从 2×13 年的 21 563 755.17 万元增加到 2×16 年的 47 920 532 万元；2×14 年以来三年的资产增长率均为正值，说明资产投入一直保持增长，当然 2×14 年的增长有点偏高，不排除存在一些偶然性或特殊性因素的影响。

要全面判断 ABC 公司的资产增长能力，还必须分析该公司资产增长的效益性和资产增长的来源。资产增长的效益性已经在前文的收入增长率分析和利润增长率分析中涉及，故在此只重点分析资产增长的来源。如表 13-10 所示，2×14 年、2×15 年及 2×16 年这三年的股东权益增加额占资产增加额的比重分别为 16.44%、17.32% 和 23.21%，可看出该公司这三年股东权益增加在资产增加额中所占的比重不是很高，资产的增长绝大部分来自负债的增加，说明这三年资产增加的来源并不理想；但自 2×14 年起，这一占比逐年增加，说明该企业近几年资产增长来源有了较大程度的改观，资产增长能力得到加强。

另外，为了更全面地分析 ABC 公司资产增长能力，还可以进行同行业比较分析，如表 13-13 所示。

表 13-13　　　　　　　　　　同行业公司 2×16 年资产增长率比较分析表　　　　　　　　　单位：万元

公司	总资产规模			资产增长率（%）	差异（%）
	2×15 年	2×16 年	增加额		
ABC 股份公司	37 880 162	47 920 532	10 040 370.00	26.51	100.00
XYZ 地产公司	5 867 442.10	7 493 533.09	1 626 090.99	27.71	104.54

由表 13-13 可以看出，ABC 公司 2×16 年的资产规模增长速度稍低于 XYZ 地产公司，但其增长率也已经达到 26.51%。资产是一个公司盈利的基础，如此快速的资产增长使得 ABC 公司在同行业中依然保有较大的竞争优势。

综合以上分析，可以得出 ABC 公司的资产增长能力较好，但未来效益性有待于进一步提高。

【随堂小测验 13-2】

1.【单选】下列指标中，属于增长率指标的是（　　　）。
　　A. 剩余收益　　　　B. 利息保障倍数　　　C. 资本积累率　　　　D. 市盈率

2.【单选】下列因素中，不能直接影响剩余收益变化的是（　　　）。
　　A. 净资产收益率　　　　　　　　　　　B. 总资产周转率
　　C. 权益资本成本率　　　　　　　　　　D. 净资产

3.【单选】下列各项中，属于产品增长阶段销售特点的是（　　　）。
　　A. 产品销售逐步衰退　　　　　　　　　B. 产品销售增长缓慢
　　C. 产品销售增长停止　　　　　　　　　D. 产品销售快速增长

4.【多选】下列各项中，可以用于反映企业增长能力的财务指标有（　　　）。
　　A. 资产增长率　　　B. 销售增长率　　　C. 净利润增长率
　　D. 资本积累率　　　E. 资产负债率

5.【多选】下列各项中，属于直接影响股东权益增长率高低因素的有（　　　）。
　　A. 资产负债率　　　B. 总资产报酬率　　　C. 总资产周转率
　　D. 净资产收益率　　　E. 股东净投资率

6.【判断】企业能否持续增长对投资者、经营者至关重要，但对债权人而言相对不重要，因为他更关心企业的变现能力。　　　　　　　　　　　　　　　　　　　　　　　　　　（　　）

7.【判断】销售增长率公式中的销售总额不但包括主营业务收入，而且包括其他业务收入。

（　　）

第三节 企业整体增长能力分析

一、企业整体增长能力分析框架

准确评价一个企业的整体增长能力，必须把四种类型的增长率指标相互联系起来进行综合分析。

（1）分别计算股东权益增长率、利润增长率、收入增长率和资产增长率等指标的实际值。

（2）分别将上述增长率指标的实际值与以前不同时期对应的指标数值、同行业平均水平进行比较，分析企业在股东权益、营业收入和资产等方面的增长能力。

（3）比较股东权益增长率、利润增长率、收入增长率和资产增长率等指标之间的关系，判断不同方面增长的效益性以及它们之间的协调性。

（4）根据以上分析结果，运用一定的分析标准，判断企业的整体增长能力。一般而言，只有一个企业的股东权益增长率、资产增长率、收入增长率、利润增长率保持同步增长，且不低于行业平均水平，才可以判断这个企业具有良好的增长能力。

根据上述分析思路可形成企业整体发展增长能力分析框架，如图 13-3 所示。

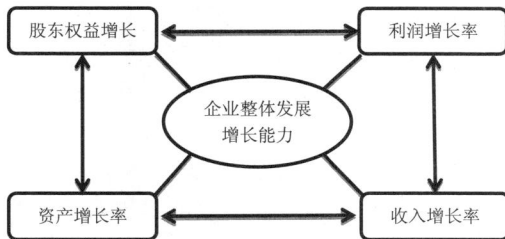

图 13-3　企业整体发展增长能力分析框架

运用这一分析框架能够比较全面地分析影响企业增长的因素，从而能够比较全面地评价企业的增长能力，但各因素的增长与企业整体增长能力的关系无法从数量上进行确定。

二、企业整体增长能力分析框架应用

应用企业整体增长能力分析框架分析企业整体增长能力时应该注意以下几个方面。

（1）对股东权益增长的分析。股东权益的增长主要来自两个方面：一方面是来源于净利润，净利润应主要来自营业利润，营业利润又主要取决于营业收入，并且营业收入的增长在资产使用效率保持一定的前提下还要依赖于投入资产规模的增加；另一方面是来源于股东的净投资，而净投资受本期股东投资资本增加和本期对股东股利发放的共同影响。

（2）对利润增长的分析。利润的增长主要表现为净利润的增长，而对于一个持续增长的企业而言，其净利润的增长应该主要来源于营业利润；而营业利润的增长又应该主要依赖营业收入的增加。

（3）对收入增长的分析。收入增长是企业营业收入的主要来源，也是企业价值增长的源泉。一个企业只有不断开拓市场，保持稳定的市场份额，才能不断扩大营业收入，增加股东权益；同时为企业进一步扩大市场、开发新产品和进行技术改造提供资金来源，最终促进企业的进一步发展。

（4）对资产增长的分析。企业资产是取得营业收入的保障，要实现营业收入的增长，在资产利用效率一定的条件下就需要扩大资产规模。要扩大资产规模，一方面可以通过负债融资实现，另一方面可以依赖股东权益的增长，即净利润和净投资的增长。

总之，在运用这一框架时需要注意这四种类型增长率之间的相互关系，否则无法对企业的整体增长能力做出正确的判断。

下面根据以上计算得到的 ABC 公司 2×14 年、2×15 年和 2×16 年的股东权益增长率、净利润增长率、营业利润增长率、收入增长率和资产增长率等指标实际值进行分析，并判断该公司整体增长能力。它们的计算结果列示如表 13-14 所示。

根据表 13-14，可以发现 ABC 公司 2×15 年以来股东权益增长率、收入增长率、资产增长率都为正值，这说明该公司 2×15 年和 2×16 年的股东权益、营业收入、资产规模一直都在增加，净利润增长率、营业利润增长率也均为正值，说明该公司利润自 2×15 年之后一直保持增长。

表 13-14　　　　　　　　　　ABC 公司 2×14—2×16 年单项增长率

项目	2×14 年	2×15 年	2×16 年
股东权益增长率（%）	24.27	21.09	28.37
净利润增长率（%）	31.22	35.03	16.82
营业利润增长率（%）	32.52	33.30	15.46
收入增长率（%）	41.54	43.65	31.33
资产增长率（%）	37.36	27.88	26.51

观察表 13-14，可以发现 ABC 公司自 2×15 年以来股东权益增长率一直处于上升趋势，净利润增长率、营业利润增长率及收入增长率都出现先增后降的趋势，这种趋势属于暂时性的还是持续性的需要进一步深入分析。因而问题的焦点集中在 2×15 年。可以观察到，该公司 2×15 年的净利润增长率、营业利润增长率和收入增长率明显高于其他年份，而其他增长率指标没有显示出类似的变化趋势，不排除 2×15 年存在一些偶然性或特殊性的原因。

再比较各种类型增长率之间的关系。首先从收入增长率和资产增长率可以看出，ABC 公司这三年的收入增长率均高于资产增长率，说明从近期看公司的销售增长并不是主要依赖于资产投入的增加，因此具有较好的效益性。

其次比较股东权益增长率与净利润增长率。该公司 2×16 年的净利润增长率均大大低于当年的股东权益增长率，这一方面说明该公司这一年的股东权益增长主要来自生产经营活动创造的净利润，属于好现象；而另一方面，股东权益增长率与净利润增长率之间出现较大的差异，应进一步分析二者出现较大差异的原因。

再者比较净利润增长率与营业利润增长率。可以发现，ABC 公司 2×15 年与 2×16 年的净利润增长率均高于营业利润增长率，这反映该公司净利润的高增长并不是仅仅来自营业利润的增长，其净利润的增长还受到非正常损益项目的显著影响，说明企业在净利润方面的持续增长能力有待于进一步观察。

最后比较营业利润增长率和收入增长率。可以观察出，这三年的营业利润增长率均低于收入增长率，反映该公司营业成本、营业税费、期间费用等成本费用项目上升可能超过了营业收入的增长，这说明公司的营业利润增长存在一定问题。

通过以上分析，对 ABC 公司的增长能力可以得出一个初步的结论，即该公司除了个别方面的增长存在效益性问题以外，大多数方面都表现出较强的增长能力，因而总体而言，ABC 公司具有较强的整体增长能力。当然，考虑到企业增长能力还受到许多其他复杂因素的影响，要得到关于企业增长能力的更为准确的结论，还需要利用更多的资料进行更加深入的分析。

【随堂小测验 13-3】

1．【单选】假设市场是充分的，企业在经营效率和财务政策不变时，同时筹集权益资本和增加借款，以下指标不会增长的是（　　）。

    A．销售收入　　　　B．税后利润　　　　C．销售增长率　　　D．权益净利率

2．【单选】企业在有盈利的情况下，下列有关外部融资需求表述正确的是（　　）。

    A．销售增加，必然引起外部融资需求的增加

    B．销售净利率的提高必然引起外部融资的减少

    C．股利支付率的提高必然会引起外部融资增加

    D．资产周转率的提高必然引起外部融资增加

3．【多选】要想实现超常增长，需要解决超过部分的资金需求问题，可以采取的方法包括（　　）。

    A．增发新股　　　　　　　　　　B．提高资产周转率

    C．提高股利支付率　　　　　　　D．提高资产负债率

4．【判断】销售增长率越高并不一定代表企业在销售方面具有良好的成长性。　　　　（　　）

5．【判断】可持续增长思想表明企业超常增长是十分危险的，企业的实际增长率决不应该高于可持续增长率。　　　　　　　　　　　　　　　　　　　　　　　　　　　　　（　　）

拓展阅读

企业增长能力表外
因素分析——竞争
能力分析

思考与练习

1．如何利用某种产品的收入增长率指标来分析企业的成长性？

2．一个企业要想提高股东权益增长率可以采取什么措施？

3．为什么在进行销售增长分析时要结合资产增长率？

4．如何正确分析企业资产增长的来源？

5．为什么在应用增长率指标分析企业发展能力时应注意指标之间的关系？

6．在应用企业整体发展能力分析框架时应注意哪些问题？

案例分析

中国国旅增长能力案例分析

中国国旅是业务种类最为齐全的大型综合旅行社运营商，集旅游服务及旅游商品相关项目的投

贵与管理，旅游服务配套设施的开发、改造与经营，旅游产业研究与咨询服务为一体。在旅游服务业务方面：中国国旅与全球1 400多家旅行商建立了长期稳定的合作关系，在全国拥有旅行社子公司、联号经营企业150余家，门市网点超过1 000家，并在全球14个国家和地区设有全资、控股子公司从事旅游服务业务。在免税商品销售方面，中国国旅与全球逾300家世界顶级奢侈品牌建立了紧密合作关系，拥有9大类型、200多家免税店，网点遍布中国各主要机场、口岸等。

图13-4～图13-9为中国国旅2011—2015年相关财务数据和财务指标，可据此分析该公司的增长能力。

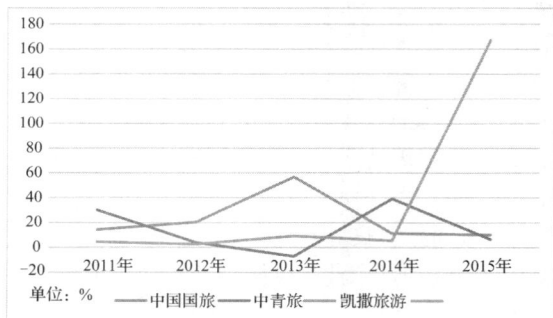

图 13-4　三家旅游业公司 2011—2015 年股东权益增长率比较图

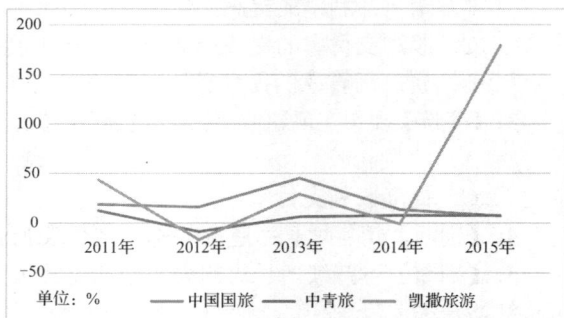

图 13-5　三家旅游业公司 2011—2015 年资产增长率比较图

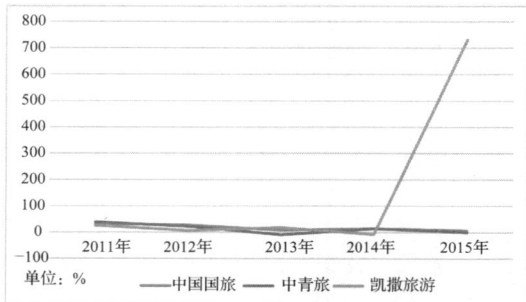

图 13-6　三家旅游业公司 2011—2015 年主营业务收入增
长率比较图

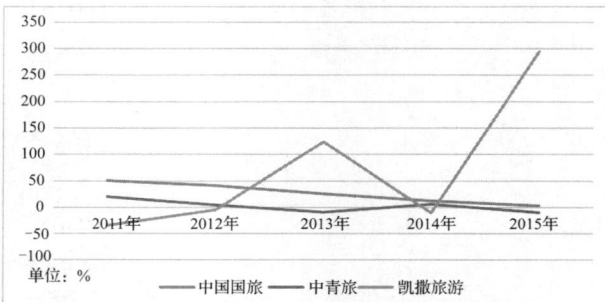

图 13-7　三家旅游业公司 2011—2015 年净利润增长率比较图

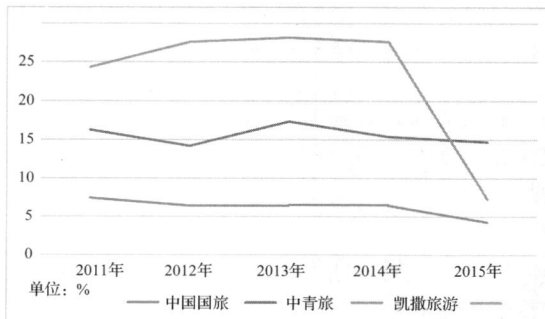

图 13-8　三家旅游业公司 2011—2015 年应收账款占营业收入
比重

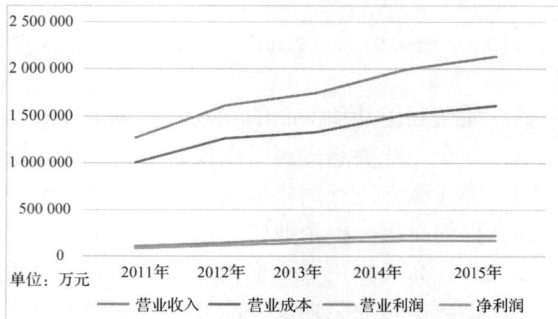

图 13-9　中国国旅 2011—2015 年收益结构分析

在趋势分析中，将同为旅游业A股综合服务类企业的中青旅和凯撒旅游作为中国国旅的对照企业，通过比较2011—2015年反映增长能力的主营业务收入增长率、股东权益增长率、资产增长率和净利润增长率四个财务指标的变动趋势，可以发现中国国旅增长能力指标近5年来的走势基本一致，且与两家同行业可比公司相比较，中国国旅的表现较为稳定。虽然这四个比率在2012年同时达到峰值，但从查找相关的政策来看，2012年2月16日，中国人民银行、国家发展改革委、国家旅游局、中国银监会、中国证监会、中国保监会、国家外汇管理局联合发布若干意见，加大金融对旅游实体经济发展的支持。同年6月1日，国家旅游局鼓励民间资本投资发展旅游业，10月1日，财政部发布调整海南离岛免税购买政策，促进了商品销售。这些利好政策使得2012年我国旅游业表现提升。

表 13-15　　　　　　　　　　中国国旅 2014—2015 年资产情况　　　　　　　　　　单位：万元

项目	2015 年	2014 年	2015 年（%）	2014 年（%）	变动情况（%）
流动资产合计	1 184 624.82	1 092 386.59	75.3	74.31	1
非流动资产合计	388 508.82	377 692.43	24.7	25.69	-1
资产总计	1 573 133.63	1 470 079.02	100	100	0

表 13-16　　　　　　　　中国国旅 2014—2015 年负债及所有者权益情况表　　　　　　　　单位：万元

项目	2015 年	2014 年	2015 年（%）	2014 年（%）	变动情况（%）
负债合计	383 886.67	390 828.57	24.4	26.59	-2.18
所有者权益合计	1 189 246.96	1 079 250.45	75.6	73.41	2.18
负债和所有者权益总计	1 573 133.63	1 470 079.02	100	100	0

在结构分析中，根据中国国旅2014年和2015年资产负债表的数据可以计算出，2015年，公司流动资产所占的比例为75.30%，非流动资产所占的比例为24.7%。根据中国国旅的资产结构，我们可以认为该公司资产的流动性较强，资产风险较小。并且，中国国旅在2015年非流动资产下降了1%。负债与所有者权益从静态角度来看，2015年中国国旅股东权益比重为75.60%，负债比重为24.40%，资产负债率并不是很高。

表 13-17　　　　　　　　中国国旅 2014 年、2015 年年度收入构成分析表　　　　　　　　单位：万元

项目	2015 年		2014 年		变动情况（%）
	金额	比重（%）	金额	比重（%）	
主营业务收入	2 126 478.62	99.87	1 990 618.54	99.86	-2.18
营业外收入	2 709.19	0.13	2 975.28	0.14	2.18
营业收入	2 129 187.82	100	1 993 593.82	100	0

通过分析中国国旅2011—2015年利润表数据并结合资产负债表数据可以得出该公司营业收入的构成及质量信息：2015年中国国旅营业收入总额较2014年有所增加，主要原因在于主营业务收入增加。在这两年，公司的营业收入中，超过99%的部分均来自主营业务收入，只有不到1%的部分来源于其他业务收入，说明该公司主业突出，收入来源稳定，主营业务收入和营业收入均处于增长态势，经营战略和经营方式无较大改变，企业营业收入具有一定发展潜力。在营业收入的质量方面，相比较同行业其他企业而言，中国国旅近年来应收账款占营业收入的比重最小，说明其营业收入的质量较高。并且综合2011年至2015年收益结构数据可以发现，净利润增长趋势与营业利润相一致且高度吻合，这表明营业外收支及所得税因素对净利润影响小，公司主营业务突出。

综合资产负债表和利润表的具体项目分析来看，中国国旅的资产、股东权益、营业收入和净利润确实具有较高的质量。

结合以上内容请思考，影响企业增长能力巨幅变动的因素有哪些？在何种情况下可以认为企业的资产、负债以及所有者权益结构合理？如何判断企业营业收入增长质量的高低？为何增长能力一度成为反映企业发展潜力的重要因素？如何对企业的整体增长能力做出正确的判断？

第四篇

分析应用篇

【学习目标】

- 熟悉业绩评价的内涵和原则
- 掌握财务报表分析在业绩评价中的地位与作用
- 掌握综合评分法在业绩评价中的应用
- 掌握经济增加值在业绩评价中的应用
- 熟悉经济增加值的内涵、计量和优缺点

【关键词】 业绩评价 综合评分法 综合评分法一般程序 财务绩效定量评价指标
管理绩效定性评价指标 功效系数 经济增加值 税后净营业利润 资本成本

【引导案例】

央企运用 EVA 考核提高自身价值创造能力的思考与建议

——基于中国石油的案例分析

自国资委在2010年将Economic Value Added（简称EVA）作为考核中央企业负责人业绩的重要指标以来，该指标已成为社会各界关注的焦点。国资委出台的EVA考核体系有其合理性存在，具体表现在真实反映企业价值创造能力，有助于企业转变发展模式，突出主业的领先优势，有利于改善企业治理，促进我国资本市场的发展等方面。但值得注意的是，国资委EVA考核体系也存在资本成本过于单一、指标体系缺乏具体性、EVA考核缺乏与战略的完全结合等弊端。因此，如何扬长避短，是企业应用EVA作为业绩评价指标应该注意的问题。中国石油作为我国企业当中的翘楚，其每年创收水平远远高过其他企业，那么其盈利状况是否真的说明其创造价值了呢？中国石油2007—2011年五年间EVA及净利润变化趋势如表14-1和图14-1所示。

表 14-1 　　　　　　　　中国石油 EVA 及净利润 2007—2011 年趋势变化表 　　　　　　　　单位：百万元

	2007 年	2008 年	2009 年	2010 年	2011 年
EVA	94 639	51 893	42 893	77 360	84 329
净利润	143 494	125 946	106 378	150 675	146 007

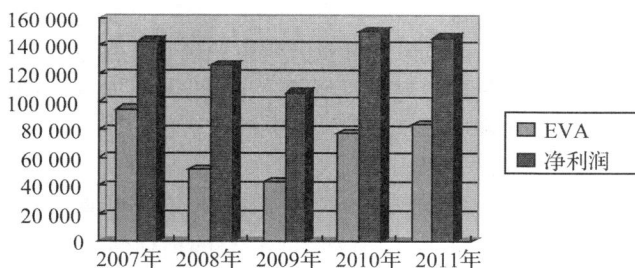

图 14-1 　中国石油 EVA 及净利润 2007—2011 年趋势变化图

由表14-1和图14-1可以看到中国石油的净利润与EVA并未实现完全匹配的增长，但二者变化趋势基本一致，即2007—2011年五年间EVA和净利润均经历了先下降后上升的趋势。中国石油自2007年在上交所上市以来，其经营业绩在2008年金融危机中有所下滑，随后其业绩逐渐好转，但是EVA

墙长速度却落后于净利润的增长。这主要是因为伴随着净利润的增长，中国石油所占用的资本也大幅增长，其价值创造能力受到一定程度的影响。另外由表14-1和图14-1也可以看到，中国石油历年的EVA水平均远远低于净利润水平，可见净利润这种未考虑资本成本的业绩指标有美化企业经营业绩的嫌疑，因此在评价企业真实价值创造能力时应适当引入EVA等表征增加值的指标。

根据以上案例请思考，在评价企业真实价值创造能力时是用净利润，还是EVA？引入EVA作为业绩评价指标有哪些优势？使用EVA指标评价企业业绩时应遵循怎样的步骤以及需要注意哪些问题？EVA指标还有改善的空间吗？业绩评价还有哪些方法？财务报表分析如何在业绩评价中进行应用？通过本章学习，相信你会找到答案。

第一节 财务报表分析在业绩评价中的概述

一、业绩评价的内涵与原则

（一）业绩评价的内涵

所谓业绩评价，是指运用科学而规范的管理学、财务学、运筹学和数理统计等学科的方法，对企业或其分支机构一定经营期间内的生产经营状况、资本运营效益、财务风险和经营者业绩等进行定量与定性相结合且以定量为主的考核和分析，并且做出客观、公正的价值判断。

业绩评价作为一个系统，一般包含六大要素：评价主体、评价客体、评价目标、评价指标、评价标准、评价报告。

1. 评价主体

评价主体是用来解决由谁来评价和评价的层次等问题，主要包括政府、投资者、经营管理者和其他利益相关者等。

2. 评价客体

评价客体是指"谁"被评价，即被评价的对象。评价主体不同，会导致评价客体也不同，进而使评价内容等也不尽相同。评价主体可以对整个企业进行评价，可以对企业的某一部分进行评价，对一个责任中心进行评价，还可以对企业中的某个人进行评价等。

3. 评价目标

不同主体的评价目标不尽相同，同一主体的评价目标又可分为不同的层次（子目标）。至于评价的层次，有战略层次的评价、经营层次的评价和操作层次的评价。在过去，人们对操作层次的评价比较多，但现在感到对该层次的评价越来越不重要了，也越来越不重视了；相反，人们越来越强调战略与经营，日益重视对战略层次和经营层次的评价。

4. 评价指标

业绩评价指标由财务业绩定量评价指标和管理业绩定性评价指标两大体系构成。确定各项具体指标之后，再分别分配以不同的权重，使之成为一个完整的指标体系。财务业绩定量评价指标依据各项指标的功能作用划分为基本指标和修正指标。其中，基本指标反映企业一定期间财务业绩的主要方面，并得出企业财务业绩定量评价的基本结果。修正指标是根据财务指标的差异性和互补性，对基本指标的评价结果作进一步的补充和矫正。管理业绩定性评价指标包括企业发展战略的确立与执行、经营决策、发展创新、风险控制、基础管理、人力资源、行业影响和社会贡献八个方面的指标。

5．评价标准

业绩评价标准分为财务业绩定量评价标准和管理业绩定性评价标准。财务业绩定量评价标准包括我国国内行业标准和国际行业标准。我国国内行业标准根据国内企业年度财务和经营管理的统计数据，运用数理统计方法，分年度、分行业、分规模统一测算。国际行业标准根据居于行业国际领先地位的大型企业相关财务指标的实际值，或者根据同类型企业相关财务指标的先进值，在剔除会计核算差异后统一测算。财务业绩定量评价标准按照不同行业、不同规模及指标类别，划分为优秀、良好、平均、较低和较差五个档次。管理业绩定性评价标准根据评价内容，结合企业经营管理的实际水平和出资人的监管要求等统一测算，并划分为优、良、中、低和差五个档次。

6．评价报告

评价报告是根据业绩评价结果编制、反映被评价企业业绩状况的文件，由报告正文和附件构成。评价报告正文应当包括评价目的、评价依据与评价方法、评价过程、评价结果以及评价结论和需要说明的重大事项等内容。评价报告附件应当包括企业经营业绩分析报告、评价结果计分表、问卷调查结果分析、专家咨询报告、评价基础数据及调整情况等内容。

上述六个要素共同构成一个完整的业绩评价体系。它们之间相互联系，相互影响，构建了企业业绩评价系统的基本框架，如图 14-2 所示。

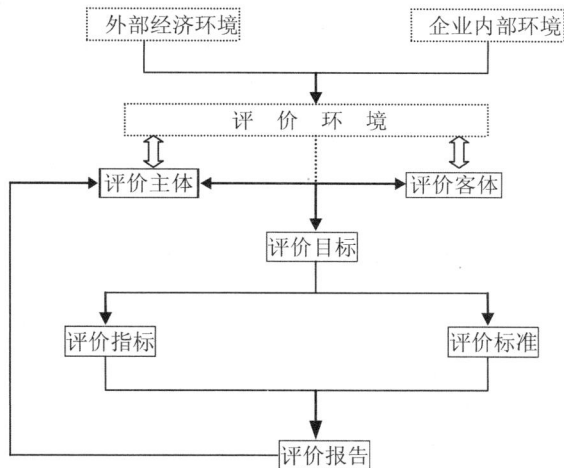

图 14-2　业绩评价体系图

（二）业绩评价系统的设计原则

业绩评价系统的设计必须遵守一定的原则。业绩评价系统的设计原则是人们从长期的经济活动中总结出来的，具有普遍适用意义，集中体现企业业绩评价活动共性的设计规则。要想使评价工作取得预期效果，评价设计系统必须严格遵守一定的原则。随着社会经济的发展和对基础理论研究的不断深入，评价原则的内容也将越来越规范。

业绩评价系统的设计原则的具体内容如下。

（1）可理解性原则。业绩评价指标体系只有当它是可理解的、能被执行者恰当地理解时才是有用的，难以理解的指标体系很可能会导致错误的评价结论。

（2）可操作性原则。业绩评价体系必须具有可操作性，离开了可操作性，业绩评价体系是没有意义的。所谓可操作性主要是指业绩评价有关数据收集的可行性以及指标体系本身的可行性。

（3）客观性原则。只有以客观公正的立场评估优劣，公平的态度判断得失，合理的方法衡量业绩，才能使企业业绩评价工作不受人为因素（主观、成见以及不胜任等因素）的影响。因此，在评估企业业绩时常常需要凭借第三者或专家以其超然的独立性或其较高的专业胜任能力给予判断。

（4）成本效益原则。成本效益原则是任何一个经济信息系统在提供信息过程中具有普遍性的原则条件。也就是说，归集和呈报经济活动信息的成本不得高于使用该信息所能产生的效益，否则，该信息就不值得提供。有些评价指标项目固然很有用，但如果其获取的成本高于效益，则一般会放弃该项指标转而用其他成本较低的替代指标项目。

（5）权变原则。所谓权变，通俗地讲就是随机制宜或权宜应变。20 世纪 70 年代在西方兴起的权变管理理论认为，企业管理要根据企业所面临的内外环境的变化随机应变，具体问题具体分析，实践中不存在一成不变、普遍适用的"最好"的管理理论与方法。作为企业管理中的重要组成部分，一个有效的业绩评价体系的设计，必须有权变的观点。企业应随机制宜，根据自己的特点要求设计业绩评价指标体系。但应指出的是，权变理论提供的"随机制宜"并不等于否定在同类企业中存在通用的评价企业业绩基本状况的指标体系，因为同类企业在经营上具有许多共同的特征，而且通用的业绩评价体系，有利于同类企业间的横向比较。

二、财务报表分析在业绩评价中的地位与作用

业绩评价是分析主体在财务综合分析的基础上，运用综合评价方法，对财务活动过程和经营成果得出的综合评判结论。业绩评价与财务报表分析是紧密相连的。财务报表分析是业绩评价的基础，业绩评价则是财务报表分析的结论。无论对筹资活动分析、投资活动分析、经营活动分析、分配活动分析，还是对盈利能力分析、营运能力分析、偿债能力分析，我们都是在分析的基础上评价其结果。但是，这些结果只能反映某一方面或某一环节的财务状况或经营成果。要想对整个企业的财务状况和经营成果得出总体结论，必须在财务报表分析的基础上对企业财务状况与经营成果进行综合评价。

（一）财务报表分析是进行财务决策的依据

财务决策是财务管理和企业管理的关键环节。财务报表分析为财务决策提供有用的信息，而财务评价是财务决策的依据。在投资决策中，业绩评价可以确定被投资企业在同行业中的水平和地位，可以明确投资潜力与投资风险。在企业重组决策中，业绩评价可以确定哪些企业应合并、哪些企业应分立、哪些企业应破产等。

（二）财务报表分析是完善激励机制的要求

激励机制是现代企业经营机制的重要组成部分。激励机制包括所有者对经营者的激励机制，高层经营者对部门经营者的激励机制以及经营者对职工的激励机制等。激励机制的基础在于分析与评价。通过对企业进行财务综合分析，可以明确经营者的经营业绩；通过对部门进行财务报表分析，可以明确部门经营者的经营管理水平；通过对职工进行责任指标的评价，可以明确职工的履行责任状况。激励机制正是在明确业绩水平的基础上实施的奖励与惩罚，而正确的财务报表分析结论是业绩评价与激励机制顺利实施的前提和保证。

【随堂小测验 14-1】

1.【单选】下面各项，属于财务报表分析在业绩评价中的地位与作用的是（　　）。
　　A. 财务报表分析是评价企业过去的依据　B. 财务报表分析是反映企业现状的依据
　　C. 财务报表分析是评估企业未来的依据　D. 财务报表分析是进行财务决策的依据

2.【多选】下面各项，属于业绩评价系统要素的有（　　）。
　　A. 评价标准　　　B. 评价报告　　　C. 评价目标
　　D. 评价客体　　　E. 评价指标

3.【判断】业绩评价标准分为财务业绩定量评价标准和管理业绩定性评价标准。（　　）

4.【判断】评价报告是根据财务报表分析结果编制、反映被分析企业整体状况的文件，由报告正文和附件构成。（　　）

第二节　综合评分法在业绩评价中的应用

一、综合评分法一般程序

综合评分法又叫功效系数法，是根据多目标规划原理，对每一项评价指标确定一个满意值和不允许值，以满意值为上限，以不允许值为下限，计算各指标实现满意值的程度，并以此确定各指标的分数，再经过加权平均进行综合，从而评价被研究对象的综合状况。运用功效系数法进行业绩评价，使企业中影响业绩的不同因素得以综合，这些因素包括财务的和非财务的、定性的和定量的。

运用综合评分法的一般程序或步骤包括选择业绩评价指标，确定各项业绩评价指标的标准值，确定各项业绩评价指标的权数，计算各类业绩评价指标的得分，计算经营业绩综合评价分数，确定经营业绩综合评价等级六方面。下面根据 2006 年国务院国有资产监督管理委员会发布的《中央企业综合绩效评价实施细则》来说明综合评分法的程序、方法及应用。

（一）选择业绩评价指标

进行经营业绩综合分析的首要步骤是正确选择业绩评价指标。对指标的选择要根据分析目的和要求，考虑分析的全面性、综合性。根据 2006 年国务院国有资产监督管理委员会颁布的实施细则，选择的企业综合绩效评价指标包括 22 个财务绩效定量评价指标和 8 个管理绩效定性评价指标，具体如表 14-2 所示。

表 14-2　　　　　　　　　　　　企业综合绩效评价指标体系表

评价指数类别	财务绩效定量评价指标		管理绩效定性评价指标
	基本指标	修正指标	
一、盈利能力状况	净资产收益率 总资产报酬率	销售（营业）利润率 盈余现金保障倍数 成本费用利润率 资本收益率	战略管理 发展创新 经营决策 风险控制 基础管理 人力资源 行业影响 社会贡献
二、资产质量状况	总资产周转率 应收账款周转率	不良资产比率 流动资产周转率 资产现金回收率	
三、债务风险状况	资产负债率 已获利息倍数	速动比率 现金流动负债比率 带息负债比率 或有负债比率	
四、经营增长状况	销售（营业）增长率 资本保值增值率	销售（营业）利润增长率 总资产增长率 技术投入比率	

企业财务绩效定量评价是指对企业一定期间内的盈利能力、资产质量、债务风险和经营增长四个方面进行定量对比分析和评判。财务绩效定量评价指标依据各项指标的功能作用可划分为基本指

标和修正指标，它由反映企业盈利能力状况、资产质量状况、债务风险状况和经营增长状况四个方面的八个基本指标和十四个修正指标构成。其中，基本指标反映企业在一定期间内财务绩效的主要方面，并得出企业财务绩效定量评价的基本结果；修正指标是根据财务指标的差异性和互补性，对基本指标的评价结果做出进一步补充和矫正。各项指标具体内容及计算方法如下所示。

1. 财务绩效基本指标及其计算

（1）净资产收益率，是指企业运用投资者资本获得收益的能力。其计算公式为：

$$净资产收益率=\frac{净利润}{平均净资产}\times100\%$$

（2）总资产报酬率，用于衡量企业运用全部资产的获利能力。其计算公式为：

$$总资产报酬率=\frac{利润总额+利息支出}{平均总资产}\times100\%$$

（3）总资产周转率，是指企业在一定时期内的营业收入净额与平均资产总额的比值，是综合评价企业全部资产经营质量和利用效率的重要指标。其计算公式为：

$$总资产周转率=\frac{营业收入净额}{平均总资产}$$

（4）应收账款周转率，是指企业一定时期营业收入与应收账款平均余额之比。其计算公式为：

$$应收账款周转率=\frac{营业收入}{应收账款平均余额}\times100\%$$

$$应收账款平均余额=\frac{\left(年初应收账款余额+年末应收账款余额\right)}{2}$$

$$应收账款余额=应收账款净额+应收账款坏账准备$$

（5）资产负债率，可用于衡量企业负债水平与偿债能力。其计算公式为：

$$资产负债率=\frac{负债总额}{资产总额}\times100\%$$

（6）已获利息倍数，是指息税前利润与利息支出之比，可用于衡量企业的偿债能力。其计算公式为：

$$已获利息倍数=\frac{利润总额+利息支出}{利息支出}$$

（7）销售（营业）增长率，是反映企业销售（营业）收入增长情况的指标。其计算公式为：

$$销售（营业）增长率=\frac{本期营业收入-基期营业收入}{基期营业收入}\times100\%$$

（8）资本保值增值率，可用于衡量企业所有者权益的保持和增长幅度。其计算公式为：

$$资本保值增值率=\frac{扣除客观增减因素的年末所有者权益}{年初所有者权益}\times100\%$$

根据上述公式计算 ABC 股份公司 2×16 年各项基本指标，如表 14-3 所示。

表 14-3　　　　　　　　　ABC 股份公司 2×16 年财务绩效基本指标（%）

基本指标	2×16 年
净资产收益率	19.51
总资产报酬率	5.87
总资产周转率（次）	0.32
应收账款周转率（次）	53.83
资产负债率	78.00

续表

基本指标	2×16 年
已获利息倍数（倍）	28.24*
销售（营业）增长率	31.33
资本保值增值率	128.37

注：* 利息支出由于受资料限制，用财务费用替代。

2. 财务绩效修正指标及其计算

（1）销售（营业）利润率 $=\dfrac{营业利润}{营业收入}\times 100\%$

（2）盈余现金保障倍数 $=\dfrac{经营现金净流量}{净利润}$

（3）成本费用利润率 $=\dfrac{利润总额}{成本费用总额}\times 100\%$

其中：成本费用总额＝营业成本＋营业税金及附加＋销售费用＋管理费用＋财务费用

（4）资本收益率 $=\dfrac{净利润}{平均资本}\times 100\%$

其中：平均资本 $=\dfrac{[（年初实收资本＋年初资本公积）＋（年末实收资本＋年末资本公积）]}{2}$

（5）不良资产比率 $=\dfrac{资产减值准备余额＋应提未提和应摊未摊的潜亏挂账＋未处理资产损失}{资产总额＋资产减值准备余额}\times 100\%$

（6）流动资产周转率 $=\dfrac{营业收入}{平均流动资产总额}$

其中：平均流动资产总额 $=\dfrac{（年初流动资产总额＋年末流动资产总额）}{2}$

（7）资产现金回收率 $=\dfrac{经营现金净流量}{平均资产总额}\times 100\%$

（8）速动比率 $=\dfrac{速动资产}{流动负债}\times 100\%$

其中：速动资产＝流动资产－存货

（9）现金流动负债比率 $=\dfrac{经营现金净流量}{流动负债}\times 100\%$

（10）带息负债比率 $=\dfrac{短期借款＋一年内到期的长期负债＋长期借款＋应付债券＋应付利息}{负债总额}\times 100\%$

（11）或有负债比率 $=\dfrac{或有负债余额}{所有者权益}\times 100\%$

其中：或有负债余额＝已贴现承兑汇票＋担保余额＋贴现与担保外的被诉事项金额＋其他或有负债

（12）销售（营业）利润增长率 $=\dfrac{本年营业利润－上年营业利润}{上年营业利润}\times 100\%$

（13）总资产增长率 $=\dfrac{年末资产总额－年初资产总额}{年初资产总额}\times 100\%$

（14）技术投入比率 $=\dfrac{本年科技支出合计}{营业收入}\times 100\%$

根据上述公式计算 ABC 股份公司 2×16 年各项修正指标，如表 14-4 所示。

表 14-4　　　　　　　　ABC 股份公司 2×16 年财务绩效修正指标表（%）

修正指标	2×16 年
销售（营业）利润率	17.92
盈余现金保障倍数（倍）	0.11
成本费用利润率	21.67
资本收益率	93.29
不良资产比率	2.70
流动资产周转率（次）	0.34
资产现金回收率	0.45
速动比率	33.72
现金流动负债比率	0.58
带息负债比率	20.60
或有负债比率	6.60
销售（营业）利润增长率	15.46
总资产增长率	26.51
技术投入比率	1.00

注：由于数据资料有限，或有负债比率和技术投入率都是假设值，取行业平均值。

对企业盈利能力状况的分析与评价，主要通过反映资本及资产运营水平、成本费用控制水平和经营现金流量状况等方面的财务指标，综合反映企业的投入产出水平、盈利质量和现金保障状况。企业盈利能力状况以净资产收益率、总资产报酬率两个基本指标和销售（营业）利润率、盈余现金保障倍数、成本费用利润率、资本收益率四个修正指标进行评价。

对企业资产质量的分析与评价主要通过反映资产周转速度、资产运行状态、资产结构以及资产有效性等方面的财务指标，综合反映企业所占用经济资源的利用效率、资产管理水平与资产的安全性。企业资产质量状况以总资产周转率、应收账款周转率两个基本指标和不良资产比率、流动资产周转率、资产现金回收率三个修正指标进行评价。

对企业债务风险的分析与评判主要通过反映债务负担水平、资产负债结构、或有负债情况、资金偿债能力等方面的财务指标，综合反映企业的债务水平、偿债能力及其面临的债务。企业债务风险状况以资产负债率、已获利息倍数两个基本指标和速动比率、现金流动负债比率、带息负债比率、或有负债比率四个修正指标进行评价。

对企业经营增长的分析与评判主要通过反映销售增长、资本积累、效益变化以及技术投入等方面的财务指标，综合反映企业的经营增长水平及发展后劲。企业经营增长状况以销售（营业）增长率、资本保值增值率两个基本指标和销售（营业）利润增长率、总资产增长率、技术投入比率三个修正指标进行评价。

（二）确定各项经济指标的标准值及标准系数

为了准确评价企业经营业绩，确定各项经济指标的标准值，就需要根据企业类型的不同及指标分类情况规定不同的标准。

（1）财务绩效基本指标的标准值及标准系数

基本指标评价的参照水平即标准值由财政部定期颁布，分为五档。不同行业、不同规模的企业有不同的标准值。例如，ABC 股份公司属于房地产开发业，而其又是集团类企业，所以我们选择整个房地产开发行业的财务绩效标准值来对其绩效进行评价。2×16 年整个房地产开发业行业财务绩效基本指标标准值如表 14-5 所示。

表 14-5 房地产开发行业财务绩效基本指标标准值表（%）

项目 档次（标准系数）	优秀 （1）	良好 （0.8）	平均 （0.6）	较低 （0.4）	较差 （0.2）
净资产收益率	13.1	9.6	6.9	0.8	-2.5
总资产报酬率	8.1	5.4	3.8	0.7	-1.0
总资产周转率（次）	0.7	0.4	0.3	0.2	0.1
应收账款周转率（次）	29.8	15.5	7.6	5.7	4.8
资产负债率	42.8	56.1	76.4	84.4	96.2
已获利息倍数	5.9	4.6	3.1	1.3	-1.7
销售（营业）增长率	34.1	25.8	15.4	3.2	-4.9
资本保值增值率	112.0	107.7	104.2	100.3	95.4

（2）财务绩效修正指标的标准值及修正系数

基本指标有较强的概括性，但是不够全面。为了更加全面地评价企业绩效，另外又设置了 4 类 14 项修正指标，根据修正指标的高低计算修正系数，用得出的系数去修正基本指标的得分。2×16 年整个房地产开发行业财务绩效修正指标的标准值由财政部定期发布，如表 14-6 所示。

表 14-6 房地产开发行业财务绩效修正指标标准值表（%）

项目 指标（标准系数）	优秀 （1）	良好 （0.8）	平均 （0.6）	较低 （0.4）	较差 （0.2）
一、盈利能力状况					
销售（营业）利润率	30.3	24.7	19.6	14.1	4.1
盈余现金保障倍数	13.4	7.9	1.4	0.8	-4.0
成本费用利润率	20.7	16.1	10.2	3.3	-5.8
资本收益率	15.6	11.4	8.3	1.3	-9.4
二、资产质量状况					
不良资产比率	0.5	1.5	2.7	5.8	17.0
流动资产周转率（次）	0.8	0.5	0.4	0.3	0.2
资产现金回收率	13.4	10.3	1.1	-7.4	-12.3
三、偿债风险状况					
速动比率	140.6	105.0	69.1	48.7	33.9
现金流动负债比率	16.7	12.0	2.0	-7.7	-15.3
带息负债比率	30.8	40.3	49.6	75.6	90.3
或有负债比率	0.7	1.6	6.6	15.0	24.3
四、经营增长状况					
销售（营业）利润增长率	30.0	20.6	11.9	-0.8	-8.9
总资产增长率	30.9	21.1	12.8	0.2	-10.8
技术投入比率	1.4	1.2	1.0	0.9	0.7

（三）确定各项经济指标的权数

企业综合绩效评价指标权重实行百分制，指标权重依据评价指标的重要性和各指标的引导功能通过征求咨询专家意见和组织必要的测试进行确定。其中，财务绩效定量评价指标的权重确定为

70%，管理绩效定性评价指标的权重确定为 30%。在实际评价过程中，财务绩效定量指标和管理绩效定性评价指标的权数均按百分制设定，分别计算分项指标的分值，然后按照 70∶30 折算。表 14-7 是企业综合绩效评价指标体系中各类及各项指标的权数或分数。

表 14-7　　　　　　　　　　　　　　企业综合绩效评价指标及权重表　　　　　　　　　　　单位：分

财务绩效定量指标（权重 70%）					管理绩效定性指标（权重 30%）	
指标类别（100）	基本指标（100）		修正指标（100）		评议指标（100）	
一、盈利能力状况（34）	净资产收益率 总资产报酬率	20 14	销售（营业）利润率 盈余现金保障倍数 成本费用利润率 资本收益率	10 9 8 7	战略管理 发展创新 经营决策 风险控制	18 15 16 13
二、资产质量状况（22）	总资产周转率 应收账款周转率	10 12	不良资产比率 流动资产周转率 资产现金回收率	9 7 6	基础管理 人力资源 行业影响 社会贡献	14 8 8 8
三、债务风险状况（22）	资产负债率 已获利息倍数	12 10	速动比率 现金流动负债比率 带息负债比率 或有负债比率	6 6 5 5		
四、经营增长状况（22）	销售（营业）增长率 资本保值增值率	12 10	销售（营业）利润增长率 总资产增长率 技术投入率	10 7 5		

（四）各类指标得分计算

1. 财务绩效基本指标得分计算

基本指标反映企业的基本情况，是对企业绩效的初步评价。它的计分是按照功效系数法计分原理，将评价指标实际值对照行业评价标准值，按照规定的计分公式计算各项基本指标的得分。这一步骤的关键是计算功效系数，功效系数是各评价指标的实际值占该指标允许变动范围的相对位置。

（1）单项指标得分的计算

$$单项基本指标得分=本档基础分+调整分$$

其中：

$$本档基础分=指标权数×本档标准系数$$

$$调整分=功效系数×（上档基础分-本档基础分）$$

$$上档基础分=指标权数×上档标准系数$$

$$功效系数=\frac{实际值-本档标准值}{上档标准值-本档标准值}$$

本档标准值是指上下两档标准值中居于较低等级的一档。

根据表 14-5 ABC 股份公司 2×16 年房地产开发行业财务绩效基本指标，结合表 14-7 企业综合绩效评价指标及权重，按上述公式可计算 ABC 股份公司各项基本指标得分。例如，2×16 年总资产报酬率为 5.87%。此时，该企业的总资产报酬率已超过"良好值"（5.4）水平，处于"良好值"档，因此可以得到"良好值"档基础分。另外，它处于"优秀值"档（8.1）和"良好值"档（5.4）之间，这同时也需要调整。计算过程如下：

$$上档基础分=单项指标权数×上档标准系数=14×1.0=14.0（分）$$

$$本档基础分=单项指标权数×本档标准系数=14×0.8=11.2（分）$$

$$功效系数=\frac{该指标实际值-本档标准值}{上档标准值-本档标准值}=\frac{5.87-5.4}{8.1-5.4}=0.17$$

调整分=功效系数×（上档基础分-本档基础分）=0.17×（14.0-11.2）=0.48（分）

总资产报酬率指标得分=本档基础分+调整分=11.2+0.48=11.68（分）

其他基本指标得分的计算方法与此相同，不再举例。

（2）财务绩效基本指标总分的计算

ABC 股份公司单项指标得分、分类指标得分和基本指标总分，如表 14-8 所示。

表 14-8　　　　　　　　　　　　　ABC 股份公司指标得分的计算表　　　　　　　　　　　　单位：分

类别	基本指标（分数）	单项指标得分	分类指标得分
一、盈利能力状况	净资产收益率（20）	20.00	31.68
	总资产报酬率（14）	11.68	
二、资产质量状况	总资产周转率（10）	6.40	18.40
	应收账款周转率（12）	12.00	
三、债务风险状况	资产负债率（12）	6.72	16.72
	已获利息倍数（10）	10.00	
四、经营增长状况	销售（营业）增长率（12）	11.20	21.20
	资本保值增值率（10）	10.00	
基本指标总分			88.00

2. 财务绩效修正指标修正系数的计算

对基本指标得分的修正，是按指标类别得分进行的，需要计算"分类的综合修正系数"。分类的综合修正系数，由"单项指标修正系数"加权平均求得；而单项指标修正系数的大小主要取决于基本指标评价分数和修正指标实际值两项因素。

（1）单项指标修正系数的计算

单项指标修正系数的计算公式是：

单项指标修正系数=1.0+（本档标准系数+功效系数×0.2-该类基本指标分析系数）

单项修正系数控制修正幅度为 0.7～1.3。

下面以 ABC 股份公司为研究对象，以盈余现金保障倍数为例说明单项指标修正系数的计算。

① 标准系数的确定：

ABC 股份公司盈余现金保障倍数为 0.11，通过查阅表 14-6，发现该指标的实际值介于较低和较差之间，其标准系数应为 0.20。

② 功效系数的计算：

$$功效系数=\frac{实际值-本档标准值}{上档标准值-本档标准值}$$

$$盈余现金保障倍数指标的功效系数=\frac{0.11+4}{0.8+4}=0.86$$

③ 分类基本指标分析系数的计算：

$$某类基本指标分析系数=\frac{该类基本指标得分}{该类指标权数}$$

根据表 14-8 可知，盈利能力类基本指标得分为 31.68，其权数为 34，则：

盈利能力类基本指标分析系数=31.68÷34=0.93

根据以上结果，可以计算出盈余现金保障倍数的修正系数为：

盈余现金保障倍数指标修正系数=1.0+（0.2+0.86×0.2-0.93）=0.44

在计算修正指标单项修正系数的过程中，对于一些特殊情况做如下规定。

第一，如果修正指标实际值达到优秀值以上，其单项修正系数的计算公式如下：

单项修正系数=1.2+本档标准系数-该部分基本指标分析系数

第二，如果修正指标实际值处于较差值以下，其单项修正系数的计算公式如下：

单项修正系数=1.0-该部分基本指标分析系数

第三，如果资产负债率≥100%，指标得0分；其他情况按照规定的公式计分。

第四，如果盈余现金保障倍数分子为正数，分母为负数，单项修正系数确定为1.1；如果分子为负数，分母为正数，单项修正系数确定为0.9；如果分子分母同为负数，单项修正系数确定为0.8。

第五，如果不良资产比率≥100%或分母为负数，单项修正系数确定为0.8。

第六，对于销售（营业）利润增长率指标，如果上年主营业务利润为负数，本年为正数，单项修正系数为1.1；如果上年主营业务利润为零，本年为正数，或者上年为负数，本年为零，单项修正系数确定为1.0。

按照上述方法，可以计算出代表盈利能力的三项修正指标即销售（营业）利润率、成本费用利润率和资本收益率的单项修正系数分别为0.61、1.27、1.27。

同样，按照上述方法，可以计算出代表债务风险状况的现金流动负债比率、速动比率、带息负债比率和或有负债比率四项修正指标的单项修正系数分别为0.81、0.24、1.44、0.84。

（2）分类综合修正系数的计算

分类综合修正指数＝Σ类内单项指标的加权修正系数

其中，单项指标加权修正系数的计算公式为：

单项指标加权修正系数=单项指标修正系数×该项指标在本类指标中的权数

例如，盈余现金保障倍数指标属于盈利能力指标，其权数为9，盈利能力类指标总权数为34。

盈余现金保障倍数指标的加权修正系数=0.44×9÷34=0.12

盈利能力类修正指标有4项，已计算出盈余现金保障倍数指标的加权修正系数为0.12，销售（营业）利润率指标的单项指标加权修正系数为0.18，成本费用利润率指标的加权修正系数为0.30，资本收益率指标的加权修正系数为0.26，则：

盈利能力类修正系数=0.12+0.18+0.30+0.26=0.86

其他类别指标的综合修正系数计算与上述方法相同，不再举例。

3. 修正后得分的计算

修正后总分＝Σ（分类综合修正系数×分类基本指标得分）

ABC股份公司各类基本指标和分类综合修正系数如表14-9所示，可计算出修正后定量指标的总分。

表14-9　　　　　　　　　　　　修正后得分计算表

项目	类别修正系数	基本指标得分	修正后得分
盈利能力状况	0.86	31.68	27.24
资产质量状况	0.72	18.40	13.25
债务风险状况	0.80	16.72	13.38
经营增长状况	0.77	21.20	16.32
修正后定量指标总分	—	—	70.19

4. 管理绩效定性指标的计分方法

（1）管理绩效定性指标的内容

管理绩效定性评价指标包括战略管理、发展创新、经营决策、风险控制、基础管理、人力资源、行业影响、社会贡献八个方面的指标，主要反映企业在一定经营期间内所采取的各项管理措施及其管理成效。

战略管理评价主要反映企业所制定战略规划的科学性、战略规划是否符合企业实际、员工对战略规划的认知程度、战略规划的保障措施及其执行力以及战略规划的实施效果等方面的情况。

发展创新评价主要反映企业在经营管理创新、工艺革新、技术改造、新产品开发、品牌培育、市场拓展、专利申请及核心技术研发等方面的措施及成效。

经营决策评价主要反映企业在决策管理、决策程序、决策方法、决策执行、决策监督、责任追究等方面采取的措施及实施效果，重点反映企业是否存在重大经营决策失误。

风险控制评价主要反映企业在财务风险、市场风险、技术风险、管理风险、信用风险和道德风险等方面的管理与控制措施及效果，包括风险控制标准、风险评估程序、风险防范与化解措施等。

基础管理评价主要反映企业在制度建设、内部控制、重大事项管理、信息化建设、标准化管理等方面的情况，包括财务管理、对外投资、采购与销售、存货管理、质量管理、安全管理和法律事务等。

人力资源评价主要反映企业人才结构、人才培养、人才引进、人才储备、人事调配、员工绩效管理、分配与激励、企业文化建设和员工工作热情等方面情况。

行业影响评价主要反映企业主营业务的市场占有率、对国民经济及区域经济的影响与带动力、主要产品的市场认可程度、是否具有核心竞争能力以及产企引导能力等方面的情况。

社会贡献评价主要反映企业在资源节约、环境保护、吸纳就业、工资福利、安全生产、上缴税收、商业诚信与和谐社会建设等方面的贡献程度和对社会责任的履行情况。

管理绩效定性评价指标的计分一般通过专家评议打分形式完成，聘请的专家应不少于 7 名。评议专家应当在充分了解企业管理绩效状况的基础上，对照评价参考标准，采取综合分析判断法，对企业管理绩效指标做出分析评议，评判各项指标所处的水平档次，并直接给出评价分数。管理绩效定性评价指标根据评价内容，结合企业经营管理的实际水平和出资人监督要求，统一制定和发布，并划分为优、良、中、低、差五个档次，对应五档评价标准的标准系数分别为 1.0、0.8、0.6、0.4、0.2。管理绩效定性评价标准不进行行业划分，仅提供给评议专家参考。表 14-10 是一名评议专家给出的各项管理绩效定性评价指标的等级。

表 14-10 管理绩效评价定性评价指标等级表

评议指标	权 数	等级（参数）				
		优（1）	良（0.8）	中（0.6）	低（0.4）	差（0.2）
1. 战略管理	18	√				
2. 发展创新	15	√				
3. 经营决策	16	√				
4. 风险控制	13	√				
5. 基础管理	14		√			
6. 人力资源	8		√			
7. 行业影响	8	√				
8. 社会贡献	8	√				

（2）单项评议指标得分

$$单项评议指标分数 = \frac{\Sigma（单项评议指标权数 \times 各评议专家给定等级参数）}{评议专家人数}$$

假设评议专家有 7 人，对""战略管理""的评议结果为：优等 6 人，良等 1 人。

$$战略管理评议指标得分 = \frac{18 \times 1 + 18 \times 1 + 18 \times 1 + 18 \times 1 + 18 \times 1 + 18 \times 1 + 18 \times 0.8}{7} = 17.49$$

其他指标的计算方法与上述方法相同，不再举例。

（3）评议指标总分的计算

前面已计算出战略管理评议指标分数为17.49，假设其他7项评议指标的单项得分分别为14.29、15.54、13、13、7、8和8，则：

评议指标总分=17.49+14.29+15.54+13+13+7+8+8=96.32（分）

（五）综合绩效评价得分计算

在得出财务绩效定量评价分数和管理绩效定性评价分数后，应当按照规定的权重，耦合形成综合绩效评价分数。其计算公式为：

企业综合绩效评价分数=财务绩效定量评价分数×70%+管理绩效定性评价分数×30%

根据以上有关数据，ABC股份公司的综合评价得分计算如下：

综合评价得分=70.19×70%+96.32×30%=78.03（分）

在得出评价分数以后，应当计算年度之间的绩效改进度，以反映企业年度之间经营绩效的变化状况。其计算公式为：

$$绩效改进度=\frac{本期绩效评价分数}{基期绩效评价分数}$$

绩效改进度大于1，说明经营绩效上升；绩效改进度小于1，说明经营绩效下滑。

对企业经济效益上升幅度显著，经营规模较大，有重大科技创新的企业，应当给予适当加分，以充分反映不同企业努力程度和管理难度，激励企业加强科技创新。具体的加分法如下：

（1）效益提升加分。企业年度净资产收益率增长率和利润增长率超过行业平均增长水平10%～40%的加1～2分，超过40%～100%的加3～4分，超过100%的加5分。

（2）管理难度加分。企业年度平均资产总额超过全部监管企业年度平均资产总额的给予加分，其中：工业企业超过平均资产总额每100亿元加0.5分，非工业企业超过平均资产总额每60亿元加0.5分，最多加5分。

（3）重大科技创新加分。重大科技创新加分包括以下两个方面：企业承担国家重大科技攻关项目，并取得突破的加3～5分；承担国家科技发展规划纲要目录内的重大科技专项主体研究，虽然尚未取得突破，但投入加大，加1～2分。

（4）国资委认定的其他事项。

以上计分因素不得超过15分，超过15分按15分计算。对加分前评价结果已经达到优秀水平的企业，以上计分因素按以下公式计算实际加分值：

实际加分值=（1-x%）×6.6y

其中，x表示评价得分，y表示以上因素合计加分。

对被评价企业所评价期间（年度）发生以下不良重大事项，应当予以扣分。

（1）发生属于当期责任的重大资产损失事项，损失金额超过平均资产总额1%的，或者资产损失金额未超过平均资产总额1%，但性质严重并造成重大社会影响的，扣5分。正常的资产减值准备计提不在此列；

（2）发生重大安全生产与质量事故，根据事故等级，扣3～5分；

（3）存在巨额表外资产，且占合并范围资产总额20%以上的，扣3～5分；

（4）存在巨额逾期债务，逾期负债超过带息负债的10%，甚至发生严重的债务危机，扣2～5分；

（5）国资委认定的其他事项。对存在加分和扣分事项的，应当与企业和有关部门进行核实，获得必要的外部证据，并在企业综合绩效评价报告中加以单独说明。

（六）确定综合绩效评价等级

企业综合绩效评价结果以评价得分、评价类型和评价级别表示。

评价类型是根据评价分数对企业综合绩效所划分的水平档次，用文字和字母表示，分为优（A）、良（B）、中（C）、低（D）、差（E）五种类型。

评价级别是对每种类型再划分级次，以体现同一评价类型的不同差异，采用在字母后标注"＋、－"号的方式表示。

企业综合绩效评价结果以85、70、50、40分作为类型判定的分数线。具体的企业综合绩效评价类型与评价级别如表14-11所示。

表14-11　　　　　　　　　　　　　　企业综合绩效评价类型与评价级别

评价类型	评价级别	评价得分
优（A）	A++	A++≥95分
	A+	95分>A+≥90分
	A	90分>A≥85分
良（B）	B+	85分>B+≥80分
	B	80分>B≥75分
	B-	75分>B-≥70分
中（C）	C	70分>C≥60分
	C-	60分>C-≥50分
低（D）	D	50分>D≥40分
差（E）	E	E<40分

本例ABC股份公司综合得分78.03分，其综合绩效等级属于良（B）级。这个结论没有考虑到ABC股份公司各年绩效改进度的影响。

二、案例应用

基于功效系数法的H光伏公司绩效评价

H光伏公司（以下简称H公司）是我国大型晶硅太阳能电池生产企业之一，专门从事硅棒、硅片、电池片、组件的高端研发、生产和销售及太阳能电站的投资及运营，产品远销欧美及韩国等新兴光伏市场。本文运用功效系数法对H公司的绩效进行分析评价，旨在为提高光伏产业企业绩效评价综合能力提供有益的参考。

（一）利用功效系数法对H公司实施绩效评价

受客观条件的限制，本文在评价过程中省略了非财务指标因素。评价结果以分析系数的形式呈现，在各类分析系数及综合分析系数满分分别是1的情况下，通过分析系数的大小，客观评价H公司的绩效水平。

1. 基于功效系数法的绩效评价计算公式

基于功效系数法进行绩效评价的程序较为复杂，涉及诸多计算公式，其中的主要公式有：

$$上档基础分＝单项指标权数×上档标准系数$$

$$本档基础分＝单项指标权数×本档标准系数$$

$$功效系数＝\frac{该指标实际值－本档标准值}{上档标准值－本档标准值}$$

$$调整分＝功效系数×（上档基础分－本档基础分）$$

$$单项指标得分＝本档基础分＋调整分$$

$$综合得分＝\sum 单项指标得分$$

$$指标分析系数 = \frac{指标得分}{指标权数}$$

2. 基于功效系数法对 H 公司进行绩效评价的计算过程

（1）计算指标实际值。根据企业绩效评价中所要评价的指标，查找 H 公司年报中的相关数据，逐过计算求出各指标的实际值，如表 14-12 所示。

表 14-12　　　　　　　　　　H 公司 2013 年绩效评价指标实际值表

指标名称	指标值	指标名称	指标值
总资产报酬率（%）	-2.40	速动比率	52.57
营业利润率（%）	-7.29	现金流量比率	18.63
成本费用利润率	-6.96	资产负债率	80.46
应收账款周转率（次）	2.28	营业收入增长率	-4.17
存货周转率（次）	7.35	总资产增长率	3.44
资产现金回收率（%）	10.44	资本保值增值率	81.78

（2）确定指标评价标准值。根据 H 公司主营业务属性和公司规模大小选择合适的评价标准值。

本文采用《企业绩效评价标准值（2013）》（以下简称《标准值》）作为标准值的确定依据。《标准值》是国资委统计评价局搜集并整理我国所有国有企业的相关数据，运用数理统计方法，按照行业属性对其上一年的财务数据进行的分析与衡量，是目前国内信息量最大、覆盖范围最广、最值得信任的企业绩效评价标准。企业单体绩效水平的评价可以参考其给出的五档参考值。由于 H 公司的主营业务收入主要来源于单晶硅、多晶硅以及太阳能电池组件等电子元器件，所以将其归为电子元器件制造业，而此行业没有按企业规模进行详细的划分，所以选取全行业数据作为标准值，如表 14-13 所示。

表 14-13　　　　　　　　　　2013 年电子元器件制造业绩效评价标准值表

项目	优秀值	良好值	平均值	较低值	较差值
一、盈利能力状况					
总资产报酬率（%）	6.2	3.6	2.4	-0.7	-3.5
营业利润率（%）	13.8	9.5	4.5	-3.8	-12.9
成本费用利润率（%）	11.5	6.0	1.0	0.1	-7.8
二、资产质量状况					
应收账款周转率（次）	6.8	5.7	4.6	3.1	2.6
存货周转率（次）	11.2	9.3	7.7	6.8	6.2
资产现金回收率（%）	24.3	16.8	8.3	6.9	5.6
三、债务风险状况					
速动比率（%）	135.4	124.1	82.5	55.3	35.1
现金流量比率（%）	43.2	32.6	19.2	15.8	9.2
资产负债率（%）	46.0	50.5	61.5	71.5	82.6
四、经营增长状况					
营业收入增长率（%）	21.4	14.4	6.3	-0.1	-10.9
总资产增长率（%）	23.1	14.7	5.3	-3.3	-9.3
资本保值增值率（%）	114.1	109.3	106.5	101.6	95.8

（3）确定指标值档次和标准系数。根据选择的指标评价标准值确定 H 公司各项指标实际值所属区间及其标准系数，评分标准档次系数表选自《标准值》。当实际值分别大于或等于优秀值、良好值、平均值、较低值、较差值时，其对应的标准系数分别为 1、0.8、0.6、0.4、0.2；当实际值小于较差值时，标准系数为 0。

（4）计算各项指标的上档基础分和本档基础分。按照基础分的计算公式，通过查找指标权数和确定的标准系数计算上档基础分和本档基础分。本文利用层析分析法赋予绩效指标权重值，如表 14-14 所示，指标权重计算过程中已经过一致性检验，此处予以省略。

表 14-14　　　　　　　　　　　　绩效评价指标权重表（百分制）

准则层指标	方案层指标	权重
盈利能力指标（46.03）	总资产报酬率	14.29
	营业利润率	23.78
	成本费用利润率	7.96
营运能力指标（14.29）	应收账款周转率	7.94
	存货周转率	4.93
	资产现金回收率	1.42
偿债能力指标（30.28）	速动比率	8.97
	现金流量比率	5.21
	资产负债率	16.10
发展能力指标（9.40）	营业收入增长率	4.90
	总资产增长率	1.59
	资本保值增值率	2.91

以总资产报酬率为例，其基础分的计算过程如下：由于-2.40%>-3.50%，其标准系数为 0.2，所以上档基础分=14.29×0.4≈5.72，本档基础分=14.29×0.2≈2.86。

（5）计算各指标功效系数。根据各指标的本档标准值和上档标准值，并通过代入公式计算得出该指标功效系数。

以总资产报酬率为例，其功效系数$=\dfrac{(-2.40\%+3.50\%)}{(-0.70\%+3.50\%)}\approx 0.393$。

（6）计算各项指标的调整分。调整分是用功效系数乘以相应的上档基础分减去本档基础分的差。

以总资产报酬率为例，调整分=0.393×（5.72-2.86）≈1.124。

（7）计算单项指标得分和综合得分。单项指标的得分是在各指标基础分的基础上加上相应的调整分，综合得分即对单项指标求和所得。

总资产报酬率的得分=2.86+1.124≈3.98。

盈利能力指标得分=3.98+7.69+1.76=13.43。

绩效评价指标综合得分=13.43+4.89+10.14+1.36=29.82。

（8）通过指数化，求得单项指标和综合结果的分析系数。

总资产报酬率分析系数$=\dfrac{3.98}{14.29}\approx 0.28$。

盈利能力指标分析系数$=\dfrac{13.43}{14.29+23.78+7.96}\approx 0.29$。

评价指标综合结果分析系数$=\dfrac{29.82}{100}\approx 0.30$。

结合 H 公司 2013 年年报资料，通过计算求得基于功效系数法的 H 公司绩效评价结果，如表 14-15 所示。

表 14-15   H 公司 2013 年绩效评价结果

指标名称		指标评分值	指标权重	指标分析系数	指标类分析系数	综合结果分析系数
盈利能力指标	总资产报酬率	3.98	14.29	0.28		
	营业利润率	7.69	23.78	0.32	0.29	
	成本费用利润率	1.76	7.96	0.22		
小计	指标类得分	13.43	46.03	0.29		
营运能力指标	应收账款周转率	1.39	7.94	0.18		
	存货周转率	2.57	4.93	0.52	0.34	
	资产现金回收率	0.92	1.42	0.65		
小计	指标类得分	4.89	14.29	0.34		0.30
偿债能力指标	速动比率	3.35	8.97	0.37		
	现金流量比率	2.95	5.21	0.57	0.33	
	资产负债率	3.84	16.1	0.24		
小计	指标类得分	10.14	30.28	0.33		
发展能力指标	营业收入增长率	0.61	4.9	0.12		
	总资产增长率	0.25	1.59	0.16	0.14	
	资本保值增值率	0.50	2.91	0.17		
小计	指标类得分	1.36	9.4	0.14		

H 公司的绩效评价结果显示，其 2013 年绩效并不乐观，各项绩效指标处于较差的水平。透过公司的盈利能力指标不难发现，公司的成本费用控制能力不强，全部资产的获利能力较低。营运能力指标中，应收账款周转率较低，直接影响了营业收入的质量，而存货周转率和资产现金回收率两个指标反映出公司已经开始重视对存货和现金流的管理。偿债能力方面，速动比率和资产负债率两个指标反映出公司较低的偿债能力；相比其他两个指标，现金流量比率相对较好，可见公司对现金流的重视程度较高。发展能力方面值得注意的是，总资产增长率的分析系数高于营业收入增长率指标的分析系数，说明总资产的增长和营业收入的增长并不同步，公司处于大力发展阶段，在如此的发展局势下，其盈利能力不能满足其资金需求，必定会继续筹资，长久下去，会带来严重的财务风险。与此同时，H 公司的资产保值增值率指标值小于 1.00，说明 H 公司在盈利能力薄弱的情况下，没有重视利用权益筹资，继续下去，其发展将缺乏后劲。

（二）导致 H 公司绩效较低的因素剖析

1. 产业竞争激烈，利润空间被压缩

从 H 公司的盈利能力指标来看，无论是营业毛利润还是营业净利润，利润空间均非常小。这是因为近几年我国大力发展光伏产业，产业内竞争日趋加剧，而且从 2012 年以来，欧美对我国实施"双反"政策，如此环境下，光伏产业的销售收入大幅下滑，销售价格也受影响。而在营业毛利空间狭小的情况下，H 公司的管理费用和财务费用却与日俱增。

2. 盲目追求销售额，忽略资金质量

通过 H 公司年报可知，处于大力发展期的 H 公司在遇到严峻的产业环境时，为了追求收入，放宽了对应收账款的管理力度。从应收账款集中度发现，公司 2013 年 55.89% 的应收账款集中于前五名客户，然而随着光伏行业持续低迷，部分光伏企业开始退出市场甚至破产。若公司的重要客户出现上述情况，将大大影响公司的销售收入和应收账款的回收。

3. 大力举债，忽略偿债风险

近几年，H 公司的扩张步伐并未减慢，而权益资本所占比例却没能同步，仅依靠借入资金维持公司运转，由此带来的财务费用进一步压缩了公司的毛利空间。具体分析 H 公司的偿债能力可知：在资产总额日益增加的情况下，公司资产负债率却逐年攀升，可见公司的生产经营对借入债务的依赖性越来越高。而且 H 公司的负债期限结构安排不合理，流动负债占负债总额的比例较高，容易引发偿债风险。

4. 盲目发展，对自身的经济实力过于乐观

H 公司在很多国家投资光伏电站项目，2012 年营业收入增长率为-30.37%，但资产增长率为19.42%。资产增长与营业收入的不匹配，反映出公司管理层对公司的发展过于乐观。但营业收入才是公司的发动机，除非投资很快见到满意的收入，否则其今后的发展能力将呈现疲软态势。而公司的资产保值增值率指标两年来呈现下滑趋势，2013 年已经降至 81.78%，可见 H 公司盈利能力薄弱，权益融资力度不够。

（三）提高 H 公司绩效的建议

1. 抓成本，控费用，提高盈利能力

首先，提高技术水平，降低成本。光伏产品属于新能源，H 公司应该重视人才的培养，重视科研能力的培养和提高，从而提高公司的核心竞争力。其次，杜绝浪费，降低管理费用。公司应注重对办公费用的控制，办公用品的领用可以根据部门制定相应的标准。除此之外，公司应注重避免用人机制中的责任重叠，采用扁平型的管理结构，这不仅可以提高决策制定效率及执行力度，还可以降低管理费用，从而减少开支。除此之外，H 公司应调整资本结构，降低财务费用，通过增强流动资产的流动性来增强公司的周转能力，通过引入权益融资增强自身资金实力，降低对借款的依赖。

2. 细化应收账款管控，提高营运效率

首先，建立客户信用管理体系。客户信用管理体系的建立不仅有助于财务部门了解客户的信用情况，而且有助于销售部门在进行营销活动时，针对不同信用等级的客户有的放矢地进行销售活动。客户信用管理体系建设的主要内容包括建立客户信息档案以及划分客户信用等级，且注意保持及时更新。

其次，加强应收账款的分析管理。应指定专人负责应收账款管理，对于逾期账款，相关负责人应及时提出，并针对之前档案中的业务关系以及客户的近期经营情况制订有效的措施，通过和客户有效的沟通确保账款的回笼。加强应收账款的分析管理具体可以通过建立应收账款定期报告制度和开展账龄分析来实现。对于销售人员为了追求业绩而牺牲公司利益的行为，应予以惩罚，而对于那些不仅销售业绩好且资金可以及时回笼的销售人员予以奖励，做到奖惩分明。

3. 从筹资控成本，设基金防风险

首先，拓宽筹资渠道，抓好筹资时机。H 公司应综合考虑各种筹资方式，降低公司的偿债压力，通过设计实施最优的筹资组合来降低筹资成本。除此之外，公司的筹资决策者应努力培养通过分析利率变动趋势来合理安排筹资时机的素质和能力。

其次，建立科学的筹资决策机制。一是筹资方案的确定建立在科学全面的评估论证的基础上。H 公司在拟定筹资方案时，应以满足生产经营的需求量为原则，合理确定资金需要量，既要合理确定流动资金需要量，又要合理确定固定资金需要量，同时兼顾公司的长短期投资规划。对于建立光伏电站所需资金，建议采用长期借款或发行债券的方式取得。对于公司重大金额的筹资方案，可以通过可行性研究报告来充分体现其风险水平，并结合公司已有的负债规模和资本结构做出决策，谨防公司资本结构趋于恶化。二是将借入资金的时间同其资金需求时间相匹配。此外，应将借入资金的归还时间进行分散，从而使得投资项目的收益可以用来归还债务，避免短期内集中偿债导致资金

链断裂。

最后，重视内部控制，设立偿债基金，降低因盈利能力不稳定而带来的偿债风险。

4. 重视投资决策与财务能力的匹配

现行情况下，无论是盈利能力、营运能力还是偿债能力，H公司的状况都不容乐观。公司若想寻求发展，需要结合公司所处市场地位，并综合考虑自身的财务实力，调整投资节奏，判断投资目标。鉴于现行产业环境及H公司的绩效水平，建议通过投资一些投资金额少且见效快的项目，以获得稳定的现金流，争得稳中求发展。

除上述控制措施之外，公司还应重视外部环境因素对公司绩效造成的影响。欧美对我国光伏产品进行"双反"调查，将光伏电站投资于欧美国家的相关公司会损失巨大。H公司可以扩大出口范围，通过专业的调查分析，将光伏电站建在那些具有利用光伏发电的动机且自身没有这种技术能力的国家，避免"把鸡蛋放在一个篮子"。

【随堂小测验 14-2】

1. 【单选】某修正指标的实际值是 95%，其上档标准值是 100%，本档标准值是 80%，其功效系数是（　　）。

    A. 40%　　　　　　B. 75%　　　　　　C. 60%　　　　　　D. 80%

2. 【多选】下列各项中，属于企业综合绩效评价指标体系中评价指数类别的有（　　）。

    A. 经营增长状况　　B. 盈利能力状况　　C. 社会贡献状况

    D. 资产质量状况　　E. 债务风险状况

3. 【多选】下列各项中，属于债务风险状况中修正指标的有（　　）。

    A. 流动比率　　　　B. 速动比率　　　　C. 或有负债比率

    D. 资产负债率　　　E. 现金流动负债比率

4. 【判断】盈余现金保障倍数的计算公式是经营现金净流量除以净利润。（　　）

5. 【判断】综合指数法又称功效系数法，其一般程序或步骤包括选择业绩评价指标，确定各项业绩评价指标的权数，计算各类业绩评价指标得分，计算经营业绩综合评价分数，确定经营业绩综合评价等级。（　　）

6. 【判断】战略管理评价主要反映企业所制定战略规划的科学性、战略规划是否符合企业实际、员工对战略规划的认知程度、战略规划的保障措施及其执行力以及战略规划的实施效果等方面的情况。（　　）

第三节　经济增加值在业绩评价中的应用

一、经济增加值理论概述

（一）经济增加值的内涵

经济增加值（Economic Value Added，EVA）衡量企业在一定期间内所创造的剩余价值，是对会计利润调整后的税后净营业利润减去资本成本（包括债务资本的成本和股本资本的成本）的剩余进行反映的指标。EVA 理论起源于经济利润（Economic Profit）和剩余收益（Residual Income）的理念，是对投资者承担的风险的计量，即投资者的收益应不少于资本市场上类似风险投资回报的收益率。

EVA 理论并不是一项全新的利润体系，实际上其主要理论依据是经济利润与剩余收益利润，是在资本市场进一步发展与完善中，对投资者利益的保障、衡量企业资本保值与增值活动以及评价企业全面收益的需求环境中发展而来的。

EVA 理论是由美国斯腾斯特（Stern Stewart）财务咨询公司在 20 世纪 80 年代提出的，如今已在国际上得到广泛的应用。斯腾斯特公司创始人之一，Joel M.Stern 于 1964 年从芝加哥大学商学院毕业后就在大通曼哈顿银行工作，在实际工作中，他深刻感受到当时的会计准则与会计收益以及每股收益等评价指标对企业价值创造评价存在严重缺陷。这成为 EVA 理论诞生的基础。在 1982 年，Joel M.Stern 与 G.Bennett Stewart 共同组建了斯腾斯特财务咨询公司并推广 EVA 理论的应用。随后 EVA 理论被大部分跨国公司采用，并起到了积极的业绩衡量的效果，为企业改进自身价值创造能力提供了全新的理论依据与驱动因素。

（二）经济增加值的计量

1. 经济增加值（EVA）的计算

经济增加值是指企业税后净营业利润减去资本成本后的余额。如何科学、简便地计算 EVA，是实施 EVA 考核的关键环节，也是提升企业价值创造能力的基础。根据 EVA 的内涵，以及国务院国有资产监督管理委员会令第 30 号，自 2013 年 1 月 1 日起施行的《中央企业负责人经营业绩考核暂行办法》中的规定，结合中国实际，其计算公式可以表示为：

$$经济增加值=税后净营业利润-资本成本$$
$$=税后净营业利润-调整后资本×加权平均资本成本率$$

2. EVA 主要项目的计算步骤

根据 EVA 理论，EVA 计算公式较为复杂，其主要项目的计算步骤如下。

步骤一：计算税后净经营利润

税后净营业利润是在不涉及资本结构的情况下企业经营所获得的税后利润，该指标衡量本企业当年全部经营成果。税后净营业利润计算公式如下：

$$税后净营业利润=净利润+（利息支出+研究开发费用调整项-非经常性损益调整项×50\%）×（1-25\%）$$

利息支出[①]是指企业财务报表中"财务费用"项下的"利息支出"。

研究开发费用调整项是指企业财务报表中"管理费用"项下的"研究与开发费"和当期确认为无形资产的研究开发支出。对于为获取国家战略资源，勘探投入费用较大的企业，经国资委认定后，将其成本费用情况表中的"勘探费用"视同研究开发费用调整项，按照一定比例（原则上不超过50%）予以加回。

非经常性收益调整项包括以下内容。

（1）变卖主业优质资产收益：减持具有实质控制权的所属上市公司股权取得的收益（不包括在二级市场增持后又减持取得的收益）；企业集团（不含投资类企业集团）转让所属主业范围内且资产、收入或者利润占集团总体 10% 以上的非上市公司资产取得的收益。

（2）主业优质资产以外的非流动资产转让收益：企业集团（不含投资类企业集团）转让股权（产权）收益，资产（含土地）转让收益。

（3）其他非经常性收益：与主业发展无关的资产置换收益、与经常活动无关的补贴收入等。

EVA 理论中涉及诸多对税后净营业利润的会计调整事项，这不但是计算 EVA 的关键，也是准确衡量价值创造的基础。从理论上来讲，调整项目越多越能衡量企业创造的真实价值，但是实务操

---

① 利息支出是指企业财务报表中"财务费用"项下的"利息支出"，如果利息支出受资料限制无法获取时，也可用财务费用替代。

作过程中，根据成本效益原则，会计调整事项并非越多越好，应结合企业的实际，一般进行 5～10 项会计调整即可。

步骤二：计算调整后资本

资本总额是企业债权人和所有者投入的所有资本。有别于传统只考虑债务成本的业绩评价方法，EVA 的理念认为权益来源的资本也有成本，从一定程度上讲这部分成本应该更高。虽然在企业正常存续期内，权益提供者并不会撤回投资或者要求企业支付报酬，但由于机会成本的存在，企业应至少为权益提供者提供高于市场平均收益水平的回报，以留住现有投资者并吸引市场上潜在的投资者。另外，在建工程项目①对应的资本金额之所以被扣除，是因为在建工程并不能在当期发生实际效用，与本期的经营业绩无关。

调整后资本＝平均所有者权益＋平均负债合计－平均无息流动负债－平均在建工程

其中：无息流动负债是指企业财务报表中"应付票据""应付账款""预收款项""应交税费""应付利息""应付职工薪酬""应付股利""其他应付款"和"其他流动负债（不含其他带息流动负债）"；对于因承担国家任务等原因造成"专项应付款"和"特种储备基金"余额较大的，可视同无息流动负债扣除。

步骤三：计算加权平均资本成本率

加权资本成本率是计算 EVA 的关键点，也是难点。平均资本成本率是指税后债务资本的单位成本和股本资本的单位成本根据债务和股本在资本结构中各自所占的权重计算的平均单位成本。

$$加权平均资本成本率＝债务资本利息率×（1-税率）×\frac{债务资本}{或总资本}＋股本资本成本率×\frac{股本资本}{或总资本}$$

其中：债务资本成本通常按照银行贷款 3～5 年期的基准利率确定。

$$股本资本成本率＝无风险收益率＋BETA系数×市场风险溢价$$

其中：无风险收益率计算可以以上海证券交易所交易的当年最长期的国债年收益率为准；BETA 系数计算，可通过公司股票收益率对同期股票市场指数（上证综指）的收益率回归计算得来。

$$市场风险溢价＝中国股市年平均收益-国债年平均收益$$

按照斯腾斯特公司的观点，企业应该根据实际负担计算资本成本率；而按照国资委发布的经济增加值考核细则，中央企业资本成本率原则上定为 5.5%；对军工等承担国家政策性任务较重且资产通用性较差的企业，资本成本率定为 4.1%。资产负债率在 75%以上的工业企业和 80%以上的非工业企业，资本成本率上浮 0.50 个百分点。资本成本率确定后，三年保持不变。这种不区分行业"一刀切"的做法，固然简单易行，但由于它不是建立在市场基础之上，而是行政规定的，没有体现不同类型企业所处行业的风险程度和融资成本方面的差异，因此，可能会影响经济增加值的准确性及其在不同行业与不同企业之间的可比性，导致经济增加值绩效考核的不公平。有的企业资本成本率被高估，经济增加值被人为压低，有的企业资本成本率被低估，经济增加值被人为抬高。因此，国有企业在内部深化推行经济增加值绩效考核的过程中，可以考虑根据企业的资本结构和所处行业风险程度，科学设定资本成本率。

（三）EVA 相比传统财务评价体系的优点及其局限性

通过以上 EVA 计算原理的介绍，可以发现 EVA 相比传统的以利润为核心的财务评价方法有如下优点。

（1）能更加真实地反映公司当期的经营业绩。传统财务指标的计算只考虑债务资本成本，而忽视了股权资本成本，这种计算实际隐含了一个假设，即股东的钱是可以无偿使用的，这显然是错误的。股东将资本投入企业，实际上放弃了投资于其他项目所可能获得的收益，即机会成本。因此从

---

① 这里的在建工程是指企业财务报表中的符合主业规定的"在建工程"，即未完工的固定资产。

股东角度来说，只有当企业的盈利超过了他的机会成本时，它的财富才真正地增加了。EVA 本质阐述的是企业经营产生的"经济"利润，它从股东的角度来定义企业的利润，有利于减少传统财务指标对经济效率的扭曲，从而能够更准确地评价公司或部门的经营业绩，反映公司或部门的资产运作效率。

（2）尽量剔除会计失真的影响。EVA 的计算需要对会计数据进行一系列的调整。这一方面消除了传统会计的稳健性原则所导致的会计数据的不合理现象，使调整后的数据更接近企业真实的经营业绩；另一方面通过将资产的账面价值调整为经济价值，明确了管理者对企业实际投入的资本所负有的保值增值责任。因此，调整后的 EVA 更真实、客观地反映公司的经营状况和成果。

（3）EVA 绩效评价指标具有综合性。采用 EVA 作为业绩衡量指标结束了企业使用多种指标相互冲突的混乱状态。大多数企业在业务流程中往往使用很多不一致的衡量指标，如在评估个别产品或生产线时，毛利率是主要标准；在评价各部门的业绩时，则可能会根据总资产报酬率或预算规定的利润水平作为标准；财务部门通常采用净资产收益率指标等。EVA 结束了这种混乱状态，仅用一种财务衡量指标就连接了所有决策过程，并将企业各种经营活动归结为一个目的，即如何增加 EVA。

（4）EVA 体现了一种新型的企业价值观。EVA 业绩的改善是同企业价值（或股东财富）的提高相联系的。企业经营者一旦获得资本，就要提供给投资者比具有相同风险的投资更高的报酬率，如果他们完成了这个目标，企业投资者投入的资本就会获得增值，投资者就会加大投资，其他的潜在投资者也会把资金投向企业，从而导致企业股票价格上升，最终提高企业的价值。

纵然 EVA 在某些方面优越于传统财务评价体系，但其使用仍然存在局限性，具体表现在以下几个方面。

（1）EVA 的计算方法决定了 EVA 值依然是一个会计估计值。EVA 是在资产负债表和利润表的基础上，经过若干项目的调整得到的，因此其本身仍是财务指标的体现，它反映的仍然是公司过去的经营业绩。而且对于 EVA 计算需要调整的项目没有统一的结论，计算过程比较复杂。

（2）加权平均资本成本难以可靠估计。加权平均资本成本是 EVA 的核心概念，债务成本的计算比较明确，而股权成本的度量方法却不统一。虽然很多学者使用资本资产定价模型，但对风险溢价的取值也没有统一标准，因此计算出来的加权平均资本成本的准确性有待商榷。

（3）计算 EVA 时所进行的必要调整可能并不符合成本效益原则。为了消除会计信息的失真，EVA 的计算需要对会计信息进行调整。调整的数量越多，计算结果越精确，到目前为止，计算 EVA 可做的调整已达 200 多种。这样就大大增加了计算的复杂性和难度，并且妨碍了 EVA 的广泛应用。因此，在计算 EVA 时对营业利润和投资资本的调整有时候不符合成本效益原则。

（4）EVA 应用的局限性。不同行业、不同产品的生命周期不同，每个企业要根据公司的战略目标和实际情况制订适合本公司的 EVA 绩效考核方法。由于资产基数等不同形成的规模差异可能会导致企业或部门间 EVA 结果的差距，而且 EVA 是一个绝对指标，只具有结果导向性。因此，不同行业、不同规模的企业 EVA 可比性差。

二、案例应用

EVA 绩效评价方法在我国房地产企业的应用——以万科股份有限公司为例

（一）万科 EVA 的计算详解

根据 EVA 的定义：

EVA=税后净营业利润（NOPAT）-调整后的资本投入额（TC）×加权平均资本成本（WACC）

NOPAT 是企业营业利润经过调整后得到的，TC 表示资本投入额，其并不是资产负债表显示的资产总额，而是经过调整后的反映公司全部投入资本的金额。计算 EVA 时需要调整的事项没有固定而可供遵循的模式，对于不同的行业和企业，计算 EVA 时，调整内容不尽相同，但是其体现的思想及遵循的基本原则是不变的，即对 EVA 的计算调整一般遵循重要性原则、可控性原则、易理解性原则、简单可操作性原则和平衡性原则。本书也是基于这几个原则对万科股份有限公司的营业利润和资产等项目进行调整得到税后净营业利润和资本投入额。

1. 税后净营业利润的计算

税后净营业利润是在不涉及资本结构的情况下，公司经营所获得税后利润，即全部资本的税后投资收益，反映了公司全部资本的盈利能力。

NOPAT=营业利润+财务费用+当年计提的各项减值准备+递延所得税负债余额的增加-公允价值变动收益（损失为负）-递延所得税资产余额的增加-EVA税收调整

EVA税收调整=利润表中所得税费用+（财务费用+当年计提的各项减值准备-公允价值变动收益（损失为负）+营业外支出-营业外收入）×所得税税率

通过上面的计算公式，我们可以计算出万科股份有限公司 2007—2011 年的税后净营业利润，结果如表 14-16 和表 14-17 所示（数据来源于万科股份有限公司 2007—2011 年企业年度财务报告，部分数据存在误差系四舍五入所致）。

表 14-16　　　　　　　　　　　　　税后净营业利润计算表　　　　　　　　　　　　　单位：百万元

项目	2007 年	2008 年	2009 年	2010 年	2011 年
营业利润	7 652.90	6 364.79	8 685.08	11 894.89	15 763.22
加：财务费用	359.50	657.25	573.68	504.23	509.81
当年计提的各项减值准备	-137.62	1 265.89	-603.04	-583.80	56.69
递延所得税负债余额的增加	99.88	-123.20	-65.34	-63.47	39.92
减：公允价值变动收益	-22.25	19.26	2.44	-15.05	-2.87
递延所得税资产余额的增加	370.53	845.42	-183.83	377.51	683.08
EVA 税收调整	2 408.39	2 169.01	2 196.38	3 073.54	4 337.96
税后净营业利润	5 217.99	5 131.03	6 575.39	8 315.85	11 351.48

表 14-17　　　　　　　　　　　　　EVA 税收调整计算表　　　　　　　　　　　　　单位：百万元

项目	2007 年	2008 年	2009 年	2010 年	2011 年
利润表中所得税费用	2 324.10	1 682.42	2 187.42	3 101.14	4 206.28
财务费用	359.50	657.25	573.68	504.23	509.81
当年计提的各项减值准备	-137.62	1 265.89	-603.04	-583.80	56.69
公允价值变动收益	-22.25	19.26	2.44	-15.05	-2.87
营业外支出	42.75	99.96	138.33	25.86	33.52
营业外收入	31.46	57.46	70.68	71.73	76.19
税率	33%	25%	25%	25%	25%
EVA 税收调整	2 408.39	2 169.01	2 196.38	3 073.54	4 337.96

从表 14-16 可以看到，万科股份有限公司的税后净营业利润除了在 2008 年有稍许下降外，其他年份呈逐年递增的趋势，与万科股份有限公司的营业利润变动趋势一致，但 EVA 在 2008 年的下降幅度小于营业利润在 2008 年的下降幅度，这是因为在计算税后净营业利润时，要把当年计提的减值

准备加回，2008 年计提的准备金比较多，加回之后，EVA 的下降幅度减小。

2．EVA 资本投入额的计算

资本投入额是指所有投资者投入公司经营的全部资金的账面价值，包括债务资本和股权资本。在建工程在转为固定资产之前不产生收益，货币资金为公司经营中的现金剩余，不参与公司价值创造，因此，将在建工程和货币资金从资本投入额中剔除。

EVA 资本投入额＝权益资本总额＋债务资本总额－在建工程－货币资金

股权资本总额＝普通股股东权益总额＋少数股东权益＋递延所得税贷方余额＋各种资产减值准备金余额

债务资本总额＝短期借款＋长期借款＋一年内到期的长期借款＋应付债券

根据以上公式，计算万科股份有限公司资本投入额，结果如表 14-18 所示。

表 14-18　　　　　　　　　　2007—2011 年 EVA 资本投入额计算表　　　　　　　　单位：百万元

项目	2007 年	2008 年	2009 年	2010 年	2011 年
股权资本总额：	34 432.605	39 628.89	45 734.3	53 887.21	66 547.081
普通股股东权益	29 278.65	31 891.93	37 375.89	44 232.68	52 967.8
少数股东权益	4 640.88	6 926.62	8 032.62	10 353.52	14 864.74
各种减值准备余额	126.135	1 392.02	788.98	205.18	261.871
递延所得税贷方余额	386.94	−581.68	−463.19	−904.17	−1 547.33
债务资本总额：	24 955.61	32 808.48	31 925.21	47 395.33	50 392.64
短期借款	1 104.85	4 601.97	1 188.26	1 478	1 724.45
长期借款	16 362.08	9 174.12	17 502.8	24 790.5	20 971.96
一年内到期的长期借款	7 488.68	13 264.37	7 440.41	15 305.69	21 845.83
应付债券		5 768.02	5 793.74	5 821.14	5 850.4
在建工程	271.27	188.59	593.21	764.28	705.55
货币资金	17 046.5	19 978.29	23 001.92	37 816.93	34 239.51
EVA 资本投入额	42 070.445	52 270.49	54 064.38	62 701.33	81 994.661

从表 14-18 可以看到，万科股份有限公司的 EVA 资本投入额从 2007 年到 2011 年呈逐年递增的趋势，说明万科股份有限公司的资本投入在增加，公司在做大做强。

3．加权平均资本成本的计算

加权平均资本成本＝债务资本成本×（1−所得税税率）×债务资本市场价值占总资本的比重

＋股权资本成本×股权资本市场价值占总资本的比重

股权资本成本的计算方法有资本-资产定价模型、股利增长模型和债券收益加风险溢价法。股利增长模型需要估计股利的年增长率，风险溢价法需要凭借经验判断股票投资风险大于债券投资而获得的收益补偿，这两种方法需要的专业判断和主观性比较多，因此，本书采用资本-资产定价模型（CAPM）计算股权资本成本。

CAPM 的表达公式如下：

$$E(R_i)=R_f+\beta_i[E(R_m)-R_f]$$

其中：$E(R_i)$ 是股权资本成本，R_f 是无风险收益率，β_i 是万科股份公司股票收益的风险系数，$E(R_m)$ 是股票市场平均收益率。

对于无风险收益率的确定，目前理论界没有统一的标准，本书将一年期商业银行存款利率近似看作无风险利率（年中利率如有调整，按全年平均值计算）；对于股票市场平均收益率，由于股票收益率复杂多变，影响因素很多，较短期间所提供的收益率比较极端，无法反映平均水平，另外，万科股份有限公司是在深圳上市，所以本书采用算术平均法对2007—2011年深成指数的月收益率进行平均，然后计算出年平均收益率；β_i是用万科股份有限公司A股的收益率与深成指数的收益率进行回归得到的。

对于债务资本成本，本书采用3～5年期银行贷款利率。股权市场价值和债务市场价值的数据来源于Wind咨询金融数据库。加权平均资本成本的计算如表14-19所示。

表14-19 加权平均资本成本计算表

项目	2007 年	2008 年	2009 年	2010 年	2011 年
股权市场价值（百万元）	190 070.21	69 372.33	115 908.87	90 313.47	80 498.65
债务市场价值（百万元）	24 976.56	33 030.06	32 077.85	47 538.20	50 713.23
股权比例（%）	88.39	67.74	78.32	65.51	61.35
债务比例（%）	11.61	32.26	21.68	34.49	38.65
股权资本成本（%）	12.52	9.54	12.47	9.65	10.55
税后债务资本成本（%）	4.80	5.21	4.32	4.49	4.92
加权平均资本成本（%）	11.62	8.14	10.88	7.87	8.37

4. EVA 的计算

根据前面的计算，可以得到万科股份有限公司2007—2011年的EVA，结果如表14-20所示。

表14-20 EVA 计算结果表 单位：百万元

项目	2007 年	2008 年	2009 年	2010 年	2011 年
税后营业利润	5 217.99	5 131.03	6 575.39	8 315.85	11 351.48
EVA 资本投入额	42 070.45	52 270.49	54 064.38	62 701.33	81 994.66
加权资本成本（%）	11.62	8.14	10.88	7.87	8.37
EVA	329.40	876.21	693.19	3 381.26	4 488.53

（二）万科股份有限公司 EVA 与净利润的比较分析

通过上面EVA的计算，得到万科股份有限公司2007—2011年这五年的经济增加值，将EVA与传统财务指标进行对比，有利于更好地说明公司的价值创造能力。EVA与净利润的对比如表14-21所示。

表14-21 EVA 与净利润对比表

	2007 年	2008 年	2009 年	2010 年	2011 年
EVA（百万元）	329.40	876.21	693.19	3 381.26	4 488.53
EVA 增长率（%）	175.32	166.00	-20.89	387.79	32.75
净利润（百万元）	5 317.5	4 639.87	6 430.01	8 839.61	11 599.61
净利润增长率（%）	119.46	-12.74	38.58	37.47	31.22

用柱状图和折线图更能直观地表达万科股份有限公司 EVA 和净利润及其它们增长率的变动趋势，如图14-3所示。

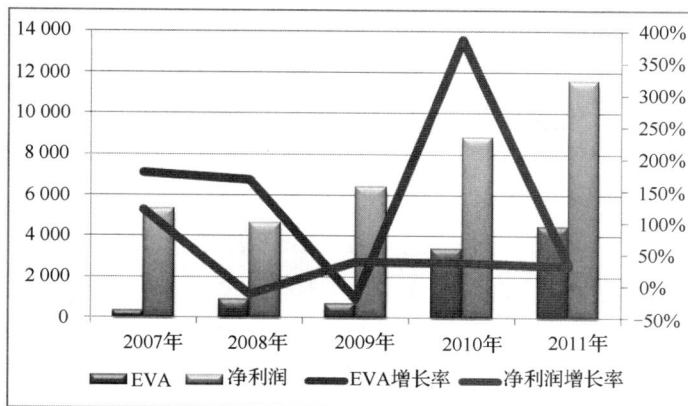

图 14-3　EVA、净利润及其增长率趋势

从图 14-3 可以得出以下结论。

1. EVA 值低于净利润

由于净利润仅确认债务资本成本，将股权资本成本作为收益分配处理，股权资本的机会成本没有扣除，这必然导致万科股份有限公司每年的净利润高于 EVA 值。通过查询相关 EVA 研究结果可知，一般研究的计算结果都是净利润大于 EVA，这也充分说明了股权资本成本大于债务资本成本，在不考虑股权资本成本时，经营者可以利用财务杠杆为股东创造更多的利润，但一旦计入资本成本，在收益低于股权资本成本时，EVA 就将财务杠杆带来的超额收益化为无形。

2. EVA 变动趋势与净利润变动趋势趋于一致

EVA 变动趋势与净利润变动趋势趋于一致，但在 2008 年和 2009 年存在差别。2008 年受到国际金融危机的影响，房地产市场整体销售水平下降，万科股份有限公司也不例外，其 2008 年净利润较 2007 年下降；2009 年国家采取一系列的措施，房地产市场回暖，使得万科股份有限公司在 2009 年净利润有了很大的提高。万科股份有限公司 2008 年的 EVA 高于 2007 年的 EVA，但在 2009 年下降，为什么会出现这样一个差异呢？这可以追溯到 EVA 计算过程中去。2009 年股权资本成本高于 2008 年股权资本成本，使得 2009 年加权平均资本成本高于 2008 年加权平均资本成本，所以万科股份有限公司 2008 年的 EVA 高于 2009 年的 EVA 就不足为怪了。

3. 相对于净利润平稳增长，EVA 增长起伏比较大

2009 年和 2011 年 EVA 增长率下降比较明显，2009 年 EVA 增长率的下降原因已在前面讲过，2011 年 EVA 增长率的下降主要是银行加息导致的债务资本成本上升和股权资本成本提高的双重因素导致的加权平均资本成本上升造成的。显然，净利润的平稳增长掩盖了企业所用资本成本增加的事实，企业为股东创造的价值也并不像净利润所反映的那么美好。

（三）万科股份有限公司 EVA 的计算对我国房地产企业的启示

（1）房地产企业要逐步推行使用 EVA 绩效考核方法。2010 年 1 月，新修订的《中央企业负责人经营业绩考核暂行办法》规定 EVA 成为考核央企权重最重的指标。EVA 较传统绩效评价体系能够更加真实地反映经营者为股东创造的财富，因此，各大、中小房地产企业也要重视 EVA 绩效考核方法，并逐步推行使用。

（2）企业可通过提高收入、控制支出和优化资本结构来提高 EVA 值。从 EVA 的计算公式，可以看出，提高 EVA 的方法有提高税后净营业利润；降低资本投入总额；降低加权平均资本成本。随着房地产企业的做大做强，资本投入总额势必会增加，因此，我国房地产企业应注重提高税后净营业利润和降低加权平均资本成本来提高 EVA 值。要提高税后净营业利润，企业要想方设法增加营业收入和控制营业支出；

信息化绩效评估模型构建与分析

降低资本成本，就要求企业选择合适的融资比例，实现资本结构最优化。

（3）对营业利润和投资资本进行差别化调整。EVA 的计算要涉及很多调整，调整项目越多，计算越精确。但各企业在进行 EVA 计算的时候，没有必要进行所有的调整，因为调整项目越多，所需要的成本越高，而且有的项目对整个企业来说是不重要的。因此，要根据本企业的特点，进行不同项目的调整，不能照抄照搬某些固定的 EVA 计算公式。

【随堂小测验 14-3】

1.【单选】经济增加值=（　　　）-资本成本

  A．税后净利润   B．利润总额

  C．税后净营业利润   D．营业利润

2.【多选】下列各项中，属于 EVA 相比传统财务评价体系优点的有（　　　）。

  A．尽量剔除会计失真的影响   B．能更加真实地反映公司当期的经营业绩

  C．体现了一种新型的企业价值观   D．符合成本效益原则

  E．EVA 绩效评价指标具有综合性

3.【判断】EVA 的本质阐述的是企业经营产生的"经济"利润，它从股东的角度来定义企业的利润，有利于减少传统财务指标对经济效率的扭曲，从而能够更准确地评价公司或部门的经营业绩，反映公司或部门的资产运作效率。（　　　）

4.【判断】尽管每个公司要根据自身的战略目标和实际情况制订适合本公司的 EVA 绩效考核方法。但不同行业、不同规模的公司 EVA 仍然具有一定的可比性。（　　　）

拓展阅读

财务分析在信用评价中的应用

思考与练习

1. 请说明财务综合分析与业绩评价的关系。

2. 怎样运用综合评分法进行企业绩效评价？

3. 怎样运用经济增加值进行企业绩效评价？

4. 运用经济增加值进行企业绩效评价有何优缺点？

5. 综合评分法下包括哪些主要的管理绩效定性指标？

6. 综合评分法下包括哪些主要的财务绩效定量指标？

7. 为何国务院国资委在对中央企业负责人进行经营业绩评价时要用经济增加值指标取代净资产收益率指标？

案例分析

❖

业绩评价的外部基准——标杆管理[①]

业绩评价标准的选取可以有多种方法，其中被较多使用的是历史标准和预算标准。以上标准的设定依据都来自组织内部，其原因一是历史执行数据和预算数据比较容易获得，二是来源于组织内部的评价标准因其更贴近经营的实际情况更具可行性。但是当公司市场地位发生变化或经营战略发生调整时，将内部标准作为业绩评价的基准将有失偏颇，此时可供选择的是行业标准。其中选取行业内标杆企业或者业绩比自身好的对象作为比较标准的分析方法被称为对标分析，又称标杆管理。对标分析可以覆盖商业模式、业务数据、财务数据等多个维度。财务数据因标准统一且具有可量化的特点，所以可以被较多应用于对标分析。本书以地处山东的漱玉平民大药房（以下简称"漱玉平民"、案例对象）为例，选取考虑数据的可获得性，选取行业内的上市公司一心堂、老百姓、益丰药房作为标杆对其进行财务数据的对标分析。

1. 收入规模及增速分析

根据上市公司年报信息，搜集了一心堂、老百姓、益丰药房和漱玉平民四家公司2014年度和2015年度的营业收入，并计算其增长率，如表14-22所示。

表 14-22　　　　　　　　　案例对象与对标公司营业收入增长率情况　　　　　　　　　单位：万元

公司	2015 年度	2014 年度	增长率（%）
一心堂	532 115	442 841	20.16
老百姓	456 848	394 288	15.87
益丰药房	284 552	223 023	27.59
漱玉平民	156 704	118 822	31.88

对比来看，案例对象与对标公司在收入规模上仍然存在较大差距，对标公司率先登陆资本市场，并利用资金优势加大收购兼并以及新开店的步伐，门店数量扩张迅速，营业收入也随之快速放大。根据《中国药店》杂志2015—2016年度中国药店直营连锁100强排行榜，一心堂、老百姓、益丰药房、漱玉平民分列榜单的第1、第7、第9、第16位，从收入规模来看，案例对象与对标公司存在较大差距。但从增速来看，案例对象远超对标公司，2015年收入增速达到31.88%。

2. 盈利能力分析

选择毛利率、销售利润率、基本每股收益和净资产收益率四个指标，对比一心堂、老百姓、益丰药房和漱玉平民四家公司2015年的盈利能力，其盈利能力指标如表14-23所示。

表 14-23　　　　　　　　　2015 年案例对象与对标公司盈利能力指标

指标	一心堂	老百姓	益丰药房	漱玉平民
毛利率（%）	41.92	37.22	39.23	35.87
销售利润率（%）	6.51	6.08	6.26	2.63
基本每股收益（元）	1.33	0.98	0.57	0.34
净资产收益率（%）	15.91	16.45	17.69	15.59

从盈利能力指标来看，2015年案例对象与对标公司的净资产收益率基本相当，但毛利率、销售利润率、基本每股收益等指标都有较大差距。毛利是公司盈利的直接来源，决定了盈利空间的大小。

[①] 案例对象数据来自漱玉平民招股说明书，对标公司资料来自各上市公司年报。

案例对象与对标公司存在2~5个百分点的差距，应着力提高药品品类管理水平，提高高毛利品种的销售占比以提高整体毛利率水平。销售净利率则受毛利率和费用率及所得税费率等共同影响，一心堂享受西部地区税收优惠政策，所得税税率仅为15%，比较而言具有较大优势。扣除税收影响因素，案例对象可在提高毛利率水平的基础上，提高运营管理效率，压缩费用支出或在当前费用水平的基础上带来更大的收入规模以降低整体费用率。

3. 偿债能力分析

选择流动比率、速动比率和资产负债率三个指标，对比一心堂、老百姓、益丰药房和漱玉平民四家公司2015年的偿债能力，其偿债能力指标如表14-24所示。

表14-24　　　　　　　　　　2015年案例对象与对标公司盈利能力指标表

指标	一心堂	老百姓	益丰药房	漱玉平民
流动比率	1.58	1.56	1.72	1.22
速动比率	1.04	0.96	1.24	0.72
资产负债率（%）	45.70	39.69	41.75	65.94

从短期偿债能力指标流动比率、速动比率来看，案例对象都低于对标公司，但应进一步分析流动资产和流动负债结构，才能得出短期债务偿付能力强弱的结论，且只要公司拥有在债务到期前偿付债务的能力即可。从长期偿债能力来看，案例对象资产负债率高于对标公司，债务比例较高，考虑到对标公司均已通过资本市场获取权益资金，对降低资产负债率起到一定作用。另外，盈利能力、营运能力对长期偿债能力也有一定的影响。

结合以上内容，请思考：除了上述增长能力、盈利能力、偿债能力等基础指标对公司的业绩进行对标分析以外，还可以从哪些角度对公司进行业绩评价？除了案例中所涉及的指标外，根据分析目的、资料获取等情况还可能选取哪些指标进行业绩评价？不同的案例对象可以采用哪些不同的业绩评价方法？

【学习目标】

- 熟悉财务预警分析的内涵
- 了解财务风险和经营风险的内涵与关系
- 掌握财务报表分析在财务预警当中的作用
- 了解财务预警分析的定性方法
- 掌握财务预警分析的定量方法
- 了解财务预警分析方法的应用

【关键词】 财务预警 财务风险 经营风险 财务预警分析 单变量财务预警模型 多元线性判别模型 逻辑回归模型 人工神经网络模型 "Z值"模型

【引导案例】

美国知名做空机构浑水：中国辉山乳业财务造假 价值接近于零

2001年刘姝威在对上市公司的研究当中发现"蓝田股份的流动比率小于1，也就是说，它在一年内难以偿还流动债务；而蓝田的净营运资金是-1.27亿元，这意味着它在一年中有1.27亿元的短期债务无法偿还"，并将以上内容列于《应立即停止对蓝田股份发放贷款》发表于《金融内参》，随后不久蓝田股份相关人员因涉嫌提供虚假财务信息，被拘传接受调查，2002年5月蓝田股份因连续亏损，暂停上市。刘姝威识别蓝田股份财务造假的方法是依靠流动比率指标和净营运资金，指标虽然简单，效果却立竿见影。

2017年3月，美国知名做空机构浑水（Muddy Waters）又一次举起了猎枪。毫无意外地，这次还是中国企业——港股辉山乳业。其发布对辉山乳业的做空报告，认为辉山乳业的欺诈等违规行为包括以下几个方面。（1）牧草供应来源欺诈。辉山乳业宣称其用于奶牛饲养的苜蓿是自产自足，但大量证据表明这是个谎言，这家公司长期从第三方供应商手中大量购买苜蓿。（2）资本开支造假。辉山乳业在其奶牛养殖场的资本开支方面存在造假行为，他们夸大了这些养殖场所需的花费，夸大程度在8.93亿元到16亿元人民币之间。资本开支造假的主要目的很有可能是为了支持公司收入报表舞弊。（3）董事局主席转移资产。辉山乳业董事局主席杨凯似乎从公司窃取了至少1.5亿元人民币的资产——实际数字可能更高。当中涉及将一家最少拥有四个乳牛牧场的附属公司向一位未披露的关联方转移。此事未有披露。相信杨凯控制着这家附属公司及相关牧场。因此，浑水认为，由于利润造假、现金流和生物类资产被高估（程度尚不清楚）以及某些极其可疑的资产账户，辉山乳业资产负债表的资产端被严重夸大。不止如此，浑水还称，即使没有财务造假，辉山乳业也似乎处于违约边缘，因其杠杆过高，即使以面值计，该公司的信贷指标也"高得可怕"。公司2016财年的杠杆运用是如此之多，以至于审计师需做出警告意见。报告认为，鉴于其认为辉山乳业出具虚假财务报表，故相信该公司明年发生违约风险的概率非常高。有清晰迹象表明辉山乳业正承受巨大的财务压力，包括其正试图融资，并已经叫停了一些项目。港交所中央结算系统（CCASS）显示，辉山乳业在外流通股有相当一部分已经被用作融资质押。有鉴于此，浑水得出结论称，辉山乳业的股票"基本一文不值"。时隔不久，辉山乳业股价暴跌85%，并最终停牌。结果证明，辉山乳业确实面临较大的债务偿付危机，而浑水公司做空辉山的一个切入点就是辉山乳业远超同行的毛利率。

可见，异常的财务指标往往是发现上市公司潜在风险的切入点。那么，除了单一的财务指标外，还有哪些财务预警的方法呢？财务报表分析又在财务预警分析中有怎样的应用呢？通过本章的学习，相信你会找到答案。

第一节 财务预警分析概述

一、财务预警分析的内涵

财务预警分析，是通过对企业财务报表和相关资料的分析，及早发现企业发生财务危机的各种征兆，以避免发生财务失败和投资损失的分析过程。

一个企业的生存要受到企业内外因素的多重影响，如果各种因素能够适当搭配，企业就将具有良好的获利空间；反之，就容易导致财务危机的发生。财务危机是指企业由于营销、决策或不可抗拒等因素的影响，而使经营循环和财务循环无法正常持续进行或陷于停滞的状态。企业由财务正常发展到财务危机实质上是一种渐进式的积累过程，是企业财务状况的一种表现形态。企业的违约、无偿付债务能力、资产流动性不足、亏损等均可视为财务危机的前期表现，资不抵债以及企业破产是企业财务危机历程中最为极端的表现结果；短期表现为无力支付到期债务或费用，长期表现为企业创造现金流能力的持续下降，是企业财务关系恶化的集中体现。错误的管理是导致财务危机的主要原因，而财务指标的恶化则是发生财务危机的征兆。因而，财务危机总是可以预测的。通过财务预警分析及时发现企业存在的不同风险，识别财务危机的各种迹象，对于保障企业正常经营和发展，保护投资者和债权人的利益，无疑具有重要的现实意义。

二、企业风险概述

风险是指在一定条件下和一定时期内可能发生的各种结果的变动程度，这里是指企业经营活动的不确定性影响财务成果的不确定性。风险可能给企业带来超出预期的收益，也可能带来超出预期的损失。由于人们一般对意外损失更为关切，因而人们研究风险时主要从不利的方面来考察风险，经常把风险看作不利事件发生的可能性。从财务的角度而言，风险主要指无法达到预期报酬的可能性。

风险的根源在于未来的不确定性，因而企业经营离不开风险。特别是当今企业所面临的环境越来越复杂，企业的风险种类日益增多，如汇率风险、利率风险、信用风险、投资风险等，其中任何一种风险都可能会给企业带来意外损失。财务学中通常将企业所面临的风险分为两类：财务风险和经营风险。

（一）财务风险

财务风险也称筹资风险，是指由于负债筹资而引起的所有者收益和偿债能力的不确定性。企业只要存在负债筹资，就存在财务风险。

从负债筹资引起的所有者收益的不确定性来看，由于负债的资金成本是固定的，当资产息税前收益率高于负债的资金成本率时，负债资金所创造的一部分收益归自有资金所有。此时，负债资金占总资金来源的比重越大，净资产的收益率就越高。反之，当资产息税前收益率低于负债的资金成本率时，则必须利用一部分自有资金创造的收益去支付负债利息。此时，负债资金占总资金的比重越大，净资产的收益率越低。

从负债筹资引起的偿债能力的不确定性来看，企业借入资金越多，需要支付的固定利息越多，企业丧失支付能力的可能性就越大。当资产息税前收益率低于负债的资金成本率时，企业必须利用一部分自有资金创造的收益去支付利息，这就容易导致企业财务状况的逐步恶化。

（二）经营风险

经营风险也称商业风险，是指企业由于经营方面的原因而给盈利带来的不确定性。这种风险是企业所固有的，任何企业都必须承受这种风险。这是因为企业产品经营的各个方面都会受到企业外部环境和内部条件的影响，不可避免地具有不确定性。

从企业外部环境来看，产品销售市场和生产要素市场的供求关系会直接影响到企业的盈利水平。产品销售市场的变化直接影响到产品的销售数量和销售价格，从而引起企业盈利水平的变化。而产品销售市场上的供求关系又会受到诸如宏观经济政策、竞争对手、替代产品、消费者偏好等因素的影响。同时，生产要素市场的变化，将会直接影响到企业的生产成本，从而引起企业盈利水平的变化。而生产要素市场的变化，同样受到众多因素的影响，如原材料供应就受到生产厂商、运输路线、季节变化等因素的影响。

从企业内部条件来看，企业科技开发能力、生产设备先进程度、固定成本的比重等因素均会影响到企业的收入和费用水平，进而影响到企业的盈利水平。企业的经营风险不仅因行业而异，而且还因同行业中不同企业而异，即使是同一企业在不同时间也存在差异。一般而言，从事传统产品制造的行业，其风险要低于从事新兴产品开发和制造的行业，就同一企业而言，成熟期的经营风险最低。

三、财务报表分析在财务预警当中的作用

企业在经营过程中难免会遇到财务风险和经营风险，因而企业有必要采取措施分别加以防范，如改变资本结构降低财务风险，适当的多元化经营控制产品风险等。但是，如何识别企业面临风险的信号呢？由于这些风险最终都会在企业经营过程中通过财务数据反映出来，因而财务分析在风险防范中的作用就显得非常直接。尽管当前风险分析的方法有很多种，如方案分析、决策树分析、蒙特卡罗模拟等复杂的经济和统计分析，但实践中应用最为广泛的还是财务分析方法。财务报表分析在财务预警中所起的作用主要体现在以下2个方面。

（一）监测作用

企业因风险控制不当导致经营陷入困境总是一个不断发展的过程，其不良征兆会逐步显现出来。财务分析可以通过对企业财务报告及相关经营资料的分析，利用及时的财务数据和相应的数据化管理方式，将企业所面临的风险程度预先告知企业的经营者和其他利益相关者，从而达到监测风险的作用。企业一旦发现某种异常征兆就可着手应变，以避免损失的发生或降低损失发生的概率。

（二）诊断作用

财务分析可以根据跟踪、监测的财务资料进行对比分析，对企业营运状况的恶化程度做出判断，找出企业经营中的弊端及其症结所在。然后，对症下药更正企业营运中的偏差或过失，使企业回到正常运营的轨道。此外，通过事前、事后的财务分析建立风险管理档案，详尽记录企业经营恶化的原因、风险的表现特征和处理过程，将纠正偏差或过失的经验、教训作为企业未来经营的前车之鉴，不断增强企业自身的免疫能力，也为以后类似问题的规避和解决提供有用的参考。

【随堂小测验 15-1】

1.【单选】下列各项中，属于财务风险的是（　　　）。
　　A．汇率波动风险　　B．利率变动风险　　　C．资不抵债风险　　D．投资失败风险
2.【多选】下列各项中，属于财务报表分析在财务预警当中的作用的有（　　　）。
　　A．评价作用　　　　B．监测作用　　　　　C．诊断作用
　　D．预测作用　　　　E．反映作用
3.【判断】企业只要存在负债筹资，就存在财务风险。　　　　　　　　　　　　　（　　　）
4.【判断】风险存在的根源在于不确定性。　　　　　　　　　　　　　　　　　　（　　　）

第二节　财务预警分析的方法

　　财务预警分析从产生到现在，其具体操作方法也经历了一个从定性到定量，从单变量到多变量的过程。

一、财务预警定性分析方法

　　财务预警定性分析方法出现较早，是指研究人员根据自己的专业知识、以往经验和对公司基本情况的了解，得出有关公司风险的综合评价，具体包括"三个月资金周转表"分析法、管理评分法、标准化调查法、"四阶段症状"分析法 4 种。定性分析方法得出的结果更多地来源于人的主观判断，其分析结果的准确性也较多地依赖于专家学者的专业和经验水平，因此，缺乏普适性。

二、财务预警定量分析方法

　　财务预警定量分析方法是依据财务数据进行分析的财务预警方法。定量分析根据分析变量的数量不同又可以分为两种类型：单变量模式和多变量模式。顾名思义，单变量模式只分析个别财务比率与财务危机的关系，而多变量模式则综合使用多个财务比率来对财务危机进行预测。由于财务危机一般是受多种因素综合影响的结果，显然多变量模式的预测效果要优于单变量模式，但单变量模式具有方便、直观等优点，在实际操作中仍具有一定的使用价值。

（一）单变量财务预警模型

　　最早的财务预警分析研究开始于 20 世纪 30 年代，这与 1929 年纽约证券交易所爆发的大危机不无关系。早期的财务预警分析研究一般采取趋势分析方法，考察企业在面临财务危机前，其财务状况的变化趋势。单变量财务预警模型是以对单个财务比率分析为基础，考察企业面临的财务风险水平，分为偿债能力、盈利能力、营运能力、成长能力、现金流量五大类指标。企业通过遵循全面性、有效性、可比性、敏感性的原则选取能够充分体现上述五个方面的指标，作为企业财务危机的预警信号，一旦选定的指标发生变化，分析者就着手挖掘发生变化的原因，以达到及早发现风险并最终将风险限定在企业可以接受的范围内的目的。

　　1932 年，Fitzpartrick 以 19 家公司作为样本，运用单个财务比率将样本企业划分为破产和非破产两组，发现判别能力最高的是 $\dfrac{净利润}{股东权益}$ 和 $\dfrac{股东权益}{负债}$ 两个比率。尽管 Fitzpartrick 研究的结果比较

理想，但直到三十多年后才有人沿着这条思路走下去。1966 年，Beaver 选择了所处行业、资产规模均相当的已经破产与正常运营的两组 158 家公司，通过对破产前五年的 29 个财务比率进行比较，发现破产公司在破产前五年就有比率警报，而且这些比率会迅速恶化，尤以最后一年的情况为最；在所有的比率中，以 $\dfrac{现金流量}{债务总额}$ 的预测作用最为明显（当时的现金流量仅是指净收益加上折旧和摊销费用），在破产前一年中，其预测准确率达到 87%。

一般而言，单变量模式可选用的财务比率主要有流动比率、速动比率、资产负债率、已获利息倍数等偿债能力指标，也可以选择净资产收益率、资金利润率等盈利能力指标。有人认为，企业是否会面临财务危机，关键在于其盈利能力，偿债能力并不是很重要。如果企业迅速亏损，现有的偿债能力并不会挽救一家运作不利的企业。常见的单变量财务预警指标如表 15-1 所示。

表 15-1　　　　　　　　　　　　　常见单变量财务预警指标表

分类	代表性财务指标
偿债能力指标	资产负债率、流动比率、已获利息倍数
盈利能力指标	净资产收益率、总资产报酬率、销售净利率
营运能力指标	应收账款周转率、存货周转率、总资产周转率
发展能力指标	销售增长率、资本积累率、资产增长率
现金流量指标	现金流动负债比率、盈余现金保障倍数、全部资产现金回收率

鉴于上述财务比率已在前面章节详细谈到，本章将不予赘述。单变量财务预警指标计算所需财务数据较少且计算过程比较简单，因此简便易行是其最大的优点。然而现实生活中企业不同类别的财务指标往往会得到截然相反的结果，也就是出现财务指标"打架"的现象，难以为企业做出正确决策提供可靠的参考。另外，使用单变量财务预警模型可能受到通货膨胀的影响，比如使用固定资产周转率指标分析时受固定资产价值不准确的影响，可能得到误导性的结果。再者，公司管理层意识到企业出现财务困境时可能出于粉饰业绩的目的对报表项目进行不实处理，最终影响财务预警分析结果的准确性，相对而言，单变量财务预警模型更容易受到报表粉饰的影响。于是不少专家学者试图将不同类别财务指标加以综合，试图构造出一种可以全面衡量企业财务水平的财务预警指标，多变量财务预警模型得以产生。多变量财务预警模型根据其不同特征又可以分为多元线性判别模型、逻辑回归模型和人工神经网络模型。

（二）多元线性判别模型

多变量财务预警模型是通过多个变量的组合来综合判断企业发生财务危机的可能性。可以说，多变量财务预警模型是几种财务指标的多元线性函数，因其更加综合因而得以规避单变量预警模型的部分缺点。其基本思路是，将多个财务比率输入预先选择的多变量预警模型当中，根据模型结果判断企业是否面临财务危机或者是否有破产的风险。最早也是影响最大的多元线性判别模型来自美国纽约大学商学院的 Edwards Altman 教授的 Z-score 模型，以及中国学者周首华的 F 分数模型。

1. Altman 的"Z 值"模型

1968 年，Altman 分别选取 33 家破产企业和 33 家尚在持续经营的制造业企业作为研究样本，最终确定 5 个指标作为财务预警的判定因素，提出"Z 值"模型。该模型是利用统计学的多元线性判别分析法建立起来的，其表达式为：

$$Z = 0.012x_1 + 0.014x_2 + 0.033x_3 + 0.006x_4 + 0.999x_5$$

其中，x_1——营运资金/资产总额，反映资产的流动性；

x_2——留存收益/资产总额，反映累积获利情况；

x_3——息税前收益/资产总额，反映资产的使用效率；

x_4——净资产市价/债务总额，反映偿债能力；

x_5——销售总额/资产总额，反映资产的周转速度。

分析者只要将特定企业各年的财务指标代入公式中，即可计算出 Z 值的大小，进行财务预警分析。该模型的判断标准为：如果 Z 值小于 1.81，公司已经濒临破产；如果 Z 值大于 2.99，公司就足够安全；如果 Z 值在二者之间的灰色区域，则需要审慎考虑，但一般以 2.675 为界，在其下者发生财务危机的可能性较大，在其上者发生财务危机的可能性较小。Altman 把这个模型用于 33 家破产企业和 33 家未破产企业的抽样时，正确地预测了 66 家企业中的 63 家。

对于非上市公司，由于无法确定净资产市价，Altman 提出以账面价值替代，但须重新调整系数。调整后的模型为：

$$Z = 0.717x_1 + 0.847x_2 + 3.107x_3 + 0.42x_4 + 0.998x_5$$

修正后 Z 值模型的判断标准有所变化，当 $Z<1.23$，企业濒临破产边缘；$Z>2.90$，企业不会破产；$1.23<Z<2.90$，属于灰色区域，破产可能性判断需要进一步分析。

实践证明，Altman 的 Z 值模型在企业发生财务危机前 1 年的准确率高达 95%，而在破产前 2 年的准确率降到 72%，前 3 年的准确率则仅为 48%，可见 Z 值模型有着较为严格的时间限制，也就是说用其作为短期财务危机预警较为准确，但是从长期来看准确率较低。虽然如此，该模型较单变量模型来说准确率较高，并且该模型应用起来比较简单，至今仍被视为财务预警较为主流的一种方法。

1977 年，Altman 在 "Z 值" 模型的基础上又设计出改进的 "ZETA" 模型。该模型对一些项目做了调整，如在资产中增加了融资租赁资产，扣除了无形资产等；同时，将模型中的变量增加到了 7 个，并根据不同行业列出不同的系数。他声称 "ZETA" 模型比 "Z 值" 模型预测更为准确，在公司破产前一年准确率高达 95%。不过，Altman 并未公开模型中的系数，而是注册了一家 "ZETA 服务公司"，为投资者和债权人提供有偿的预警服务。

由于 Altman 的 "ZETA" 模型没有完全公开，各国学者和研究机构纷纷效仿 Altman 利用多元判别分析建立起自己的预警模型，如英国的 Taffler 和 Bathory 以及日本开发银行所建立的模型等。这些模型的构成及判别方法与 "Z 值" 模型相似，只是变量的选取及相应的系数各不相同。

2. F 分数模型

1996 年中国学者周首华考虑到 Z-Score 模型的缺陷，引入现金流量变量，并将样本扩大到 4 160 家公司，构建了 F 分数模型（Failure Score Model）。

$$F = -0.177\,4 + 1.109\,1x_1 + 0.107\,4x_2 + 1.927\,1x_3 + 0.030\,2x_4 + 0.496\,1x_5$$

x_1——（期末流动资产–期末流动负债）/期末总资产，用于衡量全部资产的流动性；

x_2——期末留存收益/期末总资产，反映企业全部资产当中留存收益部分的比重；

x_3——（税后纯收益+折旧）/平均负债总额，衡量企业全部现金流量可以用来偿还债务部分的比重；

x_4——股东权益市场价值/负债总额，表征资本结构，用市场价值衡量股东权益更能反映真实资本市场对企业的认可水平；

x_5——（税后纯收益+折旧+利息）/平均资产总额，反映企业总资产创造现金流量的能力。

F 分数模型将 F 分数数值划分为三个区域：F 分数小于 0.027 4 为破产区域；0.027 4～0.077 5 之间为不确定区域，即在此区域内可能将破产公司预测为财务正常公司，也可能恰好相反，因此落到此区域内的公司仍有赖于分析人员做进一步的判断决策；F 分数大于 0.077 5 为财务安全区域。

（三）逻辑回归模型

线性回归模型的成立需要比较严格的假设条件，于是逻辑回归模型开始走进财务预警分析的领域。多元逻辑回归模型是建立在累计概率函数的基础上，不需要自变量服从正态分布和组间协方差相等的条件，因而广具适用性。逻辑回归模型当中应用比较广泛的是 Ohlson 的 Logit 模型。

1980 年，Ohlson 以 1970 年至 1976 年的 2 058 家财务正常的公司和 105 家因面临财务困境而导致破产的公司作为研究样本，采用 Logit 分析模型提出了另一种财务预警模型。他提出了该模型是一个二元选择模型，其参数估计采用最大似然估计法，经过多次变量组合试验，去除一些不显著的变量，就可以得到使最大似然函数值最大时的参数估计值。该模型的具体表达式为：

$$P = \frac{1}{1+e^{-y}}$$

式中，P 表示公司发生财务危机的概率，P 值越大，发生财务危机的可能性越大；e 是自然对数的底；y 是线性函数的因变量，其表达式为：

$$y = -1.32 - 0.407x_1 + 6.03x_2 - 1.43x_3 + 0.075\,7x_4 - 2.37x_5 - 1.83x_6 - 0.521x_7 + 0.285D_1 - 1.72D_2$$

其中，x_1——公司的规模，是用物价指数调整过的总资产价值的自然对数；

x_2——总负债/总资产；

x_3——营运资本/总资产；

x_4——流动负债/流动资产；

x_5——净利润/总资产；

x_6——经营活动的营运资本流/总负债；经营活动的营运资本流是经营现金流量加上其他营运资本项目的变化；

$$D_1 = \begin{cases} 1, 过去两年净利润小于0, \\ 0, 过去两年净利润不小于0; \end{cases}$$

$$D_2 = \begin{cases} 1, 总负债大于总资产, \\ 0, 总负债不大于总资产。 \end{cases}$$

Logit 模型在数学方法上要优于以多元线形判别分析所建立的"Z 值"模型，判误率较低，因而是国外投资分析师常用的一种财务预警分析模型。

（四）人工神经网络模型

20 世纪 40 年代，美国心理学家 W.McCulloch 和数学家 W.Pitts 合作首次提出了"人工神经网络"的概念，从此开创了人工神经网络研究的先河。自 20 世纪 80 年代中期开始，人工神经网络技术被广泛应用于信号处理、优化计算、专家系统、知识工程等领域，并取得了突破性的成果。随着神经网络理论和技术的不断完善和发展，其在金融、管理、经济等领域的功能也不断被挖掘出来。20 世纪 90 年代末，M.Ddom 和 R.Sharda 最早将人工神经网络用于财务危机预警，他们将传统的多元判定模型与三层前馈神经网络进行对比，发现神经网络在准确性和稳健性方面表现得更好，同时也不受变量共线性的影响。目前，应用较多的人工神经网络模型是 BP 神经网络，这是一种单向、多层前馈神经网络，其由输入层、输出层和隐藏层组成，基本原理是利用生成的结构模型去判别对象进而达到预测的目的。BP 神经网络的信息处理分为前向传播和后向学习两个方面，这是一个误差从输出层到输入层向后传播并修正数值的过程。系统通过学习可以使网络的实际输出逼近某个给定的期望输出，根据最后的期望输出得出企业的期望值，根据学习得出的判别规则对样本进行分类。

人工神经网络模型较大的优势在于具有学习能力，可随时根据新的数据资料进行自我学习、训练，调整内部的参数以适应多变的环境。但是其工作的随意性较强，要得到一个较好的神经网络模型需要人为进行多次调试，因此比较耗时耗力，因此其在实务中的应用受到限制。

综合以上对几种财务预警定量模型的介绍，各模型的实施要点以及主要优缺点概括如表 15-2 所示。

表 15-2　　　　　　　　　　　主要财务预警模型对比分析表

财务预警模型	模型描述	主要优点	主要缺点	共同点
单变量模型	选用单个财务指标作为判断标准	简单易行	精确度不高	（1）都使用会计数据和财务指标；
Z 值模型	通过统计分析技术，选取多个变量转化为分类变量，获得多元线性判别方程	预测精度较高	工作量较大，且未考虑现金流量指标	（2）模型变量只涉及财务数据等定量指标，未考虑定性因素；
Logit 模型	根据分析对象的条件概率判断其财务状况和经营风险，采用线性回归获取参数	不需要严格的假设条件，预测精度较高	计算过程复杂，并且有很多近似处理	（3）都受到样本选取范围、样本时间区间以及不同样本特征的限制；
F 分数模型	Z 值模型的改进模型	考虑现金流量指标	工作量较大	（4）大多建立在一定的假设条件下，影响模型的准确性
人工网络模型	通过神经网络的学习和数据的修正得到期望输出，根据学习得出判别规则分类	无严格的假设限制，且具有较强的纠错能力和学习能力	理论抽象，科学性和准确性有待提高	

【随堂小测验 15-2】

1．【单选】下列各项中，属于单变量财务预警方法的是（　　　）。

A．F 分数模型　　　　　　　　　　B．盈余现金保证倍数

C．人工网络模型　　　　　　　　　D．Z 模型

2．【多选】下列各项中，属于多变量财务预警模型的有（　　　）。

A．F 分数模型　　B．Z 值模型　　C．Logit 模型

D．人工网络模型　　E．流动比率

3．【判断】与定量财务预警分析方法相比，定性的预警分析方法更具普遍适用性。　　（　　　）

4．【判断】单变量财务预警模型具有简便易行，但精确度不高的特点。　　（　　　）

第三节　财务预警分析应用案例

上市公司出现财务危机的例子屡见不鲜，如何应用财务预警分析的理论和方法来提早发现和化解危机是企业关注的问题。本节将以房地产行业为例，探究财务预警分析在实务操作当中的应用，为企业和广大投资者提供财务预警方面的参考。考虑到 Z 值模型操作方便，且较单变量模型相比准确性较高，因此本节将选取 Z 值模型作为财务预警分析方法。需要说明的是，在企业实际财务预警工作中其他方法同样具有可操作性。

一、样本选取

根据我国上市公司管理规则，沪深证券交易所将对财务状况和其他状况异常的公司采取特别处理（Special Treatment，"ST"），而对于有退市风险的公司则作*ST 处理，以上两类公司被分别称为 ST 公司和*ST 公司。一般来说被实施特别处理的公司都有暂时或者长期的财务异常或者其他对企业发展不利的情况出现，因此可以视为出现财务危机。本节拟选取 2009—2013 五年间被 ST 处理和*ST 处理的房地产上市公司作为失败组，剔除个别极端值，得到 15 家上市公司。另外考虑到财务预警应早于财务危机出现的年度预先进行，同时为验证财务预警分析在危机前不同年度的准确性，本节拟选取财务危机前两年的 Z 值作为预警信号，也就是说本案例数据的完整时间跨度为 2007—2013 年。

财务失败公司在不同年度间分布如表 15-3 所示。

表 15-3
财务失败公司年份分布情况表
单位：家

2009 年	2010 年	2011 年	2012 年	2013 年	合计
8	2	2	3	2	17

注：ST 珠江五年内两度被*ST 处理，天润控股 2010 年首先被 ST 处理，2011 年转为*ST，说明其财务状况更为恶化，以上两家公司导致表中合计数大于 15。

二、Z值计算

前已述及，Z 值有赖于营运资金比率、留存收益比率、息税前资产利润率、权益负债比率、总资产周转率 5 个指标才得以计算，本节以*ST 珠江为例详解 Z 值的计算过程。并通过 2007—2012 年 6 年间的趋势分析了解其 Z 值变动情况。*ST 珠江 Z 值趋势变动分析表，如表 15-4 所示。

表 15-4　　　　　　　　　　　*ST 珠江 Z 值趋势分析表

项目	2007 年	2008 年	2009 年	2010 年	2011 年	2012 年
营运资本/总资产（单位：%）	-9.72	-13.29	-2.75	5.26	-16.93	-9.57
留存收益/总资产（单位：%）	-60.19	-65.83	-27.66	-36.91	-44.53	-49.91
息税前利润/总资产（单位：%）	-0.10	-6.20	5.96	5.70	-1.79	-3.95
当日总市值/负债合计（单位：%）	1 079.47	262.20	233.37	227.51	138.00	105.49
股东权益/负债合计（单位：%）	28.83	15.44	48.68	55.73	43.81	21.45
Z 值	5.677 5	0.391 9	1.316 7	1.572 7	0.119 8	-0.167 7

由表 15-4 可以看到 6 年间，*ST 珠江经历了 Z 值的起伏变化，这与其几度更迭 ST、*ST 称谓的实际情况基本吻合。*ST 珠江近年来被特别处理的情况如表 15-5 所示。

表 15-5　　　　　　　　　　*ST 珠江近年来被特别处理的情况说明表

2007 年 6 月 6 日	2009 年 4 月 29 日	2010 年 6 月 3 日	2013 年 3 月 29 日
去*ST 标记	被*ST 处理	*ST 转为 ST	被*ST 处理

结合表 15-4 和表 15-5 可以看到，*ST 珠江 2007 年被解除退市风险警告，Z 值指标处于较为安全的区域。但是 2008 年随着大经济环境趋于恶劣以及企业自身经营的失败使得财务危机重新开始显露，Z 值仅为 0.39，远低于安全边界，随后于 2009 年被深圳证券交易所处以退市风险警告。2010 年其 Z 值略有好转，但仍未脱离财务危机，退市风险警告也转为一般的特别处理。2011 年和 2012 年，*ST 珠江 Z 值连年走低，甚至在 2012 年达到负值，财务危机水平达到前所未有的程度，不出意外的是，其在 2013 年继续被处以退市风险警告处理，股票代码由 ST 珠江重新变为*ST 珠江。

三、房地产行业财务失败Z值计算

本部分将分别检验 Z 值模型在财务失败公司当中的适用性，以验证其是否准确。财务失败公司 2007—2012 年 Z 值如表 15-6 所示。

表 15-6　　　　　　　　2007—2012 年房地产行业财务失败公司 Z 值计算表

证券代码	证券简称	2007 年	2008 年	2009 年	2010 年	2011 年	2012 年
000036.SZ	华联控股	0.789 0	0.881 6	5.148 9	2.616 0	2.080 3	2.280 1
000056.SZ	深国商	2.777 3	1.132 3	1.224 7	0.242 0	1.027 3	1.405 9

续表

证券代码	证券简称	2007 年	2008 年	2009 年	2010 年	2011 年	2012 年
000505.SZ	*ST 珠江	5.677 5	0.391 9	1.316 7	1.572 7	0.119 8	-0.167 7
000691.SZ	亚太实业	6.021 3	-0.033 0	2.652 6	14.972 0	7.163 5	12.462 3
000838.SZ	国兴地产	5.567 6	2.759 9	5.096 8	3.693 1	1.197 4	1.633 9
000918.SZ	嘉凯城	0.081 2	-1.424 8	2.752 1	2.023 7	1.276 7	1.135 6
000979.SZ	中弘股份	-3.227 0	-4.240 2	-0.275 1	3.683 8	2.357 1	2.567 4
002113.SZ	天润控股	8.186 0	2.127 5	2.817 3	-1.490 8	3.531 8	6.588 5
600077.SH	宋都股份	5.683 9	2.579 1	5.978 9	10.304 7	1.533 3	1.851 0
600185.SH	格力地产	4.819 6	-0.795 5	2.330 8	1.122 4	0.935 1	1.123 7
600340.SH	华夏幸福	5.795 0	3.421 7	18.753 7	9.323 3	1.064 9	1.249 1
600555.SH	*ST 九龙	4.343 0	3.466 3	5.263 6	3.778 6	3.032 7	1.760 1
600604.SH	市北高新	4.487 8	2.635 5	2.968 7	2.306 5	3.454 3	6.956 8
600733.SH	S 前锋	9.226 8	4.359 0	10.201 7	5.732 8	4.696 3	6.461 4
600773.SH	西藏城投	5.698 6	-1.532 4	1.301 3	1.581 9	1.816 8	1.286 9

　　表 15-6 所选公司均在 2009—2013 年间被沪深证券交易所处以特别处理或退市风险警告处理，因此可以视为有财务危机的公司。通过观察表中 Z 值情况我们可以看到，这些公司 Z 值普遍较低，但在不同年份间和不同公司间有很大差别。如 2007 年以上所有公司 Z 值普遍高于其他年份，这与其后出现财务危机 Z 值开始下降有关。另外 S 前锋 Z 值历年来均处于较高水平，这可能与其未完成股权分置改革，市场化水平不高有关。因此本节后续分析时将其予以剔除。房地产行业失败公司 Z 值适用性分析如表 15-7 所示。

表 15-7　　　　　　　　　　房地产行业财务失败公司 Z 值适用性分析表

证券代码	证券简称	财务危机年份	危机前 1 年 Z 值	是否准确	危机前 2 年 Z 值	是否准确
000036.SZ	华联控股	2009 年	0.881 6	是	0.789 0	是
000056.SZ	深国商	2012 年	1.027 3	是	0.242 0	是
000505.SZ	*ST 珠江	2009 年	0.391 9	是	5.677 5	否
000505.SZ	*ST 珠江	2013 年	-0.167 7	是	0.119 8	是
000691.SZ	亚太实业	2009 年	-0.033 0	是	6.021 3	否
000838.SZ	国兴地产	2012 年	1.197 4	是	3.693 1	否
000918.SZ	嘉凯城	2009 年	-1.424 8	是	0.081 2	是
000979.SZ	中弘股份	2009 年	-4.240 2	是	-3.227 0	是
002113.SZ	天润控股	2010 年	2.817 3	不确定	2.127 5	不确定
002113.SZ	天润控股	2011 年	-1.490 8	是	2.817 3	不确定
600077.SH	宋都股份	2010 年	5.978 9	否	2.579 1	不确定
600185.SH	格力地产	2009 年	-0.795 5	是	4.819 6	否
600340.SH	华夏幸福	2009 年	3.421 7	否	5.795 0	否
600555.SH	*ST 九龙	2013 年	1.760 1	是	3.032 7	否
600604.SH	市北高新	2011 年	2.306 5	不确定	2.968 7	不确定
600773.SH	西藏城投	2009 年	-1.532 4	是	5.698 6	否

　　由表 15-7 的结果可以看出，上市公司发生财务危机前 1 年，16 个样本数据中有 12 次危机预警完全正确，有 2 次 Z 值落入灰色区域，只有 2 次与现实情况相反，得到了错误的结论。可见 Z 值模型对财务失败公司预警的准确率较高，达到 75%（12÷16），如果考虑到 Z 值落入不确定区域也是对

企业财务状况的一种预警,则 Z 值模型的准确率更是高达 87.5%(14÷16),其预测失败的概率为 12.5%(2÷16)。因此可以说 Z 值模型被企业管理者或投资者广泛用于发现财务危机信号,并达到财务预警的目的。

值得一提的是,财务危机前两年 Z 值模型的准确率则大打折扣,16 个样本数据当中预测准确的仅有 5 家公司,4 家公司 Z 值落入不确定区域,而另外 7 家则得出了财务正常的结论。可见财务危机前 2 年,通过 Z 值判断企业的财务危机是否产生存在较大的不准确性。企业的 Z 值当开始降低或者落入灰色区域时就应该引起企业管理层的足够重视,以避免财务危机状况的发生。另外,企业的 Z 值即使表现出较好的水平也不能掉以轻心,应该通过对 Z 值的持续观察以及时发现财务危机信号。

综上,发现上市公司使用 Z 值模型来预测财务危机具有较强的适用性,准确率相对较高。表 15-7 当中连续两年预测失误的仅有华夏幸福一家公司,这与其个别年度负债规模较小且市场价值较高有关,因此在使用 Z 值模型进行财务预警分析时应注意极端值可能造成的影响。另外,还能看到 Z 值模型的适用性在沪深两市有较大差异。财务危机前 1 年,深圳证券交易所上市公司预测全部正确,而上海证券交易所使用 Z 值模型进行预测,准确率仅为 70%,不考虑落入不确定区域的公司,该值不足 60%。财务危机前 2 年上交所上市公司使用 Z 值模型进行财务预警甚至无一正确,而深交所上市公司使用该模型进行预测则正确率较高。这可能与沪深两市各自执行的交易规则不同有关。因此使用 Z 值模型时应注意区分不同情况。

四、房地产行业财务正常公司Z值计算

本部分将选取沪深两市除以上财务失败公司之外的全部房地产上市公司作为分析对象,以验证 Z 值模型在财务正常公司中的适用性,并验证其是否准确。2007—2012 年房地产行业财务正常公司 Z 值分析如表 15-8 所示。

表 15-8　　　　　　　　2007—2012 年房地产行业财务正常公司 Z 值计算分析表

证券代码	证券简称	2007 年	2008 年	2009 年	2010 年	2011 年	2012 年
000002.SZ	万科 A	2.619 5	3.106 6	1.707 8	2.070 2	1.340 5	1.125 5
000005.SZ	世纪星源	5.159 3	1.702 1	4.550 8	2.619 3	2.873 9	2.112 7
000006.SZ	深振业 A	2.211 7	1.243 9	2.126 3	1.799 2	1.494 7	1.924 2
000011.SZ	深物业 A	3.586 9	1.518 5	2.470 8	2.098 7	2.057 2	2.460 7
000014.SZ	沙河股份	3.261 1	1.566 0	2.651 2	2.542 8	1.807 8	1.660 2
000024.SZ	招商地产	2.887 6	1.607 0	1.943 7	1.527 9	1.399 2	1.401 7
000029.SZ	深深房 A	4.543 3	1.731 9	2.362 9	2.200 9	1.733 7	1.949 1
000031.SZ	中粮地产	6.995 6	1.608 7	2.558 4	1.285 7	0.948 7	1.023 1
000038.SZ	深大通	-28.176 2	6.270 7	3.411 3	3.710 1	2.367 0	0.888 0
000040.SZ	宝安地产	2.766 6	0.752 5	1.612 8	1.784 7	2.341 6	2.038 1
000042.SZ	中洲控股	1.885 2	1.041 4	1.925 8	1.821 0	1.790 7	2.217 0
000043.SZ	中航地产	2.432 4	1.066 0	1.171 4	1.437 9	1.127 7	1.141 2
000046.SZ	泛海建设	7.597 3	1.612 4	2.599 0	1.900 0	1.797 9	1.897 1
000150.SZ	宜华地产	5.062 6	2.352 6	5.668 6	4.623 7	1.452 4	1.564 1
000402.SZ	金融街	3.146 6	2.082 1	1.757 9	1.334 3	1.104 3	1.278 5
000502.SZ	绿景控股	5.240 5	3.208 7	7.036 9	2.010 1	5.219 3	11.343 7
000506.SZ	中润资源	-305.894 8	0.748 9	2.057 5	2.025 3	1.604 6	2.015 5
000511.SZ	烯碳新材	6.505 1	3.962 5	3.311 6	2.297 8	1.895 8	2.143 9

续表

证券代码	证券简称	2007 年	2008 年	2009 年	2010 年	2011 年	2012 年
000514.SZ	渝开发	6.290 1	2.787 2	4.916 5	2.669 1	1.801 5	1.310 4
000517.SZ	荣安地产	-4.310 4	-1 022.738 3	3.911 6	1.894 8	1.283 0	1.335 5
000526.SZ	银润投资	11.509 5	5.673 2	17.804 6	20.274 0	9.450 3	14.157 5
000534.SZ	万泽股份	13.079 7	1.988 0	3.158 9	2.719 0	1.688 1	1.706 8
000537.SZ	广宇发展	2.387 7	1.352 5	2.803 6	2.752 2	2.843 1	3.129 6
000540.SZ	中天城投	3.410 0	1.750 5	2.667 4	1.799 7	0.756 5	0.770 7
000558.SZ	莱茵置业	1.615 9	1.685 5	2.099 2	1.840 1	1.057 8	0.917 9
000567.SZ	海德股份	7.513 5	3.600 2	11.657 9	9.321 6	19.573 2	25.491 0
000573.SZ	粤宏远 A	4.411 2	1.003 4	2.357 9	2.121 7	2.372 1	2.327 9
000608.SZ	阳光股份	2.257 5	1.164 5	1.361 1	2.230 9	1.333 7	1.631 3
000609.SZ	绵世股份	15.556 6	8.932 3	10.893 8	7.650 2	4.404 8	3.813 3
000616.SZ	亿城投资	2.952 3	1.816 7	2.373 4	2.120 5	1.728 7	1.728 2
000620.SZ	新华联	-186.118 8	-185.618 5	-157.450 2	-131.188 4	2.499 5	1.933 4
000631.SZ	顺发恒业	1.293 4	-0.061 1	1.928 4	1.501 7	1.180 2	1.640 0
000656.SZ	金科股份	30.375 2	32.082 8	369.380 1	179.599 8	1.216 1	0.997 0
000667.SZ	美好集团	8.558 1	3.279 0	3.276 5	2.273 7	1.760 0	1.530 0
000668.SZ	荣丰控股	19.913 2	7.259 5	5.421 6	6.721 8	4.980 7	3.433 6
000670.SZ	S 舜元	2.053 6	45.281 2	20.684 5	6.383 6	6.966 5	-1.404 2
000671.SZ	阳光城	1.895 6	1.364 0	2.675 9	2.712 2	1.219 1	1.452 9
000711.SZ	天伦置业	3.375 9	1.285 4	2.117 0	2.850 2	2.395 4	2.252 0
000718.SZ	苏宁环球	4.143 8	2.130 2	3.619 1	1.945 4	1.502 8	1.778 2
000732.SZ	泰禾集团	-1.472 9	1.027 0	0.771 5	2.700 1	1.827 3	1.473 1
000736.SZ	中房地产	1.641 2	2.664 6	4.582 5	4.372 4	2.649 5	3.131 4
000797.SZ	中国武夷	1.800 8	0.944 1	1.522 7	1.241 2	0.984 3	1.203 3
000863.SZ	三湘股份	-7.904 0	-12.367 3	-13.162 1	-14.443 9	1.153 6	2.275 8
000882.SZ	华联股份	5.504 4	3.959 6	3.635 0	1.553 3	0.896 7	0.452 0
000886.SZ	海南高速	1.522 8	4.580 8	9.703 0	8.362 0	5.249 7	7.033 2
000897.SZ	津滨发展	3.567 0	1.605 3	1.820 3	2.081 2	0.963 4	1.173 2
000926.SZ	福星股份	2.861 8	2.145 1	2.406 0	1.925 4	1.233 6	1.190 7
000965.SZ	天保基建	7.237 9	1.443 5	2.956 0	2.190 6	2.062 9	2.203 4
000981.SZ	银亿股份	4.446 5	-1.951 2	6.593 5	33.115 4	1.255 3	1.181 9
002016.SZ	世荣兆业	15.087 0	3.369 7	4.877 2	4.250 0	2.393 9	3.500 6
002077.SZ	大港股份	3.919 3	1.610 8	1.469 6	1.618 8	1.118 5	1.022 7
002133.SZ	广宇集团	2.494 2	1.249 1	1.619 2	1.481 3	1.457 8	1.550 9
002146.SZ	荣盛发展	4.256 2	1.860 7	2.120 0	1.850 7	1.589 7	1.685 2
002208.SZ	合肥城建	1.489 4	2.320 0	2.854 0	2.214 1	1.817 5	1.661 5
002244.SZ	滨江集团	1.085 3	1.372 1	1.670 5	1.345 7	0.917 8	1.140 7
002285.SZ	世联行	3.529 6	3.334 4	22.241 4	13.121 6	8.529 0	5.412 2
002305.SZ	南国置业	1.524 7	1.435 8	7.610 9	2.934 2	2.323 8	2.454 9
600007.SH	中国国贸	4.574 7	1.571 7	1.991 1	1.563 3	1.661 6	2.201 7
600048.SH	保利地产	2.817 7	1.972 7	1.988 3	1.405 0	1.326 5	1.387 6
600052.SH	浙江广厦	1.402 6	0.976 2	1.930 6	1.339 9	1.303 2	1.048 3

续表

证券代码	证券简称	2007 年	2008 年	2009 年	2010 年	2011 年	2012 年
600053.SH	中江地产	3.346 9	1.534 3	2.061 3	1.610 3	1.560 6	1.508 1
600064.SH	南京高科	1.290 5	0.830 6	1.075 5	0.983 2	0.867 9	0.910 1
600067.SH	冠城大通	2.218 7	1.455 9	1.546 1	2.104 4	2.594 8	1.734 6
600094.SH	大名城	-2.962 3	23.664 0	21.726 2	175.288 6	2.588 4	1.783 1
600158.SH	中体产业	9.903 2	3.145 8	2.991 3	2.880 0	2.551 3	2.631 4
600159.SH	大龙地产	2.837 8	1.153 9	4.942 9	3.779 5	3.250 5	2.023 3
600162.SH	香江控股	5.505 8	1.669 3	2.319 8	1.578 4	0.995 9	0.702 5
600173.SH	卧龙地产	2.436 0	1.791 0	2.963 7	3.363 8	2.623 4	2.300 0
600208.SH	新湖中宝	3.831 5	1.876 7	2.424 1	2.072 0	1.492 1	1.536 8
600215.SH	长春经开	1.792 0	1.719 9	3.343 3	2.848 2	1.468 1	1.508 7
600223.SH	鲁商置业	0.126 3	0.946 3	1.982 5	1.131 3	0.586 3	0.575 1
600225.SH	天津松江	-0.937 9	-0.943 9	1.257 3	1.056 1	0.765 7	0.881 5
600239.SH	云南城投	16.108 0	6.186 9	3.105 2	1.946 5	1.075 5	0.949 3
600240.SH	华业地产	5.516 4	2.029 9	1.660 7	1.763 6	1.824 7	1.817 4
600246.SH	万通地产	2.422 9	2.636 2	2.067 6	1.665 1	1.423 6	1.564 4
600266.SH	北京城建	2.635 9	1.483 0	1.891 4	1.693 8	1.647 2	1.452 7
600275.SH	武昌鱼	0.813 2	0.045 3	0.496 5	0.497 6	0.394 7	15.938 1
600322.SH	天房发展	2.605 4	1.348 3	1.583 5	1.236 3	1.241 4	1.512 8
600325.SH	华发股份	1.925 0	1.609 8	2.008 1	1.651 5	1.494 6	1.319 9
600376.SH	首开股份	1.064 9	1.025 8	1.567 4	1.372 1	1.042 7	1.120 0
600383.SH	金地集团	2.576 0	1.464 1	1.666 6	1.545 4	1.322 6	1.514 9
600393.SH	东华实业	2.644 9	1.803 2	2.522 1	1.726 5	1.247 1	1.331 7
600503.SH	华丽家族	11.587 3	2.563 5	3.130 8	2.338 2	2.672 4	2.904 1
600510.SH	黑牡丹	10.693 7	4.044 4	4.047 8	2.019 5	1.689 9	1.851 6
600533.SH	栖霞建设	2.827 6	1.651 9	1.895 3	1.820 1	1.342 2	1.422 6
600565.SH	迪马股份	2.720 4	1.572 1	1.867 9	1.391 8	1.213 5	1.076 1
600606.SH	金丰投资	3.641 4	1.780 2	2.280 5	2.029 3	1.232 7	1.442 8
600615.SH	丰华股份	6.244 5	2.322 3	4.726 5	5.947 4	10.608 1	28.963 3
600621.SH	华鑫股份	5.023 5	3.156 9	5.172 9	3.411 3	3.032 3	2.129 4
600622.SH	嘉宝集团	4.437 5	1.841 8	3.334 7	1.920 3	1.420 7	1.490 5
600638.SH	新黄浦	8.525 2	3.430 9	2.537 0	1.878 1	1.784 0	1.757 0
600639.SH	浦东金桥	5.455 8	2.214 8	2.482 5	1.944 9	1.664 3	1.665 8
600641.SH	万业企业	5.934 7	3.794 4	3.605 7	2.724 4	1.830 6	1.837 1
600647.SH	同达创业	3.032 2	0.777 3	3.459 5	4.971 4	3.187 2	5.094 1
600649.SH	城投控股	24.555 2	2.650 2	2.983 7	1.725 2	1.614 5	1.570 5
600657.SH	信达地产	1.722 2	1.606 2	2.985 1	1.922 6	1.710 4	1.503 4
600658.SH	电子城	4.124 6	1.172 7	4.593 7	4.006 9	2.875 9	3.184 5
600663.SH	陆家嘴	6.702 1	2.720 6	4.611 7	2.520 1	1.607 9	1.507 0
600665.SH	天地源	2.425 1	1.424 7	1.536 2	1.287 7	1.198 8	1.317 0
600675.SH	中华企业	3.315 6	1.949 2	2.454 9	1.476 4	1.289 5	1.192 0
600683.SH	京投银泰	2.815 5	1.878 7	1.560 2	1.269 0	0.779 1	0.823 6
600684.SH	珠江实业	4.610 9	1.966 5	2.869 1	2.567 6	2.687 4	3.551 1
600696.SH	多伦股份	3.877 8	2.798 5	16.565 6	7.070 2	4.057 3	5.112 3

续表

证券代码	证券简称	2007 年	2008 年	2009 年	2010 年	2011 年	2012 年
600716.SH	凤凰股份	2.688 9	0.155 3	3.149 0	1.661 3	1.566 0	1.326 6
600724.SH	宁波富达	2.503 9	1.988 9	1.678 8	0.951 1	1.180 6	1.205 4
600732.SH	上海新梅	2.598 8	2.258 8	2.577 2	2.630 4	2.302 5	2.373 8
600736.SH	苏州高新	1.439 3	1.128 7	1.275 7	1.173 8	1.104 4	0.785 6
600743.SH	华远地产	18.296 5	1.993 1	2.094 9	1.527 8	1.509 2	1.237 7
600745.SH	中茵股份	−54.950 0	1.668 0	1.865 2	1.352 6	0.801 5	1.115 3
600747.SH	大连控股	5.032 2	1.106 6	3.995 0	2.271 3	3.056 0	3.410 2
600748.SH	上实发展	7.704 4	1.108 7	1.654 4	1.183 8	1.189 1	1.503 5
600759.SH	正和股份	61.316 3	4.960 0	6.437 2	3.408 6	2.506 8	2.079 3
600767.SH	运盛实业	25.802 1	5.873 4	6.056 1	2.843 5	2.716 1	5.438 1
600791.SH	京能置业	6.175 9	1.379 7	1.711 3	1.165 8	1.588 3	1.563 1
600807.SH	天业股份	2.005 2	1.158 1	2.274 5	2.161 4	1.665 1	1.480 9
600823.SH	世茂股份	4.972 9	2.703 4	2.025 0	1.402 8	1.115 5	1.035 5
600862.SH	南通科技	3.237 2	0.693 0	1.586 2	1.820 3	1.484 4	1.142 4
600890.SH	中房股份	16.302 1	7.529 4	15.575 1	8.440 4	18.940 5	32.266 5
601588.SH	北辰实业	3.261 4	1.171 3	1.604 1	1.288 9	1.153 4	1.210 8

由表 15-8 可以看到，财务正常公司 Z 值整体优于财务失败公司，但是其实际情况远非乐观。我们发现，即使是财务正常公司，其 Z 值落在破产区域范围的也不在少数，更有如天津松江等公司 Z 值连年处于 1.81 以下，具体汇总分析如表 15-9 所示。

表 15-9   财务正常公司 Z 值汇总分析表

项目	Z<1.81		1.81<Z<2.99		Z>2.99		合计
	数量（家）	比例（%）	数量（家）	比例（%）	数量（家）	比例（%）	
2007 年	25	21.01	31	26.05	63	52.94	119
2008 年	67	56.30	27	22.69	25	21.01	119
2009 年	28	23.53	48	40.34	43	36.13	119
2010 年	46	38.66	50	42.02	23	19.33	119
2011 年	77	64.71	27	22.69	15	12.61	119
2012 年	74	62.18	26	21.85	19	15.97	119

由表 15-9 可以发现，Z 值模型在财务正常公司当中的适用性整体较差，仅仅在 2007 年和 2009 年正确率较高，即财务正常公司的 Z 值落在财务安全区域的比率较高，2007 年为 52.94%，2009 年则降为 36.13%。而在诸如 2010 年、2011 年、2012 年三年间预测准确的比值都不足 20%。相反，将财务正常公司预测为财务失败公司的比率却连年攀升，2011 年、2012 年两年都达到 60% 以上。那么，为什么出现这种现象？Z 值模型作为一种财务预警分析方法还能被广泛使用吗？仔细分析表 15-7，不难发现不同公司 Z 值的变动趋势存在一些共性：房地产行业 Z 值整体处于较低水平；Z 值在不同年份间表现出较大的差异。可能的原因如下。

（1）受行业特征因素的影响。计算 Z 值的五个指标中，有四个分母为资产总额，有一个分母为负债总额，因此 Z 值很容易受到企业规模因素的影响。虽然规模较大的公司也会有较大的盈利规模和资本积累规模，但是由于其组织机构庞杂往往使得其管理效率低于小规模公司，表现在财务上就是较低的财务效率指标。而不难得知的是，房地产行业进入门槛较高，通常具有高资产、高负债的行业特征，因此房地产行业上市公司 Z 值整体较低。因此，在使用 Z 值模型进行财务预警分析时应充分考虑行业特征因素。

（2）受外部因素影响各年差异较大。房地产行业受宏观经济形势和国家调控政策的影响较大，表现在 Z 值在不同年份间的差异上。2007 年经济环境稳定，因此房地产行业上市公司 Z 值整体处于较高的水平，而 2008 年受国际金融危机的影响，行业内 Z 值水平集体下降，67%的公司出现了财务危机预警信号。2009 年经济开始回暖，各公司 Z 值也开始有所好转。2010 年以后国家不断出台的限购、限价等房地产调控措施对于整个行业的影响也是显而易见的，表现在持续走低的 Z 值上。可见 Z 值模型比较敏感，容易受到宏观环境的影响，在大环境有波动的情况下其财务预警结果相对比较保守。

（3）受到某些因素的限制。Z 值模型是以美国企业作为数据样本，经过统计分析回归得到的。其中的 x_4 因素引入了股权市场价值的因素，但是我国资本市场远非成熟，因此股权价值被低估或高估的现象时有发生，这就导致该因素的公允性和可比性较差，可以说这就使得 Z 值的最终取值有失科学性。另外，Z 值模型各因素的系数也是根据美国样本数据得来，因此其在中国上市公司的适用性仍有赖进一步研究证实。

Z 值模型尽管存在如上问题，但不置可否的是，Z 值模型在财务预警分析中仍有其存在的科学性和合理性。首先，Z 值模型在财务危机公司财务预警当中所发挥的作用不容忽视，但需要注意的是，需剔除极端值对结果造成的不良影响。其次，财务正常公司也可以使用 Z 值模型作为一种财务预警工具，本着谨慎性的原则将财务正常公司预测为财务失败公司要远远好于将财务失败公司预测为财务正常公司，这样企业可以做到有备无患，而这正是财务预警分析的目的所在。

拓展阅读

需重点观察的财务
预警指标

思考与练习

1．什么是风险？企业经营中有哪些常见的风险？
2．财务报表分析在风险防范中有何作用？
3．什么是财务预警分析？有哪些常用的方法？
4．财务预警分析常用的定量模型有哪些？
5．如何将财务报表分析和财务预警相结合？

案例分析

"倪开禄跑路"背后的公司隐忧

2012年12月26日、27日两天，上海超日太阳能科技股份有限公司（以下简称"超日太阳"）董事长倪开禄跑路并留下数十亿债务和超过1 000名以上的员工，本地多家企业因借贷和担保受到牵连的消息见诸报端，一时间舆论哗然。虽然事后经员工证实公司董事长倪开禄先生正在国外忙于催收应收账款事宜，但超日太阳存在的诸如"股权质押""业绩下滑""债务违约"等种种问题依然让投资者感到忧心忡忡。

超日太阳成立于2003年6月26日，主营太阳能材料及设备，硅太阳能组件95%以上出口。2004年公司被上海市科学技术委员会授予上海市高新技术企业称号。2005年，公司地面用硅太阳能电池组件获上海市重点新产品证书；2006年公司通过了TUV认证和IEC61215认证，地面用硅太阳能电池组件获国家重点新产品证书。2010年11月18日公司于深圳证券交易所（以下简称深交所）挂牌上市，股票代码002506。然而公司一片向好的发展就此结束，之后不断冲击人们眼球的均是负面消息。2012年4月24日，公司公告称天健会计师事务所对其出具了保留意见的审计报告。2013年1月23日，超日太阳发布公告称，公司于1月22日收到中国证监会上海稽查局《调查通知书》。因公司涉嫌未按规定披露信息，中国证监会上海稽查局决定对公司立案调查。2013年2月1日，超日太阳复牌并实现其他风险警示，股票简称由"超日太阳"变更为"ST超日"。2013年5月3日，由于公司2011年和2012年连续两年亏损，深交所对其实行退市风险警告处理，股票简称由"ST超日"变为"*ST超日"。超日太阳面临的一系列问题是否在其财务数据中有所体现呢？超日太阳2009—2012年主要财务比率，如表15-10所示。

表 15-10 超日太阳 2009—2012 年主要财务比率分析

项目	2012 年	2011 年	2010 年	2009 年
销售净利率	−106.982	−1.665	8.167	12.892 7
净资产收益率	−150.74	−1.89	7.19	30.45
主营收入增长率	−50.849 9	24.042 3	103.805 5	3.808 5
净资产增长率	−58.956 5	−4.994 3	449.177 9	84.172 4
总资产增长率	13.305 7	49.691 7	253.756 6	85.257 7
应收账款周转率	0.752 9	2.329 9	5.788 1	7.480 5
存货周转率	3.874 8	5.116 3	10.205 4	7.685 8
总资产周转率	0.229 7	0.597 6	0.937 9	1.356 1
流动比率	0.778 8	1.247 8	3.164 5	1.146 1
速动比率	0.707 7	1.023 2	2.952 9	0.9
资产负债率	84.208 4	56.405 3	31.311 8	55.754

表15-10选取常见的单变量财务预警指标对超日太阳能的财务状况进行呈现，可以看到，不论从盈利能力、增长能力、营运能力还是偿债能力来看，2011年和2012年两年超日太阳的财务状况都呈现恶化趋势，具体表现为盈利变弱、增长趋缓、资产周转变慢以及不断增加的负债规模，这与超日太阳2010年以后负面消息缠身的现实情况相一致。2009—2012年间，超日太阳Z值变化，如表15-11所示。

表 15-11 超日太阳 2009—2012 年 Z 值情况

年份	2012 年	2011 年	2010 年	2009 年
Z 值	−0.424 7	1.960 3	6.754 4	2.060 0

由表15-11可以看到，2010年超日太阳财务状况较好，其Z值指标处于安全范围内。但是从2011年开始，Z值落入不确定区域，财务预警信号初露端倪，2012年Z值指标更是呈现出负值，可见其面临的财务危机已处于较为严重的水平。2013年，深交所先后对超日太阳实施"ST"和"*ST"处理正是对以上财务危机预警信号的证明。可见Z值模型在财务预警当中的应用具有较高的准确性和可行性。

结合以上内容，请思考单变量预警模型和多变量财务预警模型在财务危机预警当中的应用有何异同？本案例中使用Z值模型作为财务预警分析方法，Z值模型的原理与特点是什么？其他的多变量财务预警模型还有哪些？运用其他的多变量财务预警模型是否能够得出一致的结论？